칼빈 주석 | 요한복음 II

NEW TESTAMENT
CALVIN'S
COMMENTARIES

JOHN II

칼빈주석 l 요한복음 II (10-21장)

존 칼빈 지음 l 오광만 옮김

규장

요한복음은 그리스도의 영혼을 보여준다!

'복음'을 가리키는 헬라어 단어의 의미는 누구에게나 잘 알려져 있다. 성경에서 '탁월한'이라는 의미를 지닌 '카타 엑소켄'(kata exoken)은 그리스도 안에서 우리에게 계시된 은혜의 반갑고 기쁜 메시지를 뜻한다. 하나님의 은혜는 우리에게 세상과 및 세상의 덧없는 부흡와 쾌락을 멸시하라고 가르치며, 이 비교할 수 없는 복이 우리에게 주어졌을 때 그것을 온 마음으로 바라고 받아들이라고 권한다.

경건치 못한 자들이 세상에서 무절제하게 헛된 쾌락을 즐기면서 영적인 복을 거의, 아니 전혀 느끼지 못하는 것은 우리 모두에게 있는 일반적인 특성이기도 하다. 그러므로 이러한 오류를 교정하기 위해 하나님께서는 그리스도에 관해 메시지를 선포하라고 명하셨는데, 이 메시지를 특별히 '복음'이라고 부르셨다. 하나님께서는 이와 같은 방법으로, 우리가 다른 곳에서는 참되고 실제적인 행복을 얻을 수 없으며 하나님 안에서만 복된 삶에 필요한 모든 부분을 완전하게 얻을 수 있다고 말씀하신다.

'복음'이라는 단어를 심지어 율법과 선지서 여러 곳에 흩어져 있는 하나님의 모든 약속들에까지 확장시키는 사람들도 있다. 사실, 하나님께서 사람들에게 은혜를 베푸사 그들의 죄를 용서하신다고 친히 선언하실 때마다 그리스도를 내세우신다는 것은 부인할 수 없다. 또한 하나님이 비추시는 기쁨의 광선이 닿는 곳은 모두가 그분의 소유임도 사실이다. 그러므로 거저 주시는 믿음에 관해서라면, 나는 믿음의 선조들이 우리와 동일한 복음에 참여했다고 믿는다.

그러나 성령께서 성경에서 늘 말씀하시듯이 그리스도께서 오셨을 때에야 비로소 복음이 선포되었기 때문에, 우리는 그리스도께서 전하신 말씀을 '복음'이라고 표현하는 방식을 고수해야 할 것이다. 그리고 내가 이미 제시한 '복음은 그리스도 안에 계시된 은혜의 장엄한 선포'라는 정의定義를 따라야 할 것이다. 복음 안에는 하나님의 의義가 계시되어 있기 때문에, 복음은 '모든 믿는 자에게 구원을 주시는 하나님의 능력'이라고도 불린다. 또한 복음은 '대사'大使라고도 불리는데, 이는 하나님께서 복음으로 말미암아 사람들을 하나님 자신과 화목하게 하시기 때문이다. 더욱이 그리스도께서 우리를 향한 하나님의 자비와 아버지의 사랑을 보증해주셨으므로 그분은 복음의 주제로 가장 적합한 분이시다.

그러므로 그리스도께서 육신을 입고 세상에 오셨고, 죽으셨고, 죽은 자 가운데서 부활하셨으며 마침내 승천하셨음을 서술하는 기사記事들이 특별히 '복음'이라는 이름을 얻게 되었다. '복음'이라는 단어가 신약성경을 나타내는 용어이긴 하지만, 앞에서 제시한 이유에 비춰볼 때, 실제로 복음이라는 말은 제유법(일부분으로써 전체를 가리키는 수사법)처럼 그리스도께서 육신을 입고 우리에게 나타나셨고 죽으셨으며 또 죽은 자 가운데서 다시 사셨다고 선포하는 신약성경의 특정 메시지를 가리키기 위해 사용되었다. 그러나 사실 그대로를 묘사한 역사歷史는 우리를 구원하기에 충분하지도 않고 사실 아무 소용이 없는 것이기에, 복음서 기자들은 단순히 그리스도께서 탄생하시고 죽으시고 죽음을 정복하셨다고 서술한 것이 아니라 그분이 탄생하시고 죽으시고 부활하신 목적이 무엇인지, 그리고 우리가 이 사실에서 얻는 유익이 무엇인지에 대해서도 설명한다.

그런데 복음서 기자들 사이에도 차이가 있다. 처음 세 복음서의 기자들(마태, 마가, 누가)은 그리스도의 생애와 죽음에 대해 좀 더 자세히 설명하는 데 반해, 요한복음 기자는 그리스도의 직분에 대해, 그리고 그분의 죽으심과 부활이 갖는 능력에 대해서 설명하는 교리를 좀 더 강조한다. 다른 세 복음서 기자들은 그리스도께서 구원을 베풀려고 세상에 오신 사실과 죽음이라는 희생제물을 드림으로써 세상 죄를 대속代贖하기 위해 오셨다는 것, 한마디로 말해서 중보자의 모든 의무를 수행하기 위해 세상에 오셨다는 사실을 매우 강조한다. 요한 역시 그의 복음서의 일부에서 역사적인 서술에 집중한다. 그러나 그리스도께서 세상에 오심으로써 발생한 능력과 열매를 알려주는 교리는 여느 세 복음서보다 요한복음에 훨씬 더 분명하게 나타난다. 물론 네 복음서는 모두 그리스도를 보여준다는 동일한 목적을 가지고 있다.

이런 식으로 표현하는 것이 허용될지 모르겠지만, 처음 세 복음서는 그리스도의 몸body을 보여주는 반면, 요한은 그분의 영혼soul을 보여준다. 이런 이유로 요한복음이 다른 세 복음서를 이해하는 문을 여는 열쇠라고 말하는 것이 전혀 어색하지 않다. 요한복음에 회화적繪畵的으로 묘사된 그리스도의 능력을 파악한 사람이라면, 이후에 다른 세 복음서 기자들이 '계시된 구원자'에 대해 언급한 것을 훨씬 수월하게 이해하며 읽을 수 있을 것이다.

요한은 당시 하나님을 모독하는 에비온(Ebion, 예수님이 한갓 사람에 불과하다면서 예수님의 신성을 부인한 유대인 이단)과 케린투스(Cerinthus, 1세기의 영지주의자로 예수님이 육신으로 오신 것을 부정함)의 불경스러운 태도에 대항하여 그리스도의 신성神性을 주장할 목적으로 복음서를 기록한 것으로 보인다. 유세비우스(Eusebius, 3세기에 활동한 팔레스타인 출신 초대교회 역사가)와 제롬(Jerome, 347~419. 초대교회의 학자로 라틴어 성경을 번역했음)은 고대인들의 공통된 의견을 들어 이 사실을 증언하였다. 그러나 요한이 복음서를 기록할 당시에 어떤 이유를 지녔든지 간에, 하나님께서 무엇보다도 자신의 교회를 위하여 요한복음을 기록하게 하셨다는 사실에는 의문의 여지가 없다.

하나님께서는 네 명의 복음서 기자들에게 그들이 써야 할 내용을 각각 받아쓰게 하셨고, 그들은 각자 자신의 분량을 기록했다. 그러나 동시에 사복음서 전체는 하나의 완벽한 작품을 이루었다. 마치 하나의 입에서 나오는 교훈으로 가르침을 받는 것처럼 이 네 복음서를 서로 연관시켜 통합하는 것은 우리의 몫이다. 사복음서 중에서 요한복음이 네 번째에 놓인 것은 요한복음이 시간 순서상 네 번째로 기록되었기 때문이다. 그러나 이 네 복음서를 읽을 때에는 다른 순서로 읽는 것이 더 낫다. 즉, 마태복음을 비롯한 나머지 복음서에서 하나님께서 우리에게 보내신 그리스도에 대해 알고 싶다면, 먼저 요한복음을 통해 그리스도께서 나타나신 목적이 무엇인지를 배워야 한다.

주여, 나의 심장을 주께 드리나이다.
신속히 그리고 진실한 마음으로!

COR MEUM TIBI OFFERO DOMINE. PROMPTE ET SINCERE

요한복음 IO장

1 내가 진실로 진실로 너희에게 이르노니 문을 통하여 양의 우리에 들어가지 아니하고 다른 데로 넘어가는 자는 절도며 강도요 2 문으로 들어가는 이는 양의 목자라 3 문지기는 그를 위하여 문을 열고 양은 그의 음성을 듣나니 그가 자기 양의 이름을 각각 불러 인도하여 내느니라 4 자기 양을 다 내놓은 후에 앞서 가면 양들이 그의 음성을 아는 고로 따라오되 5 타인의 음성은 알지 못하는 고로 타인을 따르지 아니하고 도리어 도망하느니라 6 예수께서 이 비유로 그들에게 말씀하셨으나 그들은 그가 하신 말씀이 무엇인지 알지 못하니라 요 10:1-6

1 내가 진실로 진실로 너희에게 이르노니 그리스도께서는 교회의 목자들로 여김을 받았던 서기관과 제사장들을 염두에 두고 이 말씀을 하고 계신다. 따라서 주님은, 사람들에게 자신의 가르침이 받아들여지도록 하기 위해서는 서기관과 바리새인들로부터 '목자'라는 칭호의 영예를 빼앗으셔야만 했다. 믿는 자들이 적다는 것 역시 그리스도의 교훈의 권위를 떨어뜨릴 수 있었다. 이런 이유로 그리스도께서는, 교회 안에서 외적으로 자신의 지위를 주장하는 사람들 모두를 양이나 목자로 여겨서는 안 된다고 주장하신다. 합법적인 목자와 타락한 목자를 그리고 참된 양과 거짓된 양을 구별하는 표시는,

그리스도 그분께서 모든 것의 대상이고 시작이며 끝인가 하는 것이다.

　이 경고는 모든 시대에 대단히 유익한 경고로 사용되어 왔지만, 오늘날 특히 필요하다. 이리가 양의 탈을 쓰고 배회하는 것이야말로 교회를 파멸로 이끄는 가장 큰 재앙이다. 사생아와 타락한 이스라엘 백성들이 교회의 자녀라고 주장하며 신자들 위에 군림하려고 하는 것은 통탄할 만한 작태이다. 거의 모든 시대를 통하여 교회는 이런 악한 자들에게 복종해왔다. 하지만 오늘날 하나님의 성소聖所가 교회의 가장 큰 원수들에 의해 장악되고 있는 상황이야말로 무지하고 연약한 사람들에게 크게 경종을 울리는 일이다. 교회의 목자들이 치열하게 저항하는 것이 바로 그리스도의 교훈이라는 점을 무지하고 연약한 신자들에게 이해시키기란 여간 어려운 일이 아니다. 더욱이 대부분의 사람들이 거짓 교훈에 의해 오류에 빠져 있기 때문에, 모든 사람이 각자 다른 사람들을 바라보고 기다릴 뿐, 어느 누구도 바른길로 인도 받으려 하지 않는다.

　그러므로 만일 우리가 자발적으로 이리와 도둑들에게 자신을 노출하기를 원하는 것이 아니라면, 거짓 목자와 양에게 속임을 당하지 않도록 특별히 우리 자신을 지켜야 한다. '교회'라는 이름은 영예로운 것이고 당연히 영화로워야 한다. 하지만 교회가 받아 마땅한 존중이 큰 만큼 우리는 참 교회와 거짓 교회를 구별하는 일에 더 주의하고 관심을 기울여야 한다. 그리스도께서는 여기에서 자기들이 목자라고 주장하는 사람들을 다 목자로 여겨서는 안 되며, 외적인 표시를 자랑하는 사람들을 다 양이라고 여겨서는 안 된다고 분명하게 말씀하신다.

　그리스도께서는 지금 유대인 교회에 대하여 말씀하고 계시지만, 이 점에서 오늘날 우리 시대의 교회도 다르지 않다. 우리는 그리스도께서 왜 이 말씀을 하시는지 그 목적 또한 심사숙고해야 한다. 주님은 교회 안에서 목자의 자리에 앉아 교회를 다스리고 있는 사람들이 복음을 적대시하고 반대하는 것을 보고 약한 양심을 가진 사람들이 놀라거나 절망하지 않도록 하기 위해서 이 말씀을 하고 계신다. 또한 그들이, 그리스도인이라고 불리는 사람들 중에서 그리스도의 가르침을 듣는 동료와 제자들이 거의 없음으로 인해 믿음의 대열에서 이탈하는 일이 없도록 하기 위해서 이 말씀을 하시는 것이다.

문을 통하여 양의 우리에 들어가지 아니하고 나는 이 비유의 모든 부분을 지나치게 자세히 음미하는 사람들은 시간을 허비하고 있다고 생각한다. 우리는 그리스도가 '교회'를 하나님이 그분의 백성을 모으시는 '양의 우리'로, 그리고 교회로 들어가는 유일한 입구인 주님 자신을 '문'으로 비유하셨다는 일반적인 견해로 만족하자. 이 사실로부터 우리는, 사람들을 그리스도께로 곧바로 인도하는 사람만이 선한 목자이며, 자신을 그리스도께만 헌신하는 사람들만이 참으로 하나님의 양 우리로 들어가며 그분의 양으로 여김받는다는 결론을 얻는다.

하지만 이 모든 내용은 다음과 같은 교훈을 담고 있다. 즉, 그리스도 안에는 "지혜와 지식의 모든 보화가 감추어져"(골 2:3) 있기 때문에, 그분을 떠나 다른 곳으로 가는 사람은 바른길을 가는 것도 아니며 문으로 들어가는 것도 아니다. 많은 사람들이 혼란스러워하여 주저주저하지만, 자신의 선생이신 그리스도를 멸시하지 않는 사람은 교회가 무엇인지 그리고 누구를 목자로 알고 그 말씀을 들어야 하는지에 대해 더 이상 주저하지 않는다. 누구든지 자기가 목자인 것처럼 흉내를 내면서 우리를 그리스도에게서 멀리 이끌어내려고 한다면, 우리는 그들에게서 도망가야 한다. 그리스도께서 우리에게 말씀하신 대로, 그들이 마치 이리나 도둑인 것처럼 여기면서 말이다. 그리고 우리는 복음을 믿는 순전한 믿음에 동의하는 경우가 아니라면 그들 집단에 참여하거나 머물러서는 안 된다. 그리스도께서 제자들에게 온 나라의 믿지 않는 군중들에게서 떠나고 불경건한 제사장들의 지배를 받지 말며 또 교만하고 공허한 이름에 의해 강요당하지 말라고 권하신 이유가 바로 여기에 있다.

3 문지기는 그를 위하여 문을 열고 여기에 언급된 문지기를 하나님으로 이해하려는 사람이 있다면, 나는 그 의견에 반대하지 않는다. 그리스도께

서는 목자들을 승인하는 면에 있어서 하나님의 판단과 사람들의 거짓 의견을 분명하게 대조하시는 것 같다. 그리스도의 말씀의 핵심은 이것이다.

"세상이 일반적으로 칭찬하고 기꺼이 존경하는 사람들이 있다. 하지만 통치권을 가지고 계신 하나님은 양들을 이 길로 인도하는 사람들만을 알아주시고 인정하신다."

그리스도께서 양의 '이름'을 일일이 부르신다고 말씀하실 때, 나는 그것이 믿음에 대한 상호 동의를 가리킨다고 해석한다. 제자와 선생은 하나님의 한 영(성령)에 의해 연합된다. 그래서 스승은 앞서 가고 제자는 그 뒤를 따른다. 어떤 사람들은 이 부분이 목자가 각각의 양과 가지고 있어야 하는 친밀한 지식을 표현한다고 생각하는데, 나는 그렇게 볼 확실한 증거가 있는지 의심스럽다.

4 양들이 그의 음성을 아는 고로 그리스도께서는 여기에서 사역자들에 대해서 말씀하고 계시지만, 그분이 원하시는 바는 그 사역자들의 음성이 들려지는 것이라기보다는 그들을 통하여 말씀하시는 하나님의 음성이 들려지는 것이다. 우리는 그리스도가 제시하신 예외를 주목해야 한다. 즉, 그리스도의 인도하심과 그분의 권위 아래에서 자기 양을 다스리는 자만이 교회의 신실한 목자이다. 우리는 양이 '따르는' 이유를 주목할 필요가 있다. 양이 목자를 따르는 것은, 양들이 목소리로 목자와 이리를 구별할 수 있기 때문이다. 이것이 분별의 영靈이다. 택함을 받은 사람은 분별의 영으로써 하나님의 진리와 사람들이 만들어낸 거짓된 것들을 구별한다. 그러므로 그리스도의 양들에게는 먼저 진리를 아는 지식이 있으며, 그 다음으로 순종하려는 간절한 바람이 있다. 그래서 그리스도의 양들은 진리를 깨달을 뿐만 아니라 그 진리를 마음으로 받아들인다. 그리스도께서 믿음의 순종을 칭찬하시는 것은, 양들이 목자의 음성을 듣고 복종하여 오기 때문만이 아니라, 그들이 낯선 사람들의 음성에 귀를 기울이지 않고 또 다른 사람이 자기들을 향하여 소리 지를 때 흩어지지 않기 때문이기도 하다.

6 이 비유로 … 알지 못하니라 이것이 바로 자기 지혜로 교만한 사람들이 그리스도의 빛을 저버리는 이유이다. 그들은 상당히 명백한 문제에 있어서도 매우 어리석다. 헬라어 사본에서 "그들은 그가 하신 말씀이 무엇인지 알지 못하니라"라는 구절은 다양한 방식으로 나타난다. "그들이 그가 하신 말씀을 깨닫지 못하니라"라고 되어 있는 사본도 있고, 동일한 의미를 지니기는 하지만 좀 더 충분하게 설명이 되어 있는 사본도 있다. 나는 그 사본을 따른다. 세 번째는 "그들은 자기들에게 말씀하시는 분이 하나님의 아들이심을 알지 못하니라"라고 되어 있는 사본이다. 하지만 이 사본을 받아들이는 사람은 많지 않다.

> **7** 그러므로 예수께서 다시 이르시되 내가 진실로 진실로 너희에게 말하노니 나는 양의 문이라 **8** 나보다 먼저 온 자는 다 절도요 강도니 양들이 듣지 아니하였느니라 **9** 내가 문이니 누구든지 나로 말미암아 들어가면 구원을 받고 또는 들어가며 나오며 꼴을 얻으리라 **10** 도둑이 오는 것은 도둑질하고 죽이고 멸망시키려는 것뿐이요 내가 온 것은 양으로 생명을 얻게 하고 더 풍성히 얻게 하려는 것이라 요 10:7-10

7 나는 양의 문이라 그리스도께서 이런 설명을 덧붙이지 않으셨다면, 그분의 말씀은 알레고리가 되었을 것이다. 하지만 그리스도께서는 이제 자신이 '양¥의 문門'이라고 선언하심으로써 비유의 중요한 부분을 좀 더 분명하게 설명하신다. 그분의 교훈의 핵심은 영혼의 양식이 되는 모든 영적인 교훈의 주요 요소가 그리스도 안에 있다는 것이다. 그래서 목자 가운데 하나인 바울은 "내가 너희 중에서 예수 그리스도와 그가 십자가에 못 박히신 것 외에는 아무것도 알지 아니하기로 작정하였음이라"(고전 2:2)라고 말한다. 바울의 이 표현은 우리가 다 그리스도에게로만 모여야 한다는 그리스도의 말씀과 동일하다. 그러므로 그리스도께서는 구원을 열망하는 모든 사람들에게 자신에

게로 오라고 초대하고 권하신다. 이 말씀으로 그리스도께서는 자신을 떠나서 여전히 하나님을 찾고 있는 사람들은 헛되이 방황하고 있는 것임을 암시하신다. 우리에게는 단 하나의 문만 열려 있을 뿐이고, 다른 접근은 막혀 있기 때문이다.

8 **나보다 먼저 온 자는 다** 이 어구는 문자적으로는 '나보다 먼저 온 자는 다, 얼마가 되었든지'라는 뜻이다. 내 생각에, 이 말씀을 갈릴리 사람 유다와 그와 비슷한 부류의 사람에게 한정하는 것은 그리스도께서 의미하신 바와 거리가 먼 것 같다. 지금 그리스도께서는 일반적으로 모든 거짓 교훈을 복음과, 모든 거짓 선지자들을 신실한 교사들과 대조하고 계시기 때문이다.

사실, 그리스도의 이 말씀을 이방인들에게까지 확장하는 것도 이치에 맞다. 태초부터 양¥들을 그리스도에게로 모으려고 하지 않으면서 스스로를 교사라고 선언하는 사람들은 다 영혼을 멸망시키는 일에 '목자'라는 칭호를 남용해왔다. 하지만 이것은 모세와 선지자들에게는 적용되지 않는다. 그들은 그리스도의 나라를 세우는 것을 자기들의 유일한 목적으로 삼았다.

여기서 우리는 그리스도의 말씀이 그 말씀을 반대하는 것들과 대조되었다는 사실을 주목해야 한다. 그러나 율법과 복음의 교훈 사이에는 어떠한 모순도 발견할 수 없다. 율법은 다름 아닌 복음을 위한 준비이기 때문이다. 한마디로 말해서, 그리스도께서는 세상을 자기에게서 멀어지게 하는 모든 교훈들이 치명적인 역병이라고 말씀하신다. 그리스도를 떠나서는 멸망과 흩어짐만 있을 뿐이기 때문이다.

한편 우리는 하나님께서 옛 교훈을 매우 중요하게 여기신다는 것을 안다. 그리고 그 교훈이 그리스도와 비교되는 상황에 돌입하게 될 때에 우리가 그것을 얼마나 존중해야 하는지도 알게 된다. 사람들을 그리스도에게로 인도하는 것에 아무런 관심을 기울이지 않는 선생들이 어느 세대에나 있었다는 사실 때문에 동요하는 자가 한 사람도 없도록 하기 위해서, 그리스도께서는 그런 자들이 얼마나 많이 있었는지 혹은 그런 자들이 얼마나 일찍이 등장하기 시작했는지는 문제가 되지 않는다고 분명하게 선언하신다. 우리가 고려해야 할 사항은, 문은 오직 하나밖에 없으며 문을 지나쳐 벽에 구멍을 내는 사람들은 도둑이라는 사실이다.

양들이 듣지 아니하였느니라 그리스도께서는 자신이 앞에서 비교적 모호하게 알레고리로 말씀하셨던 것을 한층 더 분명한 어조로 확증하신다. 즉, 사기꾼들에 의해 미혹을 받아 곁길로 나간 사람들은 하나님의 교회에 속하지 않은 사람들이라는 것이다. 그리스도께서 이 말씀을 하신 것은 다음과 같은 목적을 위해서이다.

첫째, 우리가 무수히 많은 사람들이 곁길로 나가는 것을 볼 때에 그들의 본을 따르기로 결정함으로써 멸망당하는 일이 없도록 하기 위함이다.

둘째, 사기꾼들이 많은 사람들을 속이는 것을 하나님께서 허용하실 때에도 우리가 흔들리지 않도록 하기 위함이다. 이리 떼와 도둑들의 여러 공격과 속임수가 한창인 때에, 그리스도께서 아무도 그분을 떠나지 않도록 하기 위하여 자신의 양들을 늘 그분의 신실하신 보호 아래 두고 지키고 계시다는 사실을 아는 것은 우리에게 큰 위로가 될 뿐만 아니라 확신을 갖게 해주는 근거가 되기도 한다.

하지만 여기서 질문 하나가 제기된다. 어떤 사람이 그리스도의 양 무리에 속하기 시작하는 때는 언제인가? 우리는 많은 사람들이 자기들 생애의 대부분을 광야에 머물며 방황하다가 마침내 그리스도의 우리로 모여드는 것을 보게 된다. 이 질문에 답하겠다. 이 구절에서 '양들'이라는 단어는 두 가지로 해석된다.

첫째, 그리스도께서 나중에 그분에게 다른 양도 있다고 말씀하셨듯이, 그분은 하나님의 택함 받은 자 모두를 '양들'이라는 말에 포함시키신다. 그 당시에는 그들이 그분의 양이 아닌 것처럼 보이더라도 말이다.

둘째, 여기에서처럼 그리스도께서는 목자의 표시를 가지고 있는 양들을 염두에 두고 말씀하신다.

우리는 본성상 그리스도의 양이 아니다. 오히려 우리는 곰으로, 사자로, 호랑이로 출생한다. 그리스도의 영靈이 우리를 길들이시어 미개하고 야만적인 성품을 온순한 양 무리의 성품으로 바꿔주셔야만 비로소 그분의 양이 되는 것이다. 하나님의 비밀스러운 선택에 따라, 우리는 태어나기 전에 하나님의 마음에 이미 '양'으로 있다. 그리고 우리를 그분의 양 무리 속으로 모으시는 하나님의 부르심으로 말미암아, 우리는 우리 마음속에서 '양'이 되기 시작한다. 그리스도께서는 신자들의 무리로 부름을 받은 사람들이 그분에게 매우 단단히 붙어 있어서, 어떤 새로운 교훈의 바람이 불어도 방황하거나 흔들리지 않는다고 말씀하신다.

자신을 그리스도에게 헌신한 사람들까지도 때로는 곁길로 나간다고, 이것은 흔히 있는 일임이 입증되었다고, 또 선한 목자는 흩어진 양들을 모은다고 한 에스겔의 말(겔 34:12)이 옳다고 주장하면서 이의를 제기하는 사람들이 있을 수 있다. 나는 믿음의 가정에 속한 사람들이 잠시 양 무리를 벗어나는 경우가 자주 일어난다는 사실을 기꺼이 인정한다. 하지만 이것이 그리스도의 말씀과 상충되지는 않는다. 믿음의 가정에 속한 사람들이 곁길로 간다면, 그들은 어떤 의미에서 '양'이기를 그만두는 것이다. 그리스도의 말씀은 단지, 하나님의 택함을 받은 사람들 모두가 비록 수많은 오류에 빠지는 유혹을 받는다고 해도 순전한 믿음을 지킴으로써 사탄과 그의 졸개들에게 희생물이 되지 않는다는 의미이다.

그러나 하나님의 역사役事는 양들이 양 우리 안에서 늘 보호를 받을 때 못지않게 잠시 방황하던 양들을 하나님께서 다시 모으실 때 놀랍게 나타난다. "그들이 우리에게서 나갔으나 우리에게 속하지 아니하였나니 만일 우리에게 속하였더라면 우리와 함께 거하였으려니와 그들이 나간 것은 다 우리에게 속하지 아니함을 나타내려 함이니라"(요일 2:19)라는 요한의 말은 언제나 그리고 예외 없이 진리이다.

이 본문은 우리를 몹시 부끄럽게 함에 틀림없다. 첫째는 우리가 목자의 음성에 익숙하지 않아 그 음성에 무관심하며 그 음성을 듣지 않기 때문이며, 둘째는 우리가 주님을 따르는 데 더디고 게으르기 때문이다. 나는 선한 사람들과 적어도 괜찮은 사람들을 염두에 두고 이 말을 하는 것이다. 그리스도의 제자라고 주장하는 사람들 중 대다수의 사람들이 그리스도에게 공공연히 뒷발질을 하기 때문이다.

마지막으로, 우리는 낯선 사람의 음성을 듣는 순간 안정되지 못하게 이리저리로 끌려다니기 때문이다. 이런 불안정과 경박함은 곧 우리가 믿음에서 얼마나 진보를 이루지 못했는지를 잘 보여준다. 하지만 신자들의 수가 우리가 바라는 것에 미치지 못하고 이처럼 적은 수의 신자들 중에서 많은 사람들이 계속해서 떨어져 나간다 해도, 신실한 선생들은 하나님의 택함을 받은 사람들, 곧 그리스도의 양들이 자기들의 말을 들을 것이라는 사실을 알기에 위로를 받는다. 할 수만 있다면 우리는 온갖 방법을 동원하여 온 세상이 믿음에 하나가 되도록 하는 일을 위해 분투노력해야 한다. 그러는 동안에는 우리의 숫자로 만족하자.

9 누구든지 나로 말미암아 들어가면 그리스도를 영접하면 위험에서 벗어난다는 소식을 듣는 것은 경건한 사람들에게 주시는 매우 큰 위로이다. 그리스도께서는 그들에게 구원과 행복한 상태를 약속하신다. 주님은 후에 이것을 두 부분으로 표현하시는데, 그리스도를 영접한 사람들은 어디를 가든지 안전할 것이며 꼴을 배부르게 먹으리라는 것이다.

성경은 '들어가며 나오며'라는 어구를 우리 삶의 모든 활동을 표현할 때 사용하곤 한다. 불어에서 '거한다, 산다'는 의미로 'aller et venir'라는 표현을 사용하는 것처럼 말이다. 그러므로 이 어구에 따르면, 복음은 우리에게 두 가지 방법으로 도움을 준다. 우리는 복음 안에서 우리 영혼의 양분을 얻는다. 그렇지 않으면 우리는 굶주려 쇠약해지며 단지 공기로만 배를 채울 뿐이다. 또한 그리스도께서는 신실한 보호자가 되시며, 이리와 도둑들의 공격에서 우리를 막아주실 것이다.

10 도둑이 오는 것은 우리가 졸면서 별 주의를 기울이지 않고 있을 때 사탄의 졸개들이 우리 주변에 접근해 오지 않도록 하기 위해서, 그리스도께서는 이 말씀으로 우리에게 경각심을 갖게 하신다. 우리의 과도한 무관심이 우리를 도처에 있는 거짓 교훈에 노출시키기 때문이다. 마땅히 그리스도 안에 있어야 하는 사람들이 다른 사람들의 말을 쉽게 믿고 수많은 오류들 속에서 여기저기 왔다갔다하는 것은, 그들이 수많은 거짓 선생들을 두려워하거나 대적하지 않기 때문이다. 그뿐만이 아니다. 우리의 통제할 수 없는 호기심은 사람들이 고안해낸 새롭고 이상한 교훈을 너무도 만족스러워하기 때문에 자원하여 도둑과 이리들을 마주하려고 애쓴다. 그리스도께서, 거짓 선생들은 아무리 부드럽고 은밀하게 자신을 감춘다고 해도 치명적인 독을 가지고 있다고 말씀하시는 데는 분명한 이유가 있다. 그러므로 우리는 좀 더 주의하여 거짓 선생들을 몰아내야 한다. 바울의 경고의 말도 이와 비슷하다.

"누가 철학과 헛된 속임수로 너희를 사로잡을까 주의하라"(골 2:8).

내가 온 것은 이것은 또 하나의 비교이다. 그리스도께서는 일찍이 자신을 문門이라고 하시면서, 양을 이 문으로 데려오는 사람들이 참 목자라고 말씀하셨다. 이제 그리스도께서는 목자의 역할을 말씀하시고, 자신이 유일한 목자라고 주장하신다. 그리스도 외에는 아무도 참 목자라는 영광스럽고 합당한 칭호를 받을 만한 사람이 없다. 교회를 위하여 신실한 목자들을 일으키시고, 그들에게 필요한 은사를 주시며, 그들을 자신의 영靈으로 다스리시고, 그들을 통하여 일하시는 분은 그리스도이시기 때문에, 신실한 목자들은 주님이 그분의 교회의 유일한 통치자가 되시거나 유일한 목자로서 다스리시는 일을 막지 않는다. 그리스도께서는 신실한 목자들의 사역을 사용하기는 하시지만, 그분만이 가지고 계신 능력으로 목자로서의 직무를 수행하고 완성하는 것을 멈추지 않으신다. 신실한 목자들은 그리스도의 주권과 통치권을 손상시키지 않는 그분의 사역자들이다. 한마디로 말해서, '목자'라는 단어가 사람에게 적용될 경우에는 종속적인 의미로 사용된다. 그리고 그리스도께서는 자신이 가지고 계신 영예를 이런 식으로 자신의 사역자들에게 부여하시기 때문에, 여전히 사역자들과 전체 양 무리의 유일한 목자이시다.

양으로 생명을 얻게 하고 그리스도께서 자신이 양으로 생명을 얻게 하려고 오셨다고 말씀하실 때, 이는 이리와 도둑들에게 공격을 받는 것은 목자이신 그리스도의 지팡이에 복종하지 않는 사람들뿐이라는 의미이다. 그리고 사람들에게 좀 더 강한 확신을 주시기 위해 그리스도께서는 자신을 떠나지 않는 사람들 속에서 생명이 계속해서 증가하고 강화된다고 말씀하신다. 사실 누구든지 믿음에 진보를 이룰수록 생명의 충만함에 더 가까이 다가간다. 생명이신 성령께서 그 사람 안에서 강해지시기 때문이다.

> 11나는 선한 목자라 선한 목자는 양들을 위하여 목숨을 버리거니와 12삯꾼은 목자가 아니요 양도 제 양이 아니라 이리가 오는 것을 보면 양을 버리고 달아나나니 이리가 양을 물어가고 또 헤치느니라 13달아나는 것은 그가 삯꾼인 까닭에 양을 돌보지 아니함이나 14나는 선한 목자라 나는 내 양을 알고 양도 나를 아는 것이 15아버지께서 나를 아시고 내가 아버지를 아는 것 같으니 나는 양을 위하여 목숨을 버리노라 요 10:11-15

11 선한 목자는 양들을 위하여 목숨을 버리거니와 그리스도께서는 양들을 향한 독특한 사랑에 근거해서 자신이 얼마나 진실하게 목자로서 양들을 대하시는지 보여주신다. 그분은 양들이 구원 받기를 간절히 바라시기 때문에 심지어 자기 목숨도 아끼지 않으신다. 이 사실에서 우리는 다음과 같은 교훈을 얻는다. 이처럼 친절하고 사랑이 넘치는 목자의 보호를 거절하는 사람들은 배은망덕한 자들이며, 수백 번이고 멸망을 당해 마땅하며 온갖 종류의 상해를 입게 될 것이다. 여기에서 우리가 교회의 치리治理와 관련하여 마땅히 바라야 할 것이 무엇이며 피해야 할 것이 무엇이고 참아야 할 것이 무엇인

지를 배운다고 말한 어거스틴의 말은 백번 옳다.

교회는 선하고 부지런한 (인간) 목자들에게 다스림 받기를 간절히 바란다. 그리스도께서는 자신이 유일한 선한 목자라고 말씀하신다. 우선은 자기 자신이 그리고 그 다음으로는 자신의 사역자들을 통해서 교회를 안전하고 건실하게 지키는 선한 목자 말이다. 질서가 잘 잡혀 있고 사람들이 규례를 잘 따르는 곳은 어디든지 사실은 그리스도께서 목자로서 행하시는 것이다.

하지만 목자의 탈을 쓰고 교회를 악하게 흩어놓는 이리와 도둑이 많이 있다. 그들이 어떤 이름을 가지고 오든지 간에 그리스도께서는 이들을 피해야 할 자들이라고 비난하신다. 교회가 삯꾼들에게서 벗어날 수 있다면 참으로 좋을 것이다. 하지만 그리스도께서 이런 식으로 신자들의 인내를 시험하시며 또 우리에게는 주님이 참된 목자들의 모습으로 우리에게 나타나신다는 지극히 놀라운 복을 받을 만한 자격이 없기 때문에, 우리는 삯꾼 목자들을 경험하게 되어 있다. 물론 그들은 사람들에게 인정받지 못하고 미움을 받을 테지만 말이다.

바울이 말하듯이, '삯꾼'이라는 말은 순전한 교훈을 지키지만 순전한 정열을 가지고 복음을 전하는 사람들이라기보다는 세상 풍조에 따르면서 복음을 전하는 사람들을 가리킨다. 그런 사람들이 비록 그리스도를 신실하게 섬기지는 않지만, 그들의 말은 우리가 귀담아 들어야 한다. 바리새인들이 모세의 자리에 앉았기 때문에 그리스도께서 그들의 말을 사람들이 듣기를 원하셨던 것처럼, 우리도 훌륭하지 않은 사역자들을 경멸하지 않음으로써 복음을 존중해야 한다. 그들에게 약간의 모욕이라도 주는 것은 복음을 욕되게 하는 것이다. 그러므로 내가 일찍이 암시하였듯이 우리는 다음의 사실을 기억해야 한다. 즉, 만일 그리스도의 영께서 사역자들 가운데서 능력 있게 역사하심으로써 주님이 그들의 목자가 되신다는 점을 분명히 드러내시지 않는다면, 우리는 우리의 죄로 인해 징계로 고통을 당할 것이며 우리의 순종도 시험을 받을 것이다.

12 삯꾼은 목자가 아니요 그리스도께서는 자신만이 목자라는 이름을 가질 자격이 있다고 주장하시지만, 어떤 의미에서 그 이름을 그분이 행하시는 데 사용하시는 도구들에게도 암묵적으로 적용하신다. 우리는 그리스도 이후 교회의 구원을 위하여 주저하지 않고 자기 피를 흘린 사람들이 얼마나 많은지 안다. 그리스도께서 세상에 오시기 전에 선지자들도 그들의 목숨을 아끼지 않았다. 그러나 그리스도께서는 친히 자신의 사역자들에게 완벽한 섬김의 본을 보여주신다. 그리스도께서 자신의 목숨보다 교회의 구원을 더 중요하게 여기셨는데, 우리가 교회의 구원보다 우리의 목숨을 더 소중히 여긴다면, 우리의 게으름은 참으로 비열하고 부끄러운 것이리라.

선한 목자이신 그리스도께서 양들을 위하여 목숨을 버리신다고 말씀하신 것은 부성애父性愛의 중요하고도 확실한 표다. 먼저 그리스도께서는 그분이 죽음으로써 보여주신 바 우리를 향한 그분의 놀라운 사랑의 모범을 증언하시고, 그런 다음 자신의 모든 사역자들에게 자신을 본받으라고 자극하기를 원하셨다. 그러나 우리는 그리스도와 사역자들의 차이를 주목해야 한다. 그리스도께서는 하나님을 만족하게 할 만한 대가를 지불하려고 자신의 목숨을 버리셨고, 우리 영혼을 정결케 하려고 자신의 피를 흘리셨으며, 아버지를 우리와 화목하게 하시려고 화목제물로 자신의 몸을 드리셨다. 그러나 복음의 사역자들에게는 이러한 요소가 하나도 있을 수 없다. 그들은 그리스도의 독특한 희생제물로써 정결하게 되고 구속救贖을 받으며 하나님과 화목할 필요가 있는 사람들이다.

그러나 그리스도께서는 자신의 죽음의 효과나 열매를 논하지 않으셨으며, 자신을 다른 사람과 비교하지도 않으신다. 다만 그분은 우리에게 어떠한 사랑을 보였는지 입증하시고, 다른 사람들에게 자신의 모범을 따르라고 권하신다. 한마디로 말해서, 죽음으로써 우리에게 생명을 얻게 해주시고 복음에 있는 모든 것을 완성하시는 것이 전적으로 그리스도께 속한 일인 것처럼, 자기들이 선포하는 교훈을 목숨을 내놓고서라도 변호하고 자기들의 피로 복음의 교훈을 인印 치며 자기들과 다른 사람들을 위해서 그리스도께서 이루신 구원이 헛되지 않다고 증언하는 것이 모든 목회자들의 공통적인 의무이다.

하지만 여기서 질문 하나를 제기할 수 있다. 우리는 어떤 이유에서든지 이리를 만나면 도망치는 사람을 삯꾼으로 간주해야 하는가? 독재자들이 교회를 대항하여 잔인하게 분노하던 옛날에는 이것이 매우 심각한 질문이었다. 내 생각에 터툴리안(Tertullian, 160~220. 북아프리카 카르타고 출신의 신학자로서 라틴 교부)과 그의 입장을 따르는 사람들은 이 문제에 있어서 너무도 엄격했던 것 같다. 나는 오히려 어거스틴의 온건한 입장을 더 좋아한다.

어거스틴은 목회자들이 도망감으로써 자기들에게 맡겨진 양들을 배반하기보다는 공적인 안전에 공헌하는 경우에 한에서 그들에게 이리를 만나면 도망가라고 권하였다. 이렇게 하면 교회가 합당한 사역자들을 빼앗기지 않게 되고, 원수들이 목회자를 개인적으로 죽이려고 혈안이 되어 그를 찾을 때 목회자가 없으면 그들의 분노가 누그러지게 된다는 것이 어거스틴의 설명이다. 하지만 위험이 모든 사람에게 공통으로 닥치고, 목회자가 공공의 선(善)을 바라기 때문이라기보다는 죽음의 두려움에서 벗어나기 위해 도망하는 것이 명백하다면, 어거스틴은 목회자가 도망하는 것이 전혀 사리에 맞지 않다고 주장한다. 목회자가 도망하는 것은 그가 살아서 장래에 선(善)을 행할 수 있는 것보다 더 해(害)가 되기 때문이다. 우리는 호노라투스(Honoratus, 350~429. 레렝스 섬 수도원을 창시한 프랑스 아를의 감독)에게 보낸 편지에서 이러한 예를 읽을 수 있다(Ep. 108). 이러한 이유에서 키푸리아누스(Cyprianus, 200~258. 라틴 교부)가 도망한 것은 이치에 맞다. 그는 죽을까 두려워서 도망한 것이 전혀 아니기에 자기의 주님이신 그리스도를 부인하는 대가로 목숨을 부지하게 해주겠다는 제안을 단호히 거절했다. 단지 우리가 기억해야 할 사실은 목자가 그의 양을 위하는 것이라면 단 한 명의 양을 위해서라도 자기 목숨을 버려야 한다는 것이다.

양도 제 양이 아니라 그리스도께서는 여기에서 자신을 제외하고는 모든 사람이 예외 없이 삯꾼이라고 생각하시는 것 같다. 그리스도만이 유일한 목자이시므로 우리 중에 어느 누구도 자기가 먹이는 양을 '제 양'이라고 부를 권리가 없다. 하지만 하나님의 영靈으로 인도함을 받은 사람들은 그들의 머리이신 그리스도에게 속한 것을 자기 것이라고 여긴다는 사실을 기억하자. 그들에게 맡겨진 것에 대해서 마음대로 할 권한이 있다고 주장하기 위해서가 아니라 오히려 신실하게 돌보기 위해서 말이다. 그리스도에게 참으로 연합한 사람은 그분에게 지극히 소중한 것을 자기에게 낯선 것이라고 여기지 않을 것이다. 그리스도께서 다음에 말씀하시는 내용이 바로 이것이다.

13 달아나는 것은 그가 삯꾼인 까닭에 삯꾼은 양을 돌보지 않기 때문에, 즉 양들이 흩어지는 것을 상관하지 않기 때문에 달아난다. 삯꾼은 그 양이 자기 양이 아니라고 생각하는 것이다. 양에 대해서는 고려하지 않고 오직 품삯만을 생각하는 삯꾼 목자는 교회가 평화로울 때는 사람들을 속일 수 있을지 모른다. 그러나 교회가 전투에 돌입하게 될 때, 삯꾼은 금세 그의 변절의 증거를 제시할 것이다.

14 나는 내 양을 알고 이 어구를 통해 그리스도께서는 우리를 향한 그분의 사랑을 다시금 언급하신다. 앎은 사랑에서 나오며 돌봄을 동반하기 때문이다. 하지만 이 말은 그리스도께서 복음에 순종하지 않는 사람들을 모르신다는 의미도 내포하고 있다. 이어지는 어구("양도 나를 아는 것이")에서 그리스도께서는 앞에서 말씀하신 내용, 즉 자신이 양을 알 뿐만 아니라 양들도 자신을 안다는 것을 반복하시며 확증하신다.

15 아버지께서 나를 아시고 내가 아버지를 아는 것 같으니 하나님께서 그분의 지혜(이신 그리스도)를 어떻게 아시는지를 밝히려고 구차한 사색에 빠지는 것은 불필요할 뿐만 아니라 적당하지도 않다. 그리스도의 말씀은 단지, 그분이 우리를 하나님에게 연합시켜주는 끈이기 때문에 그분은 하나님과 우리 사이에 계신다는 것이다. 그리스도는, 아버지께서 그리스도를 저버리거나 무시하지 않으시듯이 그분도 우리를 잊을 수가 없다고 말씀하시는 것 같

다. 동시에 그리스도께서는 우리 편에서의 의무를 요구하신다. 그리스도께서는 자신이 우리를 보호하시려고 아버지에게서 받은 모든 능력을 사용하시는 것처럼, 우리도 그분께 순종하고 헌신하기를 원하신다. 그리스도께서 아버지에게 전적으로 순종하시고 모든 것을 아버지에게 맡기신 것처럼 말이다.

> **16** 또 이 우리에 들지 아니한 다른 양들이 내게 있어 내가 인도하여야 할 터이니 그들도 내 음성을 듣고 한 무리가 되어 한 목자에게 있으리라 **17** 내가 내 목숨을 버리는 것은 그것을 내가 다시 얻기 위함이니 이로 말미암아 아버지께서 나를 사랑하시느니라 **18** 이를 내게서 빼앗는 자가 있는 것이 아니라 내가 스스로 버리노라 나는 버릴 권세도 있고 다시 얻을 권세도 있으니 이 계명은 내 아버지에게서 받았노라 하시니라 요 10:16-18

16 다른 양들이 내게 있어 여기에서 '다른 양들'을 유대인이나 이방인을 구별하지 않고 아직 그리스도의 제자가 되지 않은 사람들 전체를 지칭한다고 주장하는 사람이 있지만, 나는 그리스도께서 이방인들을 부르실 것을 염두에 두고 이 말씀을 하신다는 것을 의심하지 않는다. 그리스도께서는 옛 이스라엘 백성 공동체를 '우리'라고 부르신다. 이들은 세상의 다른 나라와 구별된 자들이며, 하나님의 선민選民으로서 한 몸으로 연합된 백성들이다. 하나님께서는 유대인들을 택하셔서, 이를테면 제사와 예배 의식이라는 경계선을 그들 주위에 두르심으로써, 그들을 믿지 않는 사람들과 혼동되지 않게 하셨다.

하지만 양 우리의 문門은 그리스도 안에서 확증된 영생에 대한 은혜로운 언약이었다. 그리스도께서 이방인들을 '다른 양들'이라고 부르신 이유가 여기에 있다. 이방인들에게는 유대인들과 동일한 표지가 없었지만, 다른 종류의 양에 속하였다. 한마디로 말해서, 그리스도의 말씀의 의미는 목자로서 그리스도의 직분은 유대인들에게 국한되는 것이 아니라 한층 더 광범위하게 확대된다는 것이다.

이 구절에 대해서, 교회 안에 수많은 이리가 있듯이 교회 밖에 수많은 양이 있다고 밝힌 어거스틴의 판단은 백 번 옳다. 하지만 어거스틴의 언급이 교회의 외적인 측면을 언급한 이 구절에 전적으로 적용될 수는 없다. 일시적으로 나그네로 지내왔던 이방인들이 나중에는 유대인들과 더불어 하나님나라로 받아들여지기 때문이다. 그러나 스스로는 전혀 양으로 여겨질 수 없는 믿지 않는 사람들을 그리스도께서 '양'이라고 부르신다는 의미에서, 나는 어거스틴의 판단이 이 구절에 적용된다는 것을 인정한다. 이 어구를 통해 그리스도께서는 그들이 양으로 간주될 것이라는 점을 보여주실 뿐만 아니라, 한 걸음 더 나아가 하나님의 신비로운 선택을 지칭하신다. 우리 역시 그리스도를 우리의 목자로 인식하기 전에 하나님의 양이었던 것처럼 말이다. 이는 하나님께서 우리에게 사랑을 확증하셨을 때에조차 우리가 그분과 원수 된 상태에 있었다는 다른 성경 본문(롬 5:10)과 맥을 같이 한다. 우리가 하나님을 알기 전에 하나님께서 우리를 아셨다고 바울이 말한 이유도 바로 여기에 있다(갈 4:9).

내가 인도하여야 할 터이니 그리스도의 말씀은, 하나님의 선택이 확실하며, 하나님께서 구원하고자 하시는 사람은 아무도 멸망하지 않는다는 의미이다. 하나님의 비밀스러운 뜻에 의해서 사람들은 생명에 이르게 되는데, 그 뜻은 결국 부르심에 의하여 하나님의 때에 나타난다. 그리고 그 부르심은 '효과 있는 부르심'이다. 하나님께서는 본성상 혈육으로 난 사람들을 그분의 영靈에 의해 하나님 자신에게로 거듭나게 하시기 때문이다.

하지만 이런 질문을 제기할 수 있을 것이다. 이방인들이 어떻게 유대인들과 연합하여 하나가 되는가? 유대인들은 그리스도의 제자가 되기 전에 하나님께서 그들 조상들과 맺은 언약을 거부해야 할 필요가 없으며, 또한 이방인들은 그리스도에게 접붙임을 받아 유대인들과 연합하기 위해서 율법의 멍에에 복종할 필요가 없으니 말이다. 여기서 우리는 언약의 본질과 언약의 외적인 장치를 구별해야 한다. 이방인들은 단지 세상의 구원의 기초가 되는 영원한 언약을 받아들임으로써 그리스도를 믿는 믿음에 동의할 수 있을 뿐이다.

이렇게 하여 "그날에 애굽 땅에(칼빈은 '애굽 땅에'라는 어구를 '낯선 자들이'라고 읽는다 - 역자 주) 가나안 방언을 말하며"(사 19:18)라는 예언과 "그날에는 말이 다른 이방 백성 열 명이 유다 사람 하나의 옷자락을 잡을 것이라 곧 잡고 말하기를 하나님이 너희와 함께하심을 들었나니 우리가 너희와 함께 가려 하노라 하리라"(슥 8:23)라는 예언이 성취되었다. 다시 "많은 이방 사람들이 가며 이르기를 오라 우리가 여호와의 산에 올라가서 야곱의 하나님의 전殿에 이르자"(미 4:2)라고 말할 것이다. 장차 "동東 서西로부터 많은 사람이 이르러 아브라함과 이삭과 야곱과 함께 천국에"(마 8:11) 앉게 될 것이며, 그때에 아브라함은 많은 민족의 아버지라고 불리게 될 것이다. 종교의식宗敎儀式과 관련해서, 그것들은 "중간에 막힌 담"이다. 바울은 그 담이 허물어졌다고 선언한다(엡 2:14). 이런 의미에서 우리는 본질과 관련하여 유대인과 함께 믿음에 하나가 된다. 그리고 종교의식들은 철폐되었기에, 유대인들이 손을 뻗어 우리와 손잡는 것을 방해할 수 있는 것은 아무것도 없다.

그들도 내 음성을 듣고 한 무리가 되어 이 구절은 하나님의 모든 자녀들이 모여 한 몸을 이룰 것이라는 의미이다. 우리가 거룩한 보편교회가 하나이며, 하나의 머리에 한 몸이 존재하는 것이 분명하다고 고백하듯이 말이다. 바울은 하나님이 한 분이시며, 믿음도 하나요 세례도 하나라고 주장한다. 그러므로 우리는 하나의 소망으로 부름을 받은 것처럼 하나가 되어야 한다(엡 4:4,5). 이제, 양 무리가 다른 우리에 나뉘어져 있는 것처럼 보이지만, 세상에 흩어져 있는 신자들은 하나의 울타리 안에 들어와 있는 것이다. 동일한 말씀이 모든 사람에게 선포되고, 동일한 성례가 시행되고, 동일한 기도 순서가 있고, 믿음의 고백에 필요한 모든 것을 동일하게 갖고 있다는 점에서 말이다.

하나님의 양 무리가 어떻게 모이는지 그 방법을 주목하라. 모든 양의 목자가 한 분일 때 그리고 양들이 그 목자의 음성을 들을 때, 양들은 모이게 된다. 이것은 교회가 그리스도에게만 복종하고 그분의 명령에 순종하며 그분의 가르침을 들을 때에만 질서 있는 상태에 있게 된다는 의미이다. 교황주의자들이 그들 가운데 이와 같은 모습을 조금이라도 보여줄 수 있다면, 그들은 자기들이 그렇게 자랑하는 '교회'라는 칭호를 누릴 수 있을 것이다. 하지만 그리스도께서 그들 가운데서 아무런 말씀도 하지 않고 침묵하신다면 그리고 그분의 위엄이 발 아래 짓밟히고 그분의 거룩한 계명이 조롱을 당한다면, 교황주의자들이 하나라고 말하는 것은 차라리 흩어져 있는 것보다 더 악하고 혐오스러운 마귀의 음모가 아니고 무엇이겠는가? 그러므로 우리는 언제든지 머리이신 그리스도에게서 출발해야 한다는 사실을 기억하자. 선지자들은 교회의 회복을 설명하면서 이런 식으로 항상 다윗 왕을 하나님과 연결한다. 선지자들은 마치 하나님께서 다스리시지 않는 곳에는 교회가 존재하지 않는 것처럼 그리고 그리스도만을 목자라고 부르는 곳에만 하나님의 나라가 존재하는 것처럼 말한다.

17이로 말미암아 아버지께서 나를 사랑하시느니라 물론 아버지께서 아들을 사랑하시는 또 다른 고차원적인 이유가 있다. "이는 내 사랑하는 아들이요 내 기뻐하는 자라"(마 3:17)라는 하늘에서 들려왔던 음성이 의미가 없었던 것은 아니다. 하지만 그리스도께서 우리를 위하여 사람이 되셨고, 아버지께서 우리와 화목하시기 위하여 아들을 끝까지 사랑하셨으므로, 그리스도께서 자신이 사랑을 받고 있다고 말씀하신 것은 놀라운 일이 아니다. 그리스도에게 우리의 구원은 자신의 목숨보다 더 소중하기 때문이다. 우리를 향한 하나님의 선하심을 칭송하면서 온 영혼으로 하나님을 기뻐해야 할 이유는, 하나님께서 독생자에게 부으셔야 할 사랑을 우리에게 확대하실 뿐만 아니라 그 사랑을 우리에게 목적인(目的因, 아리스토텔레스가 말한 변화의 네 가지 요인 중 하나)으로 삼으시기 때문이다. 그리스도께서는 육체를 입은 상태에서도 하나님의 사랑을 받으셨지만, 사실 그분은 우리처럼 육체를 입을 필요는 없으셨다. 그러나 그분이 육체를 입으신 것은 우리를 구원하시는 일에 하나님 아버지의 자비를 보증하기 위함이었다.

그것을 내가 다시 얻기 위함이니 제자들이 그리스도께서 죽으신다는 소식을 들으면 많이 슬퍼할 것이고 또 심지어 그들의 믿음이 심하게 흔들릴 수도 있으므로, 그리스도께서는 곧이어 일어날 그분의 부활 소망으로 제자들을 위로하신다. 그리스도께서는, 자신이 죽음에 완전히 삼킨 바 될 정도로 죽지는 않을 것이며 곧바로 정복자로서 다시 사실 것이라고 말씀하시는 것 같다. 오늘날 우리는 그리스도의 죽음을 묵상하면서 동시에 그분의 부활의 영광을 기억해야 한다. 우리는 그분이 생명이심을 안다. 그분은 죽음과의 싸움에서 장엄하게 싸워 이기심으로 고귀한 승리를 쟁취하셨기 때문이다.

18 이를 내게서 빼앗는 자가 있는 것이 아니라 이것은 그리스도의 죽음에 관한 소식을 들은 제자들에게 용기를 줄 수 있는 또 다른 위로의 말씀이다. 즉, 그리스도께서는 어쩔 수 없이 죽은 것이 아니라 양 무리의 구원을 위하여 자원하여 자신을 내어주신다는 것이다. 그리스도께서는 자신의 허락이 없이는 어느 누구도 자신을 죽일 권세가 없다는 것을 분명히 밝히실 뿐만 아니라 자신이 모든 강압과 폭력에서 자유롭다고 선언하신다. 우리는 그렇지 못하다. 우리는 우리의 죄 때문에 죽을 수밖에 없다. 그리스도 자신은 분명 죽을 존재인 사람으로 태어나셨지만, 그분은 자원하여 죽으시는 것이지 다른 속박에 의해 죽으시는 것이 아니었다.

그리스도께서는 제자들을 격려하고 싶으셨다. 마치 원수들에게 정복당한 것처럼 그분이 곧 죽임 당하게 되는 것을 보더라도 그들이 절망하지 않도록 말이다. 그리스도께서는 제자들에게 자신이 자기 양들을 위하여 죽는 것이 하나님의 놀라운 섭리라는 것을 알리고 싶으셨다. 그리고 그리스도의 죽음이 우리의 죄를 위한 화목제물이라는 이 교훈은 계속해서 유용하다. 그것은 자원하여 드린 희생제물이었기 때문이다. 바울이 말한 것처럼 "한 사람이 순종하심으로 많은 사람이 의인이"(롬 5:19) 될 것이었다.

내가 스스로 버리노라 이 말씀은 두 가지로 설명할 수 있다. 사람이 자기

몸에서 옷을 벗듯이 그리스도께서 자신의 생명을 버리지만 여전히 완전한 상태를 유지하신다는 의미일 수도 있고, 그리스도께서 스스로의 선택에 의하여 죽으신다는 의미일 수도 있다.

이 계명은 하나님께서 우리의 구원을 위해 세심하게 마음을 쓰셔서 우리에게 그분 자신만큼이나 위대한 그분의 독생자를 주시기까지 하셨다는 사실을 우리에게 가르치기 위하여, 그리스도께서는 아버지의 영원하신 경륜을 우리에게 상기시키신다. 자신의 아버지에게 온전히 순종하시려고 세상에 오신 그리스도께서는, 자신이 모든 일을 우리의 유익을 위해서 하신다는 사실을 친히 확증하신다.

19 이 말씀으로 말미암아 유대인 중에 다시 분쟁이 일어나니 20 그 중에 많은 사람이 말하되 그가 귀신 들려 미쳤거늘 어찌하여 그 말을 듣느냐 하며 21 어떤 사람은 말하되 이 말은 귀신 들린 자의 말이 아니라 귀신이 맹인의 눈을 뜨게 할 수 있느냐 하더라 22 예루살렘에 수전절이 이르니 때는 겨울이라 23 예수께서 성전 안 솔로몬 행각에서 거니시니 24 유대인들이 에워싸고 이르되 당신이 언제까지나 우리 마음을 의혹하게 하려 하나이까 그리스도이면 밝히 말씀하소서 하니 25 예수께서 대답하시되 내가 너희에게 말하였으되 믿지 아니하는도다 내가 내 아버지의 이름으로 행하는 일들이 나를 증거하는 것이거늘 26 너희가 내 양이 아니므로 믿지 아니하는도다 27 내 양은 내 음성을 들으며 나는 그들을 알며 그들은 나를 따르느니라 28 내가 그들에게 영생을 주노니 영원히 멸망하지 아니할 것이요 또 그들을 내 손에서 빼앗을 자가 없느니라 29 그들을 주신 내 아버지는 만물보다 크시매 아무도 아버지 손에서 빼앗을 수 없느니라 30 나와 아버지는 하나이니라 하신대 요 10:19-30

19 유대인 중에 다시 분쟁이 일어나니 그리스도께서는 자신의 설교를

통해 몇 명의 제자를 얻으셨다. 하지만 그분의 가르침으로 인해 많은 원수들 또한 생겨났고 분쟁이 발생했다. 그래서 지금까지 교회에 속한 한 몸이라고 생각되던 사람들이 이제 나뉘었다. 그들은 다 하나같이 아브라함의 하나님을 예배하고 모세의 법을 따른다고 고백했다. 그러나 지금 그리스도께서 전면으로 나서는 상황에서, 그분으로 말미암아 사람들 사이에 의견 충돌이 생기기 시작했다. 그들의 고백이 순전했더라면, 그리스도로 말미암아 그들의 일치가 깨어지지 않았을 것이다. 그분은 가장 강한 사랑의 보증이시며, 그분의 직책은 흩어진 것들을 하나로 모으는 일이기 때문이다. 하지만 그리스도께서는 자신의 복음의 빛으로, 하나님의 백성이라고 주장은 하지만 가식뿐인 많은 사람들의 위선을 드러내신다.

오늘날에도 많은 사람들의 사악함 때문에 교회가 분쟁으로 어려움을 겪기도 하고 교회 안에서 논쟁이 시작되기도 한다. 하지만 화평을 깨뜨리는 사람들은 그 분쟁과 논쟁의 원인을 우리 탓으로 돌리면서, 우리를 '분리주의자'라고 부른다. 교황주의자들이 우리에게 가하는 가장 주된 비난이, 우리의 가르침이 교회의 화평을 깨뜨린다는 것이기 때문이다.

하지만 만일 교황주의자들이 그리스도에게 조용히 복종하고 진리를 수호한다면, 모든 소요는 즉시로 안정될 것이다. 그들은 그리스도를 거슬러 수군거리기도 하고 크게 떠들어대기도 하며, 하나님의 진리가 꺼지고 그리스도가 그분의 나라에서 쫓겨나는 상황이 되기까지는 우리를 가만 내버려두지 않을 것이다. 그런 그들이 과연 우리에게 분열의 혐의를 뒤집어씌울 권한이 있단 말인가? 그들이 바로 이러한 비난을 받을 자들이라는 것은 어린아이라도 안다. 교회가 내적인 분열로 산산조각이 나는 것에 대해 우리는 마땅히 애통해해야 한다. 하지만 모든 사람이 한마음으로 하나님을 멸시하는 것보다는, 불경건한 사람들에게서 일부가 분리되어 나와 그들의 머리이신 그리스도와 연합하는 것이 더 낫다. 그러므로 분열과 관련하여, 하나님과 그분의 순전한 교훈에 반감을 품는 사람들이 누구인지를 직시해야 한다.

20 그가 귀신 들려 미쳤거늘 유대인들은 모든 사람들이 그리스도의 말씀 듣기를 두려워하도록 하기 위해 자기들이 생각할 수 있는 가장 공격적인 말로 그분을 비난한다. 불경건한 사람들은 하나님께 복종하지 않으려고 자기들의 눈을 감고 분노를 터뜨리면서 그리스도를 교만하게 비방하고, 다른 사람들을 선동하여 동일한 분노를 터뜨리게 한다. 그리스도의 말씀이 전혀 사람들에게 들려지지 않도록 하기 위해서 말이다.

그러나 그리스도의 가르침은 비방하는 사람들로부터 그 말씀을 지킬 충분한 능력을 그 안에 갖고 있다. 이것이 바로 믿는 사람들이 "이 말은 귀신 들린 자의 말이 아니라"(21절)라고 말했을 때 그들이 의도한 바이다. 그들은 사람들이 사실 그 자체를 보고 판단해야 한다고 주장하는 듯하다. 우리가 앞에서 말했듯이, 진리는 그 자체로 스스로를 보존할 만큼 충분히 강하다. 우리의 믿음을 지켜주는 한 가지 사실은, 불경건한 사람들이 복음 안에서 빛나는 하나님의 능력과 지혜를 결코 막을 수 없다는 것이다.

22 예루살렘에 수전절이 이르니 때는 겨울이라 수전절은 말하자면 '갱신'renewals 절기이다. 폐허가 되었던 성전이 유다 마카비우스Judas Maccabacus의 지도하에 다시 봉헌되었기 때문이고, 안티오커스Antiochus의 독재를 종식시킨 하나님의 은혜를 백성들이 기억할 수 있도록 새로운 성전 봉헌일을 매년 축하하고 기념해야 한다는 법이 제정된 것이 이때이기 때문이다. 수전절이 이르자 그리스도께서는 늘 그러하듯이 성전에 나타나셨다. 자신의 설교가 많은 군중들 사이에서 더 풍성한 열매를 맺을 수 있도록 하기 위해서 말이다.

23 성전 안 솔로몬 행각에서 복음서 기자는 이곳을 성전이라고 부르지만, 사실 이곳은 성전의 부속 건물에 불과할 뿐 성소 자체는 아니다. 또한 솔로몬 행각은 솔로몬이 건축했고 갈대아 사람들에 의해서 완전히 파괴된 옛 기둥을 의미하는 것이 아니라, 아마도 유대인들이 바벨론 포로 귀환 직후 옛

기둥의 모양을 본떠서 만들고는 좀 더 경의를 표하기 위해 옛 이름을 그대로 불러 사용했던 그 기둥을 가리킨다. 그 후에 헤롯이 새로운 성전을 건축하였다.

24 유대인들이 에워싸고 이르되 적어도 음모를 꾸민 자들 입장에서 볼 때, 이것은 그리스도에 대한 교활한 공격임이 틀림없다. 일반 백성들은 아마도, 그리스도가 하나님께서 자신을 해방자로 보내셨다고 공개적으로 선언하기를 꽤 진지하게 원했을 것이다. 하지만 소수의 사람들은 계략과 속임수에 빠져, 군중들 사이에 섞여 그리스도에게서 그 말을 끌어내고자 했다. 그렇게 되면 그리스도는 폭동 중에 죽임을 당하거나 로마인들에게 체포될 것이 뻔했기 때문이다.

유대인들은 그리스도께서 자기들의 "마음을 의혹하게" 하려 한다고 불만을 터뜨림으로써, 마치 자기들이 약속된 구원을 간절히 바라고 있어서 그 마음이 끊임없이 그리스도에 대한 열망에 사로잡혀 있는 체한다. 우리 마음을 만족시키고 진정으로 안정시키는 것을 그리스도 안에서만 찾는 것, 그것이 바로 참 경건의 태도이다. 그리스도께서 친히 말씀하신 것처럼 말이다.

"수고하고 무거운 짐 진 자들아 다 내게로 오라 내가 너희를 쉬게 하리라 나는 마음이 온유하고 겸손하니 나의 멍에를 메고 내게 배우라 그리하면 너희 마음이 쉼을 얻으리니"(마 11:28,29).

그러므로 그리스도께로 오는 사람들은 이 유대인들이 갖고 있는 척했던 그 마음 자세로 준비되어 있어야 한다. 하지만 유대인들은 그리스도를 부당하게 비난한다. 마치 그분이 지금까지 그들의 믿음을 세워주지 못한 것처럼 말이다. 유대인들이 그리스도에 대해 충분하고 온전하게 알지 못한 것은 전적으로 그들의 잘못이다. 그러나 불신자들은 늘 하나님의 확실한 말씀에 기초를 든든히 두기보다는 의심하며 요동한다. 오늘날 많은 사람들이 복음의 분명한 빛을 흐리게 하려고 의도적으로 자기들의 눈을 감으며 의심의 안개를 흩뿌린다. 또한 변덕스러운 마음 때문에 평생 동안 자신의 확고한 위치를 찾지 못한 채 무익한 사변思辨에 안절부절 못하는 이들도 많다.

유대인들이 그리스도께 분명하게 또는 확신에 차서 자유롭게 자신을 선언하시라고 요구한 것은 더 이상 간접적이고 불분명하게 말씀하지 말라는 의미이다. 이렇게 요구함으로써 그들은 그분의 가르침이 모호하다고 비난하는 것이다. 그러나 그리스도의 가르침은 귀먹은 자에게 들려지는 것이 아닌 이상 지극히 분명하고 명확하다. 이제 이 이야기는, 우리가 복음을 선포하라고 부름을 받으면 사악한 사람들의 속임수와 비방을 피할 수 없다고 우리에게 경고해준다. 그러므로 우리는 스스로 방어해야 하며, 우리 주님께 닥친 것처럼 우리에게 동일한 일이 발생할 때 놀라지 말아야 한다.

25 내가 너희에게 말하였으되 주님은 자신이 그리스도이심을 숨기지 않으신다. 하지만 주님은 유대인들이 기꺼이 배울 준비가 되어 있는 것처럼 여기면서 그들을 가르치지는 않으신다. 오히려 그리스도께서는 유대인들을 강퍅하고 악한 자라고 책망하신다. 그들은 하나님의 말씀과 하나님의 일들로 교훈을 받았지만 아무런 진전을 보이지 않았다. 그래서 그리스도께서는, 유대인들이 그분을 알지 못하는 것은 전적으로 그들의 잘못이라고 말씀하신다. 그리스도의 말씀의 의미는 이렇다.

"내 교훈은 본래 이해하기가 매우 쉽다. 그리고 비난을 받아야 할 사람은 바로 너희들이다. 너희는 하나님을 악하게 대적하기 때문이다."

그리스도께서는 계속하여 유대인들의 이중적인 완고함을 정죄하시려고 그분의 '일들'에 대해 말씀하신다. 유대인들이 하나님께 배은망덕하지 않았더라면, 그리스도의 가르침뿐만 아니라 그분이 행하신 이적들을 통해서도 현저한 증거를 얻었을 것이다. 그리스도께서는 유대인들이 '믿지 않는다'고 두 번씩이나 말씀하신다. 그들은 의도적으로 그리스도의 가르침에 귀를 기울이지 않고 귀를 막았으며, 그분이 행하신 일들을 보지 않으려고 눈을 감았다. 이것은 최악이며 구제 불능의 악惡의 표시였다. 그리스도께서는 자신이 아버지의 이름으로 '일들'을 행했다고 말씀하신다. 그분의 목표는 그 일들을 통해 하나님의 능력을 증언하는 것이었기 때문이다. 또한 그 일들을 통해 그분이 하나님께로부터 오셨다는 것이 분명해질 것이기 때문이다.

26 너희가 내 양이 아니므로 그리스도께서는 유대인들이 그분의 이적이나 가르침을 믿지 않는 좀 더 근본적인 이유를 제시하신다. 그것은 유대인들이 멸망 받을 사람들이기 때문이다. 우리는 그리스도께서 이렇게 말씀하시는 의도가 무엇인지를 주목해야 한다. 유대인들이 스스로 하나님의 교회에 속한 사람이라고 자랑하였기 때문에, 그리스도께서는 '믿는 것'이 특별한 은사라고 주장하시는 것이다. 유대인들이 믿지 않는다고 해도 복음이 전혀 손상 받지 않도록 하려고 말이다. 바울이 말한 것처럼, 사람들이 하나님을 알려면 먼저 하나님이 아신 바가 되어야 한다(갈 4:9).

다른 한편, 하나님을 전혀 생각하고 있지 않는 사람들은 하나님에게서 떠난 상태에 머물러 있을 수밖에 없다. 하나님만이 '양'이 되게 하신다는 이유를 들어 믿지 않는 원인이 하나님께 있다고 투덜대는 자가 있다면, 하나님은 아무런 비난도 받을 염려가 없다는 것이 나의 대답이다. 사람들이 하나님의 은혜를 저버리는 것은 전적으로 자기들이 자원해서 악한 마음을 품었기 때문이다. 하나님께서는 그분을 믿는 믿음을 일으키는 데 필요한 일이라면 무엇이든 하신다. 하지만 야수들은 하나님의 영靈에 의해 '양'으로 변화되기까지는 절대로 길들여지지 않을 것이다. 난폭한 사람들은 자기들이 하나님 때문에 난폭해졌다며 하나님을 비난하지만, 그들의 수고는 헛된 것이 되고 만다. 그들이 난폭하게 된 것은 그들의 악한 본성에 기인하기 때문이다.

한마디로 말해서, 그리스도께서는 자신의 복음에 순종하는 사람이 소수에 불과하더라도 놀랄 일이 아니라고 말씀하시는 것이다. 하나님의 영靈에 복종하지 않음으로써 믿음의 순종을 하지 않는 사람들은 모두 흉포하고 길들일 수 없는 짐승들이기 때문이다. 이보다 더 견딜 수 없고 이치에 맞지 않는 것은 복음의 권위가 사람들의 '동의'(fide, 신념)에 달려 있다고 생각하는 것이다. 그러나 신자들은 자신들이 하나님께 좀 더 강하게 결속되어 있다고 생각해야 한다. 다른 사람들은 앞을 보지 못한 상태에 있지만, 신자들은 성령의 조명照明으로 그리스도에게 인도함을 받았기 때문이다. 또한 복음의 사역자들의 수고가 모든 사람들에게 유익이 되지는 않을 경우, 이와 같은 사실이 그들에게 하나의 위안이 될 것이다.

27 내 양 그리스도께서는 반대 명제에서 이끌어낸 논증, 즉 유대인들이 복음에 순종하지 않는다는 이유를 들어 그들이 양이 아니라는 사실을 입증하신다. 하나님께서는 그분이 택한 사람들을 결국에 가서 반드시 부르신다. 그래서 그리스도의 양은 그들의 믿음으로 입증된다. 신자들이 양으로 불리는 것은, 그들이 머리이신 목자의 손에 다스림을 받으려고 하나님께 복종하기 때문이다. 신자들은 자기들의 흉포한 성품을 버리고 온유해졌으며 그리스도의 지시를 잘 받는 사람으로 변화했다. 세상의 많은 사람들이 그리스도의 음성을 듣지 않을지라도, 그분에게는 자신이 잘 아는 그리고 그분을 잘 아는 양들이 있다. 이는 경건한 교사들에게 큰 위안이 된다. 복음의 사역자들은 온 세상을 그리스도의 양 우리 안으로 데려오기 위하여 최선을 다해야 한다. 하지만 사역자들이 원하는 대로 하지 못할 때, 그리스도의 양에 속하는 사람들은 그들의 사역을 통해 함께 모이게 될 것이라는 생각으로 만족해야 한다. 나머지는 이미 설명한 내용이다.

28 영원히 멸망하지 아니할 것이요 우리가 믿음으로 그리스도의 양 우리에 들어오게 되었을 때, 그분은 우리에게 안전에 대해 확신을 갖고 걱정하지 말라고 명하신다. 이는 비교할 수 없는 믿음의 열매이다. 하지만 우리는 이 확신의 근거가 무엇인지를 깨달아야 한다. 그 근거는 그리스도께서 우리 구원의 신실한 보호자가 되신다는 사실이다. 그리스도께서는 구원이 '자신의 손'에 있다고 말씀하신다. 그리스도께서는 이것만으로는 충분하지 않은 듯이, 신자들이 자기 아버지의 능력으로 안전하게 보호를 받을 것이라고 말씀하신다. 이것은 하나님의 능력이 누구에게도 정복되지 않는 것처럼, 택함을 받

은 모든 사람들의 구원 또한 확실하다는 것을 우리에게 가르쳐주는 대단히 놀라운 말씀이다. 그리고 그리스도께서는 단지 이 말씀을 생각 없이 허공에 내뱉듯이 말씀하신 것이 아니라, 신자들의 마음속 깊이 박히는 약속으로 주셨다. 그러므로 우리는 그리스도의 말씀이 택함을 받은 사람들에게 그들의 구원이 확실하다는 것을 보여주기 위한 것이라고 추론하게 된다. 우리는 강한 원수들에게 둘러싸여 있다. 그리고 우리는 대단히 연약하여 매순간 사망에 직면한다. 하지만 우리가 맡긴 것을 지키시는 하나님은 '만물보다 크시고' 더 강하시므로, 우리는 우리의 생명이 위험에 처하더라도 조금도 두려워할 필요가 없다.

이러한 사실을 염두에 둔다면 우리는 교황주의자들이 확신하고 있는 것들이 얼마나 어리석은 것인지 알 수 있다. 그들은 자유의지와 자기들의 힘을 의지하고 자기들이 행한 일들의 공로를 굳게 믿는다. 그리스도께서는 이것과는 전혀 다르게, 그분을 따르는 사람들에게 이 세상에서 그들은 숲속에서 수많은 강도들에 둘러싸여 있는 것과 같음을 기억하라고 가르치신다. 게다가 그들은 무장도 하지 않았고 강도들의 밥이 될 형편일 뿐만 아니라 자기들 속에 사망의 원인이 있다는 것을 알기에, 하나님의 보호를 의존할 때에라야 안전하게 행할 수 있다고 가르치신다. 한마디로 말해서, 우리의 구원이 확실한 것은 그 구원이 하나님의 장중掌中에 있기 때문이다. 우리의 믿음은 약하다. 그리고 우리는 마음을 잡지 못하고 흔들리기가 쉽다. 하지만 하나님은 우리를 그분의 손으로 붙잡으시고, 우리 원수들의 모든 수고를 단숨에 흩으실 만한 능력이 있으신 분이다. 우리가 이 사실을 바라보는 것은 참으로 중요하다. 그래야 유혹에 대한 두려움 때문에 낙담하지 않을 수 있다. 그리스도께서는 이리들이 우글대는 상황에서도 양들이 어떻게 안연晏然히 거할 수 있는지 보여주고자 이 말씀을 하신 것이다.

29 아무도 아버지 손에서 빼앗을 수 없느니라 이 구절에서는 '그리고'and라는 계사繫辭가 '그러므로'therefore라는 접속사 대신 사용되었다. 그리스

도께서는 아무도 빼앗을 수 없는 하나님의 능력 때문에 경건한 사람들의 구원이 그들의 원수들이 바라는 대로 되지 않는다고 결론을 내리신다. 원수들은 경건한 사람들을 그 손의 보호 아래 두신 하나님을 먼저 이겨야 하기 때문이다.

30 나와 아버지는 하나이니라 불경건한 자들이 하나님의 능력은 그리스도와 상관이 없다고 이의를 제기하였을 것이기 때문에, 주님은 그들의 조소에 정면으로 맞서고 싶으셨다. 자신의 제자들에게 하나님의 능력이 분명히 그들을 도울 것이라고 약속할 수 있도록 말이다. 그래서 그리스도께서는 자신이 하시는 일들이 아버지께서 하시는 일과 완전히 일치하기 때문에, 아버지의 도움은 자신과 자신의 양들에게 결코 부족함이 없을 것이라고 선언하신다. 교부敎父들은 그리스도께서 하나님과 동일 본질을 가지셨다는 사실(호모우시오스, homoousios)에 대한 증거로 이 구절을 사용하였는데, 이는 잘못된 것이다. 그리스도께서는 여기서 '본질의 하나 됨' 문제를 논의하고 있는 것이 아니라, 자신과 아버지가 나누는 '일치'(어울림)에 대해 말씀하신다. 결과적으로 그리스도께서 하시는 일은 무엇이든지 그분의 아버지의 능력으로 확증될 것이다.

31유대인들이 다시 돌을 들어 치려 하거늘 32예수께서 대답하시되 내가 아버지로 말미암아 여러 가지 선한 일로 너희에게 보였거늘 그 중에 어떤 일로 나를 돌로 치려 하느냐 33유대인들이 대답하되 선한 일로 말미암아 우리가 너를 돌로 치려는 것이 아니라 신성모독으로 인함이니 네가 사람이 되어 자칭 하나님이라 함이로라 34예수께서 이르시되 너희 율법에 기록된 바 내가 너희를 신이라 하였노라 하지 아니하였느냐 35성경은 폐하지 못하나니 하나님의 말씀을 받은 사람들을 신이라 하셨거든 36하물며 아버지께서 거룩하게 하사 세상에 보내신 자가 나는 하나님의 아들이라 하는 것으로 너희가 어찌 신성모독이라 하느냐 요 10:31-36

31 유대인들이 다시 돌을 들어 치려 하거늘 진정한 신앙은 하나님의 영광을 드높이는 중에 하나님의 영靈의 인도를 받아 열정에 불탄다. 이와 동일한 방식으로 불신앙은 분노의 어머니가 되며, 마귀는 불경건한 자들을 충동하여 살인을 하도록 바람을 넣는다. 이 구절은 불경건한 사람들이 그리스도에게 질문을 던진 저의底意가 무엇이었는지를 보여준다. 그리스도께서 공개적으로 하나님과 자신이 하나라고 말씀하시자, 그분의 그러한 반응을 원했던 불경건한 사람들은 즉시 이성理性을 잃었다. 그들이 폭력을 사용하여 서둘러 그리스도를 대적하려 했지만 합법적인 구실 뒤에 자기들의 저의를 숨겼다는 것은 의심의 여지가 없다. 그들은 마치 하나님께서 거짓 선지자들을 돌로 치라고 명령하신 율법의 명령을 좇아 행하고 있는 것처럼 처신했다(신 13:5).

32 여러 가지 선한 일 여기서 그리스도께서는 유대인들이 이유 없이 잔인함을 드러내었다고 말씀하실 뿐만 아니라, 그들이 하나님께서 주신 복에 감사하지도 않고 너무도 합당하지 않게 반응한다고 비난하신다. 그리스도께서는 유대인들이 인정해줄 만한 일을 한두 가지 한 것이 아니라 여러 다양한 방법으로 그들에게 선한 일을 행했다고 말씀하신다. 이런 식으로 그리스도는, 유대인들이 그분 자신에게만이 아니라 하나님에 대해서도 은혜를 모르는 자들이라고 책망하신다. 그리스도께서는, 자신이 아버지의 일을 하는 사람이라고 말씀하시면서, 그 사명을 사람들에게 알리시고 증언하시기 위하여 자신의 능력을 공개적으로 나타내 보이셨기 때문이다. 그리스도께서 "아버지로 말미암아"라고 하실 때, 그분은 자신이 행한 여러 가지 선한 일의 주인이 하나님이시라는 뜻으로 말씀하신 것이다. 이 구절의 요지는 이렇다.

"하나님께서는 놀라운 은혜를 나로 말미암아 너희에게 알리기를 원하셨다. 나의 손을 빌려 그분이 너희에게 부으신 그 은혜를 말이다. 너희는 하고 싶은 대로 내게 행하라. 나는 너희 중에 있으면서 찬송과 감사를 받을 만한 일 외에는 아무것도 행하지 않았다. 그러니 너희가 나를 박해한다면, 그것은 틀림없이 너희가 하나님의 은사를 저버리고 하나님께 분노를 발하는 것이라는 점을 명심하라."

하지만 그리스도께서 이런 내용을 단도직입적으로 말씀하시지 않고 질문 형식으로 말씀하신 것이 그들의 양심을 더 강하게 찔렀다.

33 선한 일로 말미암아 우리가 너를 돌로 치려는 것이 아니라 불경건한 사람들은 하나님을 거슬러 공개적인 선전포고를 하면서도 그럴듯한 구실 없이 죄를 짓기는 원치 않았다. 그래서 그들은 하나님의 아들에게 화를 내면서 이런 잔인함으로 만족하지 않고, 이유 없이 그리스도를 비난하면서도 자기들이 하나님의 영광을 수호하고 옹호하는 사람들인 것처럼 보이게 했다. 선한 양심은 우리에게 마치 놋으로 만든 벽과 같아서, 우리를 공격하는 책망과 비방을 당당히 막아낸다. 불경건한 사람들이 자기들의 악의를 아무리 그럴듯한 변명으로 둘러대고 잠깐 동안 우리에게 온갖 치욕스러운 일을 해댄다고 하더라도, 우리가 하나님을 위하여 싸운다면, 하나님께서는 자신의 진리를 변호하기를 거절하지 않으실 것이다. 하지만 불경건한 사람들은 하나님의 종들을 압제하기 위한 변명거리를 늘 마련한다. 그들은 너무도 뻔뻔하고 완악하여, 자기들이 압도당하는 상황에서조차 비방하기를 멈추지 않는다. 그러므로 우리는 끝까지 우리를 지키기 위해서 인내하고 온유할 필요가 있다. 세속 작가들이 온갖 종류의 비난을 가리키는 말로 일반적으로 사용하는 '신성모독'이라는 단어가 성경에서는 하나님의 위엄이 상처를 받거나 모독을 받을 때 하나님께 적용하던 단어이다.

네가 사람이 되어 자칭 하나님이라 함이로라 신성모독에는 두 종류가 있다. 하나는 하나님께서 그분이 마땅히 받으셔야 할 영예를 받지 못하고 빼앗겼을 경우이다. 다른 하나는 하나님의 성품에 합당하지 않거나 어울리지 않는 어떤 것을 그분에게 돌려드리는 경우이다. 유대인들은 그리스도께서 한갓 인간에 지나지 않으면서 신적神的 영예를 찬탈하고 있다고 여겼기 때문에, 그분을 신성모독자라고 주장한다. 그러나 그들이 그리스도를 사람에

40

불과하다고 했다면, 이것이야말로 정확히 신성모독에 해당한다. 그들의 잘못은 그리스도의 이적에 분명히 나타난 그분의 신성神性을 깊이 숙고하려 하지 않았다는 것이다.

34 너희 율법에 기록된 바 내가 너희를 신이라 하였노라 하지 아니하였느냐 그리스도께서는 자신이 하나님의 아들이라는 것을 부인함으로써가 아니라 자신이 그렇게 말한 것이 정당하다는 것을 주장하심으로써, 자신에 대한 유대인들의 비난에서 자신이 결백함을 증명하신다. 하지만 그리스도께서는 그 문제를 충분히 설명하시는 대신에 자신의 대답을 그 사람들에게 맞추신다. 현재로서는 그렇게 대답하는 것이 유대인들의 악의를 논박하기에 충분하다고 여기셨기 때문이다. 그리스도께서는 스스로를 하나님의 아들이라고 칭한 것이 무슨 의미인지 명백하게 표현하기보다는 간접적으로 암시하신다. 그분이 사용하시는 논증은 동등한 것에서 유추한 논증이 아니라 작은 것에서 큰 것으로의 논증이다.

성경은 하나님께서 존귀한 직책을 부여한 사람들을 '신'神이라고 부른다. 하지만 하나님께서 다른 모든 사람들보다 뛰어나게 하려고 구별하신 그리스도는 이러한 존귀한 칭호를 받기에 더욱 가치가 있는 분이시다. 그러므로 유대인들은 처음 것은 받아들이지만 두 번째 것에 대해서는 불쾌해하는 사악하고 거짓된 성경해석자들이라는 결론이 나온다.

그리스도께서 인용하신 구절은 시편 82편 6절이다. 여기서 하나님께서는 세상의 왕과 재판관들에게 훈계하신다. 그들은 자기들의 권위와 능력을 자기들의 정욕을 위해 독단적으로 사용하며, 가난한 사람들을 압제하고 온갖 악을 행한다. 하나님께서는 이런 사람들이 그분으로부터 그 영예로운 칭호를 받았으면서도 그것을 잊어버리고 그분의 이름을 모독하고 있다고 책망하신다. 그리스도는 이것을 현재의 문제에 적용하신다. 유대인들은 신神이라는 아름다운 이름을 가졌다. 그들이 세상을 다스리는 하나님의 사역자들이기 때문이다. 성경은 동일한 이유에서 천사들을 '신'이라고 부른다. 즉, 하나님의 영광이 천사들을 통하여 세상에 빛나기 때문이다. 그리스도의 다음 표현에 주목하자.

35 하나님의 말씀을 받은 사람들을 신이라 하셨거든 그리스도의 말씀은 유대인들이 하나님에게서 결정적인 명령을 받았다는 의미이다. 이것으로부터 우리는 국가들이 우연히 혹은 사람들의 실수로 생겨난 것이 아니라 하나님의 뜻에 의해 정해졌다고 추론하게 된다. 하나님께서는 정치적인 질서가 사람들 사이에 잘 자리 잡히기를 원하시기 때문이다. 또한 우리가 공의와 법으로 통치를 받아야 함도 여기에서 추론할 수 있다. 바울이 권세를 저버리는 사람은 하나님을 배역하는 사람이라고 말한 이유가 바로 여기에 있다. 하나님께서 정하지 않은 권세란 존재하지 않는다(롬 13:1,2). 다른 소명召命들도 하나님으로부터 말미암으며 하나님께서 인준하신 것이지만, 우리가 농부나 소몰이꾼이나 대장장이를 '신'이라고 부르지 않는다면서 이의를 제기하는 사람이 있다면, 나는 이렇게 대답하겠다. 즉, 하나님께서 어떤 특별한 삶의 방식으로 부르신 모든 사람들을 '신'이라고 칭하는 것은 일반적인 선언은 아니라고 말이다.

그리스도께서는 왕들에 대하여 말씀하고 계신다. 하나님께서는 다른 사람들을 다스리게 하고 또 다른 사람들보다 뛰어나게 하려고 왕들을 높은 자리에 앉히셨다. 한마디로 말해서, 재판관들은 하나님께서 그들에게 통치권을 맡기셨기 때문에 '신'이라고 불린다는 것을 알자.

그리스도께서는 '율법'이란 말로써 하나님께서 자신의 옛 백성들을 다스렸던 모든 교훈을 포괄적으로 언급하신다. 선지자들은 단지 율법을 해석하는 사람들에 지나지 않았기 때문에, 시편 역시 율법의 부록appendage으로 간주되었다. "성경은 폐하지 못하나니"라는 말은 성경의 교훈은 범할 수 없는 것이라는 의미이다.

36 아버지께서 거룩하게 하사 모든 경건한 사람들에게는 공통적인 거룩

함이 있다. 하지만 여기서 그리스도께서는 자신에게는 이보다 더 나은 어떤 것이 있음을 천명하신다. 즉, 그분은 성령의 능력과 하나님의 위엄이 자기 안에서 나타난다는 점에서 다른 모든 사람들과 구별되셨다. 앞에서 말씀하신 것처럼, 그리스도는 하나님 아버지께서 인印 치신 분이시다(요 6:27). 하지만 이 말씀은 엄밀히 말해서 육체로 나타나신 그리스도의 인격을 가리킨다. 그러므로 그리스도께서 거룩하시다는 것과 그분이 세상에 보냄을 받으셨다는 이 두 내용은 서로 결합된다. 그러나 우리는 그리스도께서 무슨 이유로 또 어떤 조건으로 보냄을 받았는지도 이해해야 한다. 그것은 하나님으로부터 구원을 가져오기 위함이며, 자신이 하나님의 아들이라는 것을 모든 방법을 통하여 증명하고 보여주기 위함이었다.

너희가 어찌 신성모독이라 하느냐 아리우스파 사람들은 그리스도께서 본성상 하나님이 아니라 일종의 이차적인precarius 신성神性을 지녔음을 증명하기 위해 이 구절을 사용한다. 하지만 이러한 오류는 쉽게 논박할 수 있다. 그리스도께서는 지금 자신이 어떤 본질을 갖고 계신지에 대하여 논의하고 계신 것이 아니라, 우리가 그분이 행하신 이적을 보고 육체를 입고 계신 그분을 어떤 분으로 인식해야 할지에 대하여 말씀하고 계신다. 그분을 하나님 아버지에 의해 우리에게 계시된 구주救主로 인식할 때에야 비로소 우리는 그분의 영원한 신성神性을 파악할 수 있기 때문이다. 더욱이 우리는 내가 앞에서 주장한 것을 기억할 필요가 있다. 즉, 이 구절에서 그리스도께서는 자신의 제자들에게 하셨을 법한 방식으로 자신이 어떤 존재인지를 공공연하게 명백히 설명하지는 않으신다. 오히려 그분은 원수들의 비방을 논박하는 데 집중하신다.

37 만일 내가 내 아버지의 일을 행하지 아니하거든 나를 믿지 말려니와 38 내가 행하거든 나를 믿지 아니할지라도 그 일은 믿으라 그러면 너희가 아버지께서 내 안에 계시고 내가 아버지 안에 있음을 깨달아 알리라 하시니 39 그들이 다시 예수를 잡고자 하였으

나 그 손에서 벗어나 나가시니라 ⁴⁰ 다시 요단 강 저편 요한이 처음으로 세례 베풀던 곳에 가사 거기 거하시니 ⁴¹ 많은 사람이 왔다가 말하되 요한은 아무 표적도 행하지 아니하였으나 요한이 이 사람을 가리켜 말한 것은 다 참이라 하더라 ⁴² 그리하여 거기서 많은 사람이 예수를 믿으니라 요 10:37-42

37 만일 내가 내 아버지의 일을 행하지 아니하거든 그리스도께서는 유대인들이 그리스도 자신의 거룩함과 그 거룩함에 따르는 모든 것들에 대해서 자랑하는 것은 헛되다고 응수하지 못하도록 하기 위해 자신이 행하신 이적을 다시금 강조하신다. 이적이야말로 그리스도의 신성神性을 증명하기에 충분한 것이었기 때문이다. 이 구절은 양보 구절 형식으로 되어 있다. 그리스도께서 말씀하시는 내용은 이렇다.

"나는 사실 자체가 분명하게 드러나는 것 외에는 다른 어느 이유로도 너희가 나를 믿지 않기를 바란다. 하나님께서 나에게 공공연한 증거를 주지 않으셨다면, 너희는 나를 얼마든지 거부해버릴 수 있다."

그 이적들이 참으로 하나님에게 속한 것이기 때문에 그리고 그 이적들 안에 빛나는 능력은 지극히 커서 도무지 사람이 할 수 있는 일이라고는 할 수가 없기 때문에, 그리스도께서는 그것을 "내 아버지의 일"이라고 일컬으신다.

38 내가 행하거든 유대인들이 명명백백한 하나님의 일을 존중하지 않으므로, 그들에게는 하나님을 모독하는 불경건의 죄가 분명 있다고 그리스도께서는 밝히신다. 이 구절은 두 번째로 등장하는 양보 구절이다. 예수님의 말씀의 의미는 이렇다.

"너희가 내 교훈을 의심할 수는 있을지라도, 적어도 내가 행한 이적이 하나님에게서 온 것임을 부인할 수는 없을 것이다. 그러므로 너희는 사람이 아니라 하나님을 공공연히 저버리는 것이다."

그리스도께서는 마치 믿음이 지식보다 열등한 것인 양 지식 다음에 믿음을 언급하시는데(우리말 개역개정성경에는 "그러면 … 깨달아 알리라"라고 되어 있지만, 칼빈은 이 부분을 'That you may know and believe'라고 읽는다 - 역자 주), 그렇게 하신 데는 이유가 있다. 즉, 그분은 지금 믿음이 없는 사악한 자들과 대면하고 계시기 때문이다. 그들은 경험으로 납득해야만 하나님께 복종하는 사람들이다. 하나님께 저항하는 자들은 믿기 전에 알기를 원하기 때문이다. 하나님께서는 그분의 일을 아는 지식을 베풀어주셔서 우리를 믿음에 이르도록 준비시킬 만큼 우리의 응석을 받아주신다. 하지만 하나님과 그분의 신비로운 지혜를 아는 지식은 순서상 믿음 다음에 따라온다. 믿음의 순종이 우리에게 천국의 문門을 열어주기 때문이다.

아버지께서 내 안에 계시고 그리스도께서는 앞에서 "나와 아버지는 하나이니라"라고 말씀하셨던 것과 똑같은 내용을 다른 말로 반복하신다. 이 모든 것은, 그리스도께서 사역 중에 행하신 행위에는 그분의 아버지께서 하시는 것과 상반되는 것이 아무것도 없다는 의미이다. 그리스도께서는 "아버지께서 내 안에 계시고"라고 말씀하신다. 이것은 하나님의 능력이 그리스도 안에 나타났다는 의미이다. 계속해서 그분은 "내가 아버지 안에" 있다고 말씀하신다. 이것은 그리스도께서 하나님의 권위로만 모든 일을 하시며, 그래서 그리스도와 그분의 아버지는 서로 연결되었다는 의미이다. 이 말씀은 본질의 하나 됨이 아니라 그리스도의 인격에 신적神的 능력이 나타난 것을 가리킨다. 이 능력은 그리스도가 하나님으로부터 오셨음을 보여준다.

39 그들이 다시 예수를 잡고자 하였으나 이것은 유대인들이 그리스도를 성전 밖으로 끌고 가서 돌로 치려 했음을 가리킴이 분명하다. 그들의 분노가 그리스도의 말씀으로도 전혀 누그러지지 않았기 때문이다. 복음서 기자가 "그 손에서 벗어나 나가시니라"라고 언급하였는데, 이는 하나님의 놀라운 능력이 동반되지 않고는 불가능한 일이었다. 이것은 우리가 악한 자들의 옳지 못한 분노에 노출되지 않을 것임을 상기시켜준다. 하나님께서 원하시기

만 하면 언제든지 그분의 굴레로 그 분노를 억제하시기 때문이다.

40 다시 요단 강 저편 … 곳에 가사 그리스도께서는 별 이득이 없는 논쟁을 계속할 필요가 없으셨기에 요단 강 건너편으로 가셨다. 주님은 친히 모범을 보이심으로써 우리에게 유리한 기회를 사용하라고 가르치신다. 그분이 건너가신 그곳에 대해서는 요한복음 1장 28절을 보라.

41 많은 사람이 왔다가 많은 사람이 모였다는 것은 그리스도께서 자신이 해야 할 일을 잊기 위해서 혼자 있을 곳을 찾으신 것이 아니라는 사실을 보여준다. 그분은 자신의 도성인 예루살렘이 자신을 내쫓자, 광야에서 하나님을 위한 성소를 세우려고 혼자 있을 곳을 찾으신 것이다. 하나님께서 택하신 성전이 강도들의 소굴이 되자, 하나님의 교회가 멸시받는 곳에서 함께 모였다는 것은 참으로 무서운 하나님의 복수임이 확실하다 .

요한은 아무 표적도 행하지 아니하였으나 그들은 그리스도께서 세례 요한보다 훨씬 더 탁월하다는 결론을 내렸다. 세례 요한은 어떤 이적도 행하지 않은 반면에, 그리스도께서 행하신 이적은 현저했기 때문이다. 우리가 늘 이적으로 모든 것을 판단해야 하는 것은 아니다. 하지만 이적이 교훈과 결합될 때는, 이미 앞에서 여러 차례 언급했던 것처럼, 이적을 가볍게 볼 수만은 없다. 더욱이 그들의 주장에는 결함이 있다. 그들은 그리스도를 세례 요한과 비교하지만 오직 한 부분만 비교하기 때문이다. 그리고 그들은 세례 요한이 하나님의 뛰어난 선지자이며 성령의 독특한 은혜를 입은 사람이라는 것을 당연하게 생각한다. 그래서 세례 요한이 다른 면에서는 매우 위대한 선지자이지만 하나님의 어떤 섭리에 의해서 이적을 행하는 영예를 부여 받지 못했기에, 세례 요한보다 그리스도를 더 선호한다는 현명한 결론을 내린 것이다. 그러므로 사람들은 그리스도께서 더 존경을 받도록 하기 위하여 이 모든 일이 그분을 위해서 발생하였다고 결론을 내렸다.

요한이 이 사람을 가리켜 말한 것은 다 참이라 내가 생각하기에, 이 어구는 그곳에 온 많은 사람들이 한 말이 아니라 복음서 기자가 그들이 다음 두 가지 이유에서 그리스도를 믿었다는 점을 보이려고 첨가한 것 같다. 한편으로 그들은 세례 요한이 그리스도에 대하여 증언한 것이 참이라는 사실을 알았고, 다른 한편으로 그들은 이적으로 말미암아 그리스도가 한층 더 영광을 받게 되었음을 깨달았던 것이다.

요한복음 II장

1 어떤 병자가 있으니 이는 마리아와 그 자매 마르다의 마을 베다니에 사는 나사로라 2 이 마리아는 향유를 주께 붓고 머리털로 주의 발을 닦던 자요 병든 나사로는 그의 오라버니더라 3 이에 그 누이들이 예수께 사람을 보내어 이르되 주여 보시옵소서 사랑하시는 자가 병들었나이다 하니 4 예수께서 들으시고 이르시되 이 병은 죽을병이 아니라 하나님의 영광을 위함이요 하나님의 아들이 이로 말미암아 영광을 받게 하려 함이라 하시더라 5 예수께서 본래 마르다와 그 동생과 나사로를 사랑하시더니 6 나사로가 병들었다 함을 들으시고 그 계시던 곳에 이틀을 더 유하시고 7 그 후에 제자들에게 이르시되 유대로 다시 가자 하시니 8 제자들이 말하되 랍비여 방금도 유대인들이 돌로 치려 하였는데 또 그리로 가시려 하나이까 9 예수께서 대답하시되 낮이 열두 시간이 아니냐 사람이 낮에 다니면 이 세상의 빛을 보므로 실족하지 아니하고 10 밤에 다니면 빛이 그 사람 안에 없는 고로 실족하느니라 요 11:1-10

1 어떤 병자가 있으니 복음서 기자는 이제 다른 이야기를 시작한다. 이것은 눈이 휘둥그레지는 놀라운 이적 이야기이다. 그리스도께서는 나사로를 다시 살리심으로써 그분이 가지고 계신 놀라운 신적神的 능력을 보이셨을 뿐만 아니라, 우리가 장차 경험하게 될 미래의 부활에 대한 생생한 이미지를 바

로 우리 눈앞에서 보여주셨다. 이 이적은 그리스도께서 행하신 거의 마지막이면서도 최종적인 행위라고 할 수 있다. 그분의 죽음의 때가 다가오고 있었기 때문이다. 그러므로 그리스도께서 이 일을 통해 자신의 영광을 특별한 방법으로 보여주심으로써, 자신의 백성들이 이 이적을 마음에 새기고 기억하기를 원하셨던 것은 당연하다. 죽은 자가 다시 살아난 이 이적이 이전에 일어났던 모든 일에 대한 일종의 '보증'이 될 수 있도록 말이다. 물론 그리스도께서는 다른 사람들도 살린 적이 있으시다. 하지만 지금 그분은 썩은 시체에 그분의 능력을 보여주신다. 앞으로 우리는 적절한 곳에서 이 이적에 나타난 하나님의 영광을 찬양하는 상황을 주목하게 될 것이다.

마리아와 그 자매 마르다의 마을 베다니에 사는 나사로라 요한이 나사로를 마리아와 마르다와 관련하여 언급한 것은, 나사로가 믿는 사람들 사이에서 그의 여동생들보다 덜 알려졌기 때문일 것이다. 누가복음 10장 38절의 기록이 증거하듯이, 이 경건한 여인들은 자주 그리스도를 그들의 집에서 영접했다. 수도사들과 교황주의자들이 소도시 혹은 농촌 마을인 이 '마을'castellum을 '성채'castle라고 우기는 것은 매우 어리석은 생각이다.

2 이 마리아는 향유를 주께 붓고 수도사들과 교황주의자들이 나사로의 여동생인 마리아를 누가복음 7장 37절에 언급된 악명 높은 여자였다고 생각하는 것 또한 무지의 소치이다. 그들이 이렇게 잘못 생각한 것은 마리아가 예수님에게 기름을 부었다는 언급 때문이다. 그들은 그리스도께서 여러 번, 그것도 다른 장소에서 기름 부음을 받았다는 것을 알지 못했던 듯하다.

　누가에 따르면, 죄인인 그 여자는 자신이 살고 있던 예루살렘에서 그리스도께 기름을 부었다. 하지만 베다니의 마리아는 이후에 자기 마을(베다니)에서 그분에게 기름을 부었다. 요한복음 기자가 사용한 완료시제('붓고')는 그 일이 발생한 때를 가리키는 것이 아니라, 그 일이 기록된 때와 관련 있는 것이 분명하다. 말하자면 그는 이런 식으로 말하고 있는 셈이다.

"이 마리아는 이후에 그리스도에게 향유를 부었으며, 그로 인해 제자들 사이에 불평을 자아낸 자이다"(마 26:7-9 참조).

3 보시옵소서 사랑하시는 자가 병들었나이다 이것은 대단히 짧고 간결한 전갈에 불과하다. 하지만 그리스도께서는 이 소식을 듣고 두 자매가 원하는 것이 무엇인지 쉽게 간파할 수 있으셨다. 마리아와 마르다는 슬픔에 싸여 그리스도께서 자기들을 도와주시기를 겸손하게 기도했다. 우리가 길게 기도해서는 안 된다는 것은 아니다. 중요한 것은 우리의 염려와 우리를 괴롭히는 문제를 하나님의 품으로 가져가는 것이다. 하나님께서 이 모든 문제를 해결해주시리라는 믿음을 가지고 말이다. 마리아와 마르다가 그리스도께 대하여 행한 행동이 바로 이런 것이다. 마리아와 마르다는 자기들의 고민거리를 그리스도에게 즉시 설명하고 그분에게 도움을 바랐다. 우리가 또한 주목해야 할 것은 마리아와 마르다가 그리스도의 사랑에 근거해서("사랑하시는 자가") 도움을 받으리라 확신했다는 사실이다. 이것은 참된 기도의 영원한 법칙이다. 하나님의 사랑이 있는 곳에는 확실하고 현재적인 구원이 있기 때문이다. 하나님은 자신이 사랑한 사람을 끝까지 돌보는 분이시다.

4 예수께서 들으시고 이르시되 이 병은 죽을병이 아니라 이렇게 대답하심으로써 주님은 제자들이 염려나 괴로움에서 벗어나기를, 그리하여 그분이 자신의 친구가 처한 위험에 별 관심을 기울이지 않는 것을 보고서 오해하지 않기를 바라셨다. 그들이 나사로의 생명에 대해 걱정하지 않도록 하기 위해서 그리스도께서는 그 병이 죽을병이 아니라고 말씀하시면서, 자신의 영광을 나타낼 신선한 자료가 될 것임을 약속하신다. 더욱이 나사로는 실제로 죽었지만, 그 후에 그리스도께서 나사로를 속히 살리실 것이기 때문에, 그분은 이러한 결과를 내다보면서 그 병이 죽음에 이를 병이 아니라고 선언하시는 것이다.

하나님의 영광을 위함이요 이 어구는 죽음이라는 것과 결코 모순되지 않기에, 그리스도의 이 말씀은 보편타당한 주장이 된다. 물론 멸망 받을 사람들은 죽는다. 그러나 우리는 경건한 사람들의 구원 못지않게 멸망 받을 사람들의 심판에서도 하나님의 영광이 분명하게 나타난다는 사실을 알고 있다. 하지만 이 구절에서 그리스도께서는 자신의 직책과 연관하여 하나님의 영광을 적절하게 언급하신다. 더욱이 그리스도의 이적에 나타난 하나님의 능력은 위협적인 것이 아니라 애정어리고 멋진 것이었다. 그리스도께서 나사로가 죽지 않을 것이고 그리스도의 영광과 아버지의 영광을 나타낼 것이라고 말씀하셨으니, 우리는 그리스도께서 왜 그리고 무슨 목적으로 아버지에게서 보냄을 받았는지를 살펴보아야 한다. 그분은 멸망시키려고 보냄을 받은 것이 아니라 구원하려고 보냄을 받으셨다.

"하나님의 영광을 위함이요 하나님의 아들이 이로 말미암아 영광을 받게 하려 함이라"라는 이 표현은 매우 중요하다. 이 표현에서 우리는 하나님께서 자신의 아들의 인격을 통해 자신을 알리기 원하신다는 사실을 깨닫는다. 하나님께서는 자신이 받고 싶은 영광을 아들에게 주셨다. 그러므로 우리는 요한복음 5장 23절에서 "아들을 공경하지 아니하는 자는 그를 보내신 아버지도 공경하지 아니하느니라"라는 말씀을 보게 된다. 이슬람교도들과 유대인들도 하나님을 예배하는 체한다. 하지만 그들은 그리스도에게 오만 방자하게 처신했으며, 이것은 곧 그들이 그리스도에게서 하나님을 떼어내려 하고 있음을 의미한다.

5 예수께서 본래 마르다와 그 동생과 나사로를 사랑하시더니 그리스도께서 나사로와 그 누이들을 사랑하셨다고 했는데, 그분이 마치 나사로의 목숨에 대해서는 전혀 관심이 없는 듯 요단 지역 저편에서 이틀 동안 머무르셨다는 것은 언뜻 모순되는 것처럼 보인다. 사랑은 관심이다. 그러므로 그리스도께서는 즉시 나사로에게 달려가셔야 했다. 그러나 그리스도께서는 하나님의 은혜를 반영하는 유일한 거울이시다. 그러므로 우리는 그분이 나사

로에게 가는 것을 지체하신 것을 통해, 당장 눈앞에 보이는 상황을 근거로 하나님의 사랑을 평가하지 말아야 한다는 교훈을 얻는다.

우리가 부르짖을 때 하나님께서는 종종 지체하신다. 기도하면서 우리가 바라는 것이 무엇인지 좀 더 분명하게 하기 위해 혹은 우리로 인내하며 동시에 순종하는 법을 배우게 하려고 지체하시는 것이다. 그러므로 하나님께서 신자들이 기대한 것보다 더 늦게 도움을 주신다면, 신자들은 하나님께 도움을 구하는 기도를 드리면서 자기들의 소원을 늦추는 법도 배워야 한다. 설령 하나님께서 지체하신다고 하더라도, 그분은 절대로 주무시지 않고 자신의 자녀들을 잊지 않으신다. 하나님께서는 그분이 사랑하시는 모든 사람들이 구원 받기를 원하심을 굳게 확신하자.

7 그 후에 제자들에게 이르시되 제자들은 그리스도께서 나사로를 잊으셨다고 혹은 적어도 그분에게 나사로의 목숨보다 더 중요한 것이 있다고 생각했지만, 마침내 그리스도께서는 자신이 참으로 나사로에게 마음을 쓰고 계셨음을 보여주신다. 그래서 그분은 제자들에게 요단 강을 건너 유대 지역으로 가자고 말씀하신다.

8 제자들이 말하되 랍비여 방금도 유대인들이 돌로 치려 하였는데 제자들은 그리스도에게 겁을 주어 다른 곳으로 가게 하려 한다. 주님을 위해서가 아니라 자기들을 위해서 말이다. 제자들은 하나같이 그리스도에게 닥칠 위험을 두려워했다. 왜냐하면 그 위험은 그들 모두에게도 똑같이 닥칠 것이기 때문이다. 그 역경을 두려워한 그들은 이런 사실을 그리스도께 말씀드리는 것이 창피하다고 생각하고는 마치 자기들의 스승을 염려하는 듯이 말을 돌렸다. 오늘날에도 많은 사람들이 이와 동일한 행동을 한다. 어려움이 닥칠 것을 두려워하여 자기들의 의무를 다하지 않는 이 사람들은 자기들의 연약함을 감추려고 사방에서 변명거리를 찾는다. 자기들이 정당한 이유 없이 하나님께 마땅한 순종을 드리지 않는 것처럼 보이지 않게 하려고 말이다.

9 낮이 열두 시간이 아니냐 이 구절에 대해서는 다양한 설명이 제시되었다. 이 말씀이, 인간의 마음은 변덕스러워 매시간 사람들이 새롭고 다양한 목적을 가지고 있음을 가르친다고 이해하는 사람들의 설명은 그리스도께서 의도하신 의미와 전혀 상관이 없다. 나는 이 구절에 일반적인 교훈이 담겨 있다고 생각한다. 그러므로 우리는 단지 참되고 단순한 의미를 아는 데 만족하자.

첫째, 그리스도께서는 밤과 낮을 은유로 사용하신다. 누구든지 밤에 이동하면 당연히 장애물에 부딪히거나 길을 잃거나 혹은 넘어지기 마련이다. 하지만 낮에는 해가 떠서 길을 비춰주므로 전혀 위험이 없다. 하나님의 부르심은 마치 대낮의 빛과 같다. 우리는 그 빛의 영향을 받아 잘못되거나 넘어지지 않는다. 그러므로 하나님의 말씀에 순종하고 그분의 명령을 다 지키는 사람은 하나님을 지도자로 따를 것이며 하늘의 인도를 받을 것이다. 또한 이러한 확신을 가지고 자기의 길을 안전하고 당당하게 갈 수 있다.

시편 91편 11,12절에 기록되어 있듯이, 하나님의 길로 행하는 사람에게는 수호천사들이 있어서 그를 안전하게 보호할 것이기에 그 발이 돌에 부딪히지 않게 될 것이다. 그래서 그리스도께서는 이러한 도움을 의지하셨으며, 돌에 맞을까 두려워하지 않고 용감히 유대 지방으로 가셨다. 하나님께서 우리를 비춰주시고 우리 길을 인도하시는 태양일 때에 우리가 길을 잃을 위험은 없다. 우리는 이 말씀을 통해, 누구든지 하나님의 부르심을 받지 않은 상태로 자기 자신의 생각에 따라 나아갈 때 그의 모든 삶은 방황하게 되고 정상적인 길에서 벗어날 수밖에 없다는 교훈을 배운다. 그리고 자신이 매우 지혜롭다고 생각하여 하나님의 말씀을 찾지 않거나 또는 하나님의 영靈으로 자신의 모든 행동의 규율을 삼지 않는 사람은 어둠 속에서 방황하는 맹인에 불과하다.

유일한 바른길은 우리가 하나님의 소명을 잘 의식하고 늘 하나님께서 우리보다 앞서 행하시도록 하는 것이다. 우리 삶의 질서를 올바르게 세워주는 이러한 규례를 따르면, 성공적인 결과가 있으리라는 확신이 자연스럽게 따라온다. 우리를 잘 다스릴 수 있는 분은 하나님 한 분뿐이시기 때문이다. 우리에게 이러한 지식이 절대적으로 필요하다. 신자들이 하나님을 따르기 위해한 걸음이라도 내디디려 하면, 사탄이 곧바로 신자들 앞에 수많은 장애물을 쌓아놓고 도처에 다양한 위험 요소들을 가져다놓으며 우리의 길을 막기 때문이다. 그러나 주께서 주님의 빛을 비추시고 우리에게 앞으로 나가라고 권하실 때, 우리는 굳세게 앞으로 나가야 한다. 우리가 가는 길에 많은 사람들이 죽어 넘어져 있다고 하더라도 말이다.

주님은 절대로 우리에게 약속을 통한 격려도 없이 앞으로 나가라고 명령하지 않으신다. 그러므로 우리는 그분이 명령하신 것을 따르면 그것이 무엇이 되었든지 간에 우리에게 유익하고 좋을 것이라고 확신할 수 있다. 이것이 우리의 마차이다. 이 마차에 오르는 사람은 피곤하여 약해지는 법이 없다. 장애물이 만만치 않아서 우리가 그 마차를 타고서는 통과할 수 없을지라도, 이 날개를 갖고 있다면 우리는 목표에 도달하기까지 언제든 그 장애물을 벗어날 길을 찾을 것이다. 이것은 신자들이 반대에 직면하지 않는다는 이야기가 아니다. 오히려 그 반대가 우리의 구원에 도움이 되는 것으로 변한다는 의미이다. 한마디로 말해서, 하나님께서는 자신의 뜻에 관심을 기울이는 사람들을 지키기 위해 늘 시선을 고정하고 계신다. 그러므로 다시금 우리는 교훈을 얻게 된다. 사람들이 하나님의 말씀을 소홀히 하거나 간과한 채 자기가 좋아하는 것만 한다면, 하나님은 그 사람의 모든 삶의 여정을 저주하시고 즉시로 그들의 성급함과 눈먼 열정에 대한 보응이 임할 것이라는 교훈 말이다.

여기서 그리스도께서는 고대 사람들의 관습에 따라 낮을 열두 시간으로 나누신다. 여름과 겨울에 따라 다르긴 하지만, 통상적으로 하루는 낮이 열두 시간이며 밤이 열두 시간이다.

11 이 말씀을 하신 후에 또 이르시되 우리 친구 나사로가 잠들었도다 그러나 내가 깨우러 가노라 12 제자들이 이르되 주여 잠들었으면 낫겠나이다 하더라 13 예수는 그의 죽음을 가리켜 말씀하신 것이나 그들은 잠들어 쉬는 것을 가리켜 말씀하심인 줄 생각하는지라 14 이에 예수께서 밝히 이르시되 나사로가 죽었느니라 15 내가 거기 있지 아니한 것

을 너희를 위하여 기뻐하노니 이는 너희로 믿게 하려 함이라 그러나 그에게로 가자 하시니 16 디두모라고도 하는 도마가 다른 제자들에게 말하되 우리도 주와 함께 죽으러 가자 하니라 17 예수께서 와서 보시니 나사로가 무덤에 있은 지 이미 나흘이라 요 11:11-17

11 우리 친구 나사로가 잠들었도다 그리스도께서는 이 말씀을 하시기 전에 그 병이 죽을병이 아니라고 말씀하셨다. 하지만 제자들이 예기치 않은 충격으로 너무 절망하지 않도록 하기 위해, 그리스도께서는 이제 제자들에게 나사로가 죽었다고 밝히시며 다시 살아날 것이라는 소망을 주신다. 그러나 제자들이 주님의 말씀을 잠잔다는 의미로 받아들였다는 것은 그들이 참으로 무지하다는 사실을 보여준다. 물론 그리스도의 이 말씀은 비유이다. 하지만 성경에서는 '잠들었다'는 것이 일반적으로 '죽었다'는 의미로 자주 사용되고 있으므로, 유대인이라면 누구나 이 비유를 잘 알고 있어야 했다.

12 잠들었으면 낫겠나이다 나사로가 잠들었다면 그에게 잘된 일이라고 말했을 때, 제자들의 속마음은 그리스도께서 그곳으로 가는 것을 은근히 말리고 싶었다. 제자들이 자기들의 목적을 위해 그분의 말씀을 교묘하게 이용했다는 식으로 보기는 어렵지만, 그리스도께서 잠자는 것에 관하여 말씀하셨다고 생각하자 그들은 위험에서 벗어날 수 있는 좋은 기회를 얻었다고 기뻐했던 것이다.

어거스틴과 그의 견해를 좇는 많은 사람들은 '잠들었다'는 말의 의미에 대해서 별의별 생각을 다 했다. 이들은 이 단어가 죽음에 적용되어야 한다고 주장한다. 우리가 잠자는 사람을 깨우는 것만큼이나 하나님께서 죽은 자를 살리시는 것이 쉽다는 것이 그 이유이다. 하지만 이 단어가 성경에서 자주 사용된다는 사실에 비춰볼 때, 우리는 그리스도께서 어거스틴이 주장한 것과 같은 내용을 염두에 두지는 않았다고 결론을 내릴 수 있다. 사실 그리스도인이 아닌 작가들 사이에서도 잠들었다는 말을 죽음을 가리키는 표현으로 사용하는 것이 일반화되어 있으므로, 생명이 없는 시체가 곯아떨어져 자는 사람의 몸처럼 무감각하게 누워 있기 때문에 죽음을 가리키기 위해 '잠들었다'는 표현을 쓴 것이 분명하다. 잠자는 것을 '죽음의 이미지'로 칭하는 것이 참으로 적절한 까닭이 여기에 있다. 그래서 호머(Homer, 《일리아드》와 《오디세이》 등 유럽 최대의 서사시를 쓴 주전 8세기경의 그리스 작가)는 잠자는 것을 '카시그네토스 타나투'(kasignetos thanatou), 즉 '죽음의 형제'라고 부른다. 더욱이 이 단어는 몸이 잠든 것만을 의미한다. 그러므로 일부 환상가들이 생각하는 것처럼 사람이 총명을 잃게 되면 영혼도 죽게 되는 듯이 이 단어를 영혼에 적용하는 것은 어리석기 그지 없다.

이제 그리스도께서는 나사로를 깨우러 갈 것이라고 말씀하시면서 자신의 능력을 주장하신다. 앞에서 말한 것처럼 죽은 자를 부활시키는 것이 쉽다는 의미가 '잠들었다'라는 단어에 표현되지는 않았지만, 그리스도께서는 다시 살릴 사람을 '깨운다'고 말씀하심으로써 자신이 '죽음을 지배하는 주님'이라는 사실을 보여주신다.

14 이에 예수께서 밝히 이르시되 그리스도께서 제자들의 어리석음을 끝까지 참고 견디신 것은 눈여겨보아야 할 내용이다. 사실 그리스도께서 제자들에게 좀 더 충만한 성령의 은혜를 주시기를 잠시 늦추신 이유는 곧 그들을 회복시킬 이적을 최고조에 달하게 하시려는 데 있었다.

15 내가 거기 있지 아니한 것을 너희를 위하여 기뻐하노니 그리스도께서는 자신이 그곳에 계시지 않은 것이 제자들에게 유익했다는 의미로 이 구절을 말씀하신 것이다. 만일 그리스도께서 나사로를 즉시 살리셨다면 그분의 능력이 희미하게 나타났을 것이다. 하나님의 일이 자연의 평범한 경로에 근접하면 할수록, 사람들은 하나님의 일을 더욱 멸시하고 그 일의 영광은 희미해지는 법이다. 이는 우리가 매일 경험하는 것이다. 하나님께서 즉시 그분의 팔을 내미시면, 우리는 하나님께서 우리를 도우신다는 것을 의식하지

못한다. 그러므로 나사로가 다시 살아나는 것을 제자들이 참으로 하나님의
일로 인식하기 위해서는 그 일이 지체되어야 했다. 나사로가 다시 살아나는
것이 인간적인 치료와는 상당히 다르다는 게 드러나도록 말이다.

하지만 내가 이전에도 지적한 것처럼, 우리는 그리스도의 인격에 우리를
향한 하나님의 부성애父性愛가 나타나 있음을 기억해야 한다. 하나님께서 우
리가 질병으로 괴로워하며 오랫동안 힘겨운 생활을 하도록 내버려두시는 경
우, 그분이 이러한 방법으로 우리의 구원을 생각하고 계시다는 사실을 염두
에 두자. 물론 그러는 동안 우리는 염려와 슬픔에 사로잡혀 울부짖지만, 주께
서는 우리의 유익을 생각하시며 기뻐하신다. 하나님의 사랑은 두 가지 면에
서 나타난다. 하나는 그분이 우리의 죄를 용서하신다는 것이고, 다른 하나는
그분이 우리 죄를 교정할 방도를 기쁨으로 궁리하신다는 것이다.

이는 너희로 믿게 하려 함이라 이것은 제자들에게서 이제야 믿음이 싹
트기 시작했다는 의미가 아니라, 여전히 매우 빈약하고 불충분하지만 이미
시작된 그들의 믿음을 확증해주시는 말씀이다. 하지만 그리스도께서는 만일
하나님의 손이 눈에 볼 수 있게 나타나지 않았다면 그들이 믿지 않았을 것이
라고 넌지시 비추신다.

16 도마가 다른 제자들에게 말하되 지금까지 제자들은 그리스도께서
유대 지방으로 가시는 것을 만류했다. 지금 도마는 그리스도를 따를 준비가
되어 있지만, 그것은 확신 가운데 나온 것이 아니다. 아무튼 그는 기꺼이 그
리스도를 따를 만큼 그분의 약속을 힘입지는 않은 상태이다.

우리도 주와 함께 죽으러 가자 하니라 이는 절망의 말이다. 제자들은
자기들의 목숨이 안전할 것이라고 확신했어야 했다. '그와 함께'라고 할 때(한
글 개역개정성경에는 "주와 함께"로 되어 있으나 칼빈은 '그와 함께'로 읽는다 - 역자 주) '그'는 나사로
를 가리킬 수도 있고 그리스도를 가리킬 수도 있다. 그가 나사로를 가리킨다

면, 이 말은 빈정대는 말이 된다. 도마는 마치 "그곳에 가는 이유가 무엇인가? 우리가 (나사로의) 친구로서 우리 의무를 다할 수 있는 유일한 길은 그와 함께 죽는 것이지 않은가?"라고 말하는 것 같다. 그러나 나는 '그'가 그리스도를 가리킨다고 본다. 즉, 도마는 그리스도와 함께 죽는 것을 거부하지 않는 것이다. 하지만 내가 이미 언급했듯이, 도마가 한 이 말은 생각 없는 열정에서 나온 말이다. 그는 그리스도의 약속을 믿는 믿음에서 용기를 얻었어야 했다.

18 베다니는 예루살렘에서 가깝기가 한 오 리쯤 되매 19 많은 유대인이 마르다와 마리아에게 그 오라비의 일로 위문하러 왔더니 20 마르다는 예수께서 오신다는 말을 듣고 곧 나가 맞이하되 마리아는 집에 앉았더라 21 마르다가 예수께 여짜오되 주께서 여기 계셨더라면 내 오라버니가 죽지 아니하였겠나이다 22 그러나 나는 이제라도 주께서 무엇이든지 하나님께 구하시는 것을 하나님이 주실 줄을 아나이다 23 예수께서 이르시되 네 오라비가 다시 살아나리라 24 마르다가 이르되 마지막 날 부활 때에는 다시 살아날 줄을 내가 아나이다 25 예수께서 이르시되 나는 부활이요 생명이니 나를 믿는 자는 죽어도 살겠고 26 무릇 살아서 나를 믿는 자는 영원히 죽지 아니하리니 이것을 네가 믿느냐 27 이르되 주여 그러하외다 주는 그리스도시요 세상에 오시는 하나님의 아들이신 줄 내가 믿나이다 요 11:18-27

18 베다니 요한복음 기자는 이 기사記事에 사실성을 제공해주는 모든 점을 신중하게 기록한다. 많은 친구들이 예루살렘에서부터 마리아와 마르다 자매를 위문하려고 왔다는 것을 알고 독자들이 놀라지 않도록 하기 위해서, 그는 예루살렘이 베다니 마을과 얼마나 가까운지를 언급한다. 하나님께서는 그 친구들이 이적의 증인이 되도록 계획하셨다. 그들은 이웃이라면 당연히 해야 할 일을 하려고 그곳에 왔겠지만, 사실은 또 다른 목적을 위한 하나님의

비밀스러운 계획에 의해 모인 것이다. 즉, 나사로의 부활이 세상에 알려지지 않은 채 남아 있지 않도록 하기 위해서 혹은 그의 가족들만이 그 일의 증인이 되지 않도록 하기 위해서 모인 것이다.

마치 극장에서 상연되기라도 한 것처럼, 이 일은 잘 알려진 장소에서 그리고 많은 군중 앞과 성읍의 출입문 가까이에서 하나님의 능력을 환하게 드러냈다. 그런데도 이 일이 사람들의 시야에서 금세 사라진다는 것은 이스라엘의 악한 배은망덕함에 대한 명백한 증거이다. 유대인들은 악한 의도로 자기들의 눈을 감고, 자기들 앞에 펼쳐진 것을 보기를 거절한다. 끊임없이 이적을 추구하는 사람들이 이적에 대해 생각하는 데는 둔하고 어리석다는 것은 전혀 새롭거나 보기 드문 일이 아니다.

베다니에서 예루살렘까지 거리는 10리 이내이다.

19 오라비의 일로 위문하러 왔더니 이것이 많은 유대인들이 그곳에 온 목적이었다. 하지만 이미 앞에서 언급했듯이, 하나님께서는 또 다른 목적을 가지고 계셨다. 나사로와 그의 여동생의 집안이 사람들로부터 대단한 존경을 받았다는 사실이 이 구절에서 분명하게 드러난다. 친구의 죽음을 몹시 슬퍼하고 애곡하는 것은 자연스러운 일이다. 복음서 기자가 언급하고 있는 친구로서의 이 도리는 비난 받을 만한 행동이 아니다. 죽은 사람을 위해 애곡하는 것 자체는 죄스러운 것이 아니지만, 삶의 다른 부분에서와 마찬가지로 이번의 경우처럼 너무 지나치다면 문제가 된다.

20 마르다는 예수께서 오신다는 말을 듣고 마르다는 마을 밖으로 나가 예수님을 맞았다. 잠시 후에 살펴보겠지만, 마르다의 이 행동은 그리스도에 대한 존경에서 나온 것이기도 하지만 좀 더 은밀하게 그리스도를 만나려는 이유 때문이기도 하다. 마르다에게는 그리스도께서 위험에 처하셨던 기억이 생생했다. 그리스도께서 갈릴리로 떠나가신 뒤로 잠시 그분의 원수들의 분노가 식기는 했지만, 그렇다고 완전히 사라진 것은 아니었다. 그분이 이

곳에 도착했다는 소식을 듣는다면, 그들은 또다시 더욱 강렬한 분노를 발할 것이었다.

21 주께서 여기 계셨더라면 마르다는 슬픔에 가득 차서 울기 시작한다. 물론 그 울음을 통해 자기의 소원을 조심스럽게 표현하고 있지만 말이다. 마르다는 이런 식으로 말하는 것 같다.

"주님이 여기 계셨다면 우리 오라버니를 죽지 않게 구할 수 있었을 거예요. 지금이라도 주님은 오라버니를 살릴 수 있습니다. 하나님께서는 주님이 구하시는 것을 다 들어주시잖아요."

하지만 마르다는 이렇게 말함으로써 믿음의 법칙 아래 자기의 감정을 억제하기보다는 그 감정을 참지 못하고 쏟아놓은 셈이다. 물론 그녀의 말이 부분적으로는 믿음에서 나왔다는 것을 인정한다. 그렇지만 그 말 속에는 혼란스러운 격정이 뒤섞여 있어서 마르다로 하여금 적절한 선을 넘게 했다고 할 수 있다. 그리스도께서 거기 계셨더라면 자기 오라버니가 죽지 않았을 것이라고 말할 때, 마르다는 도대체 무슨 근거로 그렇게 확신했을까? 그녀의 확신이 그리스도의 약속에서 나온 것은 아니다. 그러므로 마르다가 그리스도에게 순종하기보다는 자신의 소욕所欲을 따라 아무 생각 없이 이런 말을 한 것이 분명하다. 마르다가 그리스도의 능력과 선하심을 인정한 것은 믿음에서 나온 행위이다. 하지만 그녀가 그리스도께서 선언하신 말씀 이상으로 확신을 가진 것은 믿음과는 거리가 멀다. 우리는 늘 말씀과 믿음 사이의 상호 일치를 견지해야 한다. 그래야 하나님의 말씀과 상관이 없는 것을 의존하지 않게 된다. 더욱이 마르다는 그리스도의 물리적인 임재에 너무 집착했다. 결국 통제되지 않은 욕망과 뒤섞였을 뿐만 아니라 미신적인 생각까지도 가미된 그녀의 믿음은 충분한 빛을 발할 수가 없었다. 다만 믿음의 불씨만이 그녀의 말에 어렴풋이 나타났을 뿐이었다.

23 네 오라비가 다시 살아나리라 그리스도의 사랑은 놀랍다. 그분은 우

리가 언급한 마르다의 잘못을 용서하셨으며, 마르다가 분명하고 직접적으로 간구한 것 이상의 내용을 기꺼이 약속하셨다.

24 마지막 날 부활 때에는 다시 살아날 줄을 내가 아나이다 여기서는 마르다의 지나친 소심함이 드러난다. 그녀는 그리스도께서 "네 오라비가 다시 살아나리라"라고 말씀하신 것을 곧이곧대로 받아들이지 못했다. 앞에서 마르다가 자기 생각에서 나온 소망을 표명했을 때, 우리는 그녀가 적절한 선을 넘어갔다고 언급했다. 그런데 이제 마르다는 정반대의 실수를 저지르고 있다. 그리스도께서 도움의 손을 내미시자 마르다는 소스라치게 놀란 듯이 가만히 멈춰 서 있는 것이다. 우리는 이 두 경우 모두를 주의해야 한다. 즉, 하나님의 말씀에 근거하지 않은 헛된 희망을 품지 않도록 조심해야 할 뿐만 아니라, 주께서 말씀하실 때 우리의 마음을 너무 단단하게 닫지 않도록 주의해야 한다. 마르다는 이렇게 대답하면서 그리스도의 말씀에서 그녀가 기대할 수 있는 것 이상의 내용을 확신 받기 원했다. 마르다의 말은 이런 식으로 다시 쓸 수 있다.

"주께서 마지막 부활을 의미하신다면, 저는 제 오라버니가 마지막 날에 다시 살 것을 의심하지 않아요. 그리고 저는 이것을 믿기에 마음에 위로를 받는답니다. 하지만 저는 주님이 그 이상의 것을 제게 말씀하시는지 어떤지 알 수가 없어요."

25 나는 부활이요 생명이니 그리스도께서는 먼저 자신이 부활이요 생명이라고 선언하신다. 그런 다음 각각의 내용을 별도로 설명하신다. 첫 번째로 그리스도께서는 자신을 부활이라고 이르신다. 왜냐하면 죽음에서 생명으로의 회복(부활)이 생명의 상태보다 먼저 발생하는 것이기 때문이다. 그러나 온 인류는 사망에 빠져 있다. 그러므로 먼저 죽음에서 다시 살아나지 않는다면 그 누구도 생명을 소유하지 못한다. 이런 의미에서 그리스도께서는 자신이 생명의 시작이라고 가르치신다. 그 후에 그분은 생명의 지속 또한 자신의 은

혜의 일이라는 사실을 덧붙이신다.

나를 믿는 자는 죽어도 살겠고 이 말씀은 그리스도께서 영적인 생명을 말씀하고 계시다는 사실을 분명하게 보여준다. 그렇다면 어떤 면에서 그리스도께서 부활이 되시는가? 그리스도께서 죄로 인해 하나님에게서 멀어져 있는 아담의 후손들을 자신의 영靈으로 거듭나게 하셔서, 그들로 새 생명의 삶을 살기 시작하도록 하신다는 의미에서 그러하다. 나는 이 주제를 요한복음 5장 21절과 24절에서 좀 더 충분히 다루었다. 바울은 에베소서 2장 5절과 5장 8절에서 이 본문을 가장 잘 해석했다.

이제 자연의 움직임으로 인해 사람들이 하나님의 은혜를 받을 준비가 되어 있다고 재잘거리는 사람들을 쫓아버리자! 이렇게 말하는 사람들은 죽은 자들이 걸어다닌다고 말하는 편이 좋을 것이다. 영혼의 어떤 부분, 어떤 기능도 타락하지 않은 곳이 없으며 옳은 것에서 벗어나 있지 않은 것이 없기 때문에, 사람들이 살아가고 숨을 쉰다는 사실과 그들에게 감각과 명철과 의지가 부여되었다는 사실은 멸망으로 가기가 쉬운 것들이다. 사망은 모든 곳에서 왕 노릇한다. 하나님에게서 멀리 떠나 있는 것이 영혼의 죽음이기 때문이다. 그러므로 그리스도를 믿는 사람들은 죽음 앞에 있다고 하더라도 살기 시작한다. 믿음은 영혼의 영적인 부활이다. 말하자면 영혼을 살려 하나님에 대하여 살게 하는 것이다. 요한복음 5장 25절 말씀처럼 말이다.

"죽은 자들이 하나님의 아들의 음성을 들을 때가 오나니 곧 이때라 듣는 자는 살아나리라."

이 구절은 믿음이 무엇인지를 가장 찬란하게 보여주는 구절이다. 믿음은 우리를 그리스도의 생명으로 옮기며, 그래서 우리를 사망에서 해방시킨다.

26 무릇 살아서 나를 믿는 자는 그리스도께서는 이제 두 번째 명제, 즉 그분이 어떻게 해서 생명이 되시는지를 설명하신다. 그리스도께서는 한 번 생명을 주신 사람들을 절대로 잃어버리지 않고 끝까지 지키시기 때문에 생명

이시다. 육체는 매우 약하고 부서지기 쉽다. 만일 사람들이 생명을 얻고 난 후에 자기들이 알아서 그 생명을 보존하도록 내버려둔다면 어떻게 되겠는가? 그러므로 생명의 지속적인 상태는 그 기초를 반드시 그리스도의 능력에 두어야 한다. 그리스도께서 자신이 시작하신 것을 마치실 수 있도록 말이다.

영원히 죽지 아니하리니 그리스도는 믿는 사람들이 '영원히 죽지 않을 것'이라고 말씀하신다. 썩지 않을 씨로 다시 태어난 신자들의 영혼 안에 그리스도께서 거하시며, 그분으로 말미암아 신자들이 계속해서 생명을 공급 받기 때문이다. 비록 몸은 죄로 인해 죽게 된다고 하더라도, 그 영은 의義로 말미암아 살아 있게 된다(롬 8:10). 겉사람은 날마다 그들 속에서 썩어져가지만, 이 사실이 신자들에게서 참 생명을 빼앗아 가지는 못한다. 오히려 속사람이 날마다 새로워지기 때문에 생명이 자라간다고 할 수 있다(고후 4:16). 더욱이 죽음 자체는 죽음이라는 굴레에서 자유롭게 하는 일종의 해방이다.

이것을 네가 믿느냐 언뜻 보면 그리스도께서 마르다가 현재 바라는 바를 잊게 하려고 영적인 생명에 대하여 언급하시는 것처럼 보인다. 마르다는 자기 오라비가 살아나기를 바랐다. 이에 대해 그리스도께서는 자신이 더 좋은 생명을 주는 분이라고 대답하신다. 그분은 하늘의 능력으로 믿는 사람들의 영혼을 살리시기 때문이다. 하지만 나는 그리스도께서 이중적인 은혜를 염두에 두면서 이 말씀을 하셨음을 의심하지 않는다. 즉, 그분은 자신의 백성에게 주시는 영적인 생명을 일반적으로 묘사하는 동시에, 이제 곧 나사로를 살리심으로써 보여주시려 하는 그 능력을 마르다가 맛보기를 원하신다.

27 주여 그러하외다 마르다는 자기가 그리스도에게서 들은 것, 즉 그분이 부활이요 생명이시라는 사실을 믿는다는 것을 증명하려고 주님이 그리스도이시며 하나님의 아들이심을 믿는다고 대답한다. 사실 이 지식에는 모든 복福의 총화總和가 담겨져 있다. 우리는 왜 메시아가 약속되었는지 그리고 선지자

들이 메시아에게 부여하는 직분이 무엇인지를 늘 기억해야 한다. 마르다가 주님이 "세상에 오시는 하나님의 아들"이시라고 고백할 때, 그녀는 선지자들의 예언으로 자신의 믿음을 더욱 강화한 것이다. 이 사실에서 우리는 다음과 같은 결론을 내릴 수 있다. 만물의 충만한 회복과 완전한 복은 그리스도에게서 바라야 한다. 한마디로 말해서, 그리스도께서는 하나님나라의 참되고 온전한 상태를 세우고 준비하려고 보냄을 받으셨다.

> **28** 이 말을 하고 돌아가서 가만히 그 자매 마리아를 불러 말하되 선생님이 오셔서 너를 부르신다 하니 **29** 마리아가 이 말을 듣고 급히 일어나 예수께 나아가매 **30** 예수는 아직 마을로 들어오지 아니하시고 마르다가 맞이했던 곳에 그대로 계시더라 **31** 마리아와 함께 집에 있어 위로하던 유대인들은 그가 급히 일어나 나가는 것을 보고 곡하러 무덤에 가는 줄로 생각하고 따라가더니 **32** 마리아가 예수 계신 곳에 가서 뵙고 그 발 앞에 엎드리어 이르되 주께서 여기 계셨더라면 내 오라버니가 죽지 아니하였겠나이다 하더라 **33** 예수께서 그가 우는 것과 또 함께 온 유대인들이 우는 것을 보시고 심령에 비통히 여기시고 불쌍히 여기사 **34** 이르시되 그를 어디 두었느냐 이르되 주여 와서 보옵소서 하니 **35** 예수께서 눈물을 흘리시더라 **36** 이에 유대인들이 말하되 보라 그를 얼마나 사랑하셨는가 하며 **37** 그중 어떤 이는 말하되 맹인의 눈을 뜨게 한 이 사람이 그 사람은 죽지 않게 할 수 없었더냐 하더라 **38** 이에 예수께서 다시 속으로 비통히 여기시며 무덤에 가시니 무덤이 굴이라 돌로 막았거늘 요 11:28-38

28 그 자매 마리아를 불러 말하되 그리스도께서 마을 밖에 머물러 계시고 군중들이 모여 있는 곳으로 들어가지 않으셨던 것은 아마도 마르다의 요청에 따른 것 같다. 그리스도께서 죽음의 위험에서 간신히 빠져나간 것이 겨우 얼마 전의 일이었기에, 마르다는 그분의 신변에 또 위험이 닥칠까 걱정했다. 그래서 마르다는 그리스도께서 마을에 오셨다는 소문이 퍼지지 못하게

하려고 자기 자매인 마리아에게 가만히 이야기했다.

선생님이 오셔서 '선생님'이란 호칭은 경건한 여자들이 그리스도에게 어떤 존경을 표했는지를 잘 보여준다. 여자들은 그리스도에게서 교훈을 많이 얻었어야 하는데 실상은 그렇지 못했다. 그럼에도 불구하고 그들이 그리스도의 제자로서 그분에게 전적으로 헌신한 것은 정말로 위대한 일이다. 마리아가 예수님에 대한 소식을 듣고 급히 일어나 그분을 만나러 간 것은 그녀가 그리스도를 평범하게 존경한 것이 아니라는 증거이다.

31 마리아와 함께 집에 있어 위로하던 유대인들은 그리스도께서 마르다에게 집에 가서 많은 사람들 중에서 자매인 마리아를 데리고 오라고 허락하시긴 했지만, 그분은 마음속에 다른 목적을 가지고 계셨다. 그것은 유대인들도 이적의 증인이 되게 하려는 것이었다. 유대인들은 무슨 일이 일어나고 있는지 전혀 몰랐다. 하지만 사람들이 어둠 속에서 하나님의 은밀하신 섭리에 의하여 자기들이 의도하지 않은 방향으로 인도를 받는 것은 전혀 새로운 일이 아니었다.

유대인들은 마리아가 무덤으로 간다고 생각했다. 유가족이 슬픔에 겨워 통곡하는 장소로 무덤을 찾는 경우는 흔히 있는 일이었기 때문이다. 남편이 아내를 잃고 부모가 자녀를 잃은 경우, 반대로 아내가 남편을 잃고 자식이 부모나 그밖에 친척 또는 친구를 잃은 경우, 수단과 방법을 다 동원하여 그들의 슬픔을 강하게 표시하는 것은 인지상정이다. 그리고 슬픔을 표현하려고 다양한 장소를 찾는 것도 흔한 일이다. 이들의 감정은 이미 충분히 어지러워져 있었다. 하지만 그들은 새로운 자극을 줌으로써 자기의 감정을 더 복잡하고 힘들게 만든다. 좀 더 격하고 맹렬하게 하나님께 대항하여 부르짖기 위해서 말이다. 마리아가 무덤을 보게 되면 더욱 슬픔에 젖을 게 분명하므로, 그녀를 만류하는 것이 그들의 마땅한 의무였다. 그러나 유대인들은 마리아에게 실제로 도움을 주지 못하고, 오히려 마리아와 함께 감으로써 그녀의 슬픔을 더

욱 자극했을 뿐이다. 이렇듯 친구들을 너무 부드럽게 대하는 사람들의 위로
는 전혀 도움이 되지 못하는 경우가 종종 있다.

32 마리아가 … 그 발 앞에 엎드리어 마리아가 그리스도의 발 앞에 엎
드렸다는 사실에서, 우리는 그리스도께서 그 집에서 사람들이 일반적으로 환
영을 받는 것보다도 훨씬 더 많은 존경을 받으셨음을 알게 된다. 사람들은 왕
이나 지도자 앞에서 땅에 엎드리곤 한다. 그러나 세상적인 표준으로 볼 때 그
리스도에게는 왕의 위엄이나 어떤 고상한 특성들이 없었으므로, 마리아는 다
른 이유 때문에 그리스도의 발 앞에 엎드린 것이다. 즉, 마리아에게 그리스도
가 하나님의 아들이심을 믿는 믿음이 없었다면 그분 앞에 엎드리지 않았을
것이다.

주께서 여기 계셨더라면 마리아는 그리스도께 존경하는 어투로 말하고
있는 듯이 보인다. 하지만 우리는 앞에서 이 말이 왜 잘못되었는지 살펴보았
다. 마리아는 하늘과 땅에 충만한 그리스도의 능력을 그분의 물리적 현존에
제한하지 말았어야 했다.

33 심령에 비통히 여기시고 그리스도께서 마르다와 마리아가 처한 슬픈
상황에 비통해하지 않으셨다면, 그분은 냉혈한이었다고 할 수 있을 것이다.
하지만 그리스도께서는 친히 두 자매의 근심에 공감하셨으며 눈물을 흘리기
까지 하셨다. 이는 그분이 '쉼파테이아'(sympatheia, 불쌍히 여김)를 보이셨다는 말
이다. 내 생각에 요한복음 기자는 "예수께서 그가 우는 것과 또 함께 온 유대
인들이 우는 것을 보시고"라고 말함으로써, 그리스도께서 왜 그런 비통한 감
정을 가지셨는지 설명하는 것 같다. 하지만 나는 그리스도께서 더 고차원적
인 것, 즉 인류가 직면한 총체적인 비참함을 직시하신 것이 분명하다고 생각
한다. 그분은 아버지께서 명하신 것이 무엇인지 그리고 자신이 무엇 때문에
세상에 보냄을 받았는지를 기억하신 것이다. 그분은 우리를 모든 아픔에서

해방시키기 위해서 이 땅에 오셨다. 그리스도께서 행하신 일이 바로 이것이다. 그분은 자신이 마음을 다하여 신실하게 이 일을 행하셨음을 우리에게 보여주고 싶으셨다. 따라서 그리스도께서는 나사로를 살리려고 하실 때, 치료나 도움을 주시기 전에 강한 슬픔과 눈물로 심령에 비통함을 나타내심으로써 마치 그분이 우리의 아픔을 실제로 경험이라도 하시는 듯이 우리의 아픔에 영향을 받으셨음을 드러내셨다.

그러나 하나님의 아들이 어떻게 슬퍼하고 마음에 번민이 있을 수 있는가? 그리스도께서 인간 가운데 한 사람으로서 인간의 격정에 지배를 받았다는 말이 어떤 사람들에게는 터무니없는 소리로 들릴 것이다. 그 사람들이 생각하는 그리스도께서 슬픔이나 기쁨을 경험하는 유일한 방법은, 그분이 적절하다고 생각하시는 때에 어떤 비밀스러운 섭리에 의해 그분 속에 이러한 감정들을 받아들이는 것이다. 어거스틴의 생각에, 복음서 기자는 이런 의미에서 그리스도께서 번민하셨다고 말한 것이다. 즉, 다른 사람들은 자기들의 슬픔에 넋을 잃게 되고, 결국 그것이 그들의 마음을 비통하게 만들어버리는데, 그리스도께서는 스스로를 번민에 빠지게 하셨다는 것이다. 그래서 어거스틴은 그리스도께서 다른 때는 침착하고 모든 감정에서 자유로우셨지만, 지금은 자발적으로 비통함과 슬픈 감정을 드러내셨다고 생각한다.

하지만 내 생각에는, 하나님의 아들이 우리와 같은 육체를 입으셨을 때 그분이 기꺼이 우리와 같은 감정을 입으셨으며, 그래서 죄 있는 것을 제외하면 그분의 형제들과 모든 면에서 다를 바가 없었다고 단순하게 주장하는 것이 더 성경의 가르침에 일치할 것이다. 우리가 그분이 자원하여 복종하셨으며 그럼으로써 우리처럼 영혼의 감정들을 지니게 되셨다고 말한다고 해서, 그분이 가지신 그리스도의 영광이 손상을 입지는 않는다. 더욱이 그리스도께서 처음부터 순종하셨기 때문에, 그분이 감정의 지배를 받지 않으셨으며 또 감정이 없다고 상상해서는 안 된다. 여기서 그리스도께서는 자신이 우리의 형제라는 것을 입증하신다. 자신이 친히 겪으신 우리의 연약함을 너그러이 용서하실 뿐만 아니라, 언제라도 그 연약함을 도우실 수 있는 중보자가 우리에게 있음을 우리로 알게 하기 위해서 말이다.

사람들의 감정이 죄악된 것이고, 그러므로 하나님의 아들이 우리의 감정을 가지신다는 것은 어울리지 않는다고 이의를 제기하는 사람이 있다면, 나는 그리스도와 우리 사이에는 커다란 차이가 있다고 대답하겠다. 우리의 감정은 억제하지 않고 무절제하게 발휘되기 때문에 죄악된 것이다. 그러나 그리스도 안에서 그러한 감정들은 하나님께 순종하는 가운데 부드럽게 조절되며 전혀 죄의 지배를 받지 않는다. 사실 인간의 감정은 두 가지 면에서 사악하고 잘못되었다.

첫째, 그 감정들은 격한 마음의 혼란 속에서 급하게 나오며 참된 중용中庸의 규율로 통제되지 않는다.

둘째, 사람들의 감정은 늘 합당한 원인에서 발생하지 않으며, 적어도 합당한 목표를 지향하지 않는다. 아무도 충분한 정도로만 혹은 하나님께서 허락하시는 것만큼만 기뻐하거나 슬퍼하지 않고 또 많은 이들이 모든 굴레를 벗어버리려고 하기 때문에 지나침이 있는 것이라고 나는 확신한다.

우리 마음은 헛되기 때문에 사소한 것에도 아무런 이유 없이 슬퍼하고 통곡한다. 이유는 단 하나다. 우리가 세상에 너무도 마음을 쏟기 때문이다. 그러나 그리스도에게서는 이런 것을 단 하나도 찾을 수 없다. 그분은 적절한 한계를 넘어 감정을 표현하신 적이 없으시다. 그분에게는 옳지 않은 것이 없으며, 이성理性과 건전한 판단에 근거하지 않은 것이 없었다.

이것을 좀 더 분명하게 표현해보자. 하나님께서 부여하신 인간의 첫 번째 본성과 죄로 인해 더럽혀진 타락한 본성을 구별하는 것은 무엇보다 중요하다. 하나님께서는 사람을 창조하실 때 그 안에 감정을 심으셨다. 하지만 그것은 이성理性에 순종하고 복종하는 감정이었다. 그러한 감정이 지금 무질서해졌고 반항적이 되었다는 사실은 뜻밖의 결함이다. 하지만 그리스도께서는 인간의 감정을 친히 입으셨다. 그러나 거기에 '아탁시아'(ataksia, 무질서 또는 혼돈)는 없었다. 육체의 감정에 복종하는 사람은 하나님께 순종하지 않는다. 그리스도께서는 진정으로 비통해하셨으며 마음에 격정이 일어나셨다. 하지만 그분은 아버지의 뜻에 자신을 복종하는 방식으로 그렇게 하셨다. 한마디로 말해서, 그리스도께서 지니신 감정을 우리의 감정과 비교한다면, 그것은 부드럽게 흐르는 깨끗하고 맑은 물이 탁하고 걸쭉한 거품 나는 물과 다른 것과 마찬가지이다.

그리스도의 모범만이 스토아 학파(Stoics, 키프로스 섬 출생의 제논에 의해 시작된 고대 철학의 한 유파로서 주전 3세기부터 로마 제정 말에 유행한 금욕주의 철학)의 확고한 완고함을 물리치기에 충분하다. 그리스도가 아니라면 우리가 어디서 가장 완전한 법칙을 찾을 수 있겠는가? 우리는 아담의 죄로 말미암아 우리의 감정에 내재(內在)하게 된 완고함을 교정하고 길들이고자 노력해야 한다. 우리가 그리스도를 지도자로 따를 수 있도록, 그리고 그분이 우리를 질서 잡힌 상태로 이끌어주시도록 말이다. 그러므로 바울은 우리에게 돌처럼 단단하고 무딘 사람이 되라고 요구하지 않는다. 다만 소망 없는 불신자들처럼 슬픔에 자신을 내던질 것이 아니라(살전 4:13) 적당히 슬퍼하라고 권면한다. 그리스도께서도 우리의 감정을 친히 취하셨다. 우리가 그분의 능력으로 우리의 감정에 내재해 있는 죄악된 것을 복종시킬 수 있도록 하기 위해서 말이다.

36 보라 그를 얼마나 사랑하셨는가 요한은 여기서 그리스도에 대한 서로 다른 두 가지 판단을 기술한다. "보라 그를 얼마나 사랑하셨는가"라고 말한 첫 번째 사람들은, 그들이 당연히 해야 했던 것보다는 낮게 그리스도에 대해 판단했다. 그들은 사람에게 할 수 있을 정도로만 그리스도를 평가했기 때문이다. 하지만 그들은 다른 사람들에 비해서 훨씬 더 솔직하고 공손하게 그분에 대하여 언급하였다. 두 번째 사람들은 나사로를 죽지 않도록 하지 않았다고 그리스도를 비난했다. 비록 두 번째 부류의 사람들이 첫 번째 사람들이 침묵했던 '그리스도의 능력'을 칭찬하기는 했지만, 그들은 그리스도가 나사로를 살리지 않았다고 비난했다. 그들의 말을 통해 그리스도께서 행하신 이적들이 그들에게 알려졌다는 사실이 분명하게 드러난다. 그러나 더 문제가 되는 것은 그들이 감사할 줄 모른다는 데 있다. 이들은 그리스도께서 단 하나

의 사건에서 그 신적神的 능력을 발휘하지 않았다는 사실 때문에 주저하지 않고 불평한다.

지금까지 사람들은 늘 이런 식으로 하나님께 감사하지 않았으며, 앞으로도 계속해서 그렇게 할 것이다. 하나님께서 우리가 바라는 것들을 다 만족시켜주지 않으시면, 우리는 즉시 "하나님께서 지금까지 나를 도와주셨는데, 왜지금은 나를 잊으시고 버리시는가?"라면서 불평을 터뜨린다. 여기에는 이중의 악폐惡弊가 있다. 우리는 자신에게 유리하지 않는 것을 아무 생각 없이 바란다는 것과 우리 육체의 사악한 욕구에 하나님께서 맞춰주시기를 원한다는 것이다. 다시 말하지만, 우리는 대답을 듣기 위해 끊임없이 졸라대고, 우리의참을성 없는 열성은 우리로 너무 앞서 나가게 한다.

38 이에 예수께서 다시 속으로 비통히 여기시며 그리스도께서는 아무 생각 없는 방관자로서 무덤에 가지 않으셨다. 그분은 시합을 앞둔 레슬링 선수와 같은 심정으로 무덤에 가셨다. 그래서 그분이 다시 비통히 여기신 것은 어쩌면 당연했는지도 모른다. 그리스도께서 정복하셔야 했던 강력한 폭군인 사망이 그분 눈앞에 서 있었기 때문이다. 여기서 예수께서 보이신 비통함을 우리가 앞에서 언급했던 불신앙에 대한 분노에서 일어난 비통함이라고 설명하는 사람들이 더러 있다. 하지만 내 생각에는 다른 이유가 훨씬 더 적절한 것 같다. 즉, 그리스도께서는 사람들보다는 친구 나사로가 죽었다는 사실 자체를 깊이 생각하고 계셨던 것이다. 그리스도께서 나사로를 살리시는 과정에서 그분의 능력을 좀 더 충분히 보여주는 다양한 내용들이 이어진다. 죽은 지 나흘이 되었다는 것과 그동안 무덤이 돌로 막혀 있었다는 것, 그리고 그리스도께서 모든 사람들이 보는 앞에서 그 돌을 옮겨놓으라고 명하셨다는 것 등이다.

39 예수께서 이르시되 돌을 옮겨놓으라 하시니 그 죽은 자의 누이 마르다가 이르되 주

여 죽은 지가 나흘이 되었으매 벌써 냄새가 나나이다 40 예수께서 이르시되 내 말이 네가 믿으면 하나님의 영광을 보리라 하지 아니하였느냐 하시니 41 돌을 옮겨놓으니 예수께서 눈을 들어 우러러보시고 이르시되 아버지여 내 말을 들으신 것을 감사하나이다 42 항상 내 말을 들으시는 줄을 내가 알았나이다 그러나 이 말씀 하옵는 것은 둘러선 무리를 위함이니 곧 아버지께서 나를 보내신 것을 그들로 믿게 하려 함이니이다 43 이 말씀을 하시고 큰 소리로 나사로야 나오라 부르시니 44 죽은 자가 수족을 베로 동인 채로 나오는데 그 얼굴은 수건에 싸였더라 예수께서 이르시되 풀어놓아 다니게 하라 하시니라

요 11:39-44

39 주여 죽은 지가 나흘이 되었으매 벌써 냄새가 나나이다 이것은 불신앙의 표시이다. 마르다는 당연히 그리스도의 능력을 기대해야 했지만 그러지 않았다. 악의 뿌리는 마르다가 하나님의 무한하고 헤아릴 수 없는 능력을 세상적인 지각知覺으로 측정한 것에 있다. 나사로의 시신이 이미 부패하고 악취가 났기 때문에 마르다는 나사로가 살아나게 되리라고는 전혀 기대할 수 없었다. 우리 마음이 어리석은 생각에 지배를 받을 때, 말하자면 우리가 하나님을 우리에게서 쫓아낼 때, 그분은 우리 안에서 그분의 일을 하실 수 없게 된다. 마르다의 오라비가 무덤에 영원히 누워 있지 않은 것은 마르다 때문이 아님이 분명하다. 마르다에게는 나사로가 살아나리라는 소망이 끊어졌기 때문이다. 동시에 마르다는 그리스도께서 나사로를 살리는 것을 막으려 한다. 마르다가 이렇게 행하게 된 데에는 믿음의 연약함이 크게 작용하였다.

여러 갈래로 마음이 흐트러진 우리는 우리 자신과 다툰다. 우리는 하나님께 도움을 바라며 한 손을 뻗으면서도, 우리에게 도움이 주어졌을 때 즉시 다른 손을 내밀어 그것을 밀어젖힌다. 마르다가 "나는 이제라도 주께서 무엇이든지 하나님께 구하시는 것을 하나님이 주실 줄을 아나이다"(22절)라고 말했을 때, 그녀는 거짓말을 한 것이 아니었다. 하지만 구체적인 상황에 부딪쳤을 때 그 고백을 실제로 사용하지 않는다면, 혼란스럽고 맹목적인 믿음은 전혀 소

용이 없게 된다.

마르다에게서 우리는, 심지어 가장 훌륭한 사람들의 신앙에도 얼마나 많은 결점이 있는지를 볼 수 있다. 마르다는 맨 먼저 그리스도께 와서 그분을 만난 사람이다. 이것은 평범한 경건의 예(例)가 아니다. 하지만 마르다는 계속해서 그리스도의 길에 걸림이 되었다. 그러므로 하나님의 은혜가 우리 안에 와 닿을 수 있도록, 그 은혜에 우리의 감각보다 훨씬 더 강하고 위대한 능력이 있음을 배우자. 처음에 주어진 하나님의 단 하나의 약속이 우리에게 강하게 와 닿지 않는다면, 적어도 마르다처럼 하나님께서 두 번, 세 번 우리에게 확증하실 때 묵묵히 따르도록 하자.

40 하나님의 영광을 보리라 하지 아니하였느냐 그리스도께서는 마르다의 불신앙을 꾸짖으신다. 마르다가 그리스도에게서 들은 약속의 말씀에서 소망을 품지 않았기 때문이다. 이 본문에서 분명한 것은, 그리스도께서 요한이 말로 표현한 것보다 더 많은 것들을 마르다에게 말씀하셨다는 점이다. 내가 앞에서 주장했듯이, 그리스도께서 자신이 부활이요 생명이라고 말씀하셨을 때 의미하신 바가 바로 이것이다. 그러므로 마르다는 하나님의 일을 기대하지 않은 것 때문에 책망을 받았다.

네가 믿으면 믿음은 하나님의 일에 밝히 드러나는 그분의 영광을 볼 수 있도록 우리의 눈을 열어줄 뿐만 아니라, 우리에게 하나님의 능력과 선하심이 나타나도록 장애물을 제거하기도 하기 때문에 그리스도께서 이렇게 말씀하신 것이다. 시편 81편 10절의 말씀처럼 말이다.

"네 입을 크게 열라 내가 채우리라."

다시 말하지만, 불신앙은 하나님께서 우리에게 오시는 길을 막는다. 말하자면 하나님께서 손을 내밀지 못하시게 한다. 이런 이유로 성경의 다른 본문에서 예수께서는 "그들이 믿지 않음으로 말미암아 거기서 많은 능력을 행하지 아니하시니라"(마 13:58)라고 말한다. 하나님의 능력이 사람들의 의지로 제한을 받았기 때문이 아니라, 그들이 자신들의 악함을 최대한 이용하여 하나님의 뜻을 대적하므로 그분의 능력을 그들에게 나타내실 가치가 없었기 때문이다. 하나님께서 이러한 장애물을 극복하시는 경우가 종종 있다. 하지만 일단 하나님께서 펼친 손을 거두고 불신자들을 돕지 않으신다면, 그것은 불신자들이 자기들의 불신앙이라는 결핍에 갇혀 있고 하나님의 도우심이 들어갈 길을 열지 않기 때문이다.

하나님의 영광을 보리라 여기서 이적이 하나님의 영광으로 불린다는 것에 주목하라. 하나님께서 이적을 통해 자신의 손의 능력을 보이심으로써 자신의 이름을 영화롭게 하시기 때문이다. 마르다는 그리스도께서 두 번째 선언하신 말씀에 만족함을 얻어 무덤 앞에 있던 돌을 옮겨놓게 한다. 마르다는 아무것도 보지 못했지만, 하나님의 아들이 납득할 만한 이유를 들어 명령하시는 것을 듣고 기꺼이 그분의 명령만을 의지한다.

41 예수께서 눈을 들어 우러러보시고 이것은 기도하기 위해 마음을 준비하는 표시이다. 하나님을 바르게 부르려면 하나님과 연합해야 하며, 이것은 땅에서 눈을 돌려 하늘을 바라볼 때에만 가능하다. 물론 이것이 늘 눈에 보이게 드러나는 것은 아니다. 육체의 깊은 더러움에 빠져 있는 외식하는 자들은 심각한 표정을 지음으로써 하늘을 자기들에게로 끌어내리려고 한다. 하지만 하나님의 자녀들은 그들이 가식적으로 표현하려 했던 그 실체를 신실하게 행해야 한다. 그리고 눈을 들어 하늘을 우러르는 사람은 하나님을 하늘에 계신 분으로 제한해서 생각하지 말아야 한다. 하나님은 어느 곳에나 거하시며 하늘과 땅에 충만히 거하시기 때문이다. 하지만 사람들이 세상에서 눈을 돌려 하늘로 향하지 않으면, 그들의 마음은 하나님에 대한 온갖 조잡한 상상에 사로잡혀 저급하고 세속적인 생각에서 결코 벗어나지 못한다. 그래서 성경은 사람들의 마음을 하늘로 향하게 하며, 하늘이 하나님의 보좌라고 선언한다.

눈을 들어 우러러보는 문제와 관련하여, 기도할 때 눈을 들어 하늘을 우러르지 않으면 그 기도는 바르고 적법한 기도가 아니라고 생각하는 사람들이 있다. 그러나 이런 원칙은 어느 상황에서나 반드시 지켜야 하는 영원한 관습이 아니다. 세리는 얼굴을 땅에 떨어뜨린 채 기도하였지만, 믿음으로는 여전히 하늘을 향해 있었다. 하지만 눈을 들어 하늘을 우러르며 기도하는 것은 유용하다. 이렇게 함으로써 사람들에게 하나님을 찾을 마음이 생기기 때문이다. 더욱이 열정적인 기도는 몸에 영향을 미치기 때문에, 몸은 사람들의 마음이 향하는 대로 무의식적으로 따라가게 된다. 그리스도께서 눈을 들어 하늘을 향하셨을 때, 그분이 열정적으로 세상에서 몸을 돌려 하늘을 향하셨다는 것은 의심의 여지가 없다. 뿐만 아니라 그리스도께서는 전적으로 아버지와 함께 계셨기 때문에 다른 사람들을 자신과 함께 아버지에게로 이끌기를 원하셨던 것이다.

감사하나이다 그리스도께서는 아무것도 구하지 않으셨지만 감사로 기도를 시작하신다. 복음서 기자가 그리스도께서 공식적인 용어를 사용하면서 기도를 했다고 말하지는 않지만, 그분이 감사기도를 하기에 앞서 기도를 하셨음이 분명하다. 그렇지 않았다면 그분의 기도 내용을 들으실 수 없었을 것이다. 짐작컨대, 그리스도께서는 복음서 기자가 언급한 대로 비통히 여기시는 중에 기도하셨을 것이다. 어리석은 사람들이 늘 그러하듯이 그리스도께서 속으로 격렬하게 흥분하셨다고 생각하는 것은 여기에 어울리지 않는다. 그리스도께서는 나사로의 생명을 다시 찾으신 후에 아버지께 감사하신다. 그분은 이 능력을 아버지에게서 받았다고 말씀하시고 그것이 자신에게서 나온 것이라고 주장하지 않으심으로써, 자신이 아버지의 사역자에 불과하다는 것을 인정하신다. 그리스도께서는 사람들의 역량에 맞춰서 어떤 때에는 자신의 신성神聖을 주장하시면서 하나님에게 속한 것이 자신에게도 있다고 단언하시고, 또 어떤 때는 자신이 인간적인 속성을 지니고 있는 것으로 만족하시면서 신성에 속하는 모든 영광을 아버지에게 드리신다. 복음서 기자는 그리스도의 말을 아버지께서 들으셨다는 단 한 마디 언급으로써 그분이 가지고 계신 신적인 속성과 인간적인 속성을 다 언급하신다.

하지만 그리스도께서 하나님께 감사하신 것은 사람들로 하여금 그분이 아버지에게서 보냄을 받은 것을 알게 하고, 그분이 하나님의 아들이시라는 것을 인정하게 하려는 데 있다. 그리스도의 위엄이 얼마나 크고 높은지 사람들은 인식할 수 없었다. 그래서 그리스도의 육체 안에 나타난 하나님의 능력이 사람들의 둔하고 느린 그 감각을 그분의 위엄의 높이까지 점차적으로 끌어올렸다. 그리스도께서 전적으로 우리처럼 되기를 원하셨으므로, 그분이 여러 다양한 방법으로 우리에게 맞추신다고 해서 놀랄 필요는 없다. 우리를 위해 자신을 비우기까지 하셨다면, 그분이 우리 때문에 자신을 낮추셨다고 말하는 것은 전혀 어리석은 말이 아니다.

42 항상 내 말을 들으시는 줄을 내가 알았나이다 이것은 그리스도께서, 그분이 원하시는 만큼 많은 이적을 행할 수 있을 정도로 아버지의 총애를 받는 높은 위치에 있지 않다고 생각하는 사람을 염두에 두고 하신 말씀이다. 그래서 이 말씀으로 그리스도께서 전달하시고자 하는 바는 자신과 아버지 사이에는 완전한 일치가 있기 때문에, 아버지는 아들(그리스도)의 요구라면 무엇이든지 들어주신다는 것이다. 사실 그리스도는 기도하실 필요가 없는 분이시다. 그분은 아버지께서 자신에게 명령하신 것을 알고 그것만 행하셨기 때문이다. 하지만 그리스도께서는 사람들로 하여금 이 일이 참으로 하나님의 일이라는 것을 좀 더 충분히 확신하도록 하기 위해 아버지의 이름을 부르셨다. "그렇다면 왜 그 당시에 그리스도께서 죽은 사람들을 다 살리지 않았느냐?"라고 질문하면서 이의를 제기하는 사람이 있다면, 이에 대답하는 것은 어렵지 않다. 하나님의 계획에 의하여 이적에는 어느 정도의 한계가 주어졌다. 즉, 그리스도께서 보시기에 이적이 복음을 확증하는 데 충분한 정도면 되는 것이다.

43 큰 소리로 나사로야 나오라 부르시니 그리스도께서 가지고 계신 신적神的인 능력은 그분이 손을 대지 않고 단지 큰 소리로 부르셨다는 사실로써 더 잘 나타난다. 동시에 그리스도께서는 그분 말씀의 비밀스럽고 놀라운 효과를 우리에게 나타내신다. 그분은 말씀만으로 죽은 자를 살리지 않으셨는가? 그리스도께서 나사로를 일으키시는 과정에서 그 음성으로 생명을 살리는 것을 보여주셨을 때, 그분은 우리가 매일 믿음으로 이해하며 경험하는 그분의 영적 은혜를 눈에 보이는 표적으로 나타내 보이신 것이다.

44 수족을 베로 동인 채로 복음서 기자는 시신을 싼 수의壽衣와 수건을 조심스럽게 언급한다. 이것은 나사로가 무덤에 누워 있던 상태 그대로 무덤 밖으로 나왔다는 것을 우리에게 알려주기 위함이다. 유대인들은 요즘에도 이런 방법으로 사람을 장사 지낸다. 즉, 고운 세마포로 시신을 싸고 머리는 별도로 수건으로 감싼다.

풀어놓아 다니게 하라 이적의 영광을 극대화하기 위해서는 유대인들이 자기들 눈으로 본 하나님의 일을 손으로 직접 만져보는 일만 남았다. 그리스도께서는 나사로를 싸고 있던 수의를 풀어주거나 저절로 그것이 풀어지게 할 수도 있으셨다. 하지만 그분은 그곳에 서 있던 사람들의 손을 이적의 증거로 사용하고자 하셨다. 교황주의자들이 이 사건에서 비밀 참회 교리를 추론해 낸 것은 정말로 어처구니가 없다. 그들은 "그리스도께서 나사로를 살리셨을 때, 그분은 제자들이 나사로를 풀어주기를 원하셨다. 그러므로 교회가 우리의 죄를 사하지 않는다면 우리가 하나님과 화목한 것만으로는 충분하지 않다"라고 주장한다. 그러나 그리스도께서 나사로를 풀어주라고 말씀하셨을 때, 그 말씀이 제자들에게 하신 것인지 어떻게 알 수 있는가? 이들이 생각하는 것과 다르게, 유대인들에게 그 명령이 주어진 것은 그들에게서 모든 의심의 흔적을 없애기 위해서라고 생각한다.

45 마리아에게 와서 예수께서 하신 일을 본 많은 유대인이 그를 믿었으나 46 그중에 어떤 자는 바리새인들에게 가서 예수께서 하신 일을 알리니라 47 이에 대제사장들과 바리새인들이 공회를 모으고 이르되 이 사람이 많은 표적을 행하니 우리가 어떻게 하겠느냐 48 만일 그를 이대로 두면 모든 사람이 그를 믿을 것이요 그리고 로마인들이 와서 우리 땅과 민족을 빼앗아가리라 하니 49 그중의 한 사람 그 해의 대제사장인 가야바가 그들에게 말하되 너희가 아무것도 알지 못하는도다 50 한 사람이 백성을 위하여 죽어서 온 민족이 망하지 않게 되는 것이 너희에게 유익한 줄을 생각하지 아니하는도다 하였으니 51 이 말은 스스로 함이 아니요 그 해의 대제사장이므로 예수께서 그 민족을 위하시고 52 또 그 민족만 위할 뿐 아니라 흩어진 하나님의 자녀를 모아 하나가 되게 하기 위하여 죽으실 것을 미리 말함이러라 요 11:45-52

45 많은 유대인이 그리스도께서 행하신 이적은 열매를 맺었다. 그분이 행하신 일을 본 사람들 중 일부가 믿음을 갖게 된 것이다. 이적에는 두 가지 용도가 있음을 이해해야 한다. 이적은 우리에게 믿음을 가질 준비를 하게 하든지, 아니면 우리 믿음을 돈독히 해준다. 여기서 복음서 기자는 이적의 첫 번째 용도를 언급한다. 즉, 그리스도의 말씀을 들은 사람들이 그분의 신적인 능력에 감탄과 존경을 표했고 결국 그분의 제자들로 그분께 복종하게 되었다는 의미이다. 하지만 막연한 이적만으로는 믿음을 생산하기에 불충분하다. 그러므로 우리는 복음서 기자가 그리스도의 교훈을 기꺼이 받아들일 만한 태도가 되었다는 의미로 '믿었다'는 말을 사용한 것으로 생각해야 한다.

그리스도를 비난했던 다른 사람들에게서는 역겨운 배은망덕함 내지는 가공할 만한 분노가 드러난다. 이것은 그들이 불경건함으로 인해 얼마나 눈멀고 어리석은 상태에 있었는지 보여준다. 나사로의 부활은 분명 돌같이 단단한 마음도 부드럽게 했어야 마땅하다. 하지만 불경건함은 그것이 가진 쓴 독으로 그 어떤 하나님의 일도 감염시키고 부패하게 만든다. 그래서 사람들이 이적에서 유익을 얻을 수 있으려면, 그 전에 그들의 마음이 먼저 깨끗하게 되어야 한다. 하나님을 두려워하거나 경외하지 않는 사람들은 하늘과 땅이 합쳐지는 것을 본다고 해도 그들의 완강한 배은망덕함으로 인해 건전한 교훈을 늘 저버릴 것이다. 지금 우리 시대에도 우리를 향해 내미신 분명한 하나님의 손길에 대항해서 싸우는 복음의 원수들을 많이 볼 것이다. 이들은 우리에게서 이적을 요구한다. 그러나 그것은 자기들이 복음을 완강하게 배척하는 괴물 같은 사람들이라는 것을 보여주기 위해서 그런 것뿐이다.

그중에 어떤 자는 … 알리니라 그들 중에 어떤 사람들은 그리스도에 대해서 바리새인들에게 보고했는데, 이는 바리새인들이 외식하는 사람들답게 복음을 더욱 맹렬히 대적하는 사람들이었기 때문이다. 동일한 이유에서 복음서 기자는 잠시 후에 바리새인들이 공회를 모았다고 말함으로써 그들의 이름을 명확하게 언급한다. 제사장들 중에 바리새인들이 있었다. 하지만 복음서 기자는 특히 바리새인들이라는 이름을 거론한다. 왜냐하면 그들이 말하자면 전체 공회에 분노의 불을 지피려고 으르렁거리는 사람들이었기 때문이다.

47 대제사장들과 바리새인들이 공회를 모으고 여기에 묘사된 대로 제사장들의 의식 없음은 참으로 어처구니가 없다. 그들이 그토록 어리석고 불합리하지 않았다면, 그리스도께서 행하신 신적인 능력의 과시를 보고 적어도 그분을 경외하는 마음으로 감동을 받았을 것이다. 지금 그들은 놀라지 않을 수 없는 하나님의 영광을 의도적으로 사장시키고자 모였다. 물론 제사장들은 자기들이 하나님과 싸우기를 원한다고 공개적으로 자랑 삼아 이야기하지는 않았다. 하지만 하나님의 능력을 전복시키지 않고는 그리스도를 제압할 수 없었기 때문에, 그들은 지금 주제넘게 신성모독 행위를 함으로써 공개적으로 확실하게 그분의 영광에 대항해 싸우고 있는 것이다. 불신앙은 늘 교만하고 하나님을 멸시하지만, 그것이 항상 하나님과 공개적인 갈등으로 표출되지는 않는다. 하지만 사람들이 오랫동안 하나님을 거슬러 싸움을 벌이게

되면, 종국에 가서는 하나님을 두려워하지 않고 타이탄들처럼 하늘 위로 올라가려 한다. 제사장들은 그리스도가 실제로 표적을 많이 행했다는 사실을 인정한다. 그리스도의 큰 능력이 도대체 어디서 온 것일까? 그래서 제사장들은 그리스도의 이적에서 밝히 드러난 하나님의 능력을 짓밟을 태세를 취하고 있다. 그러나 하나님은 그렇게 만만한 분이 아니시다. 비록 하나님께서는 잠시 동안 제사장들을 눈감아주시지만, 시편 2편 12절에 언급되었듯이 그분의 분노를 시행하실 때가 이르기까지 그들의 어리석은 교만을 비웃으신다.

우리가 어떻게 하겠느냐 제사장들은 이 말로써 자기들의 나태함을 비난한다. 마치 그리스도가 점차적으로 독주하게 된 원인이, 자기들이 행동을 취하지 않았기 때문인 것처럼 말하고 있다. 만일 자기들이 능동적으로 행동한다면 그리스도가 맘껏 행하는 것을 막을 수 있다고 생각하는 것이다. 자기들이 모든 것을 할 수 있다는 단언, 바로 사악한 사람들의 확신이다. 그들은 원하는 것은 무엇이든 할 수 있는 힘이 자기들에게 있다고 생각하며, 심지어 그 일의 결과도 자기들의 의지에 달려 있다고 확신한다. 상황을 제대로 가늠하는 자라면, 제사장들이 자기들의 노력을 하나님의 능력과 대조하고 있음을 알 수 있다. 마치 자기들이 불굴의 노력으로 하나님을 이길 수 있다는 듯이 말이다.

48 만일 그를 이대로 두면 유대인들이 그리스도를 그대로 두지 않으면 어떻게 될까? 앞에서 언급했듯이, 유대인들은 그리스도를 강하게 저지하고 대적하고자 마음만 먹는다면 얼마든지 그분의 길을 막을 능력이 자기들에게 있다는 것을 의심하지 않았다. 그리스도가 사기꾼이라면, 그가 하나님의 양 무리에서 양들을 곁길로 인도하지 못하도록 그를 막는 것이 그들의 의무였을 것이다. 하지만 그들이 그리스도께서 행하시는 이적을 인정할 때, 그들은 자기들이 하나님에 대해서 전혀 관심을 갖고 있지 않다는 것을 분명하게 드러냈다. 그들은 하나님의 능력을 매우 당당하고 오만하게 멸시했던 것이다.

로마인들이 와서 유대인들은 자신들의 사악함을 '공공의 선善을 위한 열심'이라는 그럴듯한 옷으로 위장한다. 유대인들이 가장 걱정하고 두려워하는 것은 자기들의 폭정이 무너지는 것이다. 하지만 그들은 성전과 하나님을 예배하는 일, 그리고 자기 나라에 대한 평판과 백성들의 상태에 대해서 걱정하는 척하고 있다. 유대인들이 이 모든 일에 마음을 쓰는 이유는 어디에 있는가? 그들은 어떤 사람을 속이려고 이런 유의 거짓을 꾸미고 있는 것이 아니다. 그들은 지금 백성들에게 이야기하는 것이 아니라 자기들끼리 비밀스럽게 공모하고 있는 중이다. 너나 할 것 없이 모두 자기들이 반역하고 있다는 것을 의식하고 있으면서도 왜 그들은 자기들의 계획과 음모를 솔직하게 공개하지 않는가? 불경건은 아무리 엄청나고 뚜렷하다고 해도 항상 위선을 동반하기 때문이다. 그래서 불경건은 간접적인 구실과 핑계로 스스로를 포장해서 덕德이라는 겉모양을 취하면서 속임수를 쓴다.

유대인들의 주요 목적은 다른 사람들을 속이기 위하여 근엄함과 중용과 신중함 같은 것을 과시하는 것이다. 그러나 그들이 그리스도를 핍박하는 정당한 이유를 가지고 있는 척할 때, 그 공허한 가면 때문에 자기 꾐에 자기가 속아 넘어갈 개연성이 많다. 외식하는 사람들은 내적으로 양심에 가책을 받는다. 그런데도 그들은 그 후에 헛된 상상에 중독되어, 죄를 짓더라도 죄인이 아닌 것처럼 보이는 것이다. 그러나 그들이 스스로 모순을 일으킨다는 것은 분명하다. 유대인들은 처음에 그리스도가 정말로 많은 이적을 행하셨다고 고백했다. 그런데 이제 그들은 로마인들을 두려워한다. 마치 예수께서 지금까지 보여주신 표적에 드러난 하나님의 능력으로는 로마인들을 충분히 방어할 수 없다는 듯이 말이다.

복음서 기자가 "로마인들이 와서"라는 말을 한 것은 유대인들이 공회로 모여 일을 꾸민 주요 목적이 다가오는 위험에서 스스로를 보호하기 위함이라는 것을 드러내려는 것이다. 유대인들은 이렇게 이야기하고 있는 셈이다.

"로마인들이 공적인 문제에서 어떤 변화가 일어나고 있다는 것을 안다면, 그들은 군대를 보내 우리나라와 성전을 파괴할 것이며 하나님께 예배하는 것을 금할 것이오. 우리가 두려워하는 것이 그것이오."

그러나 우리가 옳은 길에서 떠날 때에만 어떤 위험을 피할 수 있다면, 그 위험으로부터 스스로를 지키기 위해 온갖 궁리를 하는 것은 사악한 일이다. 우리는 하나님께서 명령한 것이 무엇인지 그리고 그분이 우리가 어떻게 행하기를 원하시는지를 먼저 물어야 한다. 우리에게 어떤 결과가 닥치든지 간에, 하나님의 명령과 그분이 원하시는 것을 굳건하게 지켜야 한다.

그러나 이 유대인들은 그리스도를 제거하기로 결정한다. 주님이 시작하신 그대로 사역을 계속하게 허용함으로써 문제가 생기는 일이 없도록 하기 위해서 말이다. 그러나 그리스도가 하나님으로부터 보냄을 받은 분이라면 어떻게 하겠는가? 로마인들과 평화롭게 지내기 위해 하나님의 선지자를 저버릴 것인가? 이것은 하나님을 참으로 진지하게 경외하지 않는 사람들의 도모이다. 유대인들은 합법적이고 올바른 것에 대해서는 무관심했다. 그들은 오직 결과에만 관심을 기울였기 때문이다.

하지만 경건하고 거룩한 방법으로 이 문제를 다루는 방법은 이것이다. 즉, 무엇보다도 먼저 우리는 하나님을 기쁘시게 하는 것이 무엇인지를 찾아야 한다. 그런 다음 우리는 수천수만의 사망에 둘러싸여 있어도 하나님께서 명령하신 것을 담대하게 따르며 어떤 두려움에도 절망하지 말아야 한다. 우리의 행동은 어떤 돌풍에 의해서 좌지우지되는 것이 아니라 끊임없이 하나님의 말씀에만 의지해야 한다. 위험을 담대하게 멸시하는 사람 혹은 적어도 자기를 두렵게 하는 것에 개의치 않고 하나님께 순종하는 사람은 결국에 성공할 것이다. 모든 사람들의 예상을 뒤엎고, 하나님께서는 지속적으로 자신의 말씀에 순종하는 사람들에게 복을 주신다. 반대로 불신자들은 아무리 조심한다고 하더라도 유익을 얻지 못한다. 그들은 조심할수록 덫에 더욱 빠져든다.

본문에는 우리 시대의 모습이 매우 회화적으로 그려져 있다. 조심성 있고 신중한 사람으로 여김을 받고 싶어 하는 사람들은 똑같은 노래를 계속 흥얼거린다. 즉, 우리는 공공의 평안을 신경 써야 한다느니, 우리가 시도하고 있는 개혁에는 많은 위험이 도사리고 있다느니 하면서 말이다. 우리에게 이와 같은 불합리한 악평을 늘어놓고 나서, 모든 골칫거리를 제거하기 위해 그들이 찾을 수 있는 방법은 그리스도를 매장시키는 것이다. 그들이 혼란을 가라앉히기 위해 구원 교리를 철폐한다는 처방을 내놓을 때, 하나님의 은혜에 대한 그런 불경스러운 모독은 일견 성공할 수 있는 것처럼 보인다. 그러나 오히려 그 반대로 불경건한 사람들이 두려워하는 일이 일어날 것이다. 설사 그들이 원하는 것을 얻는다고 해도, 그것은 가장 무가치한 보상이며 하나님을 대적함으로써 세상을 기쁘게 하는 행동이 될 것이다.

우리 땅 이 말이 성전을 의미하는지 아니면 이스라엘 땅을 의미하는지는 분명하지 않다.[헬라어로 이 단어가 '장소, 곳'이라는 뜻의 '토포스'(topos)가 사용되었기에 칼빈이 이렇게 언급하는 것임 - 역자 주]. 유대인들은 자기들의 구원이 성전과 이스라엘 땅의 형편에 달려 있다고 생각했다. 성전이 파괴된다면, 하나님께 드리는 제사와 공적인 예배는 물론이고 하나님의 이름을 부르는 일이 그칠 것이기 때문이다. 종교 문제를 고려한다고 할 때 유대인들은 성전에 관하여 안달할 수밖에 없었다. 다시 포로로 끌려가는 일이 없도록 교회의 상태를 유지하는 것 역시 그들에게 대단히 중요했다. 유대인들은 여전히 바벨론 포로를 기억하고 있었다. 그것은 최고로 가혹한 하나님의 보복이었다. 율법에서 자주 발견되는 유대인들의 일반적인 격언이 하나 있는데, 그것은 하나님께서 유대인들을 그 땅에서 쫓아내는 것은 일종의 의절義絶이라는 내용이다. 그래서 유대인들은 그리스도가 죽어야 교회가 안전할 것이라고 결론을 내린다.

49 그중의 한 사람 … 가야바가 그들의 토의는 짧았다. 가야바가 유대인들에게 논의를 길게 끌고 가도록 허락하지 않았기 때문이다. 가야바는 안전을 손에 넣을 수 있는 유일한 방법 하나를 제시했다. 그것은 죄 없는 한 사람을 죽이는 것이다. 하나님을 두려워하지 않는 자들이 하나님의 말씀이 아니라 육체의 판단에 따라 계획을 세우고 또한 모든 선한 것의 기원자이신 하나님께서 허락하지 않는 것으로부터 유익을 얻을 수 있을 것이라고 확고하게

믿을 때, 그들의 사악함이 도대체 어디까지 치솟을 수 있는지! 가야바는 마치 유대인들이 행복하고 번영하려면 하나님의 진노를 유발할 수밖에 없다고 말하는 것 같다.

그러므로 유용한 것과 합법적인 것은 절대로 구별할 수 없다는 것을 배우자. 하나님의 복에서 나온 것이 아니라면 그 어떤 것도 선하거나 하나님을 기쁘시게 하는 것이라고 기대하지 말아야 한다. 마귀에게 도움을 구하는 불경건한 사람들과 반역하는 사람들에게는 하나님의 복이 임하지 않고, 오직 하나님의 길에서 성실하게 행하는 신자들에게만 임한다고 약속되어 있기 때문이다. 하지만 공공의 선善이 늘 먼저 와야 하기 때문에, 이 논증은 일정 정도의 설득력을 갖고 있다. 그러나 내가 앞에서 주장했듯이, 죄가 없는 사람을 불의하게 죽임으로써 백성들을 지킨다고 하는 것은, 어떤 사람의 목을 치거나 칼로 그의 심장을 뚫으면서 그 사람의 온몸을 보호하겠다고 하는 것과 다르지 않다.

그 해의 대제사장인 복음서 기자는 가야바를 마치 1년 임직에 있는 제사장인 것처럼 '그 해의 대제사장'이라고 부르는 것이 아니다. 대제사장직은 돈으로 살 수 있는 것이었고, 율법에서 명한 것을 어겨가면서 여러 다양한 사람에게 계승되었기 때문에 그렇게 부른 것이다. 하나님께서는 대제사장이 죽을 경우에만 그 직위가 끝나는 것으로 정하셨다. 하지만 세상이 혼란한 틈을 이용하여 로마인들은 저희들 마음대로 대제사장을 자주 바꾸었다.

51 이 말은 스스로 함이 아니요 복음서 기자가 이렇게 말한 것은 가야바가 미친 사람이나 망상가처럼 자기도 이해하지 못하는 것을 입 밖에 내놓았다는 의미가 아니다. 가야바는 자기 개인의 의견을 내놓은 것이기 때문이다. 복음서 기자는 어떤 위대한 힘이 가야바의 혀에 작용했다고 생각한다. 하나님께서는 가야바의 마음에 떠오른 것보다 더 큰 것을 그의 입으로 증언하도록 의도하셨다. 그렇다면 가야바는 이중적인 의미를 지니는 말을 한 셈이다.

그는 자기 마음에 떠오른 생각, 즉 그리스도를 죽일 불경건하고도 잔인한 계획을 입 밖으로 내뱉었다. 하지만 하나님께서는 그의 말을 다른 목적으로 바꾸셨다. 가야바가 이 모호한 말로 동시에 예언을 선포하도록 말이다.

하나님께서는 유대인들이 변명할 수 없게 하려고 하늘의 계시를 대제사장의 자리에 앉은 자에게서 흘러나오게 하셨다. 공회에 모인 사람들 중에 어느 누구도 양심에 감동을 받은 사람은 없었지만, 이후에 그들은 자기들의 무감각함이 용서받을 수 없다는 것을 알게 되었다. 또한 가야바의 사악함에도 불구하고, 그것이 성령께서 그의 입술을 말씀의 도구로 삼는 것을 막지 못했다. 하나님께서는 그의 인격보다는 자신이 친히 제정하신 대제사장 제도를 염두에 두셨기 때문이다. 내가 높은 자리에서 발한 음성이 좀 더 분명하게 들릴 것이고 더 큰 존경과 권위를 얻을 것이라고 암시했던 이유가 바로 이것이다. 이와 동일한 방법으로 하나님께서는 예언의 영을 부여한 발람의 입으로 그분의 백성들을 축복하고자 하셨다.

그러나 교황주의자들이 이 구절을 근거로, 로마 교황이 적절하다고 생각하여 선포한 것은 무엇이든 계시로 간주해야 한다고 추론하는 것은 정말로 어처구니가 없다.

첫째, 우리가 백번 양보하여 대제사장이 늘 선지자 기능을 했다는 사실을 인정한다고 하더라도(그러나 이는 사실이 아니다), 교황주의자들은 로마의 교황이 하나님의 명령에 의해 생겨났다는 것을 증명해야 한다. 제사장 제도는 그리스도 한 분의 강림으로 말미암아 폐지되었기 때문이다. 그리고 우리는 성경 어디서도 하나님께서 어느 한 사람이 전체 교회를 다스리라고 말씀하신 예를 찾을 수가 없다.

둘째, 대제사장의 권리와 위엄을 로마의 주교에게 이양한 것을 인정한다고 해도, 우리는 제사장들이 가야바의 예언을 받아들여서 그들에게 어떤 유익이 있었는지 살펴보아야 한다. 가야바의 판단대로 제사장들은 그리스도를 죽이자고 공모한다. 하지만 우리는 하나님의 아들을 부인하는 끔찍한 배교 행위로 우리를 몰아넣는 일에 절대로 순종할 수 없다.

가야바는 하나의 발언으로 하나님을 모독하는 동시에 예언을 선포한다. 가야바의 선언을 따르는 사람들은 예언은 멸시하고 하나님에 대한 모독은 받아들인다. 우리가 로마의 가야바의 음성을 듣는다면, 이런 똑같은 일이 우리에게 발생하지 않도록 주의해야 한다. 그렇지 않으면 가야바와 로마 교황을 비교하는 것은 온전치 못하다. 더욱이 가야바가 한 번 예언했다고 해서 과연 대제사장이 말한 모든 말이 늘 예언으로 취급되어야 하는지 묻고 싶다. 곧 이어 가야바는 우리 믿음의 대제사장이요 머리이신 분(그리스도)이 신성모독하는 말을 했다고 정죄했다. 그러므로 우리는 복음서 기자가 지금 대제사장의 말을 예언과 관련시키는 것은 예외적인 경우이며, 그것을 하나의 귀감으로 취급하는 것은 어리석은 행동이라고 결론을 내린다.

52 죽으실 것을 첫째로 복음서 기자는 우리 구원의 총체가 그리스도께서 우리를 하나의 양 무리(in unum aggreget)로 이끄시는 것에 있음을 보여준다. 그리스도께서 우리를 생명의 원천이신 아버지와 화목시키시는 것이 바로 이러한 방법을 통해서이기 때문이다. 여기서 우리는, 하나님의 자녀들이 그들의 머리이신 그리스도 아래 연합하기까지는 인류가 하나님에게서 멀어져 흩어져 있다는 사실을 추정하게 된다. 그러므로 성도들이 나누는 성찬은 영생을 위한 준비이다. 그리스도께서 아버지에게로 모으지 않는 사람들은 다 죽어 있는 사람들이기 때문이다. 이 부분에 대해서는 요한복음 17장에서 다시 생각해보기로 하자. 또한 바울이 에베소서 1장 10절에서 그리스도께서 하늘에 있는 것과 땅에 있는 만물이 다 통일되게 하려고 보냄을 받았다고 가르치신 이유가 바로 이것이다. 그러므로 그리스도께서 가져오신 구원을 향유하기 위해서 불화는 제거해야 한다. 그리고 우리는 하나님 및 천사와 하나가 되어야 하며, 우리 사이에서도 하나가 되어야 한다. 이러한 하나 됨의 원인과 보증은 그리스도의 죽음이다. 그리스도께서는 자신의 죽음으로 만물을 자신에게로 이끄셨으며, 우리는 복음으로 말미암아 매일 그리스도의 우리 안으로 모인다.

그 민족만 위할 뿐 아니라 복음서 기자는 그리스도로 말미암아 얻게 되는 화목이 이방인들에게도 확대된다고 가르친다. 하지만 비참하게 흩어져 방황하고 있기에 하나님의 원수가 된 이방인들이 어떻게 하나님의 자녀로 불린단 말인가? 이 질문에 답하겠다. 내가 이미 앞에서 언급한 것처럼, 하나님의 마음pectus에는 스스로 방황하며 잃어버린 바 된 양들과 전혀 하나님의 양이 아닌 자들, 그리고 이뿐 아니라 이리와 야수인 자녀들이 있다. 이들이 하나님의 자녀로 간주되는 것은 선택에 의한 것이다. 즉, 그들이 부르심을 받기도 전에 하나님께서, 결국은 자신들과 다른 사람들에게 믿음을 분명하게 보여주기 시작할 그 사람들을 자신의 자녀라고 생각하시는 것이다.

53 이날부터는 그들이 예수를 죽이려고 모의하니라 54 그러므로 예수께서 다시 유대인 가운데 드러나게 다니지 아니하시고 거기를 떠나 빈 들 가까운 곳인 에브라임이라는 동네에 가서 제자들과 함께 거기 머무르시니라 55 유대인의 유월절이 가까우매 많은 사람이 자기를 성결하게 하기 위하여 유월절 전에 시골에서 예루살렘으로 올라갔더니 56 그들이 예수를 찾으며 성전에 서서 서로 말하되 너희 생각에는 어떠하냐 그가 명절에 오지 아니하겠느냐 하니 57 이는 대제사장들과 바리새인들이 누구든지 예수 있는 곳을 알거든 신고하여 잡게 하라 명령하였음이러라 요 11:53-57

53 그들이 예수를 죽이려고 모의하니라 복음서 기자는 그리스도께서, 원수들이 분노에 차서 자신을 죽이려는 것을 아시자 다시 그들을 피해 가셨다고 설명한다. 하지만 우리는 그리스도께서 아버지의 소명을 회피하려고 원수들을 피한 것이 아니라는 사실을 기억해야 한다. 그분이 가지신 유일한 계획은 하나님께서 정하신 때에 자원하여 죽으시는 것이다. 복음서 기자가 언급하는 모의는 그리스도를 죽이기 위한 것이라기보다는 그분을 어떻게 죽일지 그 방법을 찾기 위함이다. 그들은 이미 그리스도를 제거하기로 결정했

다. 다만, 그들이 결정한 것을 어떤 식으로 시행할 것인지를 결정하는 것만 남았을 뿐이다.

54 에브라임이라는 동네에 가서 제자들과 여기에 언급된 동네 이름과 관련하여, 나는 그 이름이 방언으로 발음한 것이든지 아니면 전혀 새로운 동네를 가리키는 것이라고 생각한다. 우리가 아는 한, 바벨론 포로 이후에 언어가 상당히 많이 바뀌었으며 나라의 모습 또한 상당히 변했다. 그러므로 성경에 언급된 장소들 중에서 이전 시대에는 알려지지 않은 곳이 많다는 것은 전혀 놀랍지 않다.

복음서 기자가 그리스도의 제자들이라고 명명하는 사람들은 그리스도의 교훈을 받아들인 사람들이 아니라, 지속적으로 그분을 따라다녔던 사람들이며 같은 집에서 그분과 함께 살았던 사람들이다.

55 많은 사람이 … 예루살렘으로 올라갔더니 유월절 제사를 드리기 전에 자신을 성결하게 해야 한다고 정확하게 명령한 곳은 없다. 그래서 복음서 기자는 모든 사람이 아니라 많은 사람이 올라갔다고만 말한다. 물론 유월절 음식을 먹으려면 성결해야 했고, 부정한 사람들에게는 음식 먹는 것이 허락되지 않았다. 하지만 나는 이 성결이 개인적인 성향에서 자원하여 수행한 것이었다고 판단한다. 유월절 전에 그와 같은 성결 의식을 통해 스스로를 준비하지 않은 사람들이라 하더라도 유월절 음식 먹는 것이 금지되지는 않았다.

더욱이 복음서 기자가 이 구절을 기록한 목적은 그리스도께서 유대 지역 전체에 얼마나 잘 알려진 분이신지를 나타내기 위함이다. 성전에 모인 사람들은 그들이 어디서 왔든지 간에 그리스도를 보고 싶어 했으며, 자기들끼리 그리스도에 관하여 논쟁을 벌였다. 그들이 인간적인 방법으로 그리스도를 찾은 것은 사실이다. 하지만 그들이 그리스도를 찾는 모습 속에서, 우리 주님이 대중들 앞에 공개적으로 모습을 드러내지 못하는 것이 제사장의 폭정 때문이라는 것을 알게 된다.

요한복음 12장

1 유월절 엿새 전에 예수께서 베다니에 이르시니 이곳은 예수께서 죽은 자 가운데서 살리신 나사로가 있는 곳이라 2 거기서 예수를 위하여 잔치할새 마르다는 일을 하고 나사로는 예수와 함께 앉은 자 중에 있더라 3 마리아는 지극히 비싼 향유 곧 순전한 나드 한 근을 가져다가 예수의 발에 붓고 자기 머리털로 그의 발을 닦으니 향유 냄새가 집에 가득하더라 4 제자 중 하나로서 예수를 잡아 줄 가룻 유다가 말하되 5 이 향유를 어찌하여 삼백 데나리온에 팔아 가난한 자들에게 주지 아니하였느냐 하니 6 이렇게 말함은 가난한 자들을 생각함이 아니요 그는 도둑이라 돈궤를 맡고 거기 넣는 것을 훔쳐 감이러라 7 예수께서 이르시되 그를 가만두어 나의 장례할 날을 위하여 그것을 간직하게 하라 8 가난한 자들은 항상 너희와 함께 있거니와 나는 항상 있지 아니하리라 하시니라 요 12:1-8

1 예수께서 베다니에 이르시니 우리는 여기에서 그리스도께서 명절에 예루살렘에 오지 않을 것이라고 생각한 사람들이 너무 성급하게 판단했다는 것을 본다. 이러한 예는 우리에게 경솔하게 행하지 말고 적절한 때가 될 때까지 인내하며 조용히 기다리라고 경고해준다. 적절한 때가 언제인지 우리로서는 알 수 없지만, 반드시 온다. 그리스도께서는 먼저 베다니에 오셨다. 그리고 사흘 뒤에 베다니에서 예루살렘으로 가셨을 것이다. 그동안 그분은 가

롯 유다에게 자신을 팔 적절한 시기와 장소를 제공하고 싶으셨다. 하나님께서 정하신 때에 자신을 제물로 드리실 수 있도록 말이다. 그리스도께서는 장차 어떤 일이 벌어질지 아셨다. 하지만 그분은 자원하여 자신을 제물로 드리셨다.

마태와 마가에 따르면, 그리스도께서는 유월절 엿새 전에 베다니로 가셔서는 나흘을 그곳에 머무셨다. 요한은 그리스도께서 무슨 요일에 베다니에서 식사를 하셨는지, 언제 마리아가 그분에게 향유를 부었는지 언급하지 않는다. 하지만 이 일이 발생한 것은 그리스도께서 베다니에 도착하신 지 그리 오래 되지 않은 때인 것으로 보인다. 마가복음과 마태복음에 언급된 향유를 부은 사건이 이것과 다르다고 생각하는 사람들이 있는데, 이는 잘못된 것이다. 그들은 시간적인 요인으로 말미암아 이런 오류를 범했다. 마태와 마가가 그리스도께서 향유를 부음 받은 사건을 언급하기 전에 이틀이라는 시간을 진술하고 있기 때문이다. 하지만 이 문제를 해결하는 것은 쉽다. 아마도 두 가지 해결 방법이 있을 것 같다. 우선 요한은 그리스도께서 도착하신 바로 그날 향유 부음을 받았다고 언급하지 않는다. 그렇다면 향유 부음은 그리스도께서 출발하려고 준비하실 때 일어난 일이라고 할 수도 있다.

하지만 내가 말한 것처럼 다른 추측이 더 개연성이 있다. 즉, 그리스도께서는 베다니를 떠나시기 하루나 이틀 전에 향유 부음을 받으셨다고 볼 수 있다. 가룟 유다는 그리스도께서 두 제자를 보내어 유월절을 준비하게 하시기 전에 제사장들과 모종의 거래를 했음에 틀림이 없다. 이제 이 두 사건 사이에는 적어도 하루가 경과했음이 분명하다. 복음서 기자들은 유다가 예수님을 판 대가를 받은 후에 그분을 넘겨줄 적절한 때를 찾고 있다는 내용을 첨가한다. 그래서 복음서 기자들은 이틀을 언급한 후에 향유를 부은 이야기를 첨가할 때, 처음에 발생한 것을 마지막에 이야기하고 있는 것이다.

이유는 이렇다. 복음서 기자들이 "너희가 아는 바와 같이 이틀이 지나면 유월절이라 인자가 십자가에 못 박히기 위하여 팔리리라"(마 26:2)라는 그리스도의 말씀을 언급할 때, 그들은 자기들이 생략한 내용, 즉 그리스도께서 자신의 제자에게 배신을 당한 방법과 상황을 집어넣은 것이다. 이렇게 해서 그리스도께서 베다니에서 향유를 부음 받으셨다는 내용에는 충분한 일치가 이루어진다.

2 거기서 예수를 위하여 잔치할새 마태와 마가는 이때 그리스도께서 나병환자였던 시몬의 집에서 식사를 하고 있었다고 언급한다. 요한은 누구의 집인지는 언급하지 않지만, 주님이 나사로와 마르다의 집에서 식사를 하지 않았음을 충분히 암시한다. 요한이 그리스도와 함께 식사하는 사람을 언급하면서 "나사로는 예수와 함께 앉은 자 중에" 있었다고 설명하기 때문이다.

3 예수의 발에 붓고 요한이 그리스도의 '발'에 향유를 부었다고 설명하는 반면 마태와 마가는 그리스도의 '머리'에 향유를 부었다고 말하는데, 이는 전혀 모순되지 않는다. 향유나 기름은 통상적으로 머리에 붓는 법이다. 그렇기 때문에 플리니Pliny는 어떤 사람이 발목에 향유를 부을 때 그것을 사치스러운 것으로 간주한다. 세 복음서 기자는 동일하게 마리아가 그리스도에게 향유를 붓되 아까워하지 않고 많은 양의 향유를 부었다고 언급한다. 요한이 예수의 발을 언급한 것은 향유가 그리스도의 온몸에 부어져서 발까지 흘러내렸다는 것과 같은 말이다. 마리아가 자기 머리털로 그리스도의 발을 닦았다는 내용을 복음서 기자가 첨가할 때, '발'이라는 단어가 가지는 의미는 더 확대되어 잘 나타난다.

향유 냄새가 집에 가득하더라 그 향유는 단순히 나드에서 추출한 일반적인 액체가 아니었다. 그것은 많은 향료가 혼합된 것이었다. 온 집안이 향유 냄새로 가득 찼다는 것은 놀라운 일이 아니다.

4 제자 중 하나로서 … 말하되 가룟인 유다의 불평이 이어졌다. 마태는 제자들 전부 불평했다고 하고, 마가는 그들 중 일부가 불평했다고 한다. 하지

만 성경에서 제유법(일부로써 전체를 가리키거나 혹은 그 반대로 전체로써 일부를 가리키는 문학적 기법)을 사용하여, 한 사람 또는 두어 사람에게 해당하는 것을 많은 사람에게 적용하는 것은 흔한 일이다. 내 생각에는, 불평이 처음에 가룟 유다에게서 시작되었는데 나중에는 나머지 제자들도 영향을 받아 그에게 동조한 것 같다. 불평은 마치 울리는 소리와 같아서 우리 안에 있는 온갖 종류의 기분을 부채질한다. 특히 우리가 너무도 쉽게 부정적으로 판단하는 경향에 사로잡힐 때, 비방이 우리 속에 자리 잡는다. 하지만 하나님의 영靈이 남을 너무 쉽게 믿는 사도들을 꾸짖으신 것은, 우리에게 악한 말을 너무 쉽게 믿지 말라고 주시는 경고이다.

5 이 향유를 어찌하여 삼백 데나리온에 팔아 … 아니하였느냐 플리니에 따르면, 보통 향유 한 통(450그램 정도)이면 10데나리온(1데나리온은 당시 노동자의 하루 품삯임) 정도의 값이 나간다고 한다. 또한 최상품의 향유의 경우는 동일한 양이 310데나리온 값어치를 한다고 밝힌다. 세 복음서 기자들은 마리아가 부은 향유가 매우 비싼 향유라는 것에 동의한다. 그러므로 유다가 향유 한 통의 값을 300데나리온으로 본 것은 적당하다. 더욱이 대부분의 사치품들은 지나치거나 불필요한 것들이기에, 비싸면 비쌀수록 유다가 불평했을 가능성이 더 높다. 유다는 마치 이런 식으로 말하는 것이다.

"마리아가 향유를 조금만 썼더라면 그러려니 했을 것이다. 하지만 엄청난 돈을 헛되게 낭비해버렸으니 가난한 사람들에게 해를 끼친 것이 아니겠는가? 그 돈이면 가난한 사람들이 굉장히 큰 도움을 얻었을 텐데 말이다. 그러니 마리아의 행동은 용서할 수 없다."

6 그는 도둑이라 다른 제자들은 악의에서가 아니라 별 생각 없이 마리아를 정죄했다. 하지만 유다는 가난한 사람들을 들먹임으로써 자신의 사악함을 그럴싸하게 가리고 있다. 사실 그는 가난한 사람을 배려할 마음이 눈곱만큼도 없었다. 우리는 여기서 탐욕이 얼마나 혐오스럽고 무서운 것인지를 배운

다. 유다는 이 기회를 이용하여 돈을 훔치려고 생각했는데, 그러지 못함으로 써 본인이 손해를 입게 되자 너무도 화가 나서 주저하지 않고 그리스도를 팔 아넘기게 된다. 유다가 가난한 사람들에게 주어야 할 돈에 대해서 말했을 때, 그는 다른 사람들에게 거짓말을 했을 뿐만 아니라 내적으로도 스스로 우쭐해 했던 것 같다. 영락없는 외식하는 사람들의 모양새이다.

유다는 그리스도를 파는 일을 마치 사소한 실수인 것처럼 생각했다. 그는 가난한 사람을 돕겠다는 것을 핑계로 돈을 훔치려는 생각이 성공하지 못하 자, 그리스도를 팔아넘김으로써 자기가 얻으려고 했지만 얻지 못한 돈을 보 상 받고자 했다. 유다에게는 실제로 그리스도를 팔아넘기는 이유가 한 가지 밖에 없었다. 그의 손에서 빠져나간 전리품을 어떻게 해서든 되찾으려는 마 음 말이다. 그리스도를 팔려는 계획으로 유다를 몰아간 것은, 자기에게서 빠 져나간 돈에 대한 그의 분노였다.

도둑이 되리라는 것을 알면서도 그리스도께서 유다를 회계로 선발하셔야 했다는 것은 놀랍다. 이는 결국 그에게 자신을 매달 밧줄을 준 꼴이 아닌가? 연약한 인간으로서는 하나님의 판단이 깊고 오묘하다고 대답할 수밖에 없 다. 하지만 그리스도의 행동을 보고 가난한 사람들을 돌보거나 거룩한 장부 를 관리하는 일을 무가치하고 악한 사람에게 맡겨야 한다는 식의 일반적인 규칙을 만드는 데 적용해서는 안 된다. 하나님께서는 우리에게 어떤 사람이 교회의 관리와 그밖에 필요한 다른 직분들로 부름을 받아야 하는지에 관한 규정을 주셨다. 그리고 이러한 규정을 파기하는 것은 합당하지 않다. 그러나 그리스도의 경우는 다르다. 하나님의 영원한 지혜이신 그분은 유다라는 사 람에게 하나님의 비밀스러운 예정의 자리를 부여하셨던 것이다.

7 그를 가만두어 그리스도께서 제자들에게 마리아를 가만두라고 말씀하 실 때, 그분은 다른 사람들을 이유 없이 괴롭히고 아무것도 아닌 것을 가지고 분란을 일으키는 제자들이 악하고 불의하게 행동하고 있음을 보여주신다. 다른 복음서 기자들은 예수님의 대답을 좀 더 길게 기록하지만 그 본질적인

내용은 같다. 그리스도께서는 자신의 장례를 위한 것이라는 이유를 들어 유다가 비난하는 향유 부음을 변호하신다. 그러므로 주님이 향유를 붓는 행동을 정규적인 예배나 교회에서 일반적으로 사용되어야 하는 의식으로 승인하시는 것은 아니다. 만일 이런 유의 의식이 매일 행해지기를 원하셨다면, 향유 부음을 자신의 장례와 관련시키지 않고 다른 어떤 것과 연결시켜 말씀하셨을 것이다. 하나님은 외적인 과시에 대해서는 전혀 관심이 없으시다. 오히려 이와 반대로 하나님께서는 사람의 마음이 세상적인 의식을 지키는 것에 기울어 있다는 것을 아시기에, 우리에게 그러한 의식을 지키는 데 주의하라고 자주 명하신다. 그러므로 그리스도의 대답을 근거로 값비싸고 휘황찬란한 예배가 하나님을 기쁘시게 한다고 결론을 내리는 사람들은 어리석은 해석자들이다. 사실 그리스도께서는 마리아가 자신에게 특별한 의식을 치러주었기에 그녀의 행동을 너그럽게 봐주신 것이다. 이것을 하나님을 예배하는 영원한 규범으로 삼아서는 안 된다.

나의 장례할 날을 위하여 그것을 간직하게 하라 그리스도께서 마리아가 향유를 간직했다고 말씀하실 때[한글 개역개정성경에는 "그것을 간직하게 하라"라는 명령형으로 번역되어 있으나, 칼빈은 그녀가 그분의 '장례할 날을 위해서 그것을 간직했다'(against the day of my burial she hath kept it)고 읽는다 - 역자 주], 그분은 그 향유가 잘못된 타이밍이 아니라 적절한 때에 부어졌다는 의미로 이야기하신 것이다. 왜냐하면 어떤 것을 적절하고 좋은 시기에 내놓기 위해서 잘 저장하고 있을 경우에, 우리는 그것을 '간직한다'고 말하기 때문이다. 만일 이보다 일찍이 누군가 그리스도에게 매우 값진 진미珍味를 차려드렸다면, 그분은 허락하지 않으셨을 것이다. 하지만 그리스도께서는 마리아가 평범한 행위로서가 아니라 그분에게 할 수 있는 마지막 의무로서 그렇게 한 것이라고 말씀하신다.

더욱이 몸에 향유를 바르는 것은 그 당시에 헛된 의식이 아니라, 사람들 앞에 부활의 소망을 제시하는 하나의 영적 상징이었다. 그리스도께서 하신 약속들이 여전히 사람들에게는 모호했으며, 부활의 '첫 열매'라고 정당하게 불리시는(고전 15:20) 그리스도께서는 아직 부활하지 않으신 상황이다. 그러므로 신자들에게는 여전히 그들 중에 계시지 않는 그리스도를 바라보게 하는 보조적인 도움이 필요했다. 따라서 그리스도에게 기름을 붓는 행위는 불필요한 것이 아니었다. 그리스도께서는 곧 묻히실 것이었으며, 그분은 무덤에 누워 계신 것처럼 몸에 향유를 바르셨던 것이다. 제자들은 아직 이것을 알지 못했다. 마리아는 이전에는 생각하지도 못했던 것을 성령의 지시로 갑자기 감동을 받아 이와 같이 행동했음이 분명하다. 그러나 그리스도께서는 제자들이 이해하지 못하고 비난했던 마리아의 행동을 자신의 부활의 소망을 가르치는 데 이용하셨다. 그렇게 하심으로써 주님은 이 문제에 대해서 제자들이 갖고 있던 고약한 마음을 단념할 수 있게 하셨다.

하나님께서는 옛 이스라엘 백성들의 유치함을 이런 식으로 다스리기를 원하셨다. 하지만 오늘날에도 이와 동일한 일을 하려고 하는 것은 어리석다. 사실 그리스도에게 손상을 입히지 않고는 이 일을 행할 수도 없다. 그리스도께서는 세상에 오실 때 밝히셨던 광명으로써 그러한 그림자들을 쫓아내셨다. 하지만 아직 그리스도의 부활로 인해 율법의 그림자가 완성된 것이 아니었기에, 외적인 의식을 통해 그분의 장례를 아름답게 하는 일은 적절했다. 이제 오늘날 그리스도의 부활의 향기는 감송향(甘松香, 향기가 강한 향유)과 향료가 아니더라도 그 자체로 온 세상을 살릴 만큼 충분히 강력하다. 그리고 우리가 사람들의 행동을 판단할 때에는 그리스도의 판결만을 의지해야 한다는 사실을 기억하자. 우리도 장차 그리스도의 심판대 앞에 서게 될 것이기 때문이다.

8 가난한 자들은 항상 너희와 함께 있거니와 내가 앞에서 언급한 것, 즉 마리아가 행한 의외의 행동과 그리스도를 위해 행하는 일상적인 행동은 명확하게 구별되었다는 사실을 명심하라. 그리스도를 화려하고 값비싼 장신구와 의복으로 예배하고 싶어 하는 사람들은 흉내쟁이가 아니라 바보들이다. 그리스도께서는 한 번 행해진 것은 인정하셨지만, 그것을 반복하는 것은 금하셨다.

나는 항상 있지 아니하리라 그리스도께서 제자들과 항상 함께 있지 않을 것이라고 말씀하신 것은, 그분이 세속적인 예배와 과도한 존경에 맞는 물리적 임재를 하지 않을 것이라는 의미임에 틀림없다. 주께서 성령의 은혜와 권능으로 우리와 함께하시는 것, 우리 안에 그분이 거하시는 것, 그리고 그분의 살과 피로 우리를 먹이시는 것은 유형有形의 의식과는 아무런 상관이 없다. 그러므로 교황주의자들이 그리스도를 예배한다는 미명하에 만들어낸 모든 허세와 화려함은 그분에게 아무리 드려봐야 헛것이다. 주님은 공개적으로 그런 것들을 거부하시기 때문이다. 그리스도께서 가난한 자들이 우리와 항상 함께 있다고 말씀하실 때, 그분은 '유다의'✝ 외식을 꾸짖으시는 것이 사실이다. 하지만 우리는 이것으로부터 가난한 사람들의 필요를 충족시키기 위한 자선이 하나님에게 향기로운 제사라는 것과 하나님께 예배하는 데 소비되는 다른 비용들은 부적절하다는 값진 교훈을 배울 수 있다.

> 9 유대인의 큰 무리가 예수께서 여기 계신 줄을 알고 오니 이는 예수만 보기 위함이 아니요 죽은 자 가운데서 살리신 나사로도 보려 함이러라 10 대제사장들이 나사로까지 죽이려고 모의하니 11 나사로 때문에 많은 유대인이 가서 예수를 믿음이러라 12 그 이튿날에는 명절에 온 큰 무리가 예수께서 예루살렘으로 오신다는 것을 듣고 13 종려나무 가지를 가지고 맞으러 나가 외치되 호산나 찬송하리로다 주의 이름으로 오시는 이 곧 이스라엘의 왕이시여 하더라 14 예수는 한 어린 나귀를 보고 타시니 15 이는 기록된 바 시온 딸아 두려워하지 말라 보라 너의 왕이 나귀 새끼를 타고 오신다 함과 같더라 요 12:9-15

9 큰 무리가 예수께서 여기 계신 줄을 알고 그리스도께서 죽으실 때

✝ 내가(영어판 역자) 참고한 성경(사본)들에는 'Judaeorum'(유대인들의)라는 단어로 되어 있다. 하지만 이 본문에서 유대인들을 언급하지 않고 또한 예수님의 꾸짖음이 유다를 겨냥하고 있음이 분명하므로(유다의 위선에 대해서는 6절에서 지적했다), 우리는 이 단어를 확실히 'Judae'(유다의)라고 읽어야 한다.

가 가까이 다가올수록, 그분의 이름이 어디에나 알려져야 할 필요성이 커졌다. 그분이 죽으신 후에 사람들이 더욱 충만한 믿음을 갖도록 하기 위한 준비과정으로서 말이다. 특히 복음서 기자는 최근에 나사로가 다시 살아난 이적이 널리 알려진 사실을 언급한다. 나사로가 다시 살아난 것으로써 그리스도의 신성神性이 확실하게 증명되었기에, 하나님께서는 많은 사람들이 이 사실의 증인이 되기를 원하셨다. 사람들이 예수님 때문에만 아니라 나사로 때문에 이곳에 온 것이기도 하다고 했을 때, 그것은 나사로에게 존경을 표시하려는 듯이 예의로 그를 찾아왔다는 의미가 아니다. 오히려 나사로에게 나타난 그리스도의 능력을 보기 위해서 왔다는 뜻이다.

10 대제사장들이 나사로까지 죽이려고 모의하니 하나님의 능력으로 죽은 자 가운데서 살아난 사람을 죽이려고 하는 것은 참으로 광기 어린 분노가 아닌가! 사탄은 악한 사람들에게 혼미케 하는 영을 보내어 그들을 괴롭게 함으로써 그 광기가 그치지 않게 한다. 하나님께서 하늘과 땅과 바다를 다 동원해서 미친 사람들을 대적하게 하더라도 그들의 미친 짓은 끝나지 않는다. 이들의 사악한 모임이 이런 식으로 묘사된 것은, 그리스도의 원수들이 자기들의 실수나 어리석음에 의해서가 아니라 지독한 사악함에 의해서 그 마음이 완악해졌다는 것을 우리에게 알려주기 위함이다. 그들은 심지어 하나님과 싸우는 것도 두려워하지 않았다. 대제사장들이 예수님은 물론이고 나사로까지 죽이려고 모의했다는 것은 나사로를 살린 하나님의 능력이 누구나 알 수 있게 명확하게 나타났음을 보여준다. 불경건한 사람들이 하나님의 능력을 없앨 수 있는 유일한 방법은, 죄 없는 사람을 비열하고 충격적으로 제거하는 것이다. 더욱이 사탄은 하나님의 일을 없애고 사장시키기 위해서라면 어떤 노력이라도 기울인다. 그러므로 하나님의 일을 계속해서 묵상하는 일에 부지런하고 헌신하는 것이 우리의 의무이다.

12 그 이튿날에는 … 큰 무리가 그리스도께서 예루살렘에 입성하신 이

야기는 다른 복음서 기자들이 좀 더 충분히 전해준다. 하지만 여기서 요한복음 기자는 그 이야기의 전모를 완벽하게 요약한다. 먼저 우리는, 그리스도께서 예루살렘에 입성하신 목적이 무엇인지를 기억해야 한다. 그리스도께서는 자진해서 스스로를 죽음에 내어주기 위하여 예루살렘에 오셨다. 그리스도의 죽음은 자원하는 죽음이어야 했다. 우리를 향한 하나님의 진노는 순종의 제사로써만 해결될 수 있기 때문이다. 사실 주님은 자신이 예루살렘에 입성하면 어떻게 될지 잘 알고 계셨다. 하지만 그리스도께서는 십자가로 끌려가기 전에 엄숙한 의식을 갖추어 백성들로부터 그들의 왕으로 영접 받고 싶으셨다. 오히려 그리스도께서는 자신의 통치가 죽음을 향한 자신의 행진으로 시작된다는 것을 대놓고 알리셨다. 비록 많은 군중들이 환호하며 그분을 맞이하긴 했지만, 그분은 여전히 원수들에게는 알려지지 않았다. 그분이 예언을 성취함으로써 자신이 참 메시아이심을 입증하기 전까지는 말이다. 이 문제에 대해서는 나중에 자세히 살펴볼 것이다. 그리스도께서는 우리의 믿음을 본질적으로 돈독히 하는 데 도움이 되는 것이라면 어느 것 하나도 생략하는 것을 원하지 않으신다.

명절에 온 큰 무리가 모든 사람에게 모범이 되어야 할 예루살렘 주민들보다 외국인들이 하나님의 아들에게 훨씬 더 많은 존경을 표했다. 예루살렘 주민들은 매일 제사를 드렸다. 성전은 늘 그들 앞에 있었고, 그들의 마음은 늘 하나님을 찾고자 하는 열망으로 불타올라야 했다. 교회의 주요 선생들이 그곳에 있었으며, 하나님의 빛이 임재해 있는 성소 역시 그곳에 있었다. 그러므로 예루살렘 주민들이 어렸을 때부터 성전 제의祭儀에 익숙했음에도 불구하고 자기들에게 약속된 구주를 배척하고 무시한다는 것은, 그들 안에 참으로 저급한 배은망덕함이 있다는 것을 드러내준다. 그러나 하나님께서 그분 자신을 사람들에게 친근하게 계시하실수록 사람들이 더욱 무례하게 하나님을 멸시하는 것은 거의 모든 시대 모든 사람들에게 나타나는 잘못이다.

고향을 떠나 명절을 지키려고 모여든 이들 외국인들에게는 하나님을 향한 더 큰 열망이 있었다. 그들은 그리스도에 관하여 애타게 물었다. 그리고 그리스도가 예루살렘에 오시는 중이라는 소식을 듣자 나가서 그분이 오시는 것을 축하했다. 그러나 그들이 성령의 비밀스러운 감동을 받고 그리스도께 가게 되었다는 점에는 의심의 여지가 없다. 우리는 이전에 이런 일이 행해졌다는 기사를 읽은 적이 없다. 세상의 통치자들이 자기들이 다스리는 나라에 입성할 때 나팔을 불거나 전령의 목소리를 통해 백성들을 불러 모으는 것처럼, 그리스도께서는 성령의 감동으로 이 백성들을 모으셨고 그들로 하여금 그분을 왕으로서 환호하며 맞이하게 하셨다.

군중들이 광야에서 그리스도를 왕으로 삼고자 했을 때, 그분은 조용히 산으로 물러가셨다. 그 당시 군중들이 생각했던 유일한 나라는 소처럼 배불리 먹을 수 있는 풍요로운 나라였기 때문이다. 그리스도께서는, 자신을 부정하고 아버지께서 자기에게 부여한 직분을 포기하지 않고서는 그들의 어리석고 어처구니없는 욕망을 허용하거나 동의할 수 없었다. 그러나 지금 그리스도께서는 자신이 아버지에게서 받은 나라를 자신의 것이라고 주장하고 계신다. 나는 밖에 나가 그분을 환영한 백성들이 이러한 그리스도의 나라를 진정으로 이해했다고는 생각하지 않는다. 하지만 그리스도께서는 미래를 바라보셨다. 동시에 그분은 자신의 영적인 나라에 적합하지 않은 것은 그 어떤 것이라도 행해지도록 허용하지 않으셨다.

13 종려나무 가지를 가지고 맞으러 나가 종려나무는 고대에 승리와 평화의 상징이었다. 그러나 사람들이 어떤 사람에게 왕의 지위를 부여할 때 혹은 정복자에게 겸손하게 죄 용서를 구할 때에도 종려나무 가지를 사용하는 관습이 있었다. 본문의 경우, 이들은 새로운 왕을 환영하면서 기쁨과 축제의 표로 종려나무 가지를 손에 잡은 것으로 보인다.

외치되 호산나 찬송하리로다 군중들은 이 표현을 사용함으로써 그리스도를 메시아로 인정한다는 것을 보여주었다. 구약 시대 때 조상들에게 약속되었던, 그리고 그들이 바라는 속죄와 구원을 베풀어주실 메시아로 말이다. 군중들이 환호한 내용이 담긴 시편 118편 25,26절은 메시아에 관한 내용을 기록한 것으로, 모든 성도들이 끊임없는 바람으로 메시아의 강림을 염원하고, 그분이 나타나시면 그분을 매우 존경하며 환영한다는 내용이다. 그러므로 우리가 여기서 확신을 갖고 추론할 수 있는 것은, 이 기도가 모든 유대인들 사이에서 매우 일반적인 것이었으며, 그렇기에 모든 사람들의 입에 이 기도가 담겨 있었다는 점이다. 그래서 성령께서는 그리스도께서 순조롭게 오시기를 바라는 이 사람들의 입을 통해 이 외치는 말을 하게 하신 것이다. 또한 성령님은 그들을 메시아가 이미 오셨다는 사실을 증언하는 포고자로 선택하셨다.

'호산나'라는 단어는 두 개의 히브리어 단어로 이루어졌으며, '구원하소서' 또는 '제가 당신께 기도하오니 구원을 베푸소서'라는 말과 같은 의미이다. 히브리어 발음은 우리가 발음하는 것과는 약간 다르게 '호시아-나'(Hosiah-na)이다. 하지만 어떤 단어가 외국어로 번역될 경우에 발음에 변형이 생기는 것은 아주 흔한 일이다. 복음서 기자들은 복음서를 헬라어로 기록했지만, 군중들이 고정된 기도문을 사용했음을 더 잘 표현하려고 의도적으로 히브리어 단어를 그대로 썼다. 이 기도문(시편 118편)은 처음에 다윗이 전한 것이며, 시대가 바뀌면서 계속해서 하나님의 백성들 사이에서 받아들여졌고, 특히 그리스도의 나라를 축복하기 위한 거룩한 말로 인식되었다. 그 다음에 바로 이어지는 "주의 이름으로 오시는 이 곧 이스라엘의 왕이시여"라는 문구 역시 동일한 목적을 지닌다. 이것은 그리스도의 나라의 복과 번영을 기원하는 기쁨의 기도이다. 하나님의 교회의 회복과 복됨은 그 나라에 달려 있었다.

하지만 다윗은 이 시에서 그리스도보다는 자신에 대해 언급한 것 같다. 그러므로 이 난제難題를 먼저 해결해야 할 것이다. 이 문제를 해결하는 것은 그리 어렵지 않다. 우리는 그 나라가 다윗에게 주어졌다는 것과 그의 후손으로 이어지는 그 나라는 때가 되면 나타날 영원한 나라의 전주前奏에 해당한다는 것을 안다. 또한 다윗이 스스로에게만 주의를 기울여야 할 필요는 없다. 하나님께서는 종종 자신의 선지자들을 통하여 모든 경건한 사람들의 눈을 돌려 다른 분(메시아)을 바라보게 하시기 때문이다. 그러므로 다윗이 그에 관하여 노래한 모든 것은 다윗의 후손 중에서 구주로 오시기로 약속된 왕을 언급한다고 보는 것이 옳다.

우리는 이 사실로부터 유익한 교훈을 이끌어내야 한다. 우리가 교회 회중이라면, 주님은 오늘도 우리에게 율법 아래 있던 신자들이 품었던 것과 동일한 갈망을 갖도록 격려하신다. 즉, 우리는 전심으로 그리스도의 나라가 번영하고 번성하기를 바라야 한다. 더욱이 우리의 기도에 이런 내용이 들어 있어야 한다. 우리의 기도가 좀 더 신령한 기도가 되도록 하기 위해서 그리스도께서는 우리에게 무슨 내용으로 기도해야 할지를 일일이 어구(語句)까지 선별해 주셨음을 주목해야 한다.

하나님께서 북돋우신 뜨거운 열기를 우리의 냉랭함으로 식힌다면 혹은 우리의 미지근한 태도로 그 열기를 꺼뜨린다면, 우리의 게으름에 마땅한 화가 임할 것이다. 하지만 하나님의 인도와 가르침으로 말미암아 우리가 마음속에 품게 되는 기도는 헛되지 않을 것이라는 사실을 기억하자. 우리가 기도하는 데 게으르거나 지치지만 않는다면, 하나님께서는 그분의 나라의 믿음직한 보호자가 되실 것이고 무적의 권능으로 그 나라를 안전하게 지키실 것이다. 비록 우리가 열심을 내지 못하고 게으를지라도 하나님의 엄위는 계속 군건할 것임은 사실이다.

오늘날 우리가 목도하는 것처럼 종종 그분의 나라가 우리가 기대했던 것만큼 번영하지 않고 심지어 무너지기도 하지만, 그것은 100퍼센트 우리의 잘못으로 발생하는 것이다. 회복이 미미하거나 보잘것없을 때 혹은 적어도 진보하는 속도가 느릴 때, 우리의 게으름을 비난하자. 매일 우리는 하나님께 그분의 나라가 임하기를 기도한다. 그러나 이 문제를 진지하게 기도하는 사람은 100명 중에 한 명도 안 된다. 하나님의 나라가 임하기를 구하는 데 있어서 우리에게 너무 많은 문제가 있다면, 하나님이 주시는 그 복을 우리가 받지 못하는 것은 정당하다고 할 수 있다.

"호산나 찬송하리로다"라는 표현에서 우리는 하나님만이 교회를 구원하고 보호하신다는 교훈을 얻는다. 하나님께서는 자기의 것이 아닌 것에 대해서는 자신의 권리를 주장하지 않으시며 우리에게 그것을 드리라고 명하지도 않으시기 때문이다. 그러므로 그분이 우리의 입술을 주장하실 때, 우리는 하나님께서 그리스도의 나라를 구원하시기를 기도하며, 하나님만이 이 나라를 굳건히 붙들고 안전케 하는 분이시라는 것을 인정한다. 하나님께서는 이 목적을 위해 사람들의 수고를 이용한다. 하지만 그들은 하나님의 손에 의해 준비된 사람들이다. 더욱이 하나님께서는 그리스도의 나라를 진척시키고 보존하기 위해 사람들을 사용하시지만, 그 모든 일을 시작하고 완성하는 것은 성령의 능력으로 그들을 통해 일하시는 하나님 한 분뿐이시다.

주의 이름으로 오시는 이 우리는 먼저 "주의 이름으로 오시는 이"란 어구의 의미를 이해해야 한다. 하나님의 이름으로 오시는 이는 자신을 앞세우거나 거짓으로 존경을 받는 사람이 아니다. 그는 정식으로 하나님의 부름을 받았기 때문에, 하나님을 자기가 하는 행동의 지도자요 주인으로 생각한다. 이런 의미에서 "주의 이름으로 오시는 이"라는 칭호는 하나님의 참 사역자들 모두에게 해당된다. 성령의 인도를 받아 자기가 하늘로부터 받은 교훈을 사람들에게 정직하게 전달하는 선지자는 하나님의 이름으로 오는 자이다. 하나님께서 왕의 손을 통해 그분의 백성들을 다스리실 때, 그 왕도 하나님의 이름으로 오는 자이다.

그러나 주님의 영은 그리스도 위에 머물러 있고 그분이 만물의 머리이시기 때문에, 그리고 교회를 다스리라고 임명을 받은 모든 사람들은 그분의 통치 아래 있거나 혹은 원천이신 그분에게서 흘러나오는 분류奔流와 같기 때문에, 그리스도께서는 하나님의 이름으로 오시는 분이라고 불리기에 합당하다. 이는 그리스도께서 자신의 왕 되심의 탁월함 면에서 다른 모든 사람들보다 뛰어나시기 때문만이 아니라, 하나님께서 그리스도 안에서 우리에게 하나님 자신을 충만하게 계시하시기 때문이다. 사도 바울이 말한 것처럼 "그 안에는 신성의 모든 충만이 육체로" 거하신다(골 2:9).

그리스도께서는 하나님의 살아 있는 형상, 한마디로 말해서 참 임마누엘이시다. 그러므로 그리스도께서는 특권적인 면에서 주님의 이름으로 오신 분이라고 말할 수 있다. 하나님께서는 이전에 선지자들을 통하여 부분적으로 계시하신 것과는 다르게 그리스도로 말미암아 하나님 자신을 완전하게 계시하셨기 때문이다. 그러므로 우리가 하나님의 종들에게 축복하기를 원할 때는 머리이신 그리스도에게서부터 출발해야 한다.

그런데 거짓 선지자들은 교만하게 하나님의 이름을 들먹거리고 자신들을 이 거짓된 가면 아래 감추면서 선전하기 때문에(사실 그들은 교회를 파괴하려는 마귀의 충동에 의해 이 일을 수행한다), 우리는 기도할 때 정반대의 문구를 넣어야 한다. 즉, 주께서 그들을 흩으시고 멸절시켜 달라고 말이다. 우리는 교황과 그가 그리스도를 거슬러 건립한 신성모독 행위들을 저주하지 않고서는 그리스도께 복을 빌 수가 없다. 교황은 우렛소리처럼 강력한 힘으로 우리에게 저주를 발하지만, 우리는 대담하게 그러한 저주를 단순한 허풍으로 무시할 수 있다. 오히려 교황이 자기가 가진 그 모든 화려함과 허세와 함께 지옥 바닥으로 가라앉도록, 성령께서는 우리로 하여금 섬뜩한 저주를 발하라 말씀하신다. 고위 성직자들이 교황에게 저주를 발하게 할 필요가 없다. 다른 복음서 기자들이 언급하듯이, 자녀들이 부르짖을 때 그리스도께서 이러한 능력을 자녀들에게 주셨기 때문이다.

14 예수는 한 어린 나귀를 보고 다른 복음서 기자들은 이 내용을 매우 자세하게 서술한다. 그들은 그리스도께서 나귀를 데려오게 하려고 제자 둘을 보냈다고 말한다. 요한은 복음서 기자들 중에서 가장 나중에 복음서를 기록한 사람으로서, 다른 복음서 기자들이 이야기한 것의 본질만 간단하게 언급하는 것으로 충분하다고 생각했다. 요한이 자세한 내용을 많이 생략한 이유가 여기에 있다.

많은 우려를 낳게 하는 분명한 모순들은 매우 쉽게 해결된다. 마태가 그리스도께서 어미 나귀와 그 새끼 위에 앉으셨다고 말할 때, 우리는 이 이야기를 제유법으로 받아들여야 한다. 그리스도께서 먼저 나귀 위에 앉으셨고 그 다음에 나귀 새끼 위에 앉으셨다고 상상하는 사람들도 있다. 이러한 추측에 근거해서 그들은 하나의 알레고리를 만들어낸다. 즉, 그리스도께서 오래 전에 율법의 멍에를 짊어졌던 유대인들 위에 먼저 앉으셨고, 그 후에 야생적이며 갓 태어난 새끼와 같은 이방인들을 길들이셨다고 말이다.

하지만 본문의 진리는 단순하다. 즉, 그리스도께서는 어미와 함께 끌려온 나귀 새끼를 타셨다는 것이다. 이것은 히브리인들 사이에 일반화되어 있는 반복 기법을 써서 동일한 내용을 다른 말로 두 번 표현했던 선지자의 말과 일치한다. 선지자는 "나귀를 타시나니"라고 언급하고는 계속해서 "나귀의 작은 것 곧 나귀 새끼니라"라고 언급한다(슥 9:9). 이 기사를 간략하게 표현하려 한 요한복음 기자는 첫 번째 어구("나귀를 타시나니")는 생략하고 오직 두 번째 어구("나귀의 작은 것 곧 나귀 새끼니라")만을 인용한 것이다.

유대인들은 메시아와 관련된 스가랴의 예언(슥 9:9)이 성취되었음을 알아야 했다. 하지만 그들은, 우리가 나귀의 그림자에 속아서 마리아의 아들에게 메시아의 영예를 부여한다면서 우리를 비웃는다. 그러나 우리의 믿음은 매우 다른 증언들에 의거한다. 우리가 '예수님이 그리스도'라고 말할 때, 우리는 그분이 나귀를 타고 예루살렘에 입성하실 때부터 그분이 그리스도시라고 말하는 것이 아니다. 우리가 요한복음 1장에서 보았듯이, 그분에게는 하나님의 아들에게 속하는 영광이 이전부터 보였다. 하지만 그분의 신적(神的)인 능력이 특히 강하게 빛을 발한 것은 그분의 부활하심에서였다. 그렇다고 해서 그리스도의 예루살렘 입성 사건에서 하나님께서 보여주신 이 확증을 무시해서는 안 된다. 하나님께서는 그분의 놀라운 섭리로써, 마치 극장에서 무대에 오를 때처럼 그리스도가 예루살렘에 들어가실 때 스가랴의 예언이 성취되었음을 보여주셨다.

15 두려워하지 말라 복음서 기자가 인용한 선지자의 이 선포를 통해, 우리

는 우리 마음이 상당히 침착해지는 것을 알아차려야 한다. 또한 그리스도께서 우리 가운데서 다스리신다는 것을 알 때에만 두려움과 떨림이 사라진다는 것도 깨달아야 한다. 사실 스가랴 선지자가 실제로 한 말은 이와 다르다. 스가랴는 신자들에게 기쁨과 즐거움에 동참하라고 권한다(슥 9:9). 하지만 요한복음 기자는 우리의 마음이 어떻게 참된 기쁨으로 즐거워하는지를 표현하였다. 모든 사람이 그리스도와 화목하고 믿음으로 말미암아 평강을 얻게 될 때에 그들을 괴롭혔던 모든 두려움이 사라질 것이다(롬 5:1). 그러므로 이 복은 그리스도로 말미암아 우리에게 오는 것이다. 즉, 사탄의 독재로부터 자유를 얻고 죄의 멍에가 부서지며 죄책이 사라지고 사망이 없어지는 복을 받은 우리는 우리 왕의 보호에 의지하여 그분께 마음껏 영광을 돌릴 수 있게 된다. 왕의 보호 아래 있는 사람들은 어떤 위험이든지 두려워할 필요가 없기 때문이다. 우리가 이 세상에 사는 동안 두려움에서 자유를 얻기 때문이 아니라, 그리스도를 의존하는 믿음이 모든 두려움보다 크기 때문이다. 비록 그리스도께서 여전히 멀리 계셨지만, 스가랴는 그 당시 살았던 경건한 사람들에게 즐거움과 행복에 넘쳐 기뻐하라고 권한다. 우리의 왕이 오실 것이기 때문이다. 스가랴는 이렇게 말한다.

"보라 네 왕이 네게 임하시나니, 그러므로 두려워하지 말라."

이제 우리의 왕이 우리에게 오셨고 우리로 하여금 그분의 임재를 누리게 하셨으니, 두려움에 대항하여 더욱 당당하게 싸워야 한다. 원수들에게서 구원을 받은 우리가 우리 왕을 평강 가운데 기쁨으로 높여드릴 수 있도록 말이다.

시온 딸아 스가랴 선지자는 그 시대에 시온을 향하여 외쳤다. 교회가 거하는 자리가 시온에 있었기 때문이다. 이제 하나님께서는 자신을 위하여 온 세상에서 교회를 불러모으셨다. 하지만 이 약속은 특히 신자들, 즉 자기들을 다스려주시도록 그리스도께 복종하는 사람들에게 주시는 말씀이다. 선지자 스가랴가 그리스도를 나귀를 타신 왕으로 묘사할 때, 그는 그리스도의 나라가 세상의 화려함과 허세와 부富와 능력과는 전혀 다를 것이라는 뜻으로 말한 것이다. 그분의 나라가 어떠하다는 것은 외적인 모습으로 알려져야 했다. 모든 사람이 그리스도의 나라가 영적인 나라라는 사실을 알 수 있도록 말이다.

16 이 일을 깨닫지 못하였다가 씨앗이 땅에 뿌려지는 순간 싹이 나는 것이 아니듯이, 하나님 일의 열매는 즉시 나타나지 않는다. 사도들은 예언을 성취하기 위한 하나님의 종들이다. 하지만 그들은 지금 자기들이 무슨 일을 하고 있는지 깨닫지 못한다. 그들은 군중들의 외침을 혼란스러운 소음이 아니라 분명히 그리스도를 왕으로 환영하는 것으로 들었다. 그러나 그들은 군중들이 왜 그런 말을 하는지 혹은 그 말의 의미가 무엇인지 깨닫지 못했다. 그러므로 주님이 사도들의 눈을 열어주시기 전까지, 군중들의 함성은 그들에게 한갓 공허한 쇼에 불과하다.

복음서 기자가 사도들이 마침내 이것이 그리스도에 관하여 기록된 것임을 깨달았다고 말할 때, 그는 사도들이 그 사실을 깨닫기 전에 왜 그렇게 철저한 무지 가운데 있었는지 그 원인을 지적한다. 그것은 사도들이 성경을 자기들의 마음을 올바르고 순전한 생각으로 이끄는 인도자와 선생으로 삼지 않았기 때문이다. 하나님의 말씀이 우리의 길을 인도하지 않으면 우리는 다 눈먼 자들이다. 성령께서 우리의 눈을 밝히지 않으시면 하나님의 말씀이 우리에게 비치는 것만으로는 충분하지 않다. 성령의 조명하심이 없다면 가장 밝은 빛 속에서도 우리의 눈은 그것을 보지 못한다. 그리스도께서는 부활 이후 제자들에게 이 은혜를 부어주셨다. 7장 39절에 설명되어 있듯이, 그리스도께서 하늘 영광에 들어가시기 전까지는 성령께서 그분의 부요함을 부어주실 때가 무르익지 않았기 때문이다. 그리스도와 관련된 모든 것을 판단할 때 이 예에서 교훈을 배우자. 우리 육체의 감각에 의해서 판단할 것이 아니라 성경에 의해서 판단해야 한다. 또한 하나님의 일을 생각하는 면에서 우둔하지 않도록 점차적으로 우리를 교육하시는 것은 성령의 특별한 은혜라는 것을 깨닫자.

이것이 예수께 대하여 기록된 것임과 사람들이 예수께 이같이 한 것임이 생각났더라 그리스도께서 아무 생각 없이 이 일을 행하신 것이 아니라는 사실, 그리고 사람들이 무의미한 놀이를 하고 있던 것이 아니라 모든 일이 하나님의 섭리에 의해 주도되고 있다는 사실이 그때 처음으로 제자들의 마음에 떠올랐던 것이다. 성경에 기록된 모든 것이 반드시 성취되어야 했기 때문이다. 그러므로 이 구절을 "성경에 그리스도에 관하여 기록된 대로 그들은 예수께 이같이 했다"라고 이해하자.

17 함께 있던 무리가 증언한지라 요한복음 기자는 그가 앞에서 한 말을 반복한다. 많은 사람들이 이 큰 이적에 관한 소문을 듣고 그리스도를 맞이하였다고 말이다. 나사로가 다시 살아났다는 소문이 방방곡곡에 퍼졌기 때문에 그들은 무리를 지어 나갔던 것이다. 그러므로 그들에게는 마리아의 아들을 그리스도로 믿을 만한 그럴 만한 이유가 있었던 셈이다. 그리스도는 자신이 행하신 놀라운 능력으로 자신을 군중들에게 알리셨다.

19 볼지어다 너희 하는 일이 쓸데없다 바리새인들은 이 말로써 스스로 더욱 큰 분노를 촉발하였다. 이것은 자신들의 게으름에 대한 일종의 책망이기 때문이다. 마치 바리새인들은, 백성들이 그리스도의 편에 붙은 이유가 자기들이 너무 게을렀고 결단력이 없었기 때문이라고 말하는 것 같다. 이런 말

투는 필사적인 사람들이 최후의 노력을 경주할 때 쓰는 것이다. 하나님의 원수들이 이처럼 철저히 악을 행한다면 우리는 더욱 굳세게 의를 행해야 한다.

20 명절에 예배하러 올라온 사람 중에 헬라인 몇이 있는데 21 그들이 갈릴리 벳새다 사람 빌립에게 가서 청하여 이르되 선생이여 우리가 예수를 뵈옵고자 하나이다 하니 22 빌립이 안드레에게 가서 말하고 안드레와 빌립이 예수께 가서 여쭈니 23 예수께서 대답하여 이르시되 인자가 영광을 얻을 때가 왔도다 24 내가 진실로 진실로 너희에게 이르노니 한 알의 밀이 땅에 떨어져 죽지 아니하면 한 알 그대로 있고 죽으면 많은 열매를 맺느니라 25 자기의 생명을 사랑하는 자는 잃어버릴 것이요 이 세상에서 자기의 생명을 미워하는 자는 영생하도록 보전하리라 26 사람이 나를 섬기려면 나를 따르라 나 있는 곳에 나를 섬기는 자도 거기 있으리니 사람이 나를 섬기면 내 아버지께서 그를 귀히 여기시리라 요 12:20-26

20 헬라인 몇이 있는데 헬라인들이 예배하러 올라왔다는 내용이 있는 것으로 보아 나는 이들이 이방인들이거나 할례를 받지 않은 사람들이라고 생각하지 않는다. 누구든지 원래 자기가 속한 나라에서 예배하지 않고 유대교로 개종하는 것은 로마의 법에 의해 엄격히 금지되었고, 그런 사람이 발견되면 총독과 다른 치안판사들에 의해 혹독한 징계를 받았다. 하지만 아시아와 그리스 전역에 흩어져 살던 유대인들은 바다를 건너 예루살렘 성전에서 제사를 드리는 것이 허락되었다. 더욱이 유대인들은 하나님께 엄숙히 예배하는 일에 이방인들과 연합하는 것이 허락되지 않았다. 유대인들은 이방인들로 인해 자신뿐만 아니라 성전과 제사가 더럽혀진다고 생각했다. 그러나 헬라인이라고 언급된 이 사람들이 비록 유대인들의 후예라고는 하지만 그들이 팔레스타인 본토에서 멀리 떨어진 곳에서 살기 때문에, 요한복음 기자가 이들을 외국인이며 예루살렘과 근방에서 벌어진 일들을 잘 알지 못한다고 소개한 것

은 이상하지 않다. 그러므로 이 사건의 중요성은 그리스도께서 유대의 여러 마을에서 명절을 지키러 온 유대 주민들에 의해서 왕으로 환영을 받으셨을 뿐만 아니라, 바다 건너편에 사는 먼 나라에서 온 사람들에게까지도 그리스도에 관한 소문이 퍼졌다는 데 있다.

예배하러 헬라인들은 자기네 나라에서 예배할 수도 있었을 것이다. 하지만 요한은 여기에서 제사와 관련된 공식적인 예배를 묘사하고 있다. 종교와 경건이 성전에 국한되지는 않았지만, 성전이 아닌 다른 곳에서 하나님께 제사하는 것은 허락되지 않았고, 하나님의 임재의 상징인 증거궤 또한 성전이 아닌 다른 곳에 둘 수 없었다. 모든 사람들이 집에서 매일 하나님께 영적으로 예배를 드렸다. 그러나 율법 아래 있던 성도들은 모세가 명한 대로 성전에서 하나님 앞에 나아감으로써 외적인 예배의 모습도 나타내야 했다. 이러한 목적으로 절기가 제정된 것이다. 이 사람들은 자기들의 경건을 외적으로 고백하는 일을 소홀히 할 수 없었기 때문에, 상당한 불편과 위험을 감수하면서 많은 비용을 들여 오랫동안 여행을 했다.

과거의 이러한 예(例)를 비춰볼 때, 오늘날 우리가 우리 땅에서 참 하나님께 예배하고 있다는 것을 보여주지 않는다면, 무슨 변명을 할 수 있겠는가? 율법에 따라 예배하는 것이 끝났다는 것은 분명하다. 하지만 주님은 자신의 교회에게 신자들이 실행해야 할 것으로 세례와 성만찬과 공중기도를 남기셨다. 우리가 이런 것들을 무시한다면, 그것은 경건을 향한 우리의 갈망이 매우 냉랭하다는 것을 보여주는 것이다.

21 그들이 … 빌립에게 가서 그들이 직접 그리스도에게 가지 않고 빌립을 통하여 주님께 가까이 가기를 바란 것은 존경의 표시이다. 존경은 늘 겸손을 동반한다. 하지만 교황주의자들은 이 사실에서 그리스도와 아버지(하나님)께 도움을 빌 때 죽은 자들을 우리의 변호자로 이용할 수 있다는 교리를 이끌어낸다. 이것이야말로 논박할 필요도 없는 어처구니없는 이론이다. 헬라인들

은 그 자리에 있던 빌립에게 부탁한 것이다. 이것을 어떻게 우리와 떨어져 있는 죽은 자들에게 도움을 요청하는 것에 적용할 수 있단 말인가? 그러나 일단 하나님 말씀의 한계를 벗어나 길을 잃게 되면 이와 같은 인간적인 추론의 결과를 낳을 수밖에 없다. 어리석게도 교황주의자들은 자기들의 두뇌에서 나온 생각으로 성인(聖人)들에게 도움을 청하는 방법을 만들었다. 이제 하나님의 말씀에서 거짓 보증을 얻기 위해 교황주의자들은 성경을 더럽히고 파괴하며 무가치한 웃음거리로 만들기를 주저하지 않는다.

23 때가 왔도다 많은 사람들이 이 어구를 그리스도의 죽음을 가리키는 것이라고 해석한다. 죽음을 통해 그리스도의 영광이 분명하게 드러났기 때문이다. 이들에 따르면, 그리스도께서는 지금 자신의 죽음의 때가 가까이 왔다고 선포하시는 것이다. 그러나 나는 이 어구가 오히려 복음 선포를 가리킨다고 생각한다. 그리스도께서는 마치 그분을 아는 지식이 곧 세상의 모든 지역에 두루 퍼질 것을 말씀하고 계시는 것 같다. 그리스도는 자신의 죽음으로 말미암아 제자들이 경험하게 될 당혹감에 관하여 미리 말씀하고 싶으셨다. 그래서 복음의 가르침이 온 세상에 두루 선포될 것이기에 제자들이 용기를 잃을 이유가 전혀 없다는 것을 보여주시는 것이다. 다시 말하지만, 그리스도께서 사형선고를 받아 십자가에 달리시고 무덤에 묻히실 때, 그분의 영광에 관한 이런 생각이 빠르게 사라질 경우를 대비해서, 주님은 미리 제자들에게 알려주고 계신다. '죽음'이라는 불명예로 인해 자신의 영광이 방해 받지 않을 것이라고 말이다. 이러한 목적으로 그리스도께서는 24절에서 매우 적절한 비유를 사용하신다.

24 한 알의 밀이 땅에 떨어져 죽지 아니하면 한 알 그대로 있고 밀이 땅에 떨어져 죽지 않으면 말라버려 열매를 맺지 못하지만, 그 씨가 땅에 떨어져 죽으면 생명을 공급하여 열매를 맺는다. 그리스도께서는 자신의 죽음을 씨 뿌리는 것과 비교하신다. 씨를 뿌리면 그 씨는 죽어 없어지는 것

처럼 보인다. 하지만 그것은 풍성한 증가의 원인이 된다. 이러한 교훈은 그 당시에 특히 필요했지만, 지금도 여전히 교회에 지속적으로 유용하다. 먼저 우리는 머리이신 그리스도로부터 시작해야 한다. 그리스도의 죽음에 나타난 치욕과 저주의 참혹한 모습은 그분의 영광을 가릴 뿐만 아니라, 그 영광을 우리의 시야에서 사라지게 한다. 그럴 때 우리는 그리스도의 죽음만을 붙들고 있어서는 안 된다. 우리는 그분의 부활로 인해 맺힌 열매를 생각해야 한다. 이런 식으로 그 어느 것도 그리스도의 영광이 도처에서 빛나는 것을 막지 못한다.

이제 머리이신 그리스도에서 그분의 지체로 넘어가서 생각해야 한다. 우리는 죽음으로 우리가 멸망한다고 생각할 뿐만 아니라 심지어 우리의 생명이 일종의 계속되는 죽음이라고 생각하기 때문이다(골 3:3). 바울이 다음과 같은 말씀으로 우리를 위로하지 않는다면 우리는 절망하고 말 것이다.

"그러므로 우리가 낙심하지 아니하노니 우리의 겉사람은 낡아지나 우리의 속사람은 날로 새로워지도다"(고후 4:16).

경건한 사람들은 다양한 환난으로 압박을 당하며, 궁핍에 짓눌려 있다. 그들은 굶주리고 헐벗고 질병에 시달리며, 사람들의 놀림에 두려워하고, 매 순간 거의 사망에 삼킨 바 된 것과 같다. 이럴 때 씨를 뿌리면 적절한 때에 열매를 맺는다는 교훈을 늘 묵상하자.

25 자기의 생명을 사랑하는 자는 잃어버릴 것이요 그리스도께서는 교훈에 이어 권면을 추가하신다. 열매를 맺기 위해 우리가 죽어야 한다면, 우리는 하나님이 우리를 죽이시도록 묵묵히 허용해야 한다. 그런데 여기서 그리스도께서 생명을 사랑하는 것과 미워하는 것을 대조하실 때, 우리는 생명을 사랑하는 것이 무엇이며 미워하는 것이 무엇인지를 이해해야 한다. 현재의 생명을 과도하게 갈망하고 강압에 의해서가 아니면 세상을 떠날 수 없는 사람은 생명을 사랑하는 사람이라고 말할 수 있다. 반대로 이생을 멸시하고 용감하게 죽음으로 나가는 사람은 생명을 미워하는 사람이라고 말할 수 있

다. 이 말은 우리가 생명을 절대적으로 미워해야 한다는 것이 아니다. 생명은 하나님께서 주신 최상의 복 가운데 하나이기 때문이다. 그러나 생명으로 인해 신자들이 그리스도에게 나아가는 데 방해를 받는다면, 즐겁게 생명을 내려놓아야 한다. 마치 어떤 일을 신속히 처리하고자 하는 사람이 자기 어깨에서 무겁고 불편한 짐을 내려놓듯이 말이다.

한마디로 말해서, 우리가 늘 우리 생(生)의 목적 지점을 향하여 가면서 이 세상에서 나그네로서 여행하는 것이라면, 이생을 사랑하는 것 자체는 나쁘지 않다. 생명을 사랑하는 참된 방법은 하나님께서 기뻐하시는 동안 생명에 머물러 있다가 하나님께서 말씀하시자마자 그 생명을 떠날 준비를 하는 것, 한마디로 말해 생명을 우리 손에 담아 하나님께 제물로 드리는 것이다. 현재의 생명에 과도하게 집착하는 사람은 그 생명을 잃는다. 즉, 생명을 영원한 파멸로 내던지는 것이다. 잃는다는 것은 가치 있는 어떤 것을 포기한다거나 잃어버리는 고통을 겪는다는 뜻이 아니라, 그것을 파멸에 넘겨준다는 뜻이다.

'영혼'이라는 단어가 생명이라는 의미로 사용되는 것은 무척 일반적이다. 개중에는 생명을 감정이 위치하는 곳으로 생각하는 사람들이 더러 있다. 그들은 그리스도께서 "육체의 욕망에 빠지는 사람은 영혼을 잃는다"라고 말씀하신 것처럼 이해한다. 하지만 이것은 너무 억지 해석이다. 오히려 자기 생명을 무시하는 사람은 그 생명을 영원히 향유하는 가장 좋은 길을 가고 있다는 해석이 좀 더 자연스럽다.

이 세상에서 이 구절의 의미를 좀 더 분명하게 하기 위해서는 한 번 사용된 '이 세상에서'라는 어구를 두 번 반복해야 한다. 그럴 경우, 이 구절의 의미는 다음과 같이 될 것이다.

"이 세상에서 자기 목숨을 사랑하는 사람들은 그 목숨을 보존하는 적절한 방법을 취하지 않는다. 반대로, 이 세상에서 자기 생명을 멸시하는 사람들은 그 생명을 참으로 보전하는 법을 안다."

이 세상에 집착하는 사람은 하늘에 속한 생명을 스스로 잃어버리는 사람이다. 하늘에 속한 생명은 이 세상에서 나그네와 행인이 될 때에만 상속 받을 수 있다. 그러므로 존재하려고 하는 바람은 있지만 그 존재를 이 세상에 국한하는 것은 모든 신자들 속에 지배하는 야만인 태도이다. 그러므로 누구든지 자신의 안전을 염려하면 할수록 하나님나라, 즉 진정한 생명에서 더 멀어진다.

자기의 생명을 미워하는 자는 나는 이미 앞에서 이 말씀이 비교적인 뜻으로 언급된 것임을 지적했다. 우리의 생명이 우리로 하여금 하나님에 대하여 살게 하는 데 방해가 되는 것이면 그 생명을 멸시해야 한다는 의미에서 말이다. 하늘에 속한 생명을 묵상하는 것이 우리 마음을 지배한다면, 어느 것도 우리를 세상에 붙들어놓을 수 없다. 그러므로 여기서 제기될 수도 있는 반대 의견에 대한 답을 얻게 된다. 우울하거나 다른 이유 때문에, 특히 삶에 지쳐서 자살하는 사람들이 많이 있다. 하지만 우리는 그들이 자신의 안전을 준비한다고 말할 수 없다. 야망에 의해 죽음에 휩쓸리는 사람들도 있다. 이들도 자신을 파멸로 내던진다. 그러나 여기에서 그리스도께서는 이런 덧없는 생명을 미워하고 멸시하라고 분명하게 말씀하신다. 그러므로 하늘을 바라보지 않는 사람은 생명을 어떻게 얻는지 아직 배우지 못한 사람이다. 더욱이 그리스도께서 "자기의 생명을 미워하는 자"를 언급하신 것은 땅에 속한 생명을 지나치게 갈망하는 사람들에게 경고하시려는 데 그 목적이 있다. 만일 우리가 세상을 사랑하는 것으로 압도되어 세상을 잊기가 어렵다면, 하늘을 향하여 전진할 수가 없다. 그러나 그리스도께서 우리에게 이처럼 강력하게 촉구하시니, 사망의 잠을 자는 것은 정신 나간 행동이 될 것이다.

26 사람이 나를 섬기려면 죽음이 우리에게 괴롭거나 불쾌한 것이 아니기에, 그리스도께서는 친히 본을 보이심으로써 우리에게 기꺼이 죽음을 맞도록 권하신다. 이러한 사실을 염두에 둔다면, 그리스도의 제자가 되는 영예를 저버리는 것은 부끄러운 일이다. 그러나 그리스도께서는 우리가 그분이 지시

하시는 길을 따라간다는 조건하에서만 그분의 제자로 받아주신다. 그리스도께서는 앞장서서 죽음에 직면하는 길을 안내하신다. 그러므로 죽음의 괴로움은 완화되며, 어떤 의미에서 하나님의 아들과 함께 죽음을 향하여 나아갈 때 죽음은 오히려 달콤한 것이 된다. 십자가로 인하여 그리스도에게서 멀어진다는 것은 너무도 어처구니없는 일이다. 오히려 우리는 그리스도를 기쁘게 하기 위하여 죽음을 갈망해야 한다. 바로 이어지는 구절도 동일한 목적을 갖고 있다.

나 있는 곳에 나를 섬기는 자도 거기 있으리니 그리스도께서는 자신의 종들에게 죽음을 감수하기를 거절하지 말라고 요구하신다. 그들은 그리스도께서 자기들보다 앞서 그 길을 가시는 것을 보게 될 것이다. 종이 자기 주인과 별도로 다른 어떤 것을 소유한다는 것은 옳지 못하다. '있으리니'(shall be)라는 단어는 미래시제이다. 히브리어 관례에 따르면 미래시제는 명령의 의미이다. 마치 그리스도께서 자신과 더불어 기꺼이 죽으려고 하는 사람들에게 자신의 부활에 참여하게 되리라고 약속하시는 것처럼, 이 어구를 위안의 말씀으로 해석하는 사람들도 있다. 하지만 내가 이미 언급했듯이, 이 어구는 명령으로 해석하는 것이 더 개연성이 있다. 그리스도의 종들이 삶과 죽음에서 그분과 떨어지지 않고 동행할 때 아버지께서 그들에게 장차 상을 주실 것이라는 위로의 말씀은 나중에 덧붙여지기 때문이다.

27 지금 내 마음이 괴로우니 무슨 말을 하리요 아버지여 나를 구원하여 이때를 면하게 하여 주옵소서 그러나 내가 이를 위하여 이때에 왔나이다 28 아버지여, 아버지의 이름을 영광스럽게 하옵소서 하시니 이에 하늘에서 소리가 나서 이르되 내가 이미 영광스럽게 하였고 또다시 영광스럽게 하리라 하시니 29 곁에 서서 들은 무리는 천둥이 울었다고도 하며 또 어떤 이들은 천사가 그에게 말하였다고도 하니 30 예수께서 대답하여 이르시되 이 소리가 난 것은 나를 위한 것이 아니요 너희를 위한 것이니라 31 이제 이 세상에 대

한 심판이 이르렀으니 이 세상의 임금이 쫓겨나리라 **32** 내가 땅에서 들리면 모든 사람을 내게로 이끌겠노라 하시니 **33** 이렇게 말씀하심은 자기가 어떠한 죽음으로 죽을 것을 보이심이러라 요 12:27-33

27 지금 내 마음이 괴로우니 언뜻 보면 이 말씀은 그리스도께서 앞에서 강설講說하신 것과 상당히 다른 것처럼 보인다. 상황이 요구된다면 죽을 뿐만 아니라 기꺼이 그리고 간절히 죽기를 바라라고 제자들에게 권하시는 그분의 말씀에는 최고의 영웅적인 용기가 나타나 있었다. 그런데 이제는 죽음에 위축되어 자신의 연약함을 고백하신다. 그러나 모든 신자들이 자신들의 경험에서도 알 수 있듯이, 그리스도의 이 말씀에는 전혀 모순이 없다. 콧방귀 뀌는 사람들이 그리스도의 이 말씀을 조롱한다고 해서 놀랄 것이 없다. 실천해 보지 않고서는 이해할 수 없는 일이기 때문이다.

더욱이 하나님의 아들이 이러한 감정을 경험해야 했다는 것은 우리의 구원을 위해서 매우 유용한 것이며 필요한 일이기도 했다. 그리스도의 죽음에서 고려해야 할 중요한 사실은, 그분이 하나님의 분노와 저주를 해결하기 위해 행하신 속죄贖罪이다. 그러나 그리스도께서는 우리의 죄책을 자신에게 전가시키지 않고서는 속죄를 이루실 수가 없었다. 그러므로 그리스도께서 당하신 죽음은 엄청난 공포로 가득했음이 틀림없다. 그리스도께서 온몸으로 하나님의 두려운 심판을 감지하지 않고는 우리를 위한 온전한 화목 제사를 수행할 수 없었기 때문이다. 여기에서 우리는 죄의 극악함을 좀 더 온전하게 이해하게 된다. 하늘에 계신 아버지께서 이 죄를 해결하기 위해서 그분의 유일한 독생자를 두려운 심판에 내어주셨기 때문이다. 그러므로 우리는 그리스도에게 죽음은 여흥이나 놀이가 아니었다는 점을 알아야 한다. 그분은 우리를 위하여 혹독한 고난에 던져지신 것이다.

하나님의 아들이 이처럼 괴로워하셔야 했다는 것은 전혀 이상하지 않다. 그분의 신성神性이 감추어져 신적神的인 능력이 나타나지 않았기 때문이다. 속죄의 기회를 얻기 위하여, 어떤 의미에서 그분의 신성神性은 잠시 쉬고 계셨다고 할 수 있다. 그리스도께서는 인간의 육체를 입으셨을 뿐만 아니라 인간적인 감정도 가지셨다. 그분 안에서 이러한 감정이 자연스럽게 생겨났던 것은 사실이다. 그분은 죽음을 앞두고 두려워하셨다. 두려움을 느끼도록 강요되어서가 아니라 그분이 자원하여 두려움에 복종하셨기 때문이다. 그러므로 우리는 그분이 괴롭고 두려운 척하신 것이 아니라 실제로 두려워하셨다는 것을 믿어야 한다. 그러나 우리가 다른 곳에서 언급했듯이, 그리스도께서는 하나님의 의義에 순종하심으로써 자신의 감정을 조절하셨다는 점에서 다른 사람들과 달랐다.

이 사실에서 우리는 또 다른 유익을 얻는다. 만일 그리스도께서 죽음의 공포 앞에서 아무렇지도 않으셨다면, 그분의 예例가 우리에게 적용될 수 있다고 생각할 사람이 우리 중에 누가 있겠는가? 우리는 슬퍼하지 않고 죽음을 맞이할 수가 없다. 하지만 그리스도조차 그 안에 돌같이 단단한 심장을 갖고 있지 않다는 것을 알 때, 우리는 그분을 따를 용기를 내게 된다. 그리고 죽음 앞에서 우리를 떨게 하는 육체의 연약함도 우리로 하여금 우리의 지도자와 함께 그 죽음에 대항하는 것을 막지는 못한다.

무슨 말을 하리요 여기서 우리는, 우리의 구원이 하나님의 아들에게 얼마나 큰 대가를 치르게 하는지를, 마치 이 일이 우리 눈앞에서 벌어지고 있는 것처럼 생생하게 목도하게 된다. 그리스도께서는 너무도 힘든 지경에 이르러서, 자신의 근심의 강도를 어떻게 표현해야 할지 그리고 한 인간으로서 어떤 결정을 내려야 할지 알 수 없으셨다. 주님은 기도하러 잠시 물러가셨다. 그분이 할 수 있는 것이라고는 기도밖에 없었다. 그분은 하나님께 죽음에서 구원해주시기를 구하신다. 그리스도께서는 자신이 하나님의 영원한 목적에 의하여 죄를 대속代贖하는 제물로 정해졌다는 것을 인식하시고는 재빨리 자신의 큰 근심에서 나온 바람(죽음을 피하게 해달라는 기도)을 철회하고, 아버지의 뜻이 전적으로 이루어지기를 구하신다.

본문에서 우리는 다섯 단계를 주목해야 한다.

첫째, 끝없는 근심에서 나오는 불평의 단계이다.

둘째, 그리스도께서 자신에게 위로가 필요함을 느끼는 단계이다. 두려움에 압도되지 않기 위해서 그분은 자신이 무엇을 해야 할지 자문自問하신다.

셋째, 그리스도께서 아버지께 나아가 자신을 구해달라고 기도하시는 단계이다.

넷째, 그리스도께서 자신의 기도가 자신의 소명에 반대되는 것을 알고 그 기도를 철회하는 단계이다. 그리스도께서는 아버지께서 자신에게 부여하신 것을 이루지 않는 것보다는 어떤 고난이라도 달게 받는 쪽을 택하신다.

다섯째, 그리스도께서 다른 모든 것을 잊고 또 그것을 아무것도 아닌 것으로 생각하면서 하나님의 영광만으로 만족해하는 단계이다.

하지만 그리스도가 아버지께 복종하지 않으시고 자신의 소망을 쏟아놓는 것은 하나님의 아들답지 않은 것처럼 보일 수 있다. 나는 이것이 십자가의 어리석음이라는 것을 기꺼이 인정한다. 교만한 사람들에게 이것은 거침이 된다. 그런데 영광의 주님이 자신을 낮추면 낮출수록, 우리는 우리를 향한 그분의 무한한 사랑에 대한 좀 더 분명한 증거를 갖게 된다. 더욱이 내가 이미 밝혔듯이, 그리스도께서 갖고 계시는 인간적인 감정은 순전한 것으로서 죄의 영향을 전혀 받지 않는다는 사실을 명심해야 한다. 이유는 그리스도께서 갖고 계신 여러 감정들은 하나님께 순종하도록 구성되고 조절되었기 때문이다. 그리스도께서 죽음에 대해 자연스러운 두려움을 가지면서 동시에 하나님께 순종하고자 하는 갈망을 가지시는 것을 방해할 만한 것은 아무것도 없었다. 이는 여러 측면에서 맞는 말이다. 그래서 그분은 다음과 같이 말씀하심으로써 자신의 바람을 철회하고 하나님의 뜻에 자신을 맞추신다.

내가 이를 위하여 이때에 왔나이다 그리스도께서 죽음을 두려워하신 것은 합당하다. 하지만 자신이 보냄을 받은 이유와 중보자로서 자신에게 요구되는 것이 무엇인지를 생각하실 때, 그분은 자신의 자연적인 감정에 담겨 있던 두려움을 완화하기 위해 그것을 아버지께 드린다. 좀 더 정확히 말하면, 그리스도께서는 그 두려움을 완화시키고 나서 자유롭고 기쁘게 아버지의 뜻에 복종할 준비를 하신다. 그리스도가 아버지께 순종하기 위하여 죄와 전혀 상관이 없는 그분의 감정들을 억제할 필요가 있으셨다면, 우리는 얼마나 더 열심히 우리의 감정을 억제해야 하겠는가? 우리 육체에서 나오는 수많은 감정과 욕망들은 대단히 많은 내적인 적들이다. 또한 우리가 주목해야 할 것이 있다. 우리는 하나님의 뜻을 대적하는 그런 감정들뿐만 아니라 우리의 소명을 이루어가는 과정을 방해하는 감정들도 제어해야 한다. 그것이 다른 관점에서 볼 때 악하거나 죄스러운 것이 아니라고 하더라도 말이다.

이것을 더 분명하게 하기 위해서 우리는 하나님의 뜻을 맨 앞에 놓아야 한다. 그리고 사람의 순수하고 총체적인 뜻을 두 번째로 놓아야 한다. 예컨대, 하나님께서 아담에게 주셨던 그리고 그리스도 안에 있던 인간의 뜻 말이다. 그리고 마지막에 죄로 오염된 우리 자신의 뜻을 놓아야 한다. 하나님의 뜻보다 열등한 것은 다 하나님의 뜻에 복종시키고, 하나님의 뜻이 우리를 지배하게 해야 한다. 자연의 순수한 뜻은 그 자체로서 하나님을 거스르거나 하나님께 반역하지 않는다. 하지만 사람은, 비록 그가 전적으로 의로운 존재로 지어져간다고 하더라도, 자기의 감정을 하나님께 복종시키지 않으면 많은 장애물을 맞게 될 것이다.

그리스도에게는 싸워야 할 유일한 전투가 있었다. 그것은 그리스도께서 하나님의 뜻을 알자마자 자신이 자연스럽게 두려워했던 그 두려움을 그치게 하는 것이다. 하지만 우리에게는 싸워야 할 전투가 두 개가 있다. 우리는 우리 육체의 완악함과도 싸워야 하기 때문이다. 결론적으로 말해서, 가장 용감한 군인들은 결코 상처 없이 승리하지 않는다.

아버지여 나를 구원하여 우리가 지켜야 할 법칙은 이것이다. 우리가 두려움으로 낙심하거나 근심으로 압도될 때마다 우리가 지켜야 할 규칙은, 우리 마음을 즉시 하나님께 올려드리는 것이다. 우리를 괴롭히는 것을 마음속으로 품는 것이야말로 가장 나쁘고 해로운 것이다. 우리는 세상의 많은 부분이 감춰진 고통으로 괴로워하고 있음을 본다. 하나님께 마음을 드리지 못하는 사람들이 나음을 얻지 못하는 것은 그들의 냉랭함에 대한 공정한 처벌이다.

28 아버지여, 아버지의 이름을 영광스럽게 하옵소서 그리스도께서는 이 말씀으로써 자신이 다른 어떤 것보다도 아버지의 영광을 우선시한다는 것을 증언하신다. 그분은 아버지의 영광을 위해 심지어 자신의 생명까지도 무시하고 멸시하셨다. 우리의 욕망에 관한 참된 규칙은 하나님의 영광을 구함으로써 다른 모든 것을 그 아래 두는 것이다. 괴롭고 짜증나게 하는 모든 것을 편안한 마음으로 잘 견딜 수 있는 것을 풍성한 보상으로 여겨야 한다.

내가 이미 영광스럽게 하였고 하나님께서는 "내가 시작한 것을 완수할 것이다"라고 말씀하시는 듯하다. 시편 138편 8절의 말씀처럼 "주의 손으로 지으신 것을 버리지" 않으시기 때문이다. 십자가가 거치는 것이 되지 않게 하는 것이 하나님의 목적이기 때문에, 하나님께서는 그리스도의 죽음을 영광스럽게 하겠다고 약속하실 뿐만 아니라, 이미 십자가에 빛을 더해주는 많은 장식들을 높이며 언급하신다.

29 천둥이 울었다고도 하며 군중들이 이처럼 분명한 이적에 대해서 둔감했다는 것은 어처구니가 없다. 귀가 막힌 사람들도 있었고, 하나님께서 선언하신 것을 단순한 소음에 불과하다고 말한 사람들도 있었다. 어떤 사람들은 덜 둔하긴 했어도, 천사가 그런 말을 했다고 말함으로써 그 소리가 하나님의 위엄에서 나온 것임을 애써 부인했다. 오늘날에도 동일한 일이 발생한다. 하나님께서는 복음을 통해 매우 명확하게 말씀하심으로 하늘과 땅을 흔들 만한 성령의 능력과 에너지를 보이신다. 그러나 많은 사람들이 복음의 가르침이 연약한 사람들에게서 나온 것에 불과한 듯 그 교훈에 냉담하다. 또 어떤

사람들은 하나님의 말씀을 마치 천둥소리처럼 의미도 알 수 없는 것이라고 생각한다.

하지만 여기에서 한 가지 질문이 제기된다. 하늘에서 울려온 소리가 정말로 헛되고 아무런 유익이 없었는가 하는 것이다. 이 질문에 나는 이렇게 답하겠다. 복음서 기자가 여기서 군중들에 관하여 평가하는 내용은 오직 군중들의 일부분에게만 해당한다. 사도들 말고도 하늘에서 나는 소리를 정확하게 해석한 사람들이 일부 있었다. 하지만 요한복음 기자는 세상에 일반적으로 일어나는 일을 간단하게 언급하고 싶었다. 즉, 대다수의 사람들은 하나님께서 분명하고 큰 소리로 말씀하시는 것을 귀로는 들었지만, 사실 그분의 말씀을 경청하지는 않았다.

30 나를 위한 것이 아니요 그리스도에게는 확증이 필요하지 않았는가? 아니면 아버지께서는 우리보다도 그리스도에게 관심을 덜 기울이셨는가? 우리가 기억해야 할 원리가 이것이다. 그리스도께서는 우리를 위하여 친히 육신을 입으셨기 때문에, 그분이 아버지에게서 받은 모든 복은 우리를 위해 받은 것이다. 다시 말하지만, 하늘에서 나온 소리가 우리를 위한 것이라는 것은 사실이다. 그분에게는 외적인 이적이 필요 없었기 때문이다. 더욱이 여기에는 유대인들이 하나님의 소리에 아예 귀를 닫고 있었다는 무언의 책망이 들어 있다. 하나님께서 그들을 위해 말씀하셨기 때문에, 그들이 듣지 않고 감사하지 않은 것에 대해서는 변명의 여지가 없었다.

31 이제 이 세상에 대한 심판이 이르렀으니 마치 싸움을 이미 끝내신 것처럼 그리스도께서는 두려움에 대해서만 아니라 죽음에 대해서도 지금 승리자의 기쁨을 만끽하신다. 주께서 자신의 죽음의 열매를 위엄 있게 선포하시기 때문이다. 이것 때문에 제자들은 놀랐을 것이다. '심판'judgment이라는 단어를 어떤 사람들은 '개혁'reformation으로 이해하고 또 어떤 사람들은 '정죄'condemnation라고 이해한다. 나는 전자의 입장에 동의한다. 심판을 '개혁'으로

이해하는 사람들은 이 단어를, 세상이 틀림없이 마땅한 질서로 회복될 것이라는 의미로 해석한다. 통상적으로 '심판'으로 번역되는 히브리어 '미쉬파트'mishpath는 '질서 잡힌 구성'(rectam constitutionem)을 의미한다. 이제 우리는 그리스도를 떠나서는 세상에 혼란밖에 없음을 안다. 그리스도께서 이미 하나님 나라를 세우기 시작하셨지만, 세상이 바르게 질서 잡혀지고 완전한 회복을 이루기 시작한 것은 그분의 죽음에서부터였다.

이 세상의 임금이 쫓겨나리라 그러나 우리가 주목해야 할 것이 또 하나 있다. 먼저 사탄의 나라가 소멸되고 육체와 하나님의 의義를 대적하는 것이 멸절될 때에야 비로소 이 '바른 질서'rectitudo가 세상에 세워질 수 있다는 사실이다. 마지막으로, 세상을 새롭게 하는 일이 일어나기 전에 죽는 일이 발생해야 한다. 그래서 그리스도께서는 이 세상의 임금이 쫓겨날 것이라고 선언하신다. 혼란과 변형이 일어나는 것은 사탄이 그의 폭정을 행사하는 동안 죄악이 사방으로 퍼지기 때문이다. 그러므로 사탄이 내쫓겼을 때 세상은 하나님의 다스림을 받는 상태로 회복된다. 사탄이 여전히 전쟁을 일으키기를 쉬지 않고 있는데, 그가 그리스도의 죽음으로 말미암아 어떻게 내쫓김을 당하느냐고 묻는 사람이 있다면, 나는 이러한 내쫓김이 어느 짧은 기간에 한정되는 것이 아니라 매일같이 나타나는 그리스도의 죽음의 놀라운 효과를 묘사하는 것이라고 대답하겠다.

32 내가 땅에서 들리면 다음으로 심판이 행해지는 방법에 관한 내용이 이어진다. 그리스도께서 십자가 위에서 들리실 때, 그분은 모든 사람을 땅에서 하늘로 들어올리기 위하여 자신에게로 모으실 것이다. 복음서 기자는 그리스도께서 자신이 어떻게 죽으실지 묘사하고 있다고 말한다. 그러므로 본문의 의미는 분명하다. 십자가는 그리스도께서 모든 사람을 자신과 함께 아버지께로 들어올리시는 일종의 '탈 것'이다. 그리스도께서 땅에서 들리시면 사람들과는 더 이상 아무런 공통점이 없으실 것이라고 생각할 수도 있다. 그러

나 그리스도께서는 자신이 떠나가는 것이 매우 다른 양상을 지닐 것이라고 선포하신다. 그분이 땅에 고착되어 있는 사람들을 자신에게로 이끄실 것이기 때문이다. 그리스도께서 이 구절에서 자신이 어떻게 죽을 것인지를 언급하시기는 하지만, 그분이 대체로 의미하시는 바는 자신이 떠나가는 것이 사람들로부터 분리되는 것이 아니라 땅을 하늘로 이끄는 새로운 방법이 되리라는 것이다.

그리스도께서 '모든 사람'이라고 말씀하실 때, 이는 하나님의 자녀를 가리키는 것이 분명하다. 그들은 하나님의 양 무리에 속한 사람들이다. 하지만 나는 크리소스톰의 견해에 동의한다. 그는 말하기를, 교회가 이방인들과 유대인들에게서 동일하게 모아지기 때문에 그리스도께서는 여기에서 보편적인 용어를 사용하고 계신다고 한다. 이것은 요한복음 10장 16절과 일치한다.

"또 이 우리에 들지 아니한 다른 양들이 내게 있어 내가 인도하여야 할 터이니 그들도 내 음성을 듣고 한 무리가 되어 한 목자에게 있으리라."

라틴어 성경인 불가타역(The Vulgate)에는 "내가 모든 것을 나에게로 이끌겠노라"라고 번역되어 있다. 어거스틴은 본문을 이런 식으로 읽어야 한다고 주장한다. 하지만 모든 헬라어 사본들은 우리가 가지고 있는 해석을 더 지지한다.

---

34 이에 무리가 대답하되 우리는 율법에서 그리스도가 영원히 계신다 함을 들었거늘 너는 어찌하여 인자가 들려야 하리라 하느냐 이 인자는 누구냐 35 예수께서 이르시되 아직 잠시 동안 빛이 너희 중에 있으니 빛이 있을 동안에 다녀 어둠에 붙잡히지 않게 하라 어둠에 다니는 자는 그 가는 곳을 알지 못하느니라 36 너희에게 아직 빛이 있을 동안에 빛을 믿으라 그리하면 빛의 아들이 되리라 예수께서 이 말씀을 하시고 그들을 떠나가서 숨으시니라 요 12:34-36

34 우리는 율법에서 그리스도가 영원히 계신다 함을 들었거늘 무

리들이 악의를 가지고 그리스도의 말을 흠잡으려 했음이 분명하다. 악에 눈이 먼 그들은 광명한 빛 가운데서도 아무것도 보지 못했다. 무리들은 예수님이 그리스도로 여김 받을 수 없다고 주장한다. 율법은 메시아가 영원히 있을 것이라고 예고했는데, 그리스도께서는 자신이 죽을 것이라고 말했다는 것이 그 이유였다. 그들은 마치 율법에, 그리스도가 죽으리라는 것과 그분의 나라가 세상 끝까지 번성하리라는 것, 이 두 가지 면이 다 들어 있지 않은 것처럼 생각한다. 그들은 두 번째 내용을 비방의 근거로 삼았다. 그들의 잘못은 세속적인 관점에서 메시아 나라의 영광을 판단한 데서 시작되었다. 그래서 그들은 그리스도께서 메시아 나라에 대한 자기들의 생각과 맞지 않는다는 이유로 그분을 거절한다. 그들이 사용한 '율법'이라는 단어에는 선지자들도 포함된다. 그리고 '계신다'라는 현재시제는 히브리어의 관용적 표현에 따라 미래를 가리키는 말로 사용된다.

이 인자는 누구냐 이 질문에는 비아냥거리는 어투가 담겨 있다. 마치 그리스도께서 그 보잘것없는 반박에 무너져내리기라도 하듯이 말이다. 여기에서 우리는 무지無知가 얼마나 교만한 것인지를 알게 된다. 무리들은 이런 투로 말하고 있다.

　"당신 스스로 그리스도와는 전혀 관계가 없다고 입증하고 있으면서, 계속해서 당신이 그리스도라고 으스대보시지."

35 아직 잠시 동안 이 대답을 통해 그리스도께서는 그들에게 부드럽게 충고하는 동시에 그들을 날카롭게 자극하신다. 주님은 무리들이 빛이 비치는데도 그 빛을 보지 못할 정도로 눈이 감겼다고 비난하시며, 그 빛이 곧 그들에게서 사라질 것이라고 경고하신다. 그리스도께서 빛이 잠시 동안 있을 것이라고 말씀하실 때, 그분은 자신의 죽음에 관하여 이미 언급했던 내용을 확증하시는 것이다. 비록 빛이 그리스도의 육체적인 임재를 의미하지 않고 그분의 복음을 의미하기는 하지만, 그리스도께서는 자신의 떠남을 의미하면서

이 말씀을 하신다. 그분의 말씀을 풀어 적으면 이렇다.

"내가 떠나가더라도 나는 여전히 빛으로 존재할 것이다. 그리고 내 속에 있는 것은 그 어느 것도 너희의 어둠으로 인해 감소되지 않을 것이다."

빛이 너희 중에 있으니 그리스도께서는 이 말씀을 통해 그들이 눈을 감고 빛을 보지 않는 것에 대해 간접적으로 꾸짖으신다. 그러므로 그분의 말씀은, 무리들이 흠잡을 기회만 노리고 있기 때문에 자기들이 제기한 질문에 대한 답을 들을 자격이 없는 사람들이라는 의미이다.

빛이 있을 동안에 다녀 어둠에 붙잡히지 않게 하라 그리스도께서 빛이 잠시 동안만 그들에게 비춘다고 말씀하실 때, 이것은 믿지 않는 모든 사람들에게 해당되는 사실이다. 성경은 하나님의 자녀들에게 의義의 태양이 떠올라 결코 지지 않을 것이라고 약속한다.

"다시는 낮에 해가 네 빛이 되지 아니하며 달도 네게 빛을 비추지 않을 것이요 오직 여호와가 네게 영원한 빛이 되며 네 하나님이 네 영광이 되리니" (사 60:19).

하지만 모든 사람은 경계하면서 다녀야 한다. 빛을 멸시하는 어둠이 뒤따를 것이기 때문이다. 이런 일이 발생하기 전에 두껍고 침침한 밤이 수세기 동안 세상을 덮고 있는 것은, 하늘에 속한 지혜의 빛으로 나아오는 사람이 그리 많지 않기 때문이다. 그리스도께서는 우리가 그분이 보여주시는 구원의 길을 따를 수 있도록 자신의 복음으로 우리를 밝히신다. 그러므로 하나님의 은혜의 가치를 알지 못하는 사람들은 할 수만 있다면 자기들에게 제시된 빛을 끄려고 한다.

어둠에 다니는 자는 그 가는 곳을 알지 못하느니라 그리스도께서는 무리들을 더욱 두렵게 하기 위하여, 빛이 없어서 인생의 모든 행로에서 길을 잃을 수밖에 없는 사람들의 상태가 얼마나 비참한 것인지 그들에게 경고하신다. 그런 사람들은 미끄러지거나 넘어지지 않고는 한 발도 내딛지 못하기 때문이다. 하지만 이제 그리스도께서는, 그분이 우리에게 빛을 비추지 않으신다면 우리는 어둠 속에 있는 것이라고 선언하신다. 여기서 우리는 인간의 마음이 그리스도를 떠나 자기 나름의 지도자와 주인을 선택할 경우 그의 마음이 얼마나 어두워지는지 배울 수 있을 것이다.

36 빛을 믿으라 그리스도께서는 무리들에게 믿음으로 빛을 소유하라고 권하신다. 그리스도께서는 그들을 빛의 자녀라고 부르신다. 빛의 자녀는 참된 상속자로서 끝까지 빛을 향유한다.

예수께서 이 말씀을 하시고 그들을 떠나가서 그리스도께서 자신을 열렬히 환영하는 사람들에게서 떠나가셨다는 것이 이상해 보일 수도 있다. 하지만 우리는 다른 복음서 기자들에게서, 이 구절에서 말하는 '그들'이 선하고 신실한 이 사람들의 경건한 열망 때문에 시기심에 불타올랐던 그분의 원수들을 가리킨다는 사실을 쉽게 추론할 수 있다. 왜냐하면 그리스도를 만나러 나왔던 외국인들은, 그리스도께서 서기관들 및 예루살렘의 군중들과 마주했던 성전까지 그리스도를 따라갔기 때문이다.

37 이렇게 많은 표적을 그들 앞에서 행하셨으나 그를 믿지 아니하니 38 이는 선지자 이사야의 말씀을 이루려 하심이라 이르되 주여 우리에게서 들은 바를 누가 믿었으며 주의 팔이 누구에게 나타났나이까 하였더라 39 그들이 능히 믿지 못한 것은 이 때문이니 곧 이사야가 다시 일렀으되 40 그들의 눈을 멀게 하시고 그들의 마음을 완고하게 하셨으니 이는 그들로 하여금 눈으로 보고 마음으로 깨닫고 돌이켜 내게 고침을 받지 못하게 하려 함이라 하였음이더라 41 이사야가 이렇게 말한 것은 주의 영광을 보고 주를 가리켜 말한 것이라 요 12:37-41

37 이렇게 많은 표적을 그들 앞에서 행하셨으나 그리스도께서 유대인들에게 멸시를 받는 것을 보고 당황하거나 난처해하는 사람이 없도록 하기 위해서, 요한복음 기자는 그분이 분명하고 확실한 증거를 갖고 계시다는 것을 보임으로써 이 걸림돌을 제거한다. 그 증거들은 그리스도와 그분의 가르침에 대해 권위를 부여해주는 것들이다.

그러나 그리스도의 이적에서 찬란하게 빛난 하나님의 영광과 능력이 소경들에게는 나타나지 않았다. 그러므로 우리는 먼저, 유대인들이 그리스도를 믿지 않은 것이 그리스도의 잘못이 아니라는 것을 깨달아야 한다. 그리스도께서는 많은 이적을 통해 자신이 누구인지를 풍성하게 증언하셨다. 그러므로 유대인들의 불신앙 때문에 그리스도의 가치가 손상 받아야 한다는 것은 부당하고 터무니없는 일이다.

유대인들이 눈에 보이는 하나님의 능력으로도 전혀 감동을 받지 못할 만큼 그렇게 어리석었던 이유가 무엇인지 궁금해하고 당황스러워하는 사람들이 많이 있을 수 있다. 그래서 요한은 여기서 한 걸음 더 나아가, 믿음은 일반적인 인간의 능력에서 나오는 것이 아니라 하나님의 유일하고 희귀한 은사라고 말한다. 그리고 사람들이 복음을 믿지 않을 것이라는 사실은 일찍이 그리스도에 대하여 예언된 바라고 말한다.

38 이사야의 말씀 요한은 이사야의 예언이 유대인들에게 필연성을 부여해주었다는 의미로 이 구절을 언급한 것이 아니다. 이사야는 주님이 그분의 비밀스러운 계획 가운데서 자기에게 계시해주신 것 외에는 아무것도 말하지 않았기 때문이다. 사실 이사야가 침묵했더라도 이 일은 틀림없이 발생했을 것이다. 하지만 만일 하나님께서 선지자의 입으로 증언하지 않으셨다면, 아무도 앞으로 일어날 일을 알 수가 없었을 것이다. 그래서 요한복음 기자는, 그렇지 않으면 사람들에게 모호하고 믿을 수 없는 것이 되었을 내용을, 예언을 통해 거울처럼 분명하게 그들 눈앞에 제시한다.

주여 우리에게서 들은 바를 누가 믿었으며 이 문장은 두 부분으로 구성되어 있다. 이사야는 이미 그리스도에 관하여 언급하기 시작했다. 그리고 그리스도에 관한 모든 것과 그 후에 사도들이 설교하게 될 모든 것이 어느 곳에서나 유대인들에 의해 버림 받게 될 것을 내다보게 되자, 그는 마치 악한 괴물에 놀라듯이, 먼저 "주여 우리에게서 들은 바를 누가 믿겠습니까?"라고 소리친다.

주의 팔이 누구에게 나타났나이까 두 번째 문장에서 이사야는 왜 믿는 사람이 없는지 그 이유를 소개한다. 즉, 사람들이 자신의 노력으로는 믿음에 도달할 수 없기 때문이며, 하나님께서는 모든 사람에게 차별 없이 빛을 비춰주시는 것이 아니라 소수의 사람들에게만 그분의 영靈의 은혜를 부어주시기 때문이다. 유대인들 중에서 완악하여 믿지 않는 사람들이 많이 있었지만 그들이 소수의 믿는 자들에게 장애가 되지 않았다면, 오늘날 우리도 동일한 이유로 아무리 복음을 믿는 사람들이 적다고 하더라도 복음을 부끄러워하지 말아야 하지 않겠는가!

하지만 우리가 먼저 주목해야 할 것이 있다. 사람들에게 믿음을 주는 것은 사람들 자신의 총명과 통찰력이 아니라 하나님의 계시라는 사실이다. 잘 알려져 있다시피 '팔'이라는 말은 '능력'을 의미한다. 복음의 교훈에 내포되어 있는 하나님의 팔은 그것이 계시되기 전에는 감춰져 있다고 선지자는 선언한다. 동시에 그는 모든 사람이 차별 없이 이 계시를 받는 것은 아니라고 주장한다. 그러므로 많은 사람들이 내적인 빛을 받지 못한 채 소경인 상태로 머물러 있게 된다는 결론이 내려진다. 그들은 들어도 깨닫지 못하기 때문이다.

39 그들이 능히 믿지 못한 것은 이 때문이니 이것은 약간은 가혹한 말씀이다. 이 말을 액면 그대로 이해하자면, 유대인들에게는 길이 닫혔다. 또한 그들은 믿을 수 있는 힘을 빼앗겼다. 이사야 선지자의 선언에 따르면, 사람들이 어떤 쪽이든 선택하기 이전에 이미 그들의 눈이 멀도록 정해졌기 때

문이다. 이 문제에 대해 답하겠다. 어떤 일도 하나님께서 내다보신 것과 다르게 발생하지 않는다면, 이 구절에는 불합리한 점이 전혀 없다. 하지만 우리는 하나님의 단순한 미리 아심이 모든 일의 원인이 아니라는 사실을 주목해야 한다. 여기서 관심의 대상이 되는 것은 하나님의 미리 아심이 아니라 그분의 심판과 보복이다. 하나님께서는 하늘에서 보시는 바 사람들이 하게 될 일을 선언하시는 것이 아니라, 하나님 자신이 하실 일을 선언하시기 때문이다. 즉, 하나님께서는 불경건한 자들을 어리석음과 혼미케 하는 것으로 치심으로써 불경건한 자들의 악함에 대해 보복하실 것이다. 이 구절에서 요한은, 하나님께서 왜 본질상 유익하고 생명을 불어넣는 그분의 말씀을 유대인들에게는 파괴적이고 치명적인 것이 되도록 하셨는지 보다 근사하고 부차적인 이유를 밝힌다. 그것은 유대인들이 자기들의 악함으로 말미암아 하나님의 심판을 받아 마땅하기 때문이다.

유대인들은 이 심판을 피할 수가 없다. 하나님께서 일찍이 그들을 타락한 마음에 넘기기로 결정하셨으며, 그분의 말씀의 빛을 어둠으로 바꾸기로 결정하셨기 때문이다. 그런 면에서 이 예언은 앞의 예언과 다르다. 즉, 앞에서 이사야는 하나님께서 그분의 기뻐하시는 뜻대로 거저 주시는 은혜로써 계시하신 사람들 이외에는 아무도 믿지 않는다고 말한다. 그 원인은 나타나지 않는다. 모든 사람이 동일하게 타락했기에, 선하신 하나님께서는 그분에게 선하게 보이시는 대로 몇 사람을 구별하신 것이다. 하지만 뒤에 나오는 예언에서 이사야 선지자는 배은망덕한 백성들의 악함에 대한 하나님의 심판의 가혹함을 언급한다. 이러한 단계를 주목하지 않는 사람들은 다양한 의미를 가진 성경 본문들을 뒤섞는 실수를 범한다.

40 그들의 눈을 멀게 하시고 이 구절은 이사야서 6장 9,10절에서 온 것이다. 그 본문에서 주님은, 이사야 선지자가 백성들을 가르치면서 수고한 것이 오히려 백성들을 더욱 악화시키는 결과를 가져올 뿐이라고 그에게 미리 경고하신다. 먼저 주님은 이렇게 말씀하신다.

요한복음 12장

127

"가서 이 백성에게 이르기를 너희가 듣기는 들어도 깨닫지 못할 것이요."

마치 주께서 "내가 너를 보내어 귀머거리에게 말하게 하겠다"라고 말씀하시는 것 같다. 그 후에 주님은 이렇게 말씀하신다.

"이 백성의 마음을 둔하게 하며 그들의 귀가 막히고 그들의 눈이 감기게 하라."

주께서 이 말씀을 하신 의도는, 그분의 말씀이 멸망할 자들에게 징계가 되어 그들의 앞 못 보는 것을 더욱 악화시키고 그들을 더욱 깊은 흑암에 빠뜨리게 하시겠다는 것이다. 하나님께서 사람들을 깨닫지 못하게 하실 정도로 그들의 마음을 가르침의 빛으로 압도하실 때, 그것은 참으로 두려운 하나님의 심판이다. 하나님께서 사람들의 유일한 빛을 사용하셔서 사람들 위에 어둠을 드리우시니 말이다.

그러나 우리는, 사람들의 눈을 멀게 하는 것이 하나님 말씀의 비본질적인 (accidentale esse Verbo Dei) 측면임을 주목해야 한다. 진리를 거짓과 다르지 않다고 하는 것이야말로 가장 이치에 맞지 않기 때문이다. 이것은 마치 생명의 떡이 사망을 주는 독이며, 약이 병을 더욱 악화시킨다고 하는 것과 같다. 하지만 생명을 사망으로 바꾼 사람들의 악함은 비난을 받아 마땅하다.

그들의 마음을 완고하게 하셨으니 우리는 또 종종 주님이 사람들에게서 판단력과 깨달음을 빼앗음으로써 그들의 마음을 친히 어둡게 하신다는 점을 주목해야 한다. 주님은 사탄과 거짓 선지자를 시켜 사람들의 마음을 혼란케 하심으로써 혹은 구원을 선포하는 선지자들을 통해 그들의 설교가 백성들에게 해롭고 치명적인 것이 되게 하심으로써 그렇게 하신다. 선지자들이 가르침의 사역을 신실하게 수행하고 그 수고의 열매를 주님께 맡긴다면, 혹 그 결과가 자기들이 바라던 것보다 좋지 못하다 하더라도 포기하거나 낙망하지 말아야 한다. 오히려 그들의 수고가 사람들에게는 유용하지 않았다고 하더라도 하나님께서 그들의 수고를 인정해주신다는 것을 알고, 또 바울이 증언하고 있다시피(고후 2:15) 그들의 가르침은 불경건한 사람들에게는 사망에 이르는 것이지만 하나님 앞에서는 선하고 향기로운 것이라는 사실을 알고 만족해야 한다.

성경에서는 종종 '마음'이 '감정이 자리하는 곳'으로 사용된다. 하지만 여기서는 다른 많은 곳에서처럼 소위 말하는 '영혼의 지적인 부분'을 의미한다. 모세는 동일한 의미로 이렇게 말한다.

"깨닫는(ad intelligendum) 마음과 보는 눈과 듣는 귀는 오늘 여호와께서 너희에게 주지 아니하셨느니라"(신 29:4).

눈으로 보고 … 못하게 하려 함이라 우리는 여기서 선지자가 불신자들을 향하여 말하고 있다는 것을 기억해야 한다. 불신자들은 이미 하나님의 은혜를 저버린 사람들이다. 주께서 자신이 택한 사람들로 하여금 자신에게 순종하게 하지 않으신다면, 모든 사람이 본성적으로 하나님의 은혜를 저버리려 한다는 것은 확실하다. 맨 처음에는 인간의 상태가 동등하고 동일하다. 하지만 멸망할 사람들이 자진해서 자신의 악의로 하나님을 대적하고 배반할 때, 그들은 하나님의 보복하심에 대한 여지를 두게 되는 셈이다. 그리하여 그들은 타락한 마음에 넘겨지고 더욱더 파멸을 자초하게 된다. 하나님께서 그들을 돌이키기를 원하지 않으신다면, 사람들이 하나님을 배반하고 멸망을 자초하는 것은 순전히 그들의 잘못이다. 사람들이 절망적인 상태에 빠져 있다면 이것은 모두 그들이 만들어낸 일이다. 하지만 선지자의 이 말을 통해 우리가 하나님께 회심하는 첫 단계가 무엇인지 잠시 배우게 된다. 사람들이 사탄의 어둠에 사로잡혀 있는 한, 하나님에게서 필연적으로 등을 돌리고 있는 그 마음에 그분이 빛을 비추실 때가 바로 우리의 회심이 시작되는 때이다. 그러나 우리를 하나님의 빛에 이끌리게 하고 우리를 그분의 형상으로 변화시키는 것은 하나님의 빛의 능력이다.

내게 고침을 받지 선지자는 고침을 받는 것이 회심의 결과라는 내용을 첨가한다. 그는 하나님의 진노에서 나온 비참한 모든 것에서의 구원뿐만 아니라 하나님의 은혜와 번영의 상태를 의미하는 것으로 '고침'이라는 단어를 사용한다. 이것이 하나님의 말씀에 역행하는 멸망 받을 사람들에게 일어나는 일이라면, 하나님의 말씀을 순종하는 사람들에게는 어떤 일이 일어날지 그 반대 상황에 주목해야 한다. 즉, 하나님의 말씀이 우리에게 선포되는 목적은 우리가 복을 누리며 행복하도록 하나님을 아는 참 지식으로 우리를 가르치고, 우리를 하나님께로 돌이키며, 우리를 하나님과 화목하게 하는 것이다.

41 이사야가 이렇게 말한 것은 독자들이 이 예언이 부적당하게 인용되었다고 생각하지 않도록 하기 위하여, 요한은 이사야 선지자가 한 시대의 선지자로만 보냄을 받은 것이 아니라는 점을 분명하게 언급한다. 그리스도의 영광이 이사야에게 계시된 것은 그로 하여금 그분의 통치 아래에서 일어날 일들을 증언하게 하기 위함이다. 선지자들이 하나님에게서 받은 것을 다른 사람들에게 전수하는 것 외에 어떤 다른 목적이 선지자적 계시에 담겨 있겠는가? 요한복음 기자는 이사야가 그리스도의 영광을 보았다는 것을 당연시한다. 그리고 이러한 사실에 근거해서, 이사야가 그의 가르침을 그리스도 왕국의 미래 상태와 조화시키고 있다고 결론 내린다.

> **42** 그러나 관리 중에도 그를 믿는 자가 많되 바리새인들 때문에 드러나게 말하지 못하니 이는 출교를 당할까 두려워함이라 **43** 그들은 사람의 영광을 하나님의 영광보다 더 사랑하였더라 **44** 예수께서 외쳐 이르시되 나를 믿는 자는 나를 믿는 것이 아니요 나를 보내신 이를 믿는 것이며 **45** 나를 보는 자는 나를 보내신 이를 보는 것이니라 **46** 나는 빛으로 세상에 왔나니 무릇 나를 믿는 자로 어둠에 거하지 않게 하려 함이로라 요 12:42-46

42 관리 중에도 그를 믿는 자가 많되 유대인들이 방자하게 법석을 떨어가며 너무도 무자비하게 그리스도를 저버렸을 때, 그들은 한 사람도 예외

없이 그분을 저버리기로 공모했던 것처럼 보였다. 하지만 요한복음 기자는 온 나라가 전반적으로 미쳐 있는 상황 속에서도 정신이 온전한 사람이 많이 있었다고 말한다. 이것은 하나님 은혜의 놀라운 예이다. 불경건이 일단 우세하게 되면, 그것은 전 세계에 퍼져 몸의 구석구석을 감염시키는 일종의 페스트(흑사병)와 같다. 그러므로 부패한 사람들 사이에서 감염되지 않은 사람이 남아 있다는 것은 하나님의 놀라운 선물이다. 오늘날 세계에서도 우리는 하나님의 동일한 은혜를 본다. 불경건과 하나님을 멸시하는 것이 도처에 편만하고 대단히 많은 사람들이 복음의 교훈을 없애려고 열정적으로 노력하고 있지만, 믿음은 항상 은신처와 같은 곳들을 발견한다. 믿음이 이 세상에서 완전히 사라지지 않도록 하기 위한, 소위 말하는 자기만의 항구 혹은 피난처를 가지고 있는 것이다.

"관리 중에도"(even of the rulers)라는 말이 이 사실을 강조한다. 관리의 위치에 있는 사람들은 복음을 적대시하고 몹시 싫어했기에, 그들 중에서 단 한 사람이라도 믿는 자를 찾는다는 것은 거의 불가능했기 때문이다. 하지만 하나님의 영(靈)의 능력은 더욱 놀라워서, 아무런 가능성이 없는 곳을 뚫고 들어가셨다. 관리들이 그리스도께 완악하고 불순종했던 것이 그 시대만의 악은 아니었다. 높은 지위에 있는 사람, 부유한 사람, 존경을 받는 위치에 있는 사람은 일반적으로 자부심을 가지고 있다. 그래서 교만함으로 부풀어 자기가 한갓 인간에 불과하다는 것을 인정하지 않는 그들은, 자원하여 스스로를 겸손히 복음에 굴복시키기가 쉽지 않다. 그러므로 세상에서 높은 지위에 있는 사람이 지혜가 있다면, 그 지위가 자기에게 장애가 되지 않도록 하기 위해 그것을 의지하지 않을 것이다. 요한이 관리 중에서 주님을 믿는 사람이 '많이' 있다고 언급했다고 해서, 마치 대다수가 또는 절반 정도나 되는 사람들이 그리스도를 믿었다고 이해해서는 안 된다. 나머지 믿지 않은 대다수의 무리들과 비교해보면, 믿은 관리는 소수였다. 하지만 관리들 입장에서 볼 때 그것은 많은 숫자였다.

바리새인들 때문에 드러나게 말하지 못하니 로마서 10장 10절에 "사람이 마음으로 믿어 의에 이르고 입으로 시인하여 구원에 이르느니라"라고 기록되어 있는 것으로 보아, 요한이 믿음을 신앙고백과 구별한 것은 잘못 말한 것처럼 보인다. 마음에 불붙은 믿음은 반드시 그 불꽃을 피우기 마련이다. 이 문제에 대해 답하겠다. 요한은 여기에서 열의가 없는 혹은 냉랭한 사람들 안에 있는 믿음이 얼마나 연약한지를 보여주고 있다. 한마디로 말해서 요한이 의도한 바는, 관리들은 그리스도의 교훈이 하나님에게서 왔다는 것을 알았기에 그 교훈을 받아들였지만, 그들의 믿음은 우리가 기대하는 것과 다르게 살아 있는 믿음도 아니고 강한 믿음도 아니었다는 것이다. 그리스도께서는 자기 사람들에게 두려움의 영이 아니라 견고함의 영을 주셔서, 그들로 하여금 그분에게서 배운 것을 당당하고도 두려움 없이 고백하게 하시기 때문이다.

내가 생각하기에, 믿은 관리들이 완전히 침묵한 것 같지는 않다. 하지만 그들의 고백이 솔직하지 않기 때문에 요한은 그들이 믿음을 고백하지 않았다고 단순하게 말했다는 생각이 든다. 믿음을 제대로 고백한다는 것은 자기들이 그리스도와 연합되었다는 사실을 공개적으로 알리는 것이기 때문이다. 그러므로 사람들에게 미움의 대상이 되는 것을 두려워하여 어떤 면에서든 자신의 믿음을 숨기는 사람은 우쭐해지지 말아야 한다. 아무리 그리스도의 이름이 미움을 받는다고 해도, 우리로 하여금 그분에 대한 신앙고백에서 조금이라도 돌아서게 하는 비겁함은 변명의 여지가 없다.

우리가 주목해야 할 다른 한 가지는, 그리스도를 믿은 관리들이 용기가 없고 시종 일관되지 않은 것은 야망이 늘 그들 속에서 지배하고 있었기 때문이라는 사실이다. 야망은 모든 성향 중에 가장 노예 근성이 강한 것이다. 다른 말로 표현하자면, 세상적인 영예는 사람들이 자유롭게 자기 의무를 할 수 없도록 속박하는 금 사슬이라고 부를 수 있다. 그러므로 신분이 낮고 가난한 사람일수록 좀 더 인내하면서 자기들의 몫을 수행해야 한다. 적어도 그들은 많은 위험천만한 덫에서 자유로운 사람들이기 때문이다. 하지만 위대한 사람과 고상한 사람들은 자기들이 얻은 지위로 인해 그리스도에게 복종하는 일이 방해를 받지 않도록 하려면 그들의 높은 지위와 싸워야 한다.

요한은 믿은 관리들이 바리새인들을 두려워했다고 말한다. 다른 서기관들과 제사장들이 자칭 그리스도의 제자라고 하는 사람들을 비난하지 않았기 때문이 아니라, 특별히 바리새인들 사이에서 (종교적 열심을 가장한) 잔인함이 더욱 맹렬하게 달아올랐기 때문이다. 종교를 변호하는 열심은 확실히 칭찬해줄 만한 덕성 중의 하나이다. 하지만 그러한 열심에 외식外飾이 가미되는 경우에는 최악의 위험스러운 재앙이 발생한다. 그러므로 우리는 주님께 성령님의 확실한 통치로 우리를 인도해주시기를 구해야 한다.

이는 출교를 당할까 두려워함이라 관리들이 자기들이 믿은 것을 당당하게 고백하지 못한 것은 불명예를 두려워했기 때문이다. 그들은 회당에서 쫓겨나는 것을 두려워했다. 여기서 인간이 얼마나 타락했는지가 드러난다. 인간의 타락은 하나님 명령의 장점을 더럽히고 치욕스럽게 할 뿐만 아니라 그 명령들을 파괴적인 폭군으로 만든다. 출교는 거룩한 권징의 중추가 되어야 했다. 그래서 누군가 교회를 멸시하면 즉시 징계가 베풀어졌다. 하지만 이 제도가 너무도 타락하여, 이제는 그리스도의 사람이라고 고백한 사람은 누구나 신자들의 코이노니아로부터 추방되었다.

이와 마찬가지로 오늘날 교황은 동일한 폭력을 행사하기 위하여, 자신에게 출교를 행사할 권한이 있다고 거짓 주장을 펼친다. 교황은 모든 경건한 사람들을 거슬러 분노를 발할 뿐만 아니라, 그리스도를 하늘의 보좌에서 끌어내리려고 노력한다. 그러면서도 그는 파렴치하게, 그리스도께서 그분의 교회에 부여하신 거룩한 심판자 칭호를 자신의 권리로 주장하기를 주저하지 않는다.

43 그들은 사람의 영광을 하나님의 영광보다 더 사랑하였더라 요한은 이 관리들이 어떤 미신의 사주를 받은 것이 아니라 단지 사람들 사이에

서 불명예를 당하고 싶지 않았다고 분명하게 말한다. 사람들이 하나님을 두려워하는 것보다 야망의 지배를 더 받고 있다면, 당연히 그런 사람들은 양심의 가책을 전혀 받지 않을 것이다. 이제 독자들은 인기가 떨어질까 두려워하여 사람들 사이에서 자기의 믿음을 숨기고 있는 자들의 소심함이 하나님 보시기에 얼마나 불명예스럽고 정죄 받을 만한 것인지를 주목하라. 아니, 하나님의 심판보다도 사람들의 하찮은 인정을 더 우선시하는 것보다 더 어리석고 우둔한 일이 무엇이 있겠는가? 하지만 요한은, 순전한 믿음을 고백해야 하는 상황에서 인기가 떨어질 것을 두려워하는 모든 사람들은 이런 유의 정신이상에 걸린 것이라고 선포한다.

히브리서 기자가 모세의 불굴의 지조를 칭찬하면서 "보이지 아니하는 자를 보는 것같이 하여 참았으며"라고 말한 것은 정당했다(히 11:27). 히브리서 기자가 이 말로써 표현하고자 한 것은, 누구든지 자기의 눈을 하나님께 고정할 때 그의 결심은 깨지거나 구부러지지 않는다는 것이다.

우리로 하여금 사람들을 의식하여 겉치레하게 만드는 연약함은 세상을 바라봄으로써 혼미해지는 우리의 감성에서 나온다. 하나님을 참되게 바라보게 되면 부와 명예의 모든 안개는 즉시 흩어진다. 그리스도를 간접적으로 부인하는 것을 하찮거나 혹은 용서받을 수 있는 사소한 죄로 여기는 사람들을 쫓아버려라! 그들의 생각과는 달리, 성령께서는 이런 가공할 만한 행위가 하늘과 땅이 서로 바뀌는 것보다도 더 혐오스러운 죄라고 선언하신다.

"사람의 영광을 하나님의 영광보다 더 사랑하였더라"라는 말은 여기서 '사람들 사이에서 존중 받고 싶어 한다'는 의미로 사용되었다. 그러므로 요한은, 관리들이 세상에 너무도 충실해서 하나님보다 사람을 기쁘게 하는 것을 더 좋아했다고 말한다. 더욱이 요한이 그리스도를 부인한 사람들을 이러한 죄로 고소할 때, 그는 제사장들이 하나님과 인간의 법을 거슬러 남용한 출교가 공허하고 무가치한 것임을 동시에 보여준다. 그렇다면 오늘날 교황이 우리를 대적하면서 입 밖으로 내뱉는 모든 저주의 말은 단지 엄포에 불과하다는 것을 기억하자. 왜냐하면 우리는 그 저주가 우리를 그리스도에게서 떼어놓으려는 교황의 수작임을 확신하기 때문이다.

44 예수께서 외쳐 이르시되 그리스도의 선언은 그분의 백성들로 하여금 믿음에 대하여 올바르고 흔들리지 않는 견고함을 갖도록 격려하기 위한 말씀이다. 하지만 여기에는 꾸짖음도 담겨 있다. 그리스도께서는 이 선언을 통해 관리들의 잘못된 두려움을 바로잡기를 원하셨다. 외침은 열정을 암시한다. 그 외침은 단순한 교훈이 아니라 관리들을 좀 더 통렬하게 자극하는 권면이기 때문이다. 그분의 외침을 한마디로 말하자면, 그리스도를 믿는 믿음은 죽을 수밖에 없는 연약한 사람이 아니라 하나님을 의지한다는 것이다. 믿음은 그리스도 안에서 신적神的인 것을 발견하기 때문이다. 아니 오히려, 믿음은 그리스도의 얼굴에서 하나님을 보기 때문이다. 그러므로 그리스도께서는 믿음이 애매모호하거나 흔들린다는 것은 어리석고 무가치한 일이라고 결론지으신다. 하나님의 진리에 만족하지 않는 것이야말로 하나님을 가장 부당하게 대하는 것이기 때문이다. 그렇다면 복음에 의해 충분한 유익을 얻는 사람은 누구인가? 이 믿음의 확신을 의지하는 사람, 사람이 아니라 하나님을 믿고, 사탄의 모든 간계를 대적하며 확고하고 묵묵히 서는 사람이다. 그러므로 하나님께 합당한 영예를 돌리기 위해 믿음에 굳게 서는 것을 배우자. 설령 세상이 흔들린다 할지라도 그리고 사탄이 하늘 아래 있는 모든 것을 혼란스럽게 하고 전복시킨다 하더라도 말이다.

나를 믿는 자는 나를 믿는 것이 아니요 나를 보내신 이를 믿는 것이며 신자들이 그리스도의 인간적인 외모만을 보지 않을 때, 그들은 그리스도를 믿는 것이 아니라고 표현된다. 그리스도께서는 자신을 아버지와 비교하시면서 우리에게 하나님의 능력을 보라고 말씀하신다. 육체의 연약함은 그 자체로는 아무런 힘이 없기 때문이다. 나중에 그리스도께서 제자들에게 자신을 믿으라고 권하실 때, 그 의미는 지금과 다를 것이다. 그 본문에서는 하나님을 사람과 대조하고 있는 것이 아니라, 그리스도께서 하나님의 모든 선물을 가지고 나타나셨으며 이것이 우리의 믿음을 붙들기에 충분하다는 사실이 강조된다.

45 **나를 보는 자는** 여기서 '본다'는 것은 '지식'이라는 의미로 이해해야 한다. 계속해서 온갖 혼란과 흥분으로 동요되는 우리의 양심이 참으로 깊은 평안을 얻을 수 있도록 하기 위해서, 그리스도께서는 우리에게 아버지를 상기시키신다. 믿음이 갖고 있는 견고함이 확실하고 안전한 이유는, 그것이 이 세상보다 강하며 이 세상을 초월하기 때문이다. 우리가 그리스도를 진정으로 알 때, 그분 안에서 하나님의 영광이 빛난다. 그리스도를 믿는 믿음이 사람을 의존하는 것이 아니라 영원하신 하나님에게 근거한 것임을 우리가 확실히 알 수 있도록 말이다. 우리의 믿음은 그리스도의 육체에서 나와 그분의 신성神性으로 올라간다. 그러므로 믿음은 우리 마음에 영원히 고정되어야 할 뿐만 아니라 필요할 때는 우리의 혀에서도 당당하게 드러나야 한다.

46 **나는 빛으로 세상에 왔나니** 그리스도께서는 제자들을 좀 더 담대하게 영적으로 무장시키기 위하여 믿음의 확신을 선언하시는 면에서 한 발짝 더 나아가신다.

첫째로 그리스도께서는 자신이 빛으로 세상에 오셨다고 증언하신다. 이 빛으로 말미암아 사람들이 어둠과 방황하던 것에서 구원을 받을 수 있도록 말이다. 동시에 그분은 "나를 믿는 자로"라는 말씀을 통해 우리가 얼마나 큰 복을 받는지를 보여주신다. 더욱이 그리스도께서는, 복음으로 가르침을 받은 뒤에도 믿지 않는 사람과 구별되지 않는 모든 사람들을 배은망덕하다고 책망하신다. 어둠에서 빛으로 불러냄을 받은 이러한 복이 고상할수록, 자기들 속에 한 번 켜진 빛을 게으름이나 무관심으로 꺼버린 사람들은 더욱 용서를 받지 못한다.

"나는 빛으로 세상에 왔나니"라는 말씀에는 강한 무게가 실려 있다. 비록 그리스도께서는 처음부터 빛이셨지만, 그분은 자신이 빛의 일을 하러 왔다고 주장하심으로써 자신을 드러내실 만한 충분한 이유가 있으셨다. 그리고 그리스도께서는 우리가 다음의 다양한 단계를 분명하게 인식할 수 있도록 하기 위해서 이렇게 말씀하신다.

첫째, 그리스도께서는 자신을 위한 빛이 아니라 다른 사람들을 위한 빛이시다.

둘째, 그리스도께서는 천사들뿐만 아니라 사람들의 빛이시다.

셋째, 그리스도께서는 충만한 광채로 비추시려고 육체를 입고 나타나셨다.

"무릇 나를 믿는 자로"라는 보편적인 지칭어는 의도적으로 사용된 것 같다. 즉, 믿는 자들은 다 한 사람도 예외 없이 이러한 은혜를 공통적으로 누리기 때문에 이렇게 말한 것이다. 또한 믿지 않는 사람들은 자발적으로 빛으로부터 떠나가기 때문에 어둠 속에서 멸망한다는 것을 보여주기 위한 목적도 부분적으로 있다. 만일 세상의 모든 지혜를 하나로 모은다면, 그 거대한 더미 속에서는 참 빛의 불꽃 하나도 발견할 수 없을 것이다. 빛은커녕 형태 없는 혼돈만 초래할 것이다. 우리를 어둠에서 구원하는 일은 오직 그리스도에게만 속한 것이기 때문이다.

47 사람이 내 말을 듣고 지키지 아니할지라도 내가 그를 심판하지 아니하노라 내가 온 것은 세상을 심판하려 함이 아니요 세상을 구원하려 함이로라 48 나를 저버리고 내 말을 받지 아니하는 자를 심판할 이가 있으니 곧 내가 한 그 말이 마지막 날에 그를 심판하리라 49 내가 내 자의로 말한 것이 아니요 나를 보내신 아버지께서 내가 말할 것과 이를 것을 친히 명령하여 주셨으니 50 나는 그의 명령이 영생인 줄 아노라 그러므로 내가 이르는 것은 내 아버지께서 내게 말씀하신 그대로니라 하시니라 요 12:47-50

47 사람이 내 말을 듣고 그리스도께서는 그분의 은혜에 대해서 말씀하시고 제자들에게 확고한 믿음을 권하신 뒤에, 이제 반역하는 사람들의 심장을

찌르는 말씀을 하기 시작하신다. 하지만 이런 말씀을 하시는 중에도 하나님을 저버리는 사람들이 그 불경건함 때문에 마땅히 받아야 하는 가혹함의 강도를 부드럽게 하셨다. 그리스도께서는 하나님을 저버리는 사람들에게 심판을 선언하는 것을 미루셨다. 그분은 심판하러 오신 것이 아니라 모든 사람을 구원하러 오셨기 때문이다. 우리는 여기에서 그리스도께서 믿지 않는 사람들을 총괄해서 말씀하시는 것이 아니라는 점을 이해해야 한다. 그분은 자기들에게 제시된 복음의 선포를 의도적이고 자발적으로 저버리는 사람들을 겨냥하여 말씀하시는 것이다.

그렇다면 그리스도께서 왜 이런 사람들을 정죄하지 않으시는 것일까? 이유는 간단하다. 그리스도께서 잠정적으로 심판자 직책을 제쳐놓으셨기 때문이다. 대신 그분은 모든 사람이 회개하도록 더 많이 격려하시기 위하여, 모든 이들에게 차별 없이 구원을 제시하시면서 자신의 팔을 벌려 모든 사람을 안으려고 하신다. 하지만 그리스도께서는 중요한 세부 사항을 언급하심으로써 이처럼 자비롭고 은혜로운 구원의 초대를 저버리는 범죄가 얼마나 심각한지 강조하신다. 그리스도께서는 이렇게 말씀하시는 듯하다.

"보라. 나는 심판자의 역할을 잊고 모든 사람을 부르러 왔다. 나의 목적은 단 하나, 즉 이미 이중으로 파멸된 듯이 보이는 사람들을 파멸에서 구원하는 것이다."

그래서 구원의 기쁜 소식을 경멸하며 의도적으로 멸망을 자초하는 사람을 제외하고는 아무도 복음을 멸시한다고 정죄를 받지 않는다.

'심판하다'라는 단어는 여기에서 '정죄하다'라는 의미로 사용되었다. 이것은 이 단어가 '구원하다'라는 단어와 반대의 의미를 지닌다는 사실에서 분명하게 나타난다. 이제 '심판하다'라는 단어는 그리스도에게 적합한 참 직분을 언급하는 단어로 이해되어야 한다. 우리가 앞에서 언급했듯이, 믿지 않은 사람들이 그리스도 때문에 더욱 엄격하게 정죄를 받는다는 것은 복음의 본질이 아니라 그 부수적인accidentale 결과이다.

48 나를 저버리고 불경건한 사람들이 자기들이 그리스도에게 방자하게 행한 것에 대해 처벌을 받지 않을 것이라면서 우쭐거리는 일이 없도록 하기 위해서, 그리스도는 그들에게 두려운 경고를 발하신다. 그리스도께서는 그 문제에 대해 침묵하실 터이지만 그분의 가르침은 그들을 정죄하기에 충분하다고 말이다. 그리스도께서 다른 곳에서 말씀하셨듯이, 그들이 자랑으로 삼는 모세만 있으면 다른 심판자는 필요 없을 것이다(요 5:45). 그러므로 본문의 의미는 이것이다.

"나는 너희 구원을 바라는 열망으로 불타고 있기 때문에 너희를 정죄할 수 있는 내 권리를 포기하고, 오직 잃어버린 바 된 자들을 구원하는 데만 전적으로 관심을 기울인다. 그러나 너희가 하나님의 심판을 피할 수 있다고 생각하지 말라. 내가 이 문제에 대해 침묵하고 있다고 하더라도, 너희가 멸시한 내 말 자체만으로도 너희를 심판하기에 충분하다."

내 말을 받지 아니하는 자를 이것은 앞의 문장("나를 저버리고")을 설명하는 말씀이다. 사람들 속에는 선천적으로 위선이 자리하고 있기 때문에, 언제라도 그리스도를 영접할 준비가 되었다는 말로 자랑하는 것만큼 그들에게 쉬운 것도 없다. 우리는 이러한 자랑이 얼마나 일반적인 것인지 안다. 심지어 극악무도한 사람들도 이러한 자랑을 한다. 그러므로 우리는 그리스도께서 말씀하신 이 명제, 즉 복음의 순수한 가르침을 받아들이지 않는 것은 그리스도를 저버리는 것임을 고수해야 한다. 교황주의자들은 그리스도의 이름을 큰 소리로 떠벌린다. 하지만 그리스도의 순수한 진리가 제시되는 순간, 그들은 다른 어느 것보다도 그 진리를 싫어한다. 가룟 유다가 그리스도에게 입을 맞춘 것처럼 그들도 그렇게 하는 것이다. 그러므로 그리스도와 아울러 그분의 말씀을 함께 받아들이자. 그리고 그리스도께서 자신의 유일한 권리로 요구하시는 순종의 제사를 그분께 드리자.

내가 한 그 말이 복음에 심판하는 권세를 부여하는 것만큼 복음의 권위를 더 높이 칭송하는 것은 없다. 이 구절에 따르면, 마지막 심판은 다름 아닌 '복음의 교훈을 인정하는 것'이 될 것이기 때문이다. 확실히 그리스도께서는 친히 심판 자리에 앉으실 것이다. 하지만 그분은 자신이 지금 선포하고 있는 말씀에 근거하여 심판을 선언하실 것이다. 이러한 경고는 불경건한 사람들을 섬뜩하게 하는 경고가 된다. 그들은 자신들이 지금 교만하게 멸시하는 그리스도의 교훈의 심판을 피할 수가 없기 때문이다.

하지만 그리스도께서 마지막 심판을 언급하실 때, 그분은 불경건한 사람들이 지금 깨달음이 없다고 암시를 주신다. 그들에게 지금은 우습게 보이는 심판이 장차 공개적인 심판이 될 것임을 상기시키면서 말이다. 반면 경건한 사람들은 지금 세상에서 정죄를 받지만, 장차 이루 헤아릴 수 없는 위로를 받게 된다. 경건한 사람들은 자신들이 이미 하늘에서 용서를 받았다는 것을 의심하지 않는다. 복음을 믿는 믿음이 어디에 자리를 하고 있든지 간에, 하나님의 심판 자리는 (경건한 사람들의) 구원을 위해 마련된다. 우리가 이러한 권리를 의지한다면 교황주의자들이나 그들의 터무니없는 판단에 대해 두려워할 필요가 없다. 우리의 믿음은 심지어 하늘의 천사들보다도 높이 오르기 때문이다.

49 내가 내 자의로 말한 것이 아니요 사람의 겉모습으로 인해 하나님의 위엄이 손상을 받지 않도록 하려고 그리스도께서는 종종 우리를 아버지에게로 보내신다. 그리스도께서 자주 아버지를 언급하시는 이유가 바로 여기에 있다. 그리고 하나님의 영광의 불꽃을 다른 사람에게로 옮기는 것은 옳지 않으므로, 심판의 권한이 부여된 그리스도의 말씀은 반드시 하나님에게서 나와야 한다. 이제 그리스도께서는 이 구절에서 그분의 신격神格이 아니라 그분의 육체에 의거해서 자신과 아버지를 구별하신다. 그분의 교훈이 인간적으로 판단을 받아 비중이 약화되는 일이 없도록 하기 위해서 말이다. 양심이 인간의 법과 가르침의 지배를 받는 것이라면 , 그리스도의 주장은 여기에 적용되지 않을 것이다. 그리스도께서는 "입법자와 재판관은 오직 한 분이시니"(약

4:12)라는 말씀에 근거해서, "내 말은 사람에게서 나온 것이 아니므로 내 말이 심판할 것이라"라고 말씀하신다. 이 말씀으로부터 우리는, 교황이 자신이 만들어낸 것으로 영혼들을 결속시키려 하는 것이 참으로 가공할 만한 신성모독 행위라고 결론을 내릴 수 있다. 이렇게 함으로써 그는 하나님의 아들이 하시는 것보다도 더 많은 것을 주장하는 셈이기 때문이다. 하나님의 아들은 자신이 아버지께서 명하신 것만을 말씀하신다고 선언하시는데 말이다.

50 그의 명령이 영생인 줄 아노라 그리스도께서는 모든 사람들이 더 기꺼이 그분의 가르침에 응할 수 있도록 하기 위하여 다시 한 번 그 교훈의 열매를 칭송하신다. 그리고 불경건한 사람들이 하나님의 보복하심을 지각하는 것은 참으로 합당하다. 그들은 지금 생명의 근원이신 하나님을 저버리고 있기 때문이다.

요한복음 13장

1 유월절 전에 예수께서 자기가 세상을 떠나 아버지께로 돌아가실 때가 이른 줄 아시고 세상에 있는 자기 사람들을 사랑하시되 끝까지 사랑하시니라 2 마귀가 벌써 시몬의 아들 가룟 유다의 마음에 예수를 팔려는 생각을 넣었더라 3 저녁 먹는 중 예수는 아버지께서 모든 것을 자기 손에 맡기신 것과 또 자기가 하나님께로부터 오셨다가 하나님께로 돌아가실 것을 아시고 4 저녁 잡수시던 자리에서 일어나 겉옷을 벗고 수건을 가져다가 허리에 두르시고 5 이에 대야에 물을 떠서 제자들의 발을 씻으시고 그 두르신 수건으로 닦기를 시작하여 6 시몬 베드로에게 이르시니 베드로가 이르되 주여 주께서 내 발을 씻으시나이까 7 예수께서 대답하여 이르시되 내가 하는 것을 네가 지금은 알지 못하나 이후에는 알리라 요 13:1-7

1 유월절 전에 요한은 마태를 비롯한 다른 복음서 기자들이 이야기한 것으로 알고 있는 많은 내용을 의도적으로 생략한다. 그는 다른 복음서 기자들이 언급하지 않은 내용, 이를테면 그리스도께서 제자들의 발을 씻기시는 이야기 같은 것을 다룬다. 요한은 왜 그리스도께서 제자들의 발을 씻기셨는지 나중에 좀 더 분명하게 설명할 것이다. 하지만 지금은, 그리스도께서 이 동일한 표적으로써 그분이 제자들에게 보인 처음 사랑이 영원히 지속된다는 것을 중

언하셨다고 말함으로써 이 기사를 시작한다. 그리스도의 증언은, 나중에 제자들이 그리스도를 빼앗길 때가 오더라도 죽음까지도 주님의 이 사랑을 사그라뜨릴 수 없다는 확신을 그들이 계속해서 가질 수 있도록 하기 위함이다. 이러한 확신은 이제 우리의 마음에도 뿌리내려야 한다.

그리스도께서는 자기 사람들을 사랑하시되 끝까지 사랑하셨다고 한다. 왜 그분은 사도들을 묘사하는 데 이런 완곡어법을 사용하셨을까? 제자들이 우리처럼 위험하고 힘든 싸움을 싸우고 있었기 때문에 그리스도께서 그들을 더 사랑하셨다는 것을 우리에게 알려주시기 위함이 아니겠는가? 그러므로 우리가 그리스도에게서 멀리 떨어져 있는 것처럼 보이더라도, 그분이 늘 우리를 생각하고 계심을 기억하자. 그분은 세상에 있는 자기 사람들을 사랑하시기 때문이다. 그리고 그리스도께서 그분이 죽음의 위기에 처하셨을 때 보이셨던 동일한 태도를 지금도 여전히 지니고 계시다는 것에는 의심의 여지가 없기 때문이다.

세상을 떠나 아버지께로 돌아가실 때가 이른 줄 아시고 이것은 주목할 만한 언급이다. 그리스도께서 자신의 죽음이 하늘에 있는 하나님나라로 가는 과정이라는 것을 알고 계셨음을 알려주기 때문이다. 그리스도께서 아버지께로 서둘러 가시는 동안에도 이전처럼 자기 사람들을 사랑하는 일을 멈추지 않으셨다면, 우리는 그분의 태도가 바뀌었다고 생각할 이유가 없다. 그리스도께서는 죽은 자 가운데서 가장 먼저 나신 분이시므로, 죽음이 하나님께로 가는 과정이라는 이러한 정의定義는 교회 전체의 몸에 적용된다. 그런데 지금 신자들은 그 하나님 없이 방황하고 있다.

3 저녁 먹는 중 (한글 개역개정성경에는 3절에 나와 있는 이 어구를 칼빈은 2절에서 설명하며, "저녁 먹는 중"이라는 표현 대신 '저녁 먹은 후에'라는 표현으로 이해한다 - 역자 주). 우리는 나중에 적당한 곳에서 그리스도께서 제자들의 발을 씻기시는 목적과 이 이야기의 결과를 좀 더 충분하게 다룰 것이다. 지금은 여기에 나타난 단어들이 어떻게 연결되

어 있는지에 관심을 집중하도록 하자. 복음서 기자는 가룟 유다가 이미 그리스도를 팔려는 결심을 굳혔을 때 그리스도께서 제자들의 발을 씻기셨다고 말한다. 이것은 그리스도께서 지극히 사악한 배교자의 발을 씻기실 수 있을 만큼 놀라울 정도로 인내하신다는 것을 보여주기 위함이다. 또한 그리스도께서 그분 생애의 마지막 행동으로 여겨질 일(제자들의 발을 씻기시는 것)을 행하기 위해 의도적으로 자신의 죽음이 임박한 때를 선택하셨음을 보여준다.

가룟 유다가 마귀의 사주를 받아 그리스도를 배반하기로 결심했다는 말은 그것이 얼마나 엄청난 죄악인지를 보여준다. 유다의 행위는 사탄의 힘을 공개적으로 보여준 혐오스럽고 매우 비극적이고 사악한 행동이었기 때문이다. 사람들이 행하는 모든 사악함이 사탄에 의해 촉발되는 것은 확실하다. 하지만 범죄가 혁명적이고 저주스러운 것일수록, 우리는 그 범죄에서 마귀의 분노를 더 많이 보아야 한다. 사탄은 여기저기서 사람들로 하여금 하나님을 떠나도록 부추긴다. 사람들의 욕망concupiscentia이 사탄의 울부짖음에 의해서 불붙기 시작하기는 하지만, 그 욕망 자체가 하나의 용광로가 되어 끊임없이 그 안에서 불타오르는 것 또한 사실이다. 그러므로 불경건한 사람들에게는 변명거리가 하나도 없다.

예수는 아버지께서 모든 것을 자기 손에 맡기신 것과 ⋯ 아시고 나는 그리스도께서 마음의 평정을 유지하신 원천이 어디에 있는지를 우리에게 알려주기 위해서 이 구절이 삽입된 것으로 해석한다. 그리스도께서는 이미 사망을 이기고 승리를 쟁취하신 것처럼 곧 이어질 영광스러운 승리에 도취되어 자신의 마음을 고양시키신다. 공포에 사로잡힌 사람들은 일반적으로 심하게 동요한다. 요한복음 기자는 그리스도께서 전혀 동요하지 않으셨음을 보여준다. 그분은 잠시 후에 가룟 유다에 의해 팔릴 것이지만, 아버지께서 모든 것을 자신에게 주셨음을 아셨다. 그런데 왜 그리스도께서 땀이 피가 되는 근심과 고뇌를 표현하셨느냐고 질문하는 사람이 있다면, 나는 그 두 가지가 모두 필요했다고 대답하겠다. 즉, 그리스도께서는 한편으로는 죽음을 두려워하셔야 했고, 다른 한편으로는 죽음에 대한 두려움에도 불구하고 담대하게 중보자로서 모든 과업을 수행하셔야 했다고 말이다.

4 겉옷을 벗고 그분은 겉옷을 벗으신 것이지 속옷을 벗으신 것이 아니다. 우리가 아는 바로는, 동양인들은 발목까지 내려오는 긴 겉옷을 입었다.

5 제자들의 발을 씻으시고 이 구절은 그리스도의 외적인 행동보다는 그분의 작정을 표현해준다. 요한복음 기자가, 그리스도께서 베드로부터 씻기시기 시작했다고 언급하기 때문이다.

6 주여 주께서 내 발을 씻으시나이까 이 말은 어리석고 당찮은 행동이라면서 강하게 진저리를 치는 표현이다. 베드로는 그리스도께 무슨 행동을 하시느냐고 물음으로써, 말하자면 자기 손으로 그리스도를 밀쳐낸 것이다. 하나님 보시기에 순종이 다른 어떤 존경이나 예배보다 더 위대한 덕목이 아니라면, 이러한 겸손은 칭찬할 만한 행동이 될 것이다. 그리고 하나님께 순종함으로써 우리를 그분께 내어맡기고 우리의 모든 감각을 그분의 선하신 뜻 아래 두는 것, 그리하여 그분의 마음에 맞는 것이라고 선언하시는 모든 것이 우리에게도 역시 아무런 주저 없이 받아들여지는 것, 그것이 겸손의 참되고 유일한 법칙이 아니라면, 베드로의 겸손은 칭찬할 만한 행동이 될 것이다. 그러므로 우리는 무엇보다도 하나님께서 언제 무엇을 명령하시든지 지체하지 않고 늘 순종할 태세를 갖출 수 있도록 하나님을 바르게 섬기는 이 법칙을 지켜야 한다.

7 내가 하는 것을 이 말씀이 우리에게 교훈하는 바는, 그리스도께서 왜 이런저런 일 하기를 원하시는지 분명하지 않더라도 우리는 그분에게 순종해야 한다는 것이다. 규율 체계가 잘 갖춰진 집에서는 결정권이 가장家長에게 달려 있고, 종들은 가장을 위해 손발을 움직여야 한다. 그러므로 이유를 모른다는

핑계로 하나님의 명령을 저버리는 사람은 무척 교만한 사람이다. 그러나 이 권면에는 좀 더 확대된 의미가 들어 있다. 즉, 하나님께서 일정 기간 동안 우리에게 감추고 싶어 하시는 것을 우리가 모른다고 해서 안달해서는 안 된다는 것이다. 하나님께서 우리보다 더 지혜로우시다는 것을 인정한다면, 이런 종류의 무지는 여느 지식보다 훨씬 더 박학博學한 것이기 때문이다.

8 베드로가 이르되 내 발을 절대로 씻지 못하시리이다 예수께서 대답하시되 내가 너를 씻어주지 아니하면 네가 나와 상관이 없느니라 9 시몬 베드로가 이르되 주여 내 발뿐 아니라 손과 머리도 씻어주옵소서 10 예수께서 이르시되 이미 목욕한 자는 발밖에 씻을 필요가 없느니라 온몸이 깨끗하니라 너희가 깨끗하나 다는 아니니라 하시니 11 이는 자기를 팔 자가 누구인지 아심이라 그러므로 다는 깨끗하지 아니하다 하시니라 요 13:8-11

8 내 발을 절대로 씻지 못하시리이다 지금까지 베드로의 겸손은 전적으로 결백한 것은 아니더라도 용서받을 수 있는 것이었다. 그러나 고침을 받고 나서도 여전히 자신을 내어드리지 않는 그는 지금 통탄할 만한 죄를 짓고 있는 것이다. 사실 무지함 뒤에 완악함이 따라오는 것은 흔한 일이다. 거절이 존경심에서 나온다는 것은 얼마든지 변명이 될 수 있다. 하지만 베드로가 그리스도의 말씀에 전적으로 순종하지 않았기 때문에, 그분을 높여드리고자 하는 그의 바람은 그 선함을 완전히 잃고 만다.

민음의 참 지혜는 하나님에게서 오는 것은 무엇이든지 존경하는 마음으로 옳고 바르다고 인정하고 받아들이는 것이다. 우리는 다른 방식으로 그리스도의 이름을 거룩하게 할 수 없다. 그리스도께서 하시는 일은 무엇이든 가장 좋은 이유에서 행해지는 것이라는 사실을 믿지 않는다면, 본성상 완고한 우리의 육체는 계속해서 불평할 것이고, 강요에 의해서가 아니고서는 그분에게 당연히 돌려드려야 하는 존경을 돌리지 않을 것이다. 한마디로 말해서 누구든지 하나님의 일을 판단할 자유를 포기하지 않는다면, 그가 아무리 하나님을 영화롭게 하려고 애를 쓴다고 하더라도 겸손이라는 가면 아래 늘 교만이 숨겨져 있을 것이다.

내가 너를 씻어주지 아니하면 그리스도의 이 대답에는 왜 그분이 제자들의 발을 씻어주기로 결심하셨는지, 그 목적은 아직 나타나지 않는다. 다만 영혼에서 몸까지 이어지는 비유를 통해, 그리스도께서는 제자들의 발을 씻어주는 행동이 자신에게 이상한 것이 아니며 자신의 역할에 맞지 않는 생소한 것도 아님을 보여주신다. 동시에 그리스도께서는 베드로의 처신이 얼마나 어리석은지를 밝히신다. 주님이 우리와 논쟁하기 시작하실 때마다 이와 동일한 일이 언제나 우리에게도 발생할 것이다. 그리스도께서 침묵하고 계시면, 사람들은 자기들이 그리스도와 다른 의견을 가질 마땅한 권리가 있다고 생각한다. 하지만 그리스도께는 그럴듯한 모든 주장을 말씀 한마디로 논박하시는 것만큼 쉬운 일도 없다.

그리스도께서 자기의 주‡님이며 선생이시기에, 베드로에게는 그분이 자기의 발을 씻으시는 것이 말도 안 되는 일처럼 보였다. 하지만 베드로는 그리스도의 이 섬김을 거절함으로써 자신의 구원의 중요한 요소를 저버리게 된다. 예수님의 이 말씀에는 일반적인 교훈도 담겨 있다. 그리스도가 우리의 허물을 씻어주시기 전까지, 우리는 하나님이 보시기에 모두 타락하고 더러운 존재들이다. 이제 주께서 우리를 씻어주는 일을 하시겠다고 하니, 우리 모두 스스로를 그분께 드려서 더러운 것에서 씻음을 받도록 하자. 그럴 때 우리는 하나님의 자녀가 될 수 있다.

여기서 더 나아가기 전에, 우리는 '씻다'라는 단어의 의미를 이해해야 한다. 이 단어를 은혜로운 죄 용서를 가리킨다고 생각하는 사람들도 있고, 생명의 새로움을 의미한다고 생각하는 사람들도 있다. 또 어떤 사람들은 이 두 견해를 모두 포함한다고 생각한다. 나는 마지막 견해를 받아들인다. 그리스도께서 우리로 하여금 하나님의 심판에 이르지 않게 하려고 자신을 화목제물로 드리심으로써 우리의 죄를 없애주실 때, 그것이 바로 그분이 우리를 씻어주시는 행위이기 때문이다. 다른 한편으로, 그리스도께서 그분의 영으로써 육체의 타락하고 사악한 욕망들을 제거하실 때, 그것 역시 우리를 씻어주시는 행위이다. 하지만 문맥상 그분이 중생의 은혜에 대하여 말씀하고 계시다는 것이 금세 분명해질 것이다. 그러므로 나는 그리스도께서 여기서 죄 사함의 씻음을 포함시켰다고 단정적으로 주장하지는 않는다.

9 주여 내 발뿐 아니라 베드로는 주께서 씻어주시겠다고 한 제안을 받아들이지 않으면 잃어버린 바 되리라는(그분과 상관이 없는 자가 되리라는) 말을 들었다. 그러자 씻음을 받을 필요가 있다는 사실이 결국 베드로를 유순하게 만들 충분한 선생이 되었다. 그래서 베드로는 우기던 것을 그만 포기하고, 온몸을 씻음 받기를 원했다. 사실 그로서는 자신이 본성상 더러움으로 가득 찼다는 것을 인정하고, 그래서 단지 한 부분만 씻는 것은 좋지 않다고 생각했던 것이다.

그러나 여기서도 베드로는 생각 없이 오류를 범하고 있다. 그는 자신이 이미 받은 혜택을 가치 없는 것으로 취급하고 있는 것이다. 베드로는 마치 자신이 아무런 죄 용서도 받지 않았으며 성령의 거룩하게 하심도 전혀 입지 않은 것처럼 말하고 있다. 그러므로 그리스도께서 베드로를 꾸짖으신 것은 정당했다. 그리스도께서는 자신이 일찍이 베드로에게 주신 것을 상기시키신다. 그리고 동시에 한 사람을 통해 모든 제자들에게 말씀하신다. 그들이 이미 받은 은혜를 기억해야 할 뿐만 아니라 미래에 여전히 필요한 것이 무엇인지를 생각해야 한다고 말이다.

먼저 그리스도께서는 모든 신자들이 전적으로 '깨끗하다'고 말씀하신다. 이는 그 속에 어떤 더러움이 남아 있지 않을 만큼 그들이 모든 부분에서 순전하기 때문이 아니다. 죄의 권세가 멸하여지고 하나님의 의義가 지배하게 되었을 때, 그들이 중요한 부분에서 깨끗해졌기 때문이다. 이를테면 우리 몸이 보편적인 어떤 질병에도 감염되지 않아 모두 건강한 것과 같다. 그러므로 우리는 생명의 새로움을 힘입어 그리스도의 제자가 되었다고 선언해야 한다. 그리스도께서 친히 자기 백성을 깨끗하게 하는 권세가 있다고 말씀하시기 때문이다.

베드로가 발 씻는 것을 어리석은 것으로 거절하지 않도록 여기에 또 다른 비유가 적용되었다. 그리스도께서 자신의 제자로 받아주신 사람들을 머리부터 발끝까지 씻어주신 것처럼, 그분이 이미 깨끗하게 씻어주신 사람들은 매일 발을 씻어야 한다. 하나님의 자녀들은 첫날에 전적으로 거듭나서 이제는 하늘에 속한 삶만 사는 것이 아니다. 오히려 그들에게는 육체의 남은 것이 존재하며, 살아가는 동안 계속해서 그것과 싸우게 된다. 그러므로 발은 우리가 세상과 접촉하면서 갖게 되는 모든 정욕과 염려를 가리키는 은유이다. 성령께서 우리의 모든 부분을 차지하신다면 우리는 세상의 더러운 것에 더 이상 아무 관련을 갖지 않을 것이다. 하지만 지금 우리는 세상적인 그 부분 때문에 땅 위에서 움직이고 있으며, 적어도 우리의 발을 진흙탕 속에 빠뜨리고 있다. 그러므로 우리는 어느 정도는 깨끗하지 못한 것이다. 그리스도께서 늘 우리 속에서 깨끗게 하실 어떤 것을 찾아내시는 이유도 바로 이것이다. 더욱이 여기서 논의하고 있는 주제는 죄 사함이 아니라 새롭게 하심이다. 그리스도께서는 그 새롭게 하심을 통해 자신을 따르는 사람들을 점차적이고도 계속적으로 육체의 욕망에서 완전히 구원하신다.

10 너희가 깨끗하나 다는 아니니라 이 명제는 삼단 논법에서 소전제에 해당한다. 그러므로 제자들은 당연히 발을 씻어야 한다는 결론이 내려진다. 하지만 제자들이 모두 스스로를 점검할 수 있도록 한 가지 예외가 덧붙여진다. 유다가 회개의 감정을 갖게 되어 마음이 움직이는 것을 보기 위해서 말이다. 하지만 그리스도께서 이 말씀을 하신 의도는 다른 제자들이 이후에 곧 밝혀질 흉악한 범죄로 인해 걱정하지 않도록 시의 적절하게 그들의 마음을 강하게 하시려는 데 있다. 그러면서도 그분은 가룟 유다에게 회개의 문이 닫히지 않도록 하기 위해서, 깨끗하지 않은 사람이 누구인지 의도적으로 이름을 밝히지 않으셨다. 그러나 유다에게는 가망이 없었기 때문에, 그리스도의 경

고의 말씀은 결과적으로 그의 죄를 한층 무겁게 만들었을 뿐이다. 그러나 다른 제자들에게 그분의 말씀은 커다란 유익이 되었다. 이 말씀으로 말미암아 그리스도의 신성神性이 제자들에게 더욱 충만하게 알려졌으며, 제자들 역시 깨끗함이 성령께서 누구에게나 주시는 은사가 아니라는 것을 알게 되었기 때문이다.

12 그들의 발을 씻으신 후에 옷을 입으시고 다시 앉아 그들에게 이르시되 내가 너희에게 행한 것을 너희가 아느냐 13 너희가 나를 선생이라 또는 주라 하니 너희 말이 옳도다 내가 그러하다 14 내가 주와 또는 선생이 되어 너희 발을 씻었으니 너희도 서로 발을 씻어주는 것이 옳으니라 15 내가 너희에게 행한 것같이 너희도 행하게 하려 하여 본을 보였노라 16 내가 진실로 진실로 너희에게 이르노니 종이 주인보다 크지 못하고 보냄을 받은 자가 보낸 자보다 크지 못하나니 17 너희가 이것을 알고 행하면 복이 있으리라 요 13:12-17

12 그들의 발을 씻으신 후에 마침내 그리스도께서는 제자들의 발을 씻기신 의도를 설명하신다. 그리스도께서 앞에서 불쑥 영적인 씻음에 관하여 말씀하신 것은 본래 그분이 의도하신 바에서 벗어난 언급이기 때문이다. 베드로가 거절하지 않았더라면 그리스도께서는 영적인 씻음에 관한 말씀을 하지 않으셨을 것이다. 이제 그리스도께서는 자신이 하신 행동의 이유를 설명하신다. 즉, 그것은 모든 사람의 선생이며 주인이신 분께서 모든 경건한 사람들이 따라야 할 본을 보여주시기 위함이었다. 아무리 비천하고 보잘것없는 섬김이라 해도, 누구든지 허리를 굽혀 다른 형제와 동료를 섬기는 것을 짐으로 여기지 않도록 하기 위해서 말이다. 형제 사랑이 무시되는 이유는, 모든 사람들이 자신을 매우 높은 위치에 있다고 생각하고 다른 사람들을 멸시하기 때문이다. 그리스도께서는 단순히 겸손을 가르치려 하신 것뿐만 아니라 서

로를 섬겨야 한다는 이 사랑의 규칙을 정해주려 하신 것이다. 이웃을 돕는 일에 자원하여 종이 되지 않는 곳에는 진정한 의미의 사랑이 존재하지 않기 때문이다.

내가 너희에게 행한 것을 너희가 아느냐 그리스도께서는 제자들의 순종을 시험하시기 위하여 잠시 동안 그들에게 자신의 의도를 감추셨다. 그런 다음 적절한 시기에 제자들에게 그들이 이전에는 전혀 알지 못했던 내용을 계시하셨다. 그리스도께서는 제자들이 질문하기를 기다리지 않으시고 자진해서 선수를 치셨다. 미지未知의 길을 걸어갈 때에라도 주님의 손에 우리 자신을 맡긴다면, 우리도 이와 동일한 경험을 하게 될 것이다.

14 내가 주와 또는 선생이 되어 이는 큰 것에서 작은 것을 이끌어내는 논증이다. 교만은 우리 가운데 풍성하게 존재해야 하는 '동등성'을 유지하지 못하도록 방해한다. 하지만 만물 위에 뛰어나신 그리스도께서는, 자기 신분과 지위를 망각하고 형제간의 교제를 하지 않는 교만한 사람들을 부끄럽게 하시려고 친히 낮아지셨다. 형제의 짐을 지려 하지 않고 그들의 관습에 순응하기를 거절하는 자, 간단히 말해서 교회의 통일성을 유지시켜주는 의무를 이행하지 않으려는 자는 도대체 자신을 어떤 존재로 생각하는 것인가? 간단하게 말하자면, 비천해 보이는 일일지라도 친절하고 호의적으로 섬김의 일을 감당함으로써 연약한 형제들과 어울리려고 생각하지 않는 사람은 자신을 지나치게 위대한 존재로 여기는 것이라는 뜻이다.

15 내가 … 본을 보였노라 그리스도께서 본을 보이셨다고 말씀하신 것에 주목할 필요가 있다. 그분의 모든 행동을 무분별하게 따라해야 할 대상으로 취급하는 것은 옳지 않기 때문이다. 교황주의자들은 사순절 금식을 하면서 그리스도의 모범을 따르고 있다고 자랑한다. 그러나 우리는 그리스도께서 금식을 제자들이 본받아야 할 모범으로 제시하신 것인지 아닌지를 먼저 살펴

야 한다. 우리는 성경에서 이런 종류의 규범을 찾을 수가 없다. 그러므로 그리스도께서 행하신 금식을 따라하는 것은 하늘까지 날아가려고 하는 것만큼이나 사악한 것이다.

게다가 교황주의자들은 그리스도를 따라야 할 때에, 그분을 본받기보다는 단지 그분을 흉내낼 뿐이다. 해마다 그들은 연극하듯이 발 씻어주는 의식을 거행한다. 그리고 아무 의미 없는 이 공허한 의식을 수행할 때 자기들이 나름의 의무를 아주 잘 수행하고 있다고 생각하고, 그 후에는 형제자매들을 스스럼없이 멸시한다. 더욱이 교황주의자들이 열두 사람의 발을 씻기는 것은 그리스도의 모든 지체를 잔인하게 고문하는 것이며, 그럼으로써 그리스도 그분의 얼굴에 침을 뱉는 것이다. 이런 의식적儀式的인 코미디는 그리스도를 치욕스럽게 만들고 모독할 뿐이다. 아무튼 여기에서 그리스도께서는, 교회가 해마다 행할 의식을 제정하신 것이 아니라, 우리에게 평생에 걸쳐 우리 형제들의 발을 씻길 준비를 하라고 말씀하시는 것이다.

16 내가 진실로 진실로 너희에게 이르노니 이 말씀은 예수님과 제자들의 현 상황에도 적용되어야 하지만, 훨씬 광범위한 사용이 가능한 관용구이다. 이 말씀을 마치 그리스도께서 지금 제자들에게 십자가를 지라고 권하시는 것처럼 일반화시켜 이해하는 사람들이 있는데, 내 생각에 그들의 생각은 잘못된 것 같다. 여기에서는 그리스도께서 자신이 제자들의 발을 씻기신 목적을 말씀하기 위하여 이 경구를 사용하셨다고 보는 것이 더 정확하다.

17 너희가 이것을 알고 행하면 복이 있으리라 그리스도께서는 그들이 이것을 '알고 행하면' 복이 있을 것이라고 선포하신다. 지식을 통해 신자들이 자기들의 머리이신 그리스도를 따르게 될 때에야 비로소 그 지식은 참되다고 할 수 있기 때문이다. 반대로, 그리스도와 그분에게 속한 것을 우리와 상관없는 것으로 여기는 것은 헛된 상상이다. 이 사실에서 우리는 다음과 같은 결론을 도출해낼 수 있다. 누구든지 자기 형제에게 양보하는 것을 배우지 않으

면, 그는 과연 그리스도가 자기의 선생인지 어떤지 알지 못하는 사람이다.

사실 어느 누구도 자기 형제를 위해 모든 면에서 헌신하지는 않는다. 또한 사랑의 의무를 행하기에 더디고 냉랭한 사람들이 많다. 이러한 사실을 통해 우리는 우리 자신이 믿음의 충만한 빛에서 얼마나 멀리 떨어져 있는지를 알게 된다.

> 18 내가 너희 모두를 가리켜 말하는 것이 아니니라 나는 내가 택한 자들이 누구인지 앎이라 그러나 내 떡을 먹는 자가 내게 발꿈치를 들었다 한 성경을 응하게 하려는 것이니라 19 지금부터 일이 일어나기 전에 미리 너희에게 일러둠은 일이 일어날 때에 내가 그인 줄 너희가 믿게 하려 함이로라 20 내가 진실로 진실로 너희에게 이르노니 내가 보낸 자를 영접하는 자는 나를 영접하는 것이요 나를 영접하는 자는 나를 보내신 이를 영접하는 것이니라 요 13:18-20

18 내가 너희 모두를 가리켜 말하는 것이 아니니라 그리스도께서는 제자들 중에 실제로 제자가 아닌 사람이 있다고 다시금 선언하신다. 이것은 가룟 유다를 염두에 두고 하신 말씀인데, 한편으로는 유다에게 더 이상 변명거리를 주지 않기 위함이고, 다른 한편으로는 유다가 그리스도를 배반하는 것 때문에 다른 제자들이 흔들리지 않도록 하기 위함이다. 그리스도께서는 유다가 유혹에 빠지더라도 제자들은 그들의 소명을 끝까지 지키라고 권면하신다. 또한 그리스도께서는 자신이 언급한 복이 모든 사람에게 일반적으로 임하는 복이 아니기 때문에, 제자들에게 그 복을 더욱 간절히 추구하고 그 안에 좀 더 견고히 머물러 있으라고 말씀하신다.

그리스도께서는 제자들이 끝까지 견딘다는 것을 그들이 택함 받은 증거로 제시하신다. 사람의 능력은 연약하기 그지없는 것이기에, 주께서 그분의 손으로 붙들어주지 않으신다면 미풍 앞에서도 흔들릴 것이고 가벼운 움직임에도 쓰러지고 말 것이다. 그러나 그리스도께서는 자신이 택하신 사람들을 인도하시기 때문에, 사탄이 사용할 수 있는 그 어떤 계략도 제자들이 흔들리지 않고 끝까지 견디는 것을 중단시키지 못한다.

그리스도께서는 인내뿐만 아니라 경건의 시작도 그들이 택함 받았기 때문이라고 생각하신다. 어떤 사람이 다른 사람보다 하나님의 말씀에 더욱 헌신한다면, 그 원인이 어디에 있는가? 그 사람이 선택 받았기 때문이다. 그리고 이 사람이 계속해서 진보를 이룰 수 있는 원인은 어디에 있는가? 하나님의 목적이 확고부동하여, 그분의 손으로 시작하신 일을 친히 완성하시기 때문이 아니겠는가? 한마디로 하나님의 자녀와 불신자를 구별하는 근원은, 하나님의 자녀는 양자養子의 영靈에 의하여 구원으로 인도되는 반면, 불신자들은 어떠한 제재도 받지 않는 육신에 의해 파멸로 나아간다는 것이다. 그렇지 않다면 그리스도는 "나는 너희 각 사람이 어떤 사람이 될 것인지를 안다"라고 말씀하셨을 것이다. 하지만 그리스도께서는 제자들 앞에 그들의 구원의 근거가 되는 '거저 주시는 선택'을 제시하신다. 제자들이 그 어느 것도 자기들의 당연한 권리라고 요구하지 않도록 하기 위해서, 아니 반대로 자기들의 선행 때문이 아니라 오직 은혜 때문에 유다와 다르다는 것을 인정하도록 하기 위해서 말이다. 그러므로 우리 구원의 모든 부분이 선택에 의거하고 있음을 배우도록 하자.

그리스도께서는 다른 곳(요 6:70)에서 가룟 유다를 택함 받은 사람들의 수에 포함시키시는데, 그 표현은 지금 우리가 말하는 것과 다르긴 해도 모순되는 것은 아니다. 거기서는 잠정적인 선택(temporal election)의 의미, 즉 하나님께서 어떤 특정한 일을 하도록 우리를 일시적으로 지명하신다는 의미로 택함이 언급되었기 때문이다. 사울처럼 말이다. 사울은 택함을 받은 왕이었지만 하나님에게서 버림을 받았다. 그런데 여기 본문에서는 그리스도께서 우리가 하나님의 자녀가 되는 영원한 선택에 대하여 말씀하신다. 영원한 선택은 하나님께서 세상 창조 이전에 우리에게 생명을 주기로 미리 정하신 선택이다. 사실 버림을 받은 사람들이 때로는 하나님께서 그들에게 부여하신 직책을 수행하도록 성령의 은사를 부여 받기도 한다. 그래서 사울에게 왕으로서의 품성이 잠시 동안 빛을 발한 것이고, 유다 역시 그리스도의 사도에 어울리는 탁월한 은사로 구별된 것이다.

하지만 이것은 주께서 하나님의 자녀들에게만 부여하셔서 그들을 영예롭게 하는 성령의 거룩하게 하심과는 철저하게 구별된다. 하나님께서는 자녀들을 그분이 보시기에 거룩하고 흠이 없게 하시려고 그들의 마음과 생각을 새롭게 하신다. 뿐만 아니라 그 거룩하게 하심에는 제거될 수 없는 깊은 뿌리가 있다. 하나님께서 자녀들을 양자 삼으신 것을 후회하지 않으시기 때문이다. 한편, 우리가 그리스도의 가르침을 믿음으로 받아들이고 나서 우리 삶에서 그 교훈을 따를 때, 양자 됨이 하나님의 선택의 선물이라는 것이 확정된다. 또한 우리를 멸망당하는 자들과 구별해주는 양자 됨이 우리 행복의 유일한 원인이라는 것도 분명해진다. 멸망당하기로 작정된 사람들은 성령의 은혜를 받지 않았기 때문에 비참하게 소멸될 것이다. 그러나 우리에게는 우리의 보호자이신 그리스도가 계신다. 그분은 우리를 그분의 손으로 인도하시며 그분의 능력으로 붙드신다.

더욱이 그리스도께서는 여기에서 자신의 신성神性에 대하여 분명한 증거를 제시하신다. 첫 번째 증거는 그분이 인간적인 방법으로 심판을 하지 않는다고 선포하신 것이다. 두 번째 증거는 자신을 선택하는 분으로 묘사하신 것이다. 그리스도께서 "내가 앎이라"라고 말씀하실 때, 그분이 말씀하시는 지식은 하나님에게만 고유하게 해당하는 지식이다. 그러나 두 번째 증거가 좀 더 강력하다. 그리스도께서 세상이 창조되기 이전에 택함 받은 사람들을 자신이 친히 택하셨다고 증언하시기 때문이다. 그리스도의 신적神的인 능력에 대한 이처럼 놀라운 증거는, 성경에서 그리스도를 하나님으로 수백 번 언급한 것보다 더 깊게 우리에게 영향을 끼친다.

성경을 응하게 하려는 것이니라 참 경건을 소유하지 못한 사람이 이처럼 영예로운 자리로 택함을 받았어야 한다는 것은 적절하지 않은 것처럼 보인다. 우리는 다음과 같은 질문을 던짐으로써 쉽게 이의를 제기할 수 있을 것이다. 그리스도께서 사도로 받아들인 사람을 택한 사람으로 삼지 않으신 이유는 무엇인가? 그리스도께서는 그가 이처럼 사악하게 되리라는 것을 아셨으면서도 그를 사도로 임명하신 이유가 무엇인가? 그리스도께서는 이런 일이 일어나야 하는 것은, 그렇게 되도록 예언되었기 때문이라고 말씀하신다. 적어도 이런 일은 전혀 새로운 것이 아니다. 다윗도 동일한 일을 경험했기 때문이다. 어떤 사람들은 그리스도께서 인용하신 예언이 그분에게 적합한 예언이었다고 생각한다. 그러나 어떤 사람들에게는 이 예언이 단순한 비교로 받아들여진다. 즉, 다윗이 자기 집에서 원수에 의해 배신을 당했듯이 하나님의 아들 앞에도 이와 비슷한 상황이 기다리고 있었다는 것이다. 후자의 생각에 따르면, 그리스도의 말씀의 의미는 다음과 같을 것이다.

"내 제자들 가운데 한 사람이 사악하게 자기 스승을 배반한다는 사실은 세상에 처음 있는 일이 아니다. 오히려 성경에서 예전에도 발생했다고 말하는 일을 우리가 지금 경험하는 것이다."

그러나 나는 이것을 다윗이 예언의 영으로 예언한 내용(시 41:9)의 성취라고 단정적으로 설명한 전자의 의견에 동의한다. 왜냐하면 다윗에게서는 이후에 그리스도 안에서 좀 더 분명하게 나타날 일이 막연히 그려졌기 때문이다. 본문의 문장이 온전한 문장이 아니라서 주동사를 보충할 필요가 있다고 생각하는 사람들이 있다. 하지만 독자들이 본문을 끊지 않고 읽는다면, 본문에는 탈락된 것이 아무것도 없음을 알 수 있을 것이다(영어로 번역된 칼빈 주석에 나오는 문장은 다음과 같다. "That the Scripture may be fulfilled, he that eateth my bread lifted up his heel against me." - 역자 주).

내게 발꿈치를 들었다 이 표현은 우정을 가장(假裝)하여 눈치 채지 못하게 어떤 사람을 공격해 그가 방심하고 있는 사이에 유익을 얻는다는 의미의 비유이다. 우리의 머리이며 귀감이신 그리스도께서 당하신 것을 그분의 지체인 우리는 인내로써 견뎌야 한다. 자기 집안에 가장 위험한 적이 있다는 것은 거의 모든 시대에 교회 안에서 늘 발생했다. 그러므로 신자들이 이처럼 부끄러운 일로 난처해지지 않도록 상황이 좋을 때 배신자들을 참는 일에 익숙할 필요가 있다.

19 일이 일어나기 전에 미리 너희에게 일러둠은 여기서 그리스도께서는, 멸망할 자가 제자들의 공동체를 떠나는 것이 그들이 낙심해야 할 이유가 결코 될 수 없음을 말씀하신다. 오히려 그 사건은 제자들의 믿음을 확증하는 기회가 되어야 한다. 만일 우리가 교회의 고민과 갈등에 관하여 예언된 내용을 교회 안에서 우리 눈으로 직접 보지 않는다면, 우리 마음속에 "이런 일이 발생하리라는 예언이 어디에 있는가?"라는 의문이 일어날 것이다. 하지만 성경의 진리가 우리의 경험과 일치할 때, 하나님이 우리를 돌보시며 우리가 그분의 섭리로 인도 받는다는 것을 좀 더 분명하게 인식한다.

내가 그인 줄 너희가 믿게 하려 함이로라 그리스도께서는 이 말씀을 통해 자신이 약속된 메시아이심을 밝히신다. 유다의 배반으로 제자들이 예수님을 그리스도로 믿는 믿음을 갖게 되기 때문이 아니라, 제자들이 이전에 그리스도의 입으로 들은 것을 직접 경험하게 될 때, 그들의 믿음이 더 큰 진보를 이루게 되기 때문이다. 이제, 이 구절은 다음 두 가지로 설명될 수 있다. 즉, 그리스도께서 모든 사실을 알고 계셨기 때문에 혹은 성경이 그리스도에 관하여 증언하는 모든 내용 중에 그분에게 결여된 것이 하나도 없기 때문에, 제자들이 그 사건이 일어난 이후에 그분을 메시아로 믿을 것이라는 의미이다. 두 해석 모두 같은 내용이므로, 나는 둘 중에 어느 하나를 선택하는 재량권을 독자들에게 주고 싶다.

20 내가 진실로 진실로 너희에게 이르노니 이 어구는 요한이 어중간하고 불완전하기는 하지만 새로운 이야기를 시작하는 표현일 수 있다. 아니면 그리스도께서 유다의 범죄로 인하여 발생하게 될 걸림돌을 미리 막으시는

것으로 이해할 수도 있다. 복음서 기자들이 그리스도의 여러 말씀들을 늘 시간 순서로 연결했던 것은 아니다. 때로 그들은 단편적인 다양한 주장들을 모으기도 했다. 하지만 여기서 그리스도께서는 실족게 하는 이 행위에 대비하기 원하셨을 가능성이 더 많다. 우리가 나쁜 예들을 통해 쉽게 상처를 받는다는 것은 너무도 분명하다. 그래서 한 사람의 잘못으로 이백 명의 다른 사람들이 치명적인 상처를 입고 믿음을 잃게 되는 반면, 경건한 사람 십여 명의 견고함으로 한 사람이 세움을 입는 일은 거의 발생하지 않는다. 그리스도께서 이와 같은 극악무도한 행위를 제자들 앞에 제시하셨을 때, 그들이 이 새로운 소식으로 충격을 받아 뒷걸음치지 않도록 그분의 손을 그들을 향해 펼치셔야 했던 이유가 바로 이것이다. 그러나 그리스도께서는 제자들만이 아니라 이후에 올 사람들도 염두에 두셨다. 그렇지 않았다면 오늘날 우리는 유다를 떠올리면서 심한 상처를 받았을 것이다. 마귀는, 우리로 하여금 그리스도의 교훈을 싫어하게 함으로써 우리를 그리스도에게서 멀어지게 만드는 데 실패하면, 사역자들에 대한 권태나 멸시를 불러일으킨다.

그리스도의 이 권면은, 자기들의 지위를 이용하여 꼴사납고 사악한 행동을 하는 사람의 불경건함 때문에 사도의 품위가 손상되어야 한다는 것은 얼토당토않음을 보여준다. 그 이유는 이렇다. 우리는 마땅히 사역을 맡기신 하나님을 생각해야 한다. 그분에게는 멸시할 만한 것을 발견할 수가 없다. 그후에 우리는 그리스도를 깊이 생각해봐야 한다. 그분은 아버지로부터 유일한 교사로 임명을 받으신 분이며, 자신의 사도들을 통하여 우리에게 말씀하신다. 그러므로 복음의 사역자들을 영접하지 않는 사람은 그들 안에 계시는 그리스도를 영접하지 않는 것이며, 그리스도를 영접하지 않는 사람은 그리스도 안에 계시는 하나님을 영접하지 않는 것이다.

자신들의 폭정을 수립하기 위하여 이 말씀을 자기들을 칭송하는 내용으로 둔갑시킨 교황주의자들은 어리석고 얼빠진 사람들이다.

첫째, 교황주의자들은 남에게서 빌려온 이상야릇한 깃털로 자기들을 화려하게 꾸미는데, 그 깃털은 그리스도의 사도들과는 아무런 관련 없는 것들이다.

둘째, 교황주의자들을 사도들로 인정한다 하더라도, 그리스도께서 자신의 권리를 사람들에게 넘겨준다는 것은 주님이 이 본문에서 의도하신 바가 결코 아니다. 그리스도께서 보낸 사람들을 영접하는 것은, 그들로 하여금 그들이 맡은 직책을 완수할 수 있게 배려한다는 것 외에 다른 무슨 뜻이겠는가?

21 예수께서 이 말씀을 하시고 심령이 괴로워 증언하여 이르시되 내가 진실로 진실로 너희에게 이르노니 너희 중 하나가 나를 팔리라 하시니 22 제자들이 서로 보며 누구에게 대하여 말씀하시는지 의심하더라 23 예수의 제자 중 하나 곧 그가 사랑하시는 자가 예수의 품에 의지하여 누웠는지라 24 시몬 베드로가 머릿짓을 하여 말하되 말씀하신 자가 누구인지 말하라 하니 25 그가 예수의 가슴에 그대로 의지하여 말하되 주여 누구니이까 26 예수께서 대답하시되 내가 떡 한 조각을 적셔다 주는 자가 그니라 하시고 곧 한 조각을 적셔서 가룻 시몬의 아들 유다에게 주시니 27 조각을 받은 후 곧 사탄이 그 속에 들어간지라 이에 예수께서 유다에게 이르시되 네가 하는 일을 속히 하라 하시니 28 이 말씀을 무슨 뜻으로 하셨는지 그 앉은 자 중에 아는 자가 없고 29 어떤 이들은 유다가 돈궤를 맡았으므로 명절에 우리가 쓸 물건을 사라 하시는지 혹은 가난한 자들에게 무엇을 주라 하시는 줄로 생각하더라 요 13:21-29

21 예수께서 이 말씀을 하시고 사도직은 거룩하고 탁월한 것이기 때문에, 유다의 배신은 더더욱 비열하고 혐오스러운 것이 되었다. 그리스도께서 한 사람의 터무니없는 사악함으로 인하여 하나님의 엄위가 나타나야 하는 거룩한 질서(sacrum ordinem)가 오염되고 있는 것을 보셨을 때, 그 극악무도한 행위 때문에 그분조차도 공포에 질리셨다. 요한복음 기자가 '증언하여'라는 단어를 덧붙인 것도 동일한 이유에서이다. 즉, 그 일이 너무도 극악무도하여 처음에 그 말을 그냥 들어서는 도무지 믿기지 않았다는 의미이다.

심령이 괴로워 요한은 그리스도께서 성령 안에서(한글 개역개정성경에 '심령이'로 해석된 단어를 칼빈은 '영 안에서'로 이해한다 - 역자 주) 괴로워하셨다고 말한다. 이는 그리스도께서 단지 그분의 얼굴과 목소리에서 괴로워하는 모습을 나타내신 것이 아니라 마음 깊은 곳에서 움직임이 있었다는 것을 우리로 알게 하기 위함이다.

영spirit은 여기에서 '마음' 또는 '영혼'을 의미한다. 나는 이 단어를 마치 그리스도께서 성령의 강력한 충동을 받아 이런 말씀을 하신 것처럼 해석하는 사람들의 견해에 동의하지는 않는다. 물론 그리스도의 모든 감정이 성령의 인도를 받으셨다는 것은 기꺼이 인정하지만, 요한은 이와는 다른 의미로 이 말을 사용했다. 즉, 그리스도의 고난은 내적內的인 것이며 가식적假飾的인 것이 아니었다는 의미이다. 우리가 이 사실을 아는 것은 매우 중요하다. 그리스도께서는 우리가 그분의 열정을 본받아, 하나님과 그분 교회의 거룩한 질서를 전복하는 이 극악무도한 행위들로 인하여 깊은 분노를 느끼기를 원하시기 때문이다.

22 제자들이 서로 보며 자기들 안에서 아무런 악함도 의식하지 못하는 사람들은 그리스도의 말씀을 듣고 불안해했다. 악한 생각을 갖고 있던 유다만이 너무도 무감각하여 전혀 마음의 동요가 없었다. 그리스도께서는 제자들 사이에 큰 권위를 가지고 계셨기 때문에, 제자들은 그분이 결코 생각 없이 말씀하시지 않는다고 강하게 확신했다. 하지만 사탄은 유다의 마음에서 모든 존경심을 다 빼앗아 갔다. 결국 유다의 마음은 돌보다 더 단단해져서, 그리스도께서 하신 모든 충고를 거절했다. 그리스도께서 잠시 죄 없는 사람들의 마음을 아프게 하신 것처럼 보이지만, 이와 같은 근심은 제자들에게 유익한 것이었으며 그리스도께서는 그들에게 아무런 해도 가하지 않으셨다. 하나님의 자녀가 불경건한 사람들 위에 하나님의 심판이 내려진다는 소식을 들을 때, 하나님의 자녀들 역시 마음에 고통을 받고 스스로를 살펴서 외식하지 않도록 주의하는 것은 적절한 일이다. 이런 일을 계기로 그들이 자신과 자신의 삶을 점검할 수 있는 기회를 얻기 때문이다.

본문이 우리에게 교훈하는 바가 또 한 가지 있는데, 그것은 하나님께서 그분의 손으로 불경건한 사람들을 빛으로 이끌어내시기까지 우리는 그들을 즉시 정죄해서는 안 된다는 사실이다. 교회 안에 우리가 절대로 속여서는 안 되는 은밀한 질병들이 있지만, 관련된 자들 속에 있는 사악함은 공개적으로 폭로될 수 있을 만큼 무르익지는 않은 경우가 자주 있기 때문이다. 이런 경우에 우리는 중도中道를 지켜야 한다.

23 그가 사랑하시는 자 그리스도께서는 사도 요한에게 특별한 사랑을 베푸셨다. 이는 우리가 어떤 사람을 다른 사람보다 더 사랑하는 것이 항상 '그리스도인의 사랑'caritas과 부합하지 않다고는 말할 수 없음을 입증해준다. 하지만 모든 것은 우리의 사랑이 하나님을 향하고 있는지, 그리고 자기가 하나님의 은사를 받은 것에 비례하여 모든 사람을 더 많이 사랑하고 있는지에 달려 있다. 그리스도께서는 이 목적에서 조금도 벗어나지 않으셨다. 하지만 우리에게 이것은 매우 다른 문제이다. 우리의 마음은 아주 보잘것없어서, 사람을 사랑하면서 하나님께 더 가까이 나아가는 사람은 거의 없기 때문이다. 사람들이 서로 사랑하는 것은, 그 사랑이 하나님을 향하지 않는 한 절대로 올바른 모습을 갖출 수가 없다.

예수의 품에 의지하여 요한복음 기자가 여기서 사도 요한이 예수님의 품에 '의지하여'(기대어)라고 묘사한 것은 요즘 시대에는 적절하지 않은 행동같이 보인다. 하지만 이 자세는 예수님 당대 사람들이 식사할 때 취하던 일상적인 자세이다. 그 시대 사람들은 요즘처럼 식탁에 앉아 식사하지 않고, 신발을 벗은 후에 반쯤 누워 긴 의자에 기댄 자세로 식사했다.

26 내가 떡 한 조각을 적셔다 주는 자가 그니라 그리스도께서 그 사람이 누구인지 알기를 원하셨다면 공개적으로 그의 이름을 부르실 수도 있었을 텐데, 배반자에게 떡 한 조각을 적셔다 주신 이유가 무엇인지를 물을 수

있을 것이다. 나는 그것이 오직 한 사람에게만 배반자가 유다임을 알게 하고, 아직은 제자들에게 다 공개하지 않으려는 표시였다고 대답하겠다. 하지만 요한이 적절한 때에 다른 사람들에게 그 사실을 알릴 수 있도록, 그에게 그것을 증언하는 것은 유용했다. 그리스도께서는 유다의 정체를 밝히는 것을 의도적으로 미루셨다. 위선자들이 드러나지 않고 있을 때, 그들이 빛 앞으로 끌어내지기까지 우리가 좀 더 인내를 가지고 기다릴 수 있도록 하기 위해서 말이다. 우리는, 유다가 다른 제자들과 함께 앉아 있지만 심판자께서 그를 정죄하시는 것을 본다. 하나님의 자녀들 가운데 자리를 차지하고 있는 사람들이라고 해서 이보다 나을 것이 아무것도 없다.

27 사탄이 그 속에 들어간지라 유다가 이와 같은 범죄를 구상한 것으로 보아 그가 사탄의 사주를 받았다는 것은 확실하다. 그런데 왜 지금에 와서야 사탄이 유다에게 들어갔다고 말하는가? 유다가 이미 마음속에 이런 생각을 품고 있었는데도 말이다. 이전에 소유하고 있던 믿음이 좀 더 충분하게 견고해졌을 때 믿게 되었다고 말하고 또 신앙이 자랐을 때 신앙을 갖게 되었다고 말하는 것처럼, 여기서 유다가 전적으로 사탄에게 내어준 바 되고 격렬한 충동에 사로잡혀 극단으로 나아갔을 때 사탄이 그 속에 들어갔다고 표현한 것이다.

성도들이 점차적으로 믿음의 진보를 보이고 그것에 비례하여 그들에게 새로운 은사들이 더 많이 주어질 때 성령으로 충만하다고 말하듯이, 불경건한 사람들이 배은망덕한 태도로 하나님의 진노를 촉발시키는 것에 비례해서 주님은 그들에게서 하나님의 영과 이성의 빛과 모든 인간적인 감정을 빼앗고 그들을 사탄에게 넘겨주신다. 사람들을 상실한 마음 그대로 내버려두는 것은 하나님의 두려운 심판이다. 그럴 경우, 그들은 야수野獸와 다를 것이 하나도 없다. 아니, 그보다 더하다고 할 수 있다. 그들은 야수들이라도 움츠리는 온갖 악을 향하여 돌진하니 말이다. 그러므로 우리는 주님을 경외하며 조심스럽게 행해야 한다. 만일 우리가 악을 행함으로 하나님의 선하심을 압도한다면, 하나님께서는 마침내 우리를 사탄에 넘겨주실 것이다.

그리스도께서 떡 한 조각을 유다에게 주심으로써 사탄에게 자리를 내주신 것은 아니다. 오히려 유다가 그 떡을 받았을 때 자신을 전적으로 사탄에게 내준 것이다. 떡 한 조각을 준 것은 원인이 아니라 계기가 된 것뿐이다. 철보다 더 단단한 유다의 마음은 그리스도의 호의로 부드럽게 되었어야 했지만, 그렇지 못했다. 그래서 유다의 구제 불능의 가망 없는 완악함 때문에, 하나님께서는 의로운 심판의 일환으로 사탄에 의해 유다의 마음을 더욱 완악하게 하실 수밖에 없었다. 우리가 우리 원수들에게 호의를 베풀어 숯불을 그들의 머리에 쌓을 때(롬 12:20), 그 원수들이 치료가 불가능한 사람들이라면 오히려 그들은 불에 타서 멸망하고 말 것이다. 우리가 원수들에게 친절을 베푸는 것 자체는 비난의 대상이 아니다. 그들의 마음은 그 사랑에 영향을 받아 우리를 사랑했어야 했다.

어거스틴은 예수께서 떡 한 조각을 유다에게 주신 것이 그리스도의 몸을 가리키는 상징이라고 생각했는데, 이것은 분명히 잘못 생각한 것이다. 그 떡은 성만찬 의식과 상관없이 유다에게 건네진 것이기 때문이다. 더욱이 마귀가 본질적인 면에서essentially 유다에게 들어갔다고 상상하는 사람들의 생각은 어처구니가 없다. 요한복음 기자는 단지 마귀의 능력과 효력에 대해 언급하고 있을 뿐이다. 이 예를 통해서 우리는, 주님의 선물을 남용함으로써 그것을 모독하는 모든 사람들을 기다리고 있는 두려운 심판에 대해 경고를 받는다.

네가 하는 일을 속히 하라 그리스도께서 이 말씀을 하심으로써 유다에게 압박을 가했다고 간주할 수는 없다. 이것은 오히려 멸시의 말이라고 할 수 있다. 지금까지 그리스도께서는 다양한 방법으로 유다의 마음을 돌이키려 하셨지만 소용이 없었다. 이제 그분은 유다를 소망이 없는 사람으로 생각하고 말씀하신다.

"너는 멸망하기로 정해진 사람이다. 그러니 망해라."

그리고 그리스도께서는 이 말씀으로써 심판자의 직분을 실행하신다. 그러나 그분은 다른 사람들을 파멸에 이르게 하고 싶어서 그들에게 사형선고를 내리시는 심판자가 아니라, 이미 자기들의 잘못으로 파멸에 이르게 된 사람들을 심판하는 분이시다. 한마디로 말해서, 그리스도께서는 유다에게 멸망의 필요성을 부여하신 것이 아니라 사실 유다가 오랫동안 어떤 상태에 있었는지를 단언하신 것이다.

28 그 앉은 자 중에 아는 자가 없고 요한이 그리스도에게서 들은 것을 다른 제자들에게 말해주지 않았을 수도 있고, 아니면 제자들이 이 소식을 듣고는 충격을 받아 정신이 없었을 수도 있다. 사실 요한 자신은 거의 제정신이 아니었을 것이다. 하지만 당시 제자들에게 일어났던 이 현상이 교회 안에서 일어나는 것을 종종 목도할 수 있다. 주께서 분명한 목소리로 정죄하시는 위선자들을 분별하는 신자들은 거의 없다.

29 혹은 가난한 자들에게 무엇을 주라 하시는 줄로 생각하더라 그리스도께서 극도로 가난하셨다는 것은 다른 본문을 통해 잘 알려져 있다. 하지만 그리스도께서는 없는 중에서도 가난한 사람들에게 무엇인가를 주셨다. 우리에게 하나의 규범이 되도록 하기 위해서 말이다. 가난한 사람들을 돕는 것이 하나의 관례가 되어 오지 않았다면, 사도들은 그리스도께서 가난한 사람들에 관하여 말씀하신다고 생각하지 못했을 것이다.

30 유다가 그 조각을 받고 곧 나가니 밤이러라 31 그가 나간 후에 예수께서 이르시되 지금 인자가 영광을 받았고 하나님도 인자로 말미암아 영광을 받으셨도다 32 만일 하나님이 그로 말미암아 영광을 받으셨으면 하나님도 자기로 말미암아 그에게 영광을 주시리니 곧 주시리라 33 작은 자들아 내가 아직 잠시 너희와 함께 있겠노라 너희가 나를 찾을 것이나 일찍이 내가 유대인들에게 너희는 내가 가는 곳에 올 수 없다고 말한 것과 같이 지금 너희에게도 이르노라 34 새 계명을 너희에게 주노니 서로 사랑하라 내가 너희를

사랑한 것같이 너희도 서로 사랑하라 35 너희가 서로 사랑하면 이로써 모든 사람이 너

희가 내 제자인 줄 알리라 요 13:30-35

31 지금 인자가 영광을 받았고 마지막 때가 다가왔다. 그리스도께서는 제자들의 마음이 얼마나 약한지를 아셨다. 그래서 제자들이 넘어지지 않도록 가능한 한 모든 방법을 동원해 그들을 돕고 싶으셨다. 심지어 오늘날에도 우리는 그리스도의 십자가를 생각하면서 몸서리를 친다. 십자가 위에서 그리스도께서 승리하셨고, 사탄과 죄와 사망을 이기셨다는 내용으로 위안을 받지 않는다면 말이다. 주께서 곧 십자가를 지시고 온갖 종류의 모욕을 받으시는 것을 볼 때 제자들은 어떤 반응을 보이겠는가? 이처럼 슬프고 추악한 광경을 보면 그들은 수백 번도 더 당황하지 않겠는가? 그러므로 그리스도께서는 이러한 위난危難에 대해 미리 조치를 강구하시면서, 제자들에게 자신의 죽음의 외적인 면에서 시선을 돌려 그 영적인 열매를 바라보게 하신다. 신자들을 당황스럽게 만드는 어떤 치욕이 십자가에 나타나든지 간에, 그리스도께서는 바로 이 십자가가 자신에게는 영광스러운 것임을 증언하신다.

하나님도 인자로 말미암아 영광을 받으셨도다 바로 연이어 등장하는 이 어구는 그리스도께서 영광을 받으셨음을 재확인하기 위해 언급된 것이다. 인자人子의 영광이, 인간적으로 치욕스럽고 심지어 하나님 앞에서도 저주받은 죽음에서 나온다는 것은 역설逆說이기 때문이다. 그래서 그리스도께서는 자신이 어떻게 그와 같은 죽음에서 영광을 얻을 것인지 보여주신다. 그것은 그리스도께서 십자가를 통해 하나님 아버지를 영화롭게 하시기 때문이다. 휘황찬란한 극장에서처럼 그리스도의 십자가에서 하나님의 비교할 수 없는 선하심이 온 세상 앞에 나타나는 것이다. 물론 하나님의 영광이 하늘과 땅에 있는 모든 피조물에서 나타나는 것은 사실이다. 하지만 그 영광은 십자가에서 가장 찬란하게 나타났으며, 십자가에서 놀라운 **변화**(admirabilis rerum conversio)가 발생했다. 이를테면 모든 사람들이 정죄 받았음이 드러났고, 죄가 씻어졌으며, 사람들에게 구원이 회복되었다. 한마디로 말해서 온 세상은 새롭게 되었으며 만물은 원래의 모습으로 회복되었던 것이다.

비록 전치사 '말미암아'in가 종종 히브리어 '베'be라는 말 대신 사용되고 그럴 경우 '통하여'라는 전치사와 동일한 의미를 갖지만, 나는 이 구절을 "하나님께서 인자 안에서 영광을 받으셨다"(God is glorified in the Son of man)라고 번역하기를 더 좋아한다. 이 번역이 이 구절의 의미를 좀 더 강조하기 때문이다.

그리스도께서 "지금 인자가 영광을 받았고 하나님도 인자로 말미암아 영광을 받으셨도다"라고 말씀하실 때, 내 생각에는 접속사 '그리고'and는 '원인을 가리키는 말'for로 이해해야 할 것 같다.

32 만일 하나님이 그로 말미암아 영광을 받으셨으면 그리스도께서는 자신의 죽음으로써 영광스러운 승리를 쟁취할 것이라고 결론을 내리신다. 그분이 죽음을 통해 이루시려는 유일한 목표는 아버지를 영화롭게 하는 것이기 때문이다. 또한 아버지께서도 자신이 누리는 영광에 아들을 참여하게 하지 않고는 아들의 죽음에서 영광을 얻으려 하지 않으셨다. 그러므로 그리스도께서는 자신이 잠시 겪게 될 치욕이 씻어지면 자신의 죽음에서 장대한 영광이 빛날 것을 약속하신다. 그리고 이것은 이루어졌다. 그리스도께서 겪으신 십자가의 죽음은 그분의 영예를 가리기는커녕, 오히려 반대로 바로 그곳에서 그분의 가장 찬란한 영광이 빛나기 때문이다. 그리스도의 죽음에서 사람들을 향한 그분의 엄청난 사랑과, 죄를 사하고 하나님의 진노를 만족시키는 무한한 의義와, 죽음을 정복하고 사탄을 복종시키고 하늘 문을 여신 그분의 놀라운 능력이 가장 찬란하게 빛났던 것이다. 이 진리는 이제 우리 모두에게도 확장된다. 비록 온 세상이 우리를 욕되게 하려고 공모하더라도, 만일 우리가 하나님의 영광을 드높이기 위해 성실히 그리고 정직하게 노력한다면, 하나님 편에서 그분이 친히 우리를 영화롭게 하실 것을 확신해야 한다.

그에게 영광을 주시리니 곧 주시리라 이 일이 '곧' 발생하리라 약속
하실 때, 그리스도께서는 시간이 짧다는 것을 언급하심으로 제자들을 더욱
위로하신다. 이 영광은 그리스도께서 부활하신 날에 시작되었지만, 여기에
서 주님은 특별히 곧바로 이어지는 그 영광의 확장에 대해 말씀하신다. 즉,
복음과 그분의 영의 능력으로 죽은 자들을 일으키심으로써 자신을 위하여
새로운 백성을 창조하신 그 영광의 확장 말이다. 그리스도의 죽음이 특별히
갖고 있는 영광은 사람들을 구원에 이르게 하려고 죽음에서 나온 열매이기
때문이다.

33 작은 자들아 내가 아직 잠시 제자들이 그들의 선생이 떠나신다는 소
식을 듣고 깊은 근심에 빠져 있었기 때문에, 그리스도께서는 자신이 더 이상
그들과 함께 있지 못할 것이라고 적절한 때에 말씀하시면서, 동시에 그들에
게 인내하라고 권하신다. 마지막으로, 제자들이 예수님을 따라간다면서 미숙
한 열정을 보일까봐 그리스도께서는 지금은 그들이 자신을 따를 수 없다고
말씀하신다. 그리스도께서는 제자들을 애정이 담긴 호칭인 "작은 자들아"라
고 부르시면서, 자신이 그들의 구원을 등한히 여기기 때문에 그들을 버리고
떠나는 것이 아니라고 가르치신다. 그리스도께서는 그들을 무척 사랑하신
다. 그리스도께서 육체를 입으신 것이 우리의 형제가 되기 위함이라는 것은
사실이다. 그러나 이처럼 다른 이름을 사용함으로써 그분은 자신의 사랑이
얼마나 열렬한지 더욱 강하게 표현하신 것이다.

내가 유대인들에게 … 말한 것과 같이 그리스도께서 일찍이 유대인
들에게 말했던 내용을 제자들에게 거듭 말씀하신다고 하실 때, 그 사용한 언
어는 같지만 의미는 서로 달랐다. 그리스도께서 제자들이 지금 그분을 따를
수 없다고 선포하신 것은, 그들로 하여금 그분이 잠시 세상에 계시지 않은 것
을 인내로써 참아내도록 하기 위함이다. 말하자면, 그리스도께서는 제자들이
이 땅에서의 싸움을 마치기까지는 자기들의 직분을 여전히 수행해야 한다고

말씀하시며 그들을 제지시키시는 것이다. 그러므로 그리스도께서는 제자들을 유대인들처럼 영원토록 하나님의 나라에서 배제시키는 것이 아니라, 단지 그분이 천국에서 그들을 자신에게로 모으실 때까지 조용히 기다리라고 말씀하시는 것뿐이다.

34 새 계명을 너희에게 주노니 그리스도께서는 위로의 말씀을 하신 후에 서로 사랑하라는 권면의 말씀을 덧붙이신다. 그리스도의 말씀의 의미는 이것이다.

"내가 잠시 몸으로 너희를 떠나가 있는 동안, 너희는 서로 사랑함으로써 너희가 사람에게 헛되이 가르침을 받지 않았다는 것을 증언하라. 이것이 너희가 계속해서 해야 할 과제이며 우선적으로 묵상해야 할 내용이다."

그리스도께서 왜 이것을 '새 계명'이라고 칭하셨는지에 대해서는 사람들 사이에 의견이 일치하지 않는다. 율법에서 사랑에 관하여 명령한 것은 모두 문자적이고 외적인 계명인데 반해, 그리스도께서는 자신의 영靈으로 이 계명을 신자들의 마음에 새겨넣으셨기 때문에 그런 것이라고 설명하는 사람들이 있다. 이들에 따르면, 그리스도께서 율법이 아주 힘 있는 것이 될 수 있도록 새로운 방법으로 공포하셨기 때문에 그것이 새로운 계명인 것이다. 하지만 내 생각에 이것은 너무 억지스럽고 그리스도께서 의도하신 바와 거리가 먼 것 같다.

율법이 우리에게 사랑하라고 촉구하지만 거기서 나오는 사랑의 교훈은 너무도 많은 의식儀式과 부가 사항들로 가려져 있어서 사랑의 계명이 썩 분명하게 나타나지 않는 반면, 복음 안에서는 사랑의 완성이 어떤 그림자도 없이 명료하게 제시되었기 때문이라고 설명하는 사람들도 있다. 나는 이 해석을 배제하지는 않지만 그리스도께서 말씀하신 의미를 좀 더 단순하게 생각한다. 법이라는 것이 처음에는 좀 더 조심스럽게 지켜지다가 점차적으로 사람들의 생각에서 잊혀지면서 마침내 쓸모없게 되는 경우가 많다. 그러므로 그리스도께서는 사랑의 계명을 제자들의 마음에 더 잘 각인시키기 위해 이것을 새 계명이라고 말씀하신 것이다. 그리스도께서는 이렇게 말씀하시는 것 같다.

"나는 너희가 이 계명을 늘 기억하기를 바란다. 마치 이 계명이 최근에 만들어진 율법인 것처럼 말이다."

요컨대, 그리스도께서 이 말씀을 하신 목적은 제자들에게 사랑하라고 권하시기 위함이다. 그들이 늘 사랑을 추구하도록 혹은 사랑의 진리가 그들에게서 떠나지 않도록 하기 위해서 말이다. 이것이 얼마나 필요한 권면인지, 우리는 일상의 경험에서 배운다. 계속해서 사랑한다는 것이 어렵기 때문에, 사람들은 사랑을 제쳐두고 하나님을 예배하는 새로운 방법을 스스로 만든다. 그리고 사탄은 사람들의 관심을 사로잡기 위한 목적으로 많은 방법들을 제시한다. 그래서 사람들은 무익한 방법들을 사용함으로써 하나님을 조롱하려 하지만, 쓸데없는 짓이다. 그들은 스스로 속이고 있는 것이다. 그러므로 이 새로움이란 이름으로 사랑을 개발시켜나가도록 하자. 그리고 그 계명이 지금 처음으로 하나님을 기쁘게 하기 때문에 새롭다고 불리는 것이 아니라는 것을 기억하자. 사랑은 성경 여러 곳에서 율법의 완성이라고 일컬어지고 있기 때문이다.

서로 사랑하라 사랑은 참으로 교회 밖에 있는 사람들에게까지 확대되어야 한다. 우리는 다 동일한 육체를 가진 사람들이며, 모두 하나님의 형상대로 지음을 받았기 때문이다. 하지만 하나님의 형상은 거듭난 사람들 사이에서 더욱 찬란하게 빛나기 때문에, 사랑의 결속은 그리스도의 제자들 사이에서 훨씬 더 긴밀하게 이뤄져야 한다. 사랑의 원인은 하나님이시다. 사랑은 그 뿌리가 하나님에게 있으며, 하나님에게로 나아간다. 그래서 어떤 사람이 하나님의 자녀라는 것이 알려지면, 사랑은 그 사람을 더욱 열정적으로 또 따뜻하게 품게 된다. 더욱이, 서로 사랑하는 태도는 동일한 성령님에 의해 다스림을 받는 사람들 안에서만 존재할 수 있다. 여기서 그리스도께서는 사랑의 최고 수준에 대하여 말씀하신다. 하지만 하나님의 선하심이 온 세상에 확대되고 비춰지듯이, 우리 역시 모든 사람을 사랑해야 함을 믿어야 한다. 심지어 우리를 미워하는 사람까지도 말이다.

내가 너희를 사랑한 것같이 그리스도께서는 친히 이러한 사랑의 모범을 보여주셨다. 그것은 우리가 그러한 사랑을 할 수 있는 능력이 있기 때문이 아니다. 그리스도께서는 우리보다 무한히 뛰어난 분이시기에 우리가 그런 수준에 이를 수는 없다. 그분이 우리에게 그분과 같은 사랑을 하라고 명령하신 것은, 우리가 적어도 동일한 목표를 지향할 수 있도록 하기 위함이다.

35이로써 모든 사람이 너희가 내 제자인 줄 알리라 앞에서 그리스도께서는 서로 사랑하는 사람들은 그분의 학교에서 절대로 헛되이 가르침을 받지 않는다는 말씀을 하셨는데, 여기서 다시금 그 사실을 확증하신다. 본문에서 그리스도께서 하시는 말씀의 의미는 이렇다.

"너희 스스로가 내 제자인 줄 알 뿐만 아니라, 너희의 신앙고백이 다른 사람들에 의해 참이라고 인정을 받게 될 것이다."

그리스도께서는 이 표식으로 자신의 백성과 백성이 아닌 사람들을 구별하신다. 그러므로 사랑을 저버리고 새롭게 만든 예배를 받아들이는 사람들은 헛수고를 하는 것이다. 오늘날 교황주의자들에게 만연해 있는 것이 바로 이러한 무익함이다. 또한 그리스도께서 사랑의 문제를 이처럼 강렬하게 주장하시는 것은 괜한 것이 아니다. 우리 자신을 사랑하는 것과 이웃을 사랑하는 것은 물과 불처럼 어울리지 않는다. 자기애自己愛는 우리의 모든 감각을 무디게 만들어서 서로 사랑하는 것을 멀리하게 한다. 그러면서도 우리는 늘 우리의 의무를 다했다고 생각한다. 사탄은 우리가 스스로의 잘못을 인식하지 못하도록 우리를 속일 만한 매력적인 것들을 많이 가지고 있기 때문이다. 그러므로 진정으로 그리스도에게 속하기를 갈망하고 하나님에게 인정받기를 바라는 사람은 자신의 전 생애를 형제자매를 사랑하는 데 드려야 하며, 부지런히 그 목표를 추구해야 할 것이다.

36 시몬 베드로가 이르되 주여 어디로 가시나이까 예수께서 대답하시되 내가 가는 곳에 네가 지금은 따라올 수 없으나 후에는 따라오리라 37 베드로가 이르되 주여 내가 지금은 어찌하여 따라갈 수 없나이까 주를 위하여 내 목숨을 버리겠나이다 38 예수께서 대답하시되 네가 나를 위하여 네 목숨을 버리겠느냐 내가 진실로 진실로 네게 이르노니 닭 울기 전에 네가 세 번 나를 부인하리라 요 13:36-38

36 주여 어디로 가시나이까 이 질문은 그리스도께서 앞에서 하신 말씀에 의거한다.

"내가 유대인들에게 너희는 내가 가는 곳에 올 수 없다고 말한 것과 같이" (33절).

이 질문에서 베드로가 얼마나 무지했는지 명백하게 드러난다. 그리스도께서 떠나시는 것에 대하여 여러 번 경고를 받았음에도 불구하고, 베드로는 마치 그 말씀을 처음 듣는 것처럼 염려했다. 하지만 우리 역시 이 점에서 베드로와 별반 다를 것이 없다. 우리는 매일 그리스도의 입에서 나오는 말씀을 듣고 있으며, 그 모든 말씀은 우리의 삶과 행동에 적합하고 반드시 알아야 할 것들이다. 하지만 실제로 우리가 그 말씀을 들을 때는 한 번도 그 말씀을 들어본 적이 없는 초심자novitii처럼 놀라워하기 때문이다. 베드로는 이 질문을 통해 그리스도께서 몸으로 임재해주시기를 지나치게 바라고 있음을 드러내기도 했다. 그로서는, 자신은 남아 있고 그리스도는 다른 곳으로 가신다는 것이 도무지 상상할 수 없는 일이었기 때문이다.

내가 가는 곳에 이 말씀을 하심으로써 그리스도께서는 베드로의 적합하지 않은 소원에 제동을 거셨다. 그리스도께서는 교사가 되신 것처럼 간단하게 말씀하신다. 하지만 곧바로 어투를 부드럽게 하신다. 그리스도께서는 자신이 자기 백성과 떨어져 있는 것이 잠시뿐이라고 말씀하신다. 이 구절이 우리에게 가르쳐주는 교훈은 우리의 모든 소원을 하나님께 맡겨드려야 한다는 것이다. 그 바람이 적절한 한계를 넘지 않도록 말이다. 언제든 그 소원들이 제멋대로 날뛴다면, 적어도 이 굴레로써 억제할 수 있도록 내어드리자. 우리가 절망하지 않도록 주님께서는 우리를 장차 그분에게로 모으실 것이라고 약속하시면서 즉시 위로의 말씀을 덧붙이신다.

후에는 따라오리라 그리스도의 말씀은 베드로가 아직은 십자가를 질 만큼 성숙하지 않았다는 것이다. 베드로가 그리스도를 따르려면, 아직 영글지 않은 이삭처럼 시간이 지나면서 더 성숙해지고 강해져야 한다. 그러므로 우리는 하나님께서 우리 안에서 시작하신 것을 강하게 하시고 향상시켜주시기를 기도해야 한다. 좀 더 빨리 달리게 되기까지는 기어야 한다. 우리가 여리고 부드러운 상태에 있는 동안 그리스도께서 우리를 참으시는 것처럼, 우리 역시 여전히 목표 지점에서 멀리 떨어져 있는 연약한 형제자매들을 멸시하지 않는 법을 배우자. 물론 모든 사람이 열심을 내어 달려야 하고 우리 모두 속도를 높일 수 있도록 서로 격려해야 하는 것은 맞다. 하지만 우리 중에 더딘 사람이 있다면, 그들이 바른길을 가고 있는 한 그들이 잘 되기를 소망해야 한다.

37 내가 지금은 어찌하여 따라갈 수 없나이까 베드로는 이 말로써 그리스도의 대답에 만족하지 못했음을 밝힌다. 그는 자신의 연약함에 대해 주의를 받았다고 생각하고는, 자기가 그리스도를 즉시 따르지 못하는 것이 자기 자신의 잘못이라는 결론을 내렸다. 하지만 그는 아직 납득하지는 못했다. 인간은 자신의 힘을 과신하면서 우쭐해하는 습성이 있기 때문이다. 베드로의 표현은, 우리가 태어날 때부터 품고 있는 생각, 즉 많은 것이 우리 자신에게 달려 있다는 과신을 반영해준다. 결과적으로, 아무것도 할 수 없는 인간들이 하나님의 도움을 청하지도 않은 채 모든 것을 자기 스스로 해결하려 한다.

38 네가 나를 위하여 네 목숨을 버리겠느냐 그리스도께서는 베드로와 논쟁하는 것을 선택하지 않으셨다. 대신 마치 실패를 경험하지 않고는 지

혜롭게 되지 못하는 어리석은 사람처럼, 베드로가 자신의 경험을 통하여 지혜롭게 되기를 원하셨다. 베드로는 흔들리지 않는 꾸준함을 약속했다. 사실 그는 진지한 확신에서 그리스도를 위해 목숨을 버리겠다고 말한 것이다. 그러나 베드로의 확신은 너무 성급했다. 베드로는 자기가 받은 것이 무엇인지를 생각하지 않았기 때문이다.

이제 베드로의 예를 우리에게 적용할 수 있다. 그러니 각자 자신의 결핍을 점검해보자. 혹시 헛된 확신으로 교만해 있지는 않은가? 우리는 하나님의 은혜에 대하여 너무 많은 것을 약속해서는 안 된다. 베드로가 그리스도에게서 꾸지람을 받은 것은 육체에 대해 주제넘게 확신했다는 점이다. 확신은 오히려 두려움과 걱정을 나타내주기 때문이다.

닭 울기 전에 만용과 성급함은 자신에 대한 무지에서 나온다. 그래서 베드로는 사정거리 밖에 있으면서 용감하다고 우기는 군인이라는 비난을 받았다. 그는 자기의 힘을 시험해보지도 않고 모든 것을 할 수 있다고 생각했기 때문이다. 이후에 그는 자기의 오만함에 대해 마땅한 벌을 받았다. 우리는 우리의 힘을 의지하지 말고, 주께서 그분의 능력으로 우리를 도와주시도록 좀 더 일찍 그분께로 향하는 법을 배우자.

요한복음 14장

¹ 너희는 마음에 근심하지 말라 하나님을 믿으니 또 나를 믿으라 ² 내 아버지 집에 거할 곳이 많도다 그렇지 않으면 너희에게 일렀으리라 내가 너희를 위하여 거처를 예비하러 가노니 ³ 가서 너희를 위하여 거처를 예비하면 내가 다시 와서 너희를 내게로 영접하여 나 있는 곳에 너희도 있게 하리라 ⁴ 내가 어디로 가는지 그 길을 너희가 아느니라 ⁵ 도마가 이르되 주여 주께서 어디로 가시는지 우리가 알지 못하거늘 그 길을 어찌 알겠사옵나이까 ⁶ 예수께서 이르시되 내가 곧 길이요 진리요 생명이니 나로 말미암지 않고는 아버지께로 올 자가 없느니라 ⁷ 너희가 나를 알았더라면 내 아버지도 알았으리로다 이제부터는 너희가 그를 알았고 또 보았느니라 요 14:1-7

1 너희는 마음에 근심하지 말라 그리스도께서는 제자들을 안심시키는 말씀을 길게 하신다. 이 말씀을 하시는 데는 분명한 이유가 있다. 제자들 앞에 무척 힘든 싸움이 놓여 있기 때문이다. 제자들은 잠시 후에 그리스도께서 십자가에 달리시는 것을 보게 될 것이다. 이것은 제자들에게 엄청난 시험이었다. 십자가에 달리신 그리스도를 보는 제자들은 틀림없이 절망할 것이다. 매우 고통스러운 시간이 다가왔다. 그래서 그리스도께서는 제자들에게 압도당하거나 의기소침해하지 않을 치료책을 제시하신다. 그분은 단순히 굳게

서라고 권면하심으로써 제자들을 격려하시는 것이 아니라, 그들이 어디에서 용기를 찾아야 하는지를 가르치신다. 즉, 자신을 따르는 사람들의 구원을 붙들어주실 충분한 힘이 있는 분을 하나님의 아들로 인정하는 믿음, 거기에서 제자들이 용기를 얻어야 한다고 말이다.

우리는 그리스도께서 이 말씀을 하신 때가 언제인지 늘 주목해야 한다. 모든 것이 혼란스럽게 보이는 때에 그리스도께서는 제자들이 용감하고 담대하게 서기를 원하셨던 것이다. 우리도 그런 공격을 막아내기 위해서 동일한 방패를 사용해야 한다. 물론 우리가 여러 가지 힘겨운 감정들을 느끼지 않을 수는 없는 일이다. 하지만 흔들릴 수는 있어도 넘어져서는 안 된다. 신자들이 다양한 난제難題들로 압박을 받는다고 해도 마음에 근심하지 않는다고 말할 수 있는 이유가 여기에 있다. 즉, 그들은 하나님의 말씀을 의지하여 자기들의 터를 올곧고 안정되게 유지하고 있기 때문이다.

하나님을 믿으니 또 나를 믿으라 이 말씀은 "하나님을 믿어라. 그리고 나를 믿어라"라는 명령으로 읽을 수도 있다. 하지만 "하나님을 믿고 있으니"라고 이해하는 것이 문맥에 더 잘 어울리며, 더 일반적으로 받아들여지는 해석이다. 내가 이미 말한 것처럼, 여기서 그리스도께서는 굳게 설 수 있는 방법을 제시하신다. 즉, 그리스도를 의지하고 그분이 우리와 함께하시며 우리를 도우려고 손을 뻗으시는 분이라고 생각하는 그 믿음으로 굳게 서라고 말이다. 그런데 이 구절에서 아버지 하나님을 믿는 믿음이 먼저 언급된 것은 놀랍다. 그리스도께서는 제자들에게 그리스도를 믿었기 때문에 하나님을 믿어야 한다고 말씀하셔야 했기 때문이다. 그리스도께서는 아버지의 분명한 형상이시므로, 우리는 먼저 그리스도를 바라보아야 한다. 그리고 그리스도께서 우리에게 내려오신 이유도 바로 이것이다. 즉, 우리 믿음이 그리스도와 함께 시작하여 하나님을 향하여 올라가도록 하기 위해서 말이다.

하지만 그리스도께서는 심중에 다른 목적을 가지고 계셨다. 우리가 하나님을 믿어야 한다는 것은 모든 사람이 인정하는 바이다. 사실 이것은 반대 주장 없이 모든 사람이 동의하는 확정된 공리公理이다. 그러나 진정으로 믿는 사람은 백 명 중에 한 명도 찾아보기 힘들다. 이는 하나님의 완전한 위엄이 우리에게서 너무도 멀리 있기 때문이기도 하고, 사탄이 하나님을 바라보는 우리의 시야를 막으려고 온갖 종류의 어둠을 드리우기 때문이기도 하다. 결과적으로 하늘의 영광 가운데 계시며 가까이할 수 없는 빛 가운데 계신 하나님을 찾는 우리의 믿음은 물거품이 된다. 더욱이 육체는 우리로 하여금 하나님을 바르게 보지 못하도록 수천 가지 상상들을 만들어낸다.

그래서 그리스도께서는 믿음을 어디에 두어야 할지 쉽게 찾을 수 있도록, 우리의 믿음이 향해야 하는 대상으로 그리스도 자신을 제시하신다. 우리가 그분을 믿음으로 찾는 순간, 그분은 우리 안에서 응답하시는(intus nobis respondet) '참 임마누엘'이시기 때문이다. 다른 돌아가는 길에서 방황하지 않도록 우리 믿음이 그리스도 한 분에게만 향해야 한다는 것, 그리고 유혹에 흔들리지 않도록 믿음이 그리스도 안에 고정되어야 한다는 것, 이것은 우리 믿음의 우선적인 규정에 속하는 것들이다. 믿음의 참 증거는 어떤 일이 있어도 그리스도와 그분 안에서 우리에게 주어진 약속들을 견고히 붙드는 것이다.

로마 가톨릭 신학자들이 믿음의 대상에 대하여 논할 때(아니 재잘거린다고 표현하는 것이 더 나을 것이다), 그들은 하나님에 관해서만 언급하지 그리스도에 대해서는 전혀 관심을 보이지 않는다. 그런 사람들의 의견을 따르는 자들은 바람이 약간만 불어도 흔들릴 것이 분명하다. 자랑하기를 좋아하는 사람들은 그리스도의 낮아지심을 부끄러워하고, 그래서 하나님의 불가해한 신성神性으로 재빨리 달려간다. 하지만 낮은 모습을 하고 하나님으로 나타나신 그리스도에게 복종하지 않는 믿음은 결코 하늘에 닿지 못할 것이다. 믿음은 그리스도의 약함에서 기초를 찾을 때에야 비로소 굳건해진다.

2 내 아버지 집에 거할 곳이 많도다 그리스도께서는 자신이 이 세상에 계시지 않음으로 인해 제자들이 근심하게 될 것을 아셨기 때문에, 자신이 멀리 간다고 해도 그들과 단절되는 것은 아니라고 선언하신다. 하늘나라에 제

자들이 거할 곳도 있을 것이기 때문이다. 제자들의 마음 가운데는 그리스도 께서는 자기들을 땅에 내버려두고 아버지에게로 올라가실 것이라는 생각이 있었기 때문에, 주님은 그 생각을 제거하셔야 했다. 마치 그리스도께서 하늘 나라에 다양한 단계의 영광이 있다고 가르치시는 것처럼 이 구절을 다른 의미로 해석하는 경우도 있는데, 물론 잘못 해석한 것이다. 그리스도께서는 아버지 집에 거할 곳이 많다고 말씀하신다. 많다는 것은 서로 다른 종류들이 있다는 뜻이 아니라 대단히 많은 사람들을 수용하기에 충분하다는 뜻이다. 그리스도께서는 하늘에 그분 자신을 위한 방뿐만 아니라 그분의 모든 제자들을 위한 방도 있다고 말씀하신 것 같다.

그렇지 않으면 너희에게 일렀으리라 주석가들마다 이 구절을 서로 다르게 이해한다. 어떤 사람들은 이 구절을 하나의 문맥으로 읽어서, "만일 거하는 곳이 이미 너희를 위해 준비되지 않았다면, 내가 거처를 예비하러 간다고 말했을 것이다"라고 이해한다. 하지만 나는 본문을 다음과 같이 해석하는 사람들의 견해에 동의한다.

"하늘 영광이 나를 위해서만 기다리고 있다면 너희를 현혹시키지 않았을 것이다. 내 아버지 집에 나 자신 이외에는 어느 누구를 위해서도 거할 곳이 마련되지 않았다고 말했을 것이다. 하지만 사실은 전혀 다르다. 나는 너희를 위해 거처를 예비하러 먼저 간다."

내가 생각하기에, 문맥을 고려하면 우리가 읽은 것대로 읽는 것이 바르다.

내가 너희를 위하여 거처를 예비하러 가노니 그리스도께서는 이 말씀으로써 그분이 떠나시는 목적이 자기 백성을 위해 거처를 예비하는 것이라고 밝히신다. 한마디로 말해서, 그리스도는 하늘에서 혼자 거하시려고 자신만을 위해 하늘에 올라가신 것이 아니다. 하늘의 거처가 경건한 사람들의 공통적인 유업이 되도록 하기 위해서 그리고 이런 식으로 머리이신 그리스도와 지체들이 하나가 되게 하기 위해서 하늘에 올라가신 것이다.

그러나 그리스도께서 하늘에 올라가시기 전에 죽은 믿음의 선조들은 어떤 상태로 있을지 질문이 제기된다. 그리스도께서 하늘에 올라가심으로써 거처가 예비될 것이라고 말씀하셨기 때문에, 일반적으로 신자들의 영혼들은 림보 (limbo, 죽은 영혼이 천국에 가기 전에 잠시 머무르면서 구속의 때, 즉 그리스도가 오실 때를 기다린다고 생각되던 곳)에 갇혀 있었다고 추론했다. 그러나 이 문제에 대답하기는 쉽다. 이 거처는 부활의 날을 위해 준비된 곳이라고 전해진다. 인간은 본성상 하나님나라에서 쫓겨났다. 하지만 하늘의 유일한 상속자이신 아들은 그들의 이름으로 하나님나라를 소유했고, 그래서 우리는 그분을 통하여 하나님나라에 들어갈 수 있다. 바울이 에베소서 1장 3절에서 가르친 것처럼, 우리는 그리스도 안에서 이미 소망으로 천국을 소유한다. 하지만 우리는 그리스도께서 하늘에 다시 나타나실 때에야 비로소 이 거대한 복을 향유하게 된다. 그러므로 이미 죽은 믿음의 선조들의 상태는 여기 우리의 상황과 다르지 않다. 그리스도께서는 우리와 조상들 모두를 위하여 거처를 예비하셨기 때문이다. 그분은 마지막 날에 우리 모두를 그 거처로 영접하실 것이다. 화목이 이루어지기 전, 신자들의 영혼들은 말하자면 망루望樓에 있는 것과 같이 그곳에서 약속된 구원을 바라보았다. 그리고 지금 그들은 구원이 완성될 때까지 복된 안식을 향유한다.

3 가서 너희를 위하여 거처를 예비하면 이 조건문은 시간의 부사로 해석해야 한다. 그리스도께서는 "내가 떠난 뒤에, 너희에게 다시 올 것이다"라고 말씀하시는 것 같다. 그리스도께서 제자들에게 성령 안에서 자신의 새로운 임재를 보여주신 것처럼, 그분이 말씀하신 '다시 오심'을 '성령의 오심'으로 이해해서는 안 된다. 물론 그리스도께서 그분의 영으로 말미암아 우리와 함께 우리 안에 거하시는 것은 사실이다. 그러나 이 구절에서 그분은 마지막 심판 날에 대하여 말씀하고 계신다. 그리스도께서 마침내 자신의 백성들을 모으실 그 마지막 때 말이다. 우리가 교회라는 전체 몸을 고려한다면, 그분은 사실 우리를 위해 매일 거처를 준비하고 계신 것이다. 그러므로 우리가 하늘

에 들어가는 적절한 날은 아직 오직 않았다고 결론 내릴 수 있다.

4 내가 어디로 가는지 그 길을 너희가 아느니라 우리가 오랫동안 그리스도와 떨어져 사는 삶을 인내로써 견딜 수 있는 놀라운 힘이 필요하기 때문에, 그리스도께서는 또 다른 확증의 말씀을 덧붙이신다. 즉, 자신의 죽음이 파멸이 아니라 아버지에게로 가는 것임을 제자들이 알고 있다는 사실과 동일한 영광에 참여하기 위해 따라가야 할 길을 그들이 알고 있다는 사실이다. 두 문장 모두 주의 깊게 살펴봐야 한다.

첫째, 우리는 믿음의 눈으로 하늘 영광 가운데 복된 불멸 상태에 계신 그리스도를 보아야 한다.

둘째, 우리는 그리스도께서 우리 생명의 첫 열매이시며 그분이 우리에게 닫혀 있던 길을 여셨다는 것을 깨달아야 한다.

5 도마가 이르되 언뜻 도마의 대답이 그리스도께서 말씀하신 것과 모순되는 것처럼 생각되지만, 그가 자기 스승을 의심하려 한 것은 아니었다. 그렇다면 어떻게 도마가 그리스도께서 주장하신 것을 부인할 수 있었는지 의문이 제기될 수 있을 것이다. 이 의문에 대답하겠다. 성도들이 소유한 지식은 종종 혼란을 일으키는데, 이는 그들이 자기들에게 설명된 확실한 내용이 왜 제시되었는지 혹은 어떤 방식으로 제시되었는지 이해하지 못하기 때문이다. 예를 들어, 선지자들은 이방인들의 부르심을 믿음의 참된 지각으로 예언했지만, 바울은 그것이 그들에게 감춰진 비밀이라고 선언한다. 마찬가지로 사도들이 그리스도가 아버지께로 떠나가신다는 것을 믿었지만 그분이 어떻게 하나님나라를 얻을지는 알지 못했을 때, 도마는 자기들이 그리스도가 어디로 가시는지 알지 못한다고 바르게 지적한 것이다. 이렇게 해서 도마는 자기들이 그 길을 더더욱 알지 못한다고 결론을 내린다. 경주를 시작하기 전에 우리가 가고 있는 곳이 어디인지를 알아야 하기 때문이다.

6 **내가 곧 길이요** 그리스도께서는 도마의 질문에 직접 답하지 않으셨다. 하지만 그분은 반드시 알아야 할 것 중에서 어느 것 하나라도 빠뜨리지 않고 말씀하셨다. 도마는 호기심을 억제해야 했다. 그래서 그리스도께서는 자신이 장차 아버지와 함께 있다는 것이 어떤 것인지를 설명하지 않으시고 좀 더 필요한 주제를 강조하신다. 도마는 그리스도께서 하늘에서 하실 일이 무엇인지 듣고 싶었을 것이다. 사실 이런 주제는 아무리 들어도 싫증 나지 않는 주제이다. 하지만 우리에게는 다른 주제들에 마음을 쓰며 공부하는 것이 더 중요하다. 예를 들면 '어떻게 하면 복된 부활에 참여하게 되는가' 하는 문제 말이다. 그리스도의 말씀은 누구든지 그리스도를 얻으면 부족한 것이 하나도 없다는 의미이다. 그러므로 그분 한 분만으로 만족하지 못하는 사람은 절대적인 완전함 이상의 것을 추구하는 셈이다.

길이요 진리요 생명이니 이제 그리스도께서는 마치 자신이 시작과 중간과 끝이신 것처럼 세 단계를 제시하신다. 이 사실에서 우리는 그분(그리스도)과 함께 시작하고 그분 안에서 계속하고 그분 안에서 마쳐야 한다는 결론을 얻는다. 우리는 우리를 영생으로 인도하는 지혜보다 더 높은 지혜를 추구해서는 절대 안 된다. 그리스도께서는 이것을 그분 자신 안에서 찾아야 한다고 말씀하신다. 이제 생명을 얻는 길은 새로운 피조물이 되는 것이다. 그리스도께서는 우리에게 생명을 다른 곳에서 찾지 말라고 말씀하시는 동시에, 자신이 우리가 생명에 이를 수 있는 유일한 길이라고 말씀하신다. 그리스도께서는 어떤 면에서든 우리를 실망시키지 않으시려고 곁길로 가고 있는 사람들에게 자신의 손을 뻗으시며, 젖먹이 아이들을 인도할 만큼 자신을 낮추신다. 자신을 지도자로 소개하셨기에, 그분은 자기 백성들을 경기 도중에 버려두는 것이 아니라 그들을 진리에 참여하게 하신다. 마지막으로 그리스도께서는 그들로 하여금 생명의 열매를 향유하게 하시는데, 이는 그들이 상상할 수 있는 그 어떤 것보다도 좋고 즐거운 것이다.

그리스도께서는 길이시다. 그러므로 연약하고 무지한 자들은 자기들이 그분에게 버림을 받았다고 불평할 이유가 없다. 또한 그분은 진리이며 생명이시다. 그러므로 그분은 가장 완벽한 사람들까지도 만족시켜줄 만한 것을 소유하고 계신 셈이다. 한마디로 말해서, 지금 그리스도께서는 복에 관해서 말씀하시면서 내가 앞에서 믿음의 대상에 관하여 언급한 것을 확증하고 계신다. 모두들 인간의 복이 하나님 안에만 있다고 생각하고 고백한다. 하지만 그리스도 이외에 다른 곳에서 하나님을 찾으면서 하나님의 참되고 본질적인 신성神性을 갈기갈기 찢는다는 면에서, 그들은 잘못된 길로 가고 있다.

어떤 사람들은 진리를 '하늘에 속한 지혜와 같은 구원하는 빛'을 의미한다고 생각한다. 요한복음 1장에 언급된 "은혜와 진리는 예수 그리스도로 말미암아 온 것이라"(1:17)라는 말씀처럼, 진리를 '생명과 모든 영적인 복의 본질'로서 그림자와 형상과 대조되는 것이라고 생각하는 사람들도 있다. 내가 생각하기에, 진리는 믿음의 완전함으로 이해해야 할 것 같다. 마치 길이 믿음의 시작과 기초이듯이 말이다. 이 모든 것을 종합하면 다음과 같이 말할 수 있을 것이다. 누구든지 그리스도에게서 벗어난 사람은 곁길로 가는 것 외에 아무 것도 할 수 없다. 누구든지 그리스도를 의지하지 않는 사람은 어딘가 다른 곳에서 겉치레와 허영으로 만족하게 될 것이다. 누구든지 그리스도를 넘어 다른 목표를 지향한다면, 그는 생명 대신 죽음에 이르게 될 것이다.

아버지께로 올 자가 없느니라 이것은 앞에서 주장한 것을 설명한다. 그리스도께서 길이신 것은 그분이 우리를 아버지께로 인도하시기 때문이다. 그리스도께서 진리요 생명이신 것은 그분 안에서 우리가 아버지를 감지하기 때문이다. 하나님을 부르는 것과 관련하여, 그리스도의 중보 없이는 그 어떤 기도도 하나님께 상달되지 않는다고 말할 수 있다. 물론 그것은 사실이다. 그러나 그리스도께서는 여기에서 기도 문제를 다루고 계신 것이 아니다. 그러므로 이 구절은, 사람들이 그리스도를 버리고 하나님께로 가려고 할 때마다 자기가 만들어놓은 미궁에 빠진다는 뜻으로 단순하게 이해해야 할 것이다. 그리스도께서는 자신이 생명이심을 입증하신다. 그분 안에서가 아니고서는 다른 어떤 방법으로도 생명의 원천이신 하나님을 누릴 길이 없기 때문이다. 그러므로 그리스도를 떠난 모든 신학은 혼란스럽고 공허할 뿐만 아니라, 우리를 속이는 정신 나간 모조품들이다. 철학자들이 종종 멋들어진 말을 내뱉기는 하지만, 그것은 왜곡된 오류들이 뒤섞인 덧없는 말들에 불과하다.

7 너희가 나를 알았더라면 그리스도께서는 우리가 방금 전에 언급했던 내용을 확증하신다. 즉, 사람들이 그리스도로 만족하지 않고 다른 길로 하나님을 찾는 것은 어리석고 해로운 호기심이다. 사람들은 하나님을 아는 지식보다 나은 것이 없다는 것을 인정한다. 하지만 하나님께서 사람들 가까이 오시고 그들을 친근하게 대하실 때, 그들은 자기들의 생각을 따라 방황하며 구름 위에 계신 하나님을 찾는다. 그들은 하나님이 현존하실 때 그것을 인정하려 들지 않는다. 그래서 그리스도께서는 신성神性의 충만함이 자신(그리스도)에게 나타났다는 것을 인정하지 않는다고 제자들을 책망하신다. 그리스도께서는 이렇게 말씀하신다.

"내가 보니, 너희는 지금까지 나를 제대로 알지 못했다. 그것은 너희가 내 안에 계시된 아버지의 살아 있는 형상을 알지 못하기 때문이다."

이제부터는 너희가 그를 알았고 또 보았느니라 그리스도께서 이 말씀을 하신 것은 조금 전에 혹독하게 꾸짖으신 것을 완화하기 위함이기도 하지만, 그들이 그분의 말씀을 곰곰이 생각하고 묵상하지 않을 경우 그들의 배은망덕함과 게으름을 책망하시기 위함이기도 하다. 그리스도께서는 제자들의 믿음을 칭찬하기보다는 자신의 교훈의 의미를 알리기 위한 목적으로 이 말씀을 하셨기 때문이다. 그러므로 그리스도의 말씀은, 제자들이 눈을 크게 뜨기만 한다면 하나님께서 지금 그들에게 분명하게 계시되고 있다는 의미이다. '보았느니라'라는 단어는 믿음의 확신을 표현한다.

⁸빌립이 이르되 주여 아버지를 우리에게 보여주옵소서 그리하면 족하겠나이다 ⁹예수께서 이르시되 빌립아 내가 이렇게 오래 너희와 함께 있으되 네가 나를 알지 못하느냐 나를 본 자는 아버지를 보았거늘 어찌하여 아버지를 보이라 하느냐 ¹⁰내가 아버지 안에 거하고 아버지는 내 안에 계신 것을 네가 믿지 아니하느냐 내가 너희에게 이르는 말은 스스로 하는 것이 아니라 아버지께서 내 안에 계셔서 그의 일을 하시는 것이라 ¹¹내가 아버지 안에 거하고 아버지께서 내 안에 계심을 믿으라 그렇지 못하겠거든 행하는 그 일로 말미암아 나를 믿으라 ¹²내가 진실로 진실로 너희에게 이르노니 나를 믿는 자는 내가 하는 일을 그도 할 것이요 또한 그보다 큰 일도 하리니 이는 내가 아버지께로 감이라 ¹³너희가 내 이름으로 무엇을 구하든지 내가 행하리니 이는 아버지로 하여금 아들로 말미암아 영광을 받으시게 하려 함이라 ¹⁴내 이름으로 무엇이든지 내게 구하면 내가 행하리라 요 14:8-14

8 아버지를 우리에게 보여주옵소서 사도들이 계속해서 주님과 논쟁을 벌여야 했다는 것은 매우 우스꽝스러워 보인다. 그리스도께서 빌립이 질문한 것에 대해 그들에게 알려주시기 위한 목적 외에 도대체 무슨 목적으로 말씀하셨단 말인가? 그러나 여기에 언급된 사도들의 잘못 중에서 우리가 갖고 있지 않은 잘못은 하나도 없다. 우리는 하나님을 찾느라 열심을 내고 있다고 고백한다. 그런데 정작 그분이 우리 눈앞에 자신을 보여주실 때, 우리 눈은 감겨 있어서 그분을 보지 못한다.

9 내가 이렇게 오래 너희와 함께 있으되 그리스도께서 빌립에게 믿음의 밝은 눈이 없다고 꾸짖으신 것은 정당하다. 빌립 앞에는 그리스도 안에 임재하신 하나님이 서 계셨지만, 빌립은 하나님을 보지 못했던 것이다. 그 원인은 감사할 줄 모르는 데 있다. 오늘날에도 사람들이 그리스도 한 분으로 만족하지 않기 때문에, 하나님을 찾느라 이 궁리 저 궁리하며 복음에 진보를 이루지 못한다. 이런 어리석은 갈망은 그리스도의 낮아지심을 멸시하는 데서 싹

요한복음 14장

튼다. 사실 그리스도께서는 자신의 낮아짐으로 아버지의 무한한 선하심을 나타내시는데, 이를 멸시한다는 것은 참으로 어처구니없는 일이다.

10 내가 아버지 안에 거하고 아버지는 내 안에 계신 것을 나는 이 말씀이 그리스도의 신적神的 본질을 가리킨다고는 생각하지 않는다. 오히려 이것은 계시의 양식樣式을 언급한다. 그리스도의 은밀한 신성神性과 관련해서 말하자면, 그분은 아버지만큼 우리에게 잘 알려진 분이 아니시다. 하지만 하나님께서 그리스도 안에 자신을 전적으로 계시하셨기 때문에 그리스도는 하나님의 분명한 형상이시다. 하나님의 무한한 선하심과 지혜와 능력이 그리스도 안에 본질적으로 나타났다. 그리고 교부敎父들이 이것을 그리스도의 신성의 증거로 삼은 것은 백번 옳다.

그런데 그리스도께서는 단순히 하나님께서 자기 안에 계시다고 선언하신 것이 아니라, 우리가 그분(그리스도)을 어떤 분으로 인정해야 할지를 설명하신다. 그러므로 이 구절은 그리스도의 본질보다는 그분의 능력을 기록한 것으로 보아야 한다. 아버지가 그리스도 안에 계시다고 말하는 이유는 그리스도 안에 모든 신성이 거하시며 그 신성의 능력이 나타나기 때문이다. 바꿔 말해서, 그리스도께서 아버지 안에 계시다고 말하는 이유는 그분(그리스도)이 자신의 신적인 능력으로 아버지와 하나라는 것을 보여주시기 때문이다.

내가 너희에게 이르는 말은 그리스도께서는 우리가 그리스도 안에서가 아닌 다른 어느 곳에서도 하나님을 찾아서는 안 된다는 것을 보여주신다. 하늘에 속하고 참으로 신적인 권위를 지닌 자신의 가르침이 하나님의 임재에 대한 증거이며 그것을 밝게 비춰주는 거울이라고 주장하시면서 말이다. 선지자들이 성령의 감동으로 하나님께 속한 말을 하고 하나님을 자신들의 가르침의 원천으로 두고 있기 때문에 그들 모두를 하나님의 아들들로 여겨야 하지 않겠냐면서 이의를 제기하는 사람이 있다면, 여기에 대답하는 것은 쉽다. 우리는 선지자들이 무엇을 가르쳤는지를 살펴봐야 한다. 선지자들은 그들의 제자들을 다른 사람에게로 보냈지만, 그리스도께서는 제자들을 자신에게 붙들어두셨기 때문이다. 뿐만 아니라 우리는 히브리서 기자가 1장에서 선언한 것을 기억할 필요가 있다. 즉, 옛날에는 하나님께서 모세를 통하여 말하자면 땅에서 말씀하셨지만, 지금은 하나님 아들의 입을 통하여 하늘로부터 말씀하신다(히 1:1,2).

스스로 하는 것이 아니라 이 구절은 그리스도께서 오직 사람으로서 또는 인간적인 방식을 따라서 말씀하시는 것이 아니라는 의미이다. 아버지께서는 그리스도의 가르침에 성령의 능력을 부여하심으로써, 사람들이 그리스도에게서 아버지 하나님의 신성을 인지할 수 있기를 원하신다.

아버지께서 내 안에 계셔서 그의 일을 하시는 것이라 이 구절에서 말하는 '그의 일'을 이적에만 한정해서는 안 된다. 오히려 그리스도의 교훈에서 하나님의 위엄이 분명하게 나타났다고 이전에 주장하신 말씀의 연속으로 보아야 옳다. 그리스도께서는 "이것은 참으로 하나님의 일이다. 그 일을 통해 하나님께서 내 안에 거하신다고 분명하게 확정할 수 있다"라고 말씀하시는 듯하다. 그러므로 나는 '일'이라는 말을 '하나님의 능력의 증거'라고 이해한다.

11 나를 믿으라 그리스도께서 자신이 하나님의 아들이라고 주장하실 때, 제자들에게 우선은 자신의 증언을 믿으라고 요구하신다. 하지만 지금까지 제자들은 그런 면에서 무척 더뎠다. 그래서 그리스도께서는 그들의 나태함을 간접적으로 나무라신다. 그리스도께서는 이렇게 말씀하신다.
"내 주장을 듣고도 너희가 믿음을 갖지 못한다면 그리고 나에 대해서 너무도 초라하다고 생각하기 때문에 내 말을 믿을 수 없다고 판단한다면, 적어도 하나님의 임재에 대한 가시적可視的인 형상인 능력을 생각해보아라."
제자들이 그리스도의 말씀을 전적으로 의지하지 않은 것은 도무지 납득이 되지 않는다. 그들은 그분이 하신 모든 말씀을 주저하지 말고 받아들였어야 했다. 하지만 여기서 그리스도께서 제자들을 책망하시는 것은, 그들이 동일한 주제에 대해 그토록 여러 번 가르침을 받았으면서도 거의 진보가 없었기 때문이다. 그리스도께서는 제자들에게 믿음의 특성을 설명하지 않으시고, 단지 믿지 않는 사람들을 설득하기에 충분한 것을 자신이 가지고 계시다고 선언하신다.

그리스도께서 "내가 아버지 안에 거하고 아버지께서 내 안에 계시다"라고 다시 주장하시는 것은 불필요한 반복이 아니다. 우리의 본성이 어떤 식으로 우리를 헛된 호기심에 관심을 기울이게 자극하는지 우리는 경험을 통해 너무도 잘 알고 있기 때문이다. 그리스도를 떠나는 순간, 우리에게는 우리가 만든 우상 외에는 아무것도 남지 않게 된다. 하지만 그리스도 안에는 우리를 하나님 안에 계속 거하게 하는 신적神的인 것을 제외하고는 아무것도 없다.

12 내가 진실로 진실로 너희에게 이르노니 그리스도께서 지금껏 제자들에게 자기 자신에 대하여 말씀하신 모든 것은, 제자들과 관련하여 잠정적인 것이었다. 그러므로 그리스도께서 이 구절을 덧붙이지 않으셨다면 그분이 제자들에게 해주신 위로는 완전하지 못했을 것이다. 특히 인간의 기억은 하나님의 은혜를 상고하는 데 너무도 부족하기 때문이다. 이 점에 대해서는 다른 예가 필요하지 않다. 하나님께서 우리에게 모든 종류의 복을 주시고도 만일 2주 동안 쉬신다면, 우리는 하나님이 더 이상 살아 계시지 않는다고 상상한다. 그리스도께서 사도들이 자기들 눈으로 직접 본 하나님의 임재의 능력을 언급하실 뿐만 아니라 미래에도 그 능력이 지속될 것이라고 약속하신 이유가 바로 여기에 있다. 사실 그리스도의 신성은 그분이 땅에 사셨을 동안에만 입증된 것이 아니다. 그분이 아버지에게로 가신 이후에도 신자들은 그 신성의 생생한 사례를 경험했다. 하지만 우리는 어리석고 악하여 그리스도의 일에서 하나님을, 하나님의 일에서 그리스도를 생각하지 못한다.

또한 그보다 큰 일도 하리니 많은 사람들이, 사도들이 그리스도보다 더 큰 일을 하리라는 주님의 이 말씀을 혼란스러워한다. 나는 통상적인 다른 대답들은 지나가고 다음 한 가지 사실만 언급하는 것으로 만족한다. 무엇보다도 우리는 그리스도께서 무슨 의미로 이 말씀을 하셨는지를 이해해야 한다. 그리스도께서 자신이 하나님의 아들임을 입증하는 데 보이신 능력은 그분의 육체적인 임재에 국한된 것이 전혀 아니었기 때문에, 그분이 이 땅에 계시지 않을 때 그 능력은 훨씬 더 찬란하고 강하게 비춰질 것이 틀림없다. 그리스도의 승천에 곧바로 이어서 세상은 놀랍게 회개했다(admirabilis conversio mundi). 그리고 그 속에서 그리스도의 신성神性은 그분이 사람들 사이에 사실 때보다 훨씬 더 강력하게 나타났다. 그래서 우리는 그분의 신성의 증거가 그리스도의 인격에 한정되지 않고 (오순절 이후 그리스도의 영, 곧 성령으로 말미암아) 교회의 전체 몸을 통해 발산되었음을 본다. 다시 말하건대, 그리스도께서 언급하신 이 '하리니'라는 말은 사도들이나 몇몇 경건한 사람들에게만 특별히 해당하는 것이 아니라 교회의 전체 몸과 관련되었다.

이는 내가 아버지께로 감이라 제자들이 그리스도보다 더 큰 일을 하게 되는 이유는, 그리스도께서 그분의 나라에 들어가실 때 하늘에서 그분의 능력을 더욱 충만하게 보여주실 것이기 때문이다. 그래서 그리스도의 영광은 결코 줄어들지 않는다는 것이 분명하다. 그리스도께서 그분의 도구에 불과했던 사도들을 떠나신 뒤에 더욱 놀라운 일을 하셨기 때문이다. 더욱이 그리스도께서 아버지의 오른편에 앉으시며 모든 무릎이 그분 앞에 꿇게 되리라는 것이 이 사실로써 분명해졌다. 그리고 잠시 후에 그리스도께서는 사도들의 손으로 행해질 모든 것을 행하실 분이 자신이라는 사실을 친히 선포하실 것이다.

13 너희가 내 이름으로 무엇을 구하든지 내가 행하리니 그리스도께서 이렇게 말씀하셨지만, 그때까지도 그리스도는 사람들이 그 이름으로 아

버지께 기도해야만 하는 중보자가 아니었냐는 질문이 제기될 수 있다. 그리스도께서 하늘에 있는 성소에 들어가신 뒤에 중보자의 직책을 더욱 분명하게 수행하셨다는 것이 내 대답이다. 이 문제에 대해서는 적당한 곳에서 다시 설명하겠다.

아버지로 하여금 … 영광을 받으시게 이 말씀은 바울이 말한 바 "모든 입으로 예수 그리스도를 주라 시인하여 하나님 아버지께 영광을 돌리게 하셨느니라"(빌 2:11)와 정확히 일치한다. 모든 것의 목적은 하나님의 이름을 거룩하게 하는 것이다. 그러나 이 구절에는 그분의 이름을 거룩하게 하는 참된 방법이 선포되어 있다. 그것은 아들 안에서 그리고 아들로 말미암아 아버지로 영광을 받으시게 하는 것이다. 하나님의 위엄은 본래 우리에게 감춰져 있지만 그리스도 안에서 빛을 발하기 때문이다. 또한 하나님의 손은 감춰져 있지만 우리는 그리스도 안에서 그분의 손을 보기 때문이다. 그러므로 아버지께서 주신 혜택을 누리는 우리는 아들을 아버지와 떼어놓을 권한이 없다. "아들을 공경하지 아니하는 자는 그를 보내신 아버지도 공경하지 아니하느니라"(요 5:23)라는 말씀처럼 말이다.

14 내 이름으로 무엇이든지 내게 구하면 내가 행하리라 이것은 앞에서 하신 말씀을 단순히 반복하는 것이 아니다. 모든 사람들이 자신은 하나님께 가까이 갈 만한 가치가 없다는 것을 알기도 하고 느끼기도 한다. 그런데도 대다수의 사람들은 정신이 나간 것처럼 경솔하고도 거만하게 하나님께 이야기하듯 그분 앞으로 갑자기 뛰어나온다. 그런 다음에 내가 앞에서 언급한 자신의 무가치함에 대해서 기억하게 되면, 누구나 예외 없이 자신을 위해 다양한 방편을 만들어낸다. 그러나 하나님께서 우리를 자신에게로 초대하실 때, 그분은 우리 앞에 중보자 한 분을 세우신다. 하나님은 그 중보자를 통하여 우리의 기도를 받으시며 우리에게 은혜를 베푸신다.

그러나 여기서 또 다시 인간 정신의 사악함이 돌발한다. 대부분의 사람들이 바른길을 버리고 구부러진 길을 택하여 우회하기를 멈추지 않기 때문이다. 그들이 이렇게 행하는 것은 그리스도 안에 있는 하나님의 능력과 선하심을 제대로 인식하지 못하기 때문이다. 여기에 두 번째 오류가 덧붙여진다. 즉, 우리는 하나님께서 우리를 부르시기 전에는 그분께 나아갈 수 없다는 것과 오직 아들을 통해서만 부름을 받는다는 것을 생각하지 않는 것이다. 이 구절 하나만으로는 이러한 결론을 내리기에 불충분하다고 한다면, 다음의 사실을 기억하자. 그리스도께서 우리에게 자신(그리스도)의 이름으로 아버지께 기도해야 한다고 두 번에 걸쳐 말씀하실 때, 주님은 우리가 다른 중보자를 찾느라 헛되이 수고하지 않게 하려고 우리에게 손을 내미시는 것임을 말이다.

15 너희가 나를 사랑하면 나의 계명을 지키리라 16 내가 아버지께 구하겠으니 그가 또 다른 보혜사를 너희에게 주사 영원토록 너희와 함께 있게 하리니 17 그는 진리의 영이라 세상은 능히 그를 받지 못하나니 이는 그를 보지도 못하고 알지도 못함이라 그러나 너희는 그를 아나니 그는 너희와 함께 거하심이요 또 너희 속에 계시겠음이라 18 내가 너희를 고아와 같이 버려두지 아니하고 너희에게로 오리라 요 14:15-18

15 너희가 나를 사랑하면 그리스도를 향한 제자들의 사랑은 진실하고 거짓이 없었다. 그런데 우리가 종종 그러하듯이, 제자들의 사랑에는 미신적인 것이 섞여 있었다. 그들이 그리스도를 세상에 붙들어두려고 한 것은 참으로 우습지 않은가? 그리스도께서는 이러한 잘못을 고치시려고 제자들에게 그들의 사랑을 재정립하라고 말씀하신다. 즉, 그리스도께서 주신 계명을 지키는 데 전념하라고 말이다. 이것은 참으로 유용한 가르침이다. 그리스도를 사랑하는 것처럼 보이는 사람들 중에서 그분을 올바르게 공경하는 사람이 극히 드물기 때문이다. 반대로 그들은 작고 사소한 일을 하고 나서는 자기만족에 빠져 스스로 우쭐해한다. 그러나 그리스도를 사랑하는 참 사랑은 그분의 가

르침을 유일한 규율로 삼아 지키는 것으로 결정된다. 또한 여기서 우리는 우리의 감정이 얼마나 죄로 물들어 있는지 경고를 받게 된다. 그리스도를 향한 우리의 사랑조차도 순전한 순종과 결합이 되어야만 흠이 없는 것이 되기 때문이다.

16 내가 아버지께 구하겠으니 그리스도께서는 자신이 제자들을 떠나게 될 때 그들이 느낄 슬픔을 달래기 위하여 구제책으로 이 말씀을 주신다. 동시에 주님은 제자들에게 자신의 계명을 지킬 힘을 주겠다고 약속하신다. 그렇지 않다면 이 권면은 별 효과가 없었을 것이다. 그래서 그리스도께서는 비록 자신이 몸으로는 그들을 떠나 있지만 결코 아무런 도움도 주지 않은 채 그들을 내버려두지는 않을 것이라고 서둘러 말씀하신다. 그리스도께서는 그분의 영靈으로써 제자들과 함께 있을 것이기 때문이다.

여기서 그리스도는 성령을 '아버지의 선물'이라고 부르시는데, 그것은 그분이 아버지께 기도하여 얻게 될 선물이다. 그러나 다른 성경 본문에서 그리스도께서는 자신이 친히 성령을 주겠다고 약속하신다(16:7). 두 주장 모두 참이며 적절하다. 그리스도께서 우리의 중보자이시고 중재자이시므로, 그분은 아버지에게서 성령의 은혜를 얻으신다. 또한 그리스도 자신이 하나님이시기에, 그분은 자신이 직접 그 은혜를 주신다. 그러므로 이 구절의 의미는 다음과 같다.

"아버지께서 너희에게 나를 보혜사로 주셨다. 하지만 그것은 잠시뿐이었다. 이제 내가 내 직책을 수행하겠다. 내가 아버지께 또 다른 보혜사를 주시도록 기도할 것이다. 잠시 동안 계실 보혜사가 아니라 너희와 함께 영원히 계실 보혜사 말이다."

그가 또 다른 보혜사를 너희에게 주사 여기에서 '보혜사'(Comforter, Paracletus)는 그리스도와 성령 모두에게 적용된다. 그리스도와 성령 모두 우리를 지키심으로 우리를 위로하고 권면하고 보호하시는 일을 하시기 때문이다. 그리스도께서는 세상에 사시는 동안 자기 백성의 '보호자'(보혜사)가 되셨다. 그 후에 그분은 자기 백성들을 성령(또 다른 보혜사)의 보호에 맡기셨다. 오늘날 우리는 '그리스도의 보호 아래'(sub Christi clientela) 있지 않은 것이 아니냐는 질문이 제기될 수 있을 것이다. 이 질문에 대답하기는 쉽다. 그리스도는 영원한 보호자이시다. 하지만 보이는 방식으로 그 직분을 수행하시는 것은 아니다. 그분이 세상에 계시는 동안에는 누구나 볼 수 있는 방법으로 자기 백성의 보호자로 자신을 나타내셨다. 그러나 이제는 '그분의 영'(성령)으로써 우리를 보호하신다.

그리스도께서 성령을 가리켜 '또 다른' 보혜사라고 부르신 것은 우리가 각각의 보혜사에게서 받는 복이 다르기 때문이다. 그리스도만의 독특한 사역은 세상 죄를 위해 대속(代贖)하심으로써 하나님의 진노를 누그러뜨리고, 사람들을 사망에서 구원하며, 의(義)와 생명을 얻게 하는 것이었다. 반면에 성령의 사역은 우리를 그리스도 자신뿐만 아니라 그분의 모든 복에 참여하게 하는 것이다. 이러한 사실로부터 그리스도와 성령의 차이를 추론해내는 것은 합당하다. 성령 안에는 성령을 아들과 '또 다른' 분이라고 구별할 만한 어떤 특성이 존재하기 때문이다.

17 그는 진리의 영이라 그리스도께서는 성령에게 '진리의 교사'(magister veritatis)라는 또 다른 칭호를 부여하신다. 이 사실에서 우리는 다음과 같은 결론을 내릴 수 있다. 우리가 성령께 내적으로 가르침을 받기 전에는 우리의 모든 마음(정신)이 허영과 거짓에 붙들려 있다고 말이다.

세상은 능히 그를 받지 못하나니 이 대조는 하나님께서 택한 사람들에게만 부여하시는 그분의 은혜가 얼마나 놀라운지 강조한다. 그리스도께서는 그 은혜가 세상이 가질 수 없는, 결코 평범한 선물이 아니라는 의미로 말씀하신다. 이런 의미에서 이사야서 60장 2절도 다음과 같이 말한다.

"보라 어둠이 땅을 덮을 것이며 캄캄함이 만민을 가리려니와 오직 여호와께서 네 위에 임하실 것이며 그의 영광이 네 위에 나타나리니."

하나님께서 온 세상 위에 뛰어난 독특한 권리로 교회를 높이실 때, 교회를 향한 그분의 자비하심은 훨씬 더 찬양 받을 만하기 때문이다. 그러나 그리스도께서는 제자들에게 (세상이 일반적으로 세속적인 관점에서 그러는 것처럼) 교만해지지 말 것과 또 교만으로 인해 그들에게서 성령의 은혜를 물리치는 일이 생기지 않도록 할 것을 권고하신다.

성경이 성령에 관하여 선언하는 모든 것은 땅에 있는 사람들에게는 한낮 꿈에 불과하다. 그들은 자신의 이성理性을 의지하고 하늘의 조명을 무시하기 때문이다. 성령의 빛을 끌 수 있다고 생각하는 세상 사람들의 이러한 교만은 도처에 넘쳐난다. 하지만 우리는 우리 자신의 빈곤을 의식하고, 건전한 깨달음에 속하는 모든 것은 다른 어떤 근원에서도 나오지 않는다는 것을 알아야한다. 그리스도의 말씀은, 성령과 관련된 어느 것도 인간의 이성으로 배울 수 없으며, 오직 믿음의 경험으로만 알 수 있음을 보여주신다.

그리스도께서는 "세상은 능히 그를 받지 못하나니 이는 그를 보지도 못하고 알지도 못함이라 그러나 너희는 그를 아나니 그는 너희와 함께 거하심이요 또 너희 속에 계시겠음이라"라고 말씀하신다. 그러므로 우리 속에 거하심으로써 우리에게 성령님 자신을 알리시는 분은 성령뿐이시다. 그 외의 방법으로는 성령을 알 수도 없고 이해할 수도 없기 때문이다.

18 내가 너희를 고아와 같이 버려두지 아니하고 이 구절은 인간이 어떤 존재인지 그리고 성령의 보호가 없이 인간이 무엇을 할 수 있는지를 가르쳐준다. 인간은 온갖 종류의 속임과 불의에 노출되어 있고 자신을 통제할 수 없는, 한마디로 말해서 스스로는 아무것도 할 수 없는 고아와 같은 존재이다. 이와 같은 커다란 약점을 치유하는 유일한 방책은 그리스도께서 그분이 약속하신 그분의 영(성령)으로 우리를 다스리시는 것이다. 그래서 우선 그리스도께서는 제자들이 스스로를 의지하지 않고 그분의 보호만 의지하도록, 그들이 약한 존재들임을 상기시키신다. 다음으로 그리스도께서는 제자들에게 치

유책을 약속하시면서 소망을 불러일으키신다. 그분은 그들을 결코 홀로 내버려두지 않겠다고 약속하신다. 그리스도께서 "너희에게로 오리라"라고 말씀하실 때, 그분은 자신이 어떤 방식으로 자신의 백성들 안에 거주하시며 모든 것을 충만케 하실지 보여주신다. 바로 그분의 영의 능력으로써 그렇게 하신다. 그러므로 성령의 은혜는 그리스도의 신성神性에 대한 탁월한 증거라는 것이 분명하다.

19 조금 있으면 세상은 다시 나를 보지 못할 것이로되 너희는 나를 보리니 이는 내가 살아 있고 너희도 살아 있겠음이라 **20** 그날에는 내가 아버지 안에, 너희가 내 안에, 내가 너희 안에 있는 것을 너희가 알리라 요 14:19,20

19 조금 있으면 그리스도께서는 계속해서 이 특별한 은혜를 자랑하신다. 그것은 제자들의 슬픔을 덜어주고, 나아가서 그 슬픔을 없애주기에 충분한 은혜임이 분명하다. 그분의 말씀은 이렇게 풀어 쓸 수 있다.

"세상의 눈으로 볼 때 내가 떠나가더라도, 여전히 나는 너희와 함께 있을 것이다."

하지만 만일 우리가 그리스도의 이 비밀스러운 시각視覺을 향유하기 원한다면, 그분의 임재나 부재를 세상적인 이해로 판단해서는 안 되며 믿음의 눈으로 부지런히 그분의 능력을 바라보아야 한다. 이런 식으로 신자들은 늘 그분의 영(성령)으로 그리스도의 임재를 누리며 그분을 본다. 비록 물리적으로는 그분과 떨어져 있다고 하더라도 말이다.

이는 내가 살아 있고 이 말씀에는 두 가지 의미가 있을 수 있다. 앞의 문장을 확증하는 것일 수도 있고, 아니면 앞의 문장과 별개로 읽어서 그리스도께서 살아 계시기 때문에 신자들이 살 것이라는 의미일 수도 있다. 나는 첫 번째 의미가 바르다고 생각한다. 우리가 이 구절에서 그리스도께서 살아 계신 것이 우리가 사는 것의 원인이라는 다른 교리를 유추해낼 수도 있겠지만 말이다.

먼저 그리스도께서는 왜 제자들은 자신(그리스도)을 볼 수 있는데 세상은 볼 수 없는지 그 구별의 이유를 지적하신다. 그것은 영적인 생명에 의해서만 그리스도를 볼 수 있는데, 세상은 그 생명이 없기 때문이다. 세상은 그리스도를 보지 못한다. 하지만 이것은 전혀 놀랄 만한 일이 아니다. 세상이 죽음을 초래할 정도로 눈이 멀었다는 것(mors caecitatis)이 그 원인이기 때문이다. 그러나 사람이 성령에 의해 살기 시작하는 순간, 그는 즉시 그리스도를 보는 눈을 얻는다. 이것은 우리의 생명이 그리스도의 생명과 연합되기 때문이고, 샘에서 물이 솟는 것처럼 그분의 생명에서부터 우리의 생명이 흘러나오기 때문이다. 우리는 본질적으로 죽은 존재들이다. 그리고 우리가 가지고 있다고 위안을 삼는 생명은 최악의 죽음이다. 그러므로 그것이 생명을 얻는 문제인 경우, 우리의 눈은 반드시 그리스도를 바라보아야 하며, 그분의 생명이 믿음으로 말미암아 우리에게 전수되어야만 한다. 그래야 우리의 양심은, 그리스도가 살아 계시는 동안 우리가 모든 멸망의 위험에서 자유롭게 된다는 것을 확신할 수 있다. 그리스도의 지체들이 죽는다면 그분의 생명은 무가치한 것이 되리라는 것은 불변의 사실이기 때문이다.

20 그날에는 많은 사람들이 여기에서 말하는 '그날'이 오순절을 가리킨다고 생각한다. 하지만 오히려 '그날'은 그리스도께서 자신의 영의 능력을 주시는 때로부터 마지막 부활에 이르기까지 중단되지 않는 과정을 의미한다. 그 당시 제자들은 그리스도께서 말씀하신 연합에 대해서 알기 시작했다. 하지만 그 지식은 매우 약하고 초보적인 것이었다. 아직 성령께서 그들 속에서 강력하게 역사하지 않으셨기 때문이다. 예수님의 말씀의 취지는 이것이다. 즉, 우리의 어리석은 사색으로는 우리와 그리스도 사이의 연합, 그리고 다시 그리스도와 아버지 사이의 거룩하고 신비한 연합을 알 수가 없다. 다만 그리

스도께서 성령의 비밀스러운 능력으로 자신의 생명을 우리에게 부어주실 때에만 이러한 연합을 알 수 있다. 이것이 바로 내가 바로 앞에서 언급한 믿음의 경험이다.

아리우스파 사람들은 그리스도께서 참여와 은혜로써만 하나님이 되신다는 것을 증명하는 데 이 증언을 사용한다. 하지만 그들의 재잘거림을 논박하기는 쉽다. 그리스도께서는 단지 그분의 영원한 본질을 이야기하시는 것이 아니라, 그분 안에 나타난 신적神的 능력을 천명하고 계시기 때문이다. 아버지께서 아들 안에 복의 모든 충만함이 있게 하신 것처럼, 아들은 자신을 전적으로 우리에게 주셨다. 그분의 몸에 접붙임을 받은 우리가 그분의 모든 의로움과 모든 복에 참여하기 때문에, 우리는 '그리스도 안에 있다'고 한다. 그리스도께서는 자신이 우리 생명의 창조자이며 원인이시라는 사실을 성령의 능력으로 분명하게 보여주시기 때문에 '우리 안에 계신다'고 말씀하신다.

21 나의 계명을 지키는 자라야 나를 사랑하는 자니 나를 사랑하는 자는 내 아버지께 사랑을 받을 것이요 나도 그를 사랑하여 그에게 나를 나타내리라 22 가룟인 아닌 유다가 이르되 주여 어찌하여 자기를 우리에게는 나타내시고 세상에는 아니하려 하시나이까 23 예수께서 대답하여 이르시되 사람이 나를 사랑하면 내 말을 지키리니 내 아버지께서 그를 사랑하실 것이요 우리가 그에게 가서 거처를 그와 함께 하리라 24 나를 사랑하지 아니하는 자는 내 말을 지키지 아니하나니 너희가 듣는 말은 내 말이 아니요 나를 보내신 아버지의 말씀이니라 요 14:21-24

21 나의 계명을 지키는 자라야 그리스도께서는 우리가 그분을 사랑하는 확실한 증거가 그분의 계명을 지키는 것이라는 앞에서의 주장을 되풀이하신다. 제자들에게 이 사실을 자주 상기시키시는 이유는 그들로 하여금 이 목표에서 벗어나지 않도록 하기 위함이다. 사실 우리는 너무도 쉽게 세상적

인 태도에 빠져, 그리스도라는 미명하에 그리스도가 아닌 것을 사랑하기 일 쑤이다. 이것은 사도 바울이 고린도후서 5장 16,17절에서 주장한 것이기도 하다.

"비록 우리가 그리스도도 육신을 따라 알았으나 이제부터는 그같이 알지 아니하노라 그런즉 누구든지 그리스도 안에 있으면 새로운 피조물이라."

그분의 계명을 가진다는 것은[한글 개역개정성경에는 "나의 계명을 지키는 자"라고 되어 있으나, 칼빈은 '나의 계명을 갖고 지키는 자'(He that hath my commandments, and keepeth them)라고 읽는다 - 역자 쥐 그 계명으로 바르게 교훈을 받는다는 의미이다. 그것을 지킨다는 것은 우리 자신과 우리의 삶을 그 규율에 맞춘다는 의미이다.

나를 사랑하는 자는 내 아버지께 사랑을 받을 것이요 그리스도께 서는 마치 하나님께서 우리를 사랑하시기 이전에 우리가 그분을 사랑한 것처 럼 말씀하신다. 그러나 이런 일은 있을 수 없다. 우리가 원수 되었을 때 하나 님께서 우리를 그분 자신과 화목하게 하셨기 때문이다(롬 5:10). 또한 요한의 잘 알려진 말씀처럼, "사랑은 여기 있으니 우리가 하나님을 사랑한 것이 아니요 하나님이 우리를 사랑하사 우리 죄를 속하기 위하여 화목제물로 그 아들을 보내셨음이라"(요일 4:10). 그러나 그리스도의 이 말씀은 원인과 결과에 관한 논 의가 아니다. 그러므로 우리가 그리스도를 사랑하는 것이 하나님께서 우리 를 사랑하신 것보다 앞선다고 하는 것은 잘못된 추론이다. 그리스도의 말씀 은, 하나님을 사랑하는 모든 사람들이 복을 받을 것이라는 의미일 뿐이다. 그 분을 사랑하는 사람은 거꾸로 그리스도와 아버지에게서 사랑을 받게 되기 때 문이다. 우리가 그리스도를 사랑할 때 하나님께서 그들을 사랑하기 시작하 신다는 것이 아니라, 그리스도를 사랑하는 사람들의 가슴에는 그분의 아버지 의 사랑에 대한 증거가 새겨져 있다는 의미이다.

나도 … 그에게 나를 나타내리라 이 구절에도 같은 의미가 들어 있다. 지식이 사랑보다 앞선다는 것은 의문의 여지가 없다. 하지만 여기서 그리스도의 말씀은, 그분의 교훈을 순전하게 지키는 사람들에게 날마다 믿음의 진보를 이루게 해주시겠다는 뜻이다. 즉, "내가 그들을 나에게 좀 더 가까이 그리고 좀 더 친밀하게 오게 할 것이다"라는 말이다. 이 사실에서 우리는 경건의 열매가 그리스도를 아는 지식에서 진보를 나타내는 것이라고 결론 내릴 수 있다. 그분을 아는 지식이 있는 사람에게 경건의 열매를 맺게 하시겠다고 약속하신 그리스도께서는 외식하는 사람들을 저버리시고, 복음의 교훈을 전심으로 받아들이고 자신을 그 교훈에 전적으로 순종하는 모든 사람들을 믿음에 발전이 있게 하신다. 많은 사람들이 실족하는 이유가, 그리고 우리가 바른 길에서 행하는 사람들을 열 명 가운데 한 명도 발견하지 못하는 이유가 바로 여기에 있다. 절대 다수의 사람들은 그리스도께서 자신을 계시할 가치가 없는 사람들이다. 또한 여기서 주목해야 할 사실은 그리스도를 아는 지식이 충만할수록 우리에게는 그리스도의 사랑이라는 놀라운 보상이 주어진다는 사실이다. 이것은 측량할 수 없을 정도로 귀한 보화라는 결론이 나온다.

22 가룟인 아닌 유다가 이르되 유다는 그리스도께서 왜 그분의 빛을 소수의 사람들에게만 비추시는지를 여쭈었다. 이것은 납득할 만한 질문이다. 그리스도께서는 의義의 태양이시며, 그분으로 말미암아 온 세상이 빛을 받아야 하기 때문이다. 그러므로 그리스도께서 소수의 사람에게만 빛을 비추시고 그분의 밝은 빛을 어느 곳에나 차별 없이 비추지 않으시는 것은 일관성이 없어 보일 수 있다. 그리스도의 대답으로 전체 문제가 해결되지는 않는다. 거기에는 왜 그리스도께서 자신을 소수에게만 나타내시고 대부분의 사람들에게는 감추는지에 대한 제일 중요한 원인이 언급되지 않았기 때문이다. 우리가 확실하게 말할 수 있는 것은, 그분이 처음에는 모든 사람을 똑같이 보셨다는 사실이다. 즉, 전적으로 그리스도에게서 멀리 떠나 있는 존재들로 보셨다. 그러므로 처음에 그리스도께서는 자신을 사랑하는 사람을 선택할 수가 없으셨다. 오히려 원수들 중에서 사람들을 선택하셨다. 그리스도께서 그분을 사랑하도록 그 마음을 굴복시킨 사람들 말이다.

하지만 그리스도께서는 지금 이 구절에서 이러한 구별에 대해서 다루려고 하신 것은 아니다. 그것은 그분이 목표하신 바와 거리가 멀다. 그리스도의 목적은 제자들을 격려하여 경건함이 무엇인지 숙고하게 함으로써 믿음에 큰 진보를 이루도록 하려는 데 있다. 그러므로 그분은 복음의 교훈을 지키는 것을 기준으로 제자들을 세상과 구별하는 것으로 만족하신다.

이 구별의 표시는 믿음이 시작된 이후에 나타난다. 복음의 교훈을 지키는 것은 부르심을 받은 결과이기 때문이다. 그리스도께서는 성경 다른 곳에서 제자들이 '은혜로' 부르심을 받았다고 말씀하셨다. 나중에 주님은 그들에게 이 사실을 상기시키실 것이다. 하지만 지금 주님은 그들에게 자신의 교훈을 지키라고, 스스로 경건함에 이르라고 명령하신다. 이 말씀을 통해 우리가 어떤 방식으로 복음에 순종하는 것이 옳은지를 보여주시는 것이다. 즉, 우리의 섬김과 외적인 행동들이 그리스도를 사랑하는 마음에서 나올 때 그것이 바로 복음에 진정으로 순종하는 것이다. 하나님의 사랑이 우리의 마음을 다스려서 우리의 외적인 지체들을 주관하지 않는다면, 우리의 팔과 발과 온몸이 행하는 것은 헛수고가 되기 때문이다. 그리고 우리가 그리스도를 사랑하는 경우에만 그분의 계명들을 지킨다는 것은 확실하다. 그러므로 그리스도를 향한 완전한 사랑은 이 세상 어디에서도 찾을 수 없다는 것이 당연하다. 그리스도의 계명을 완전하게 지키는 사람은 한 명도 없기 때문이다. 하지만 하나님께서는 이러한 목표에 도달하려고 애쓰는 사람들의 순종을 기뻐하신다.

23 내 아버지께서 그를 사랑하실 것이요 우리의 경건이 하나님의 사랑을 일으키는 것인 양, 그분의 사랑을 순서상 두 번째로 놓아서는 안 된다는 것은 앞에서 이미 설명했다. 그러나 신자들은 복음에 순종하는 것이 하나님을 기쁘시게 하는 것임을 완전히 확신할 수 있으며, 계속해서 하나님으로부터 새로운 많은 선물들을 기대할 수 있다.

우리가 그에게 가서 거처를 그와 함께 하리라 그리스도를 사랑하는 사람은 하나님의 은혜가 자기 안에 거한다는 것을 느낄 것이며, 매일 하나님의 선물을 점점 더 많이 받게 될 것이다. 그러므로 지금 그리스도께서는 우리가 태어나기 전에, 아니 심지어 세상이 창조되기도 전에 그분이 우리에게 가지셨던 영원한 사랑에 대해 말씀하시는 것이 아니라, 우리를 그분의 양자로 삼으셨을 때 우리 마음에 인印 치신 그 사랑에 대해 말씀하시는 것이다. 또한 그리스도께서는 첫 번째 조명하심에 대해서가 아니라 신자들이 계속해서 앞으로 나아가야 하는 신앙의 정도에 대해서 말씀하신다. "무릇 있는 자는 받아 넉넉하게 되되"(마 13:12)라는 말씀처럼 말이다.

이런 의미에서 교황주의자들이 이 구절에서 하나님을 향한 우리의 사랑이 이중적이라고 추론한 것은 잘못이다. 그들은 하나님께서 그분의 성령으로 우리를 거듭나게 하시기 전에 우리가 나면서부터 하나님을 사랑하며, 이것을 중생의 은혜를 받기 위한 준비라고 생각한다. 마치 성경 도처에서 하나님께서 우리 마음을 변화시키기 전까지 모든 사람이 하나님에게서 멀리 떠나 있으며 그분을 미워하는 오염된 마음으로 가득 차 있음을 가르치지 않거나 혹은 우리의 경험이 그런 사실을 분명하게 말해주지 않는 듯이 말이다. 그러므로 우리는 그리스도께서 이 구절에서 의도하신 바, 신자들이 그분의 은혜를 계속해서 신뢰하는 일을 더욱 견고하게 하기 위해서 그리스도와 아버지 하나님께서 그들에게 오실 것임을 분명히 기억해야 한다.

24 나를 사랑하지 아니하는 자는 신자들은 이 세상에서 불신자들과 함께 섞여 있으면서, 거친 바다에서처럼 온갖 폭풍에 휩쓸릴 것이 분명하다. 그래서 그리스도께서는 그들이 나쁜 행실에 영향을 받아 곁길로 가지 않도록 다시 한 번 이 권면의 말씀으로 그들을 붙잡아주신다. 그분의 말씀의 의미는 이렇다.

"세상을 바라보지 말며, 세상을 의지하지 말라. 나와 내 교훈을 멸시하는 사람들은 늘 있을 것이다. 너희는 이미 받은 은혜를 끝까지 굳게 지켜라."

동시에 그리스도께서는 세상이 그 배은망덕함 때문에 공의롭게 심판 받을 것이라고 암시하신다. 세상은 앞을 보지 못하는 중에 망할 것이다. 세상은 참된 의義를 멸시함으로써 그리스도를 거슬러 불경건한 증오를 발했기 때문이다.

너희가 듣는 말은 제자들이 세상의 외고집 때문에 낙망하거나 흔들리지 않게 하기 위해서, 그리스도께서는 자신의 교훈이 하나님에게서 나온 것이며 인간에게 속한 것이거나 땅에서 만든 것이 아니라고 증언하심으로써 그 권위를 다시 한 번 주장하신다. 우리 믿음의 견고함은 하나님이 우리의 지도자이시라는 사실과 우리가 그분의 영원한 진리에만 터를 두고 있다는 것을 아는 데 있다. 그러므로 세상이 부끄러운 줄도 모르고 아무리 분노한다고 하더라도, 우리는 하늘과 땅을 초월하는 그리스도의 교훈을 따르자. 그리스도께서 그 말씀이 자신의 말씀이 아니라고 하실 때, 자신을 제자들의 눈높이에 맞추어서 말씀하시는 것이다. 그분은 자신이 아버지에게서 받은 것을 제자들에게 신실하게 전달했기 때문에, 그 말씀이 사람의 말이 아니라고 말씀하시는 것 같다. 하지만 우리는 그리스도께서 하나님의 영원한 지혜이시므로, 그분이 모든 교리의 유일한 원천이라는 것과 처음부터 있었던 모든 선지자들이 그분의 영靈으로 말미암아 말했다는 것을 안다.

25 내가 아직 너희와 함께 있어서 이 말을 너희에게 하였거니와 26 보혜사 곧 아버지께서 내 이름으로 보내실 성령 그가 너희에게 모든 것을 가르치고 내가 너희에게 말한 모든 것을 생각나게 하리라 27 평안을 너희에게 끼치노니 곧 나의 평안을 너희에게 주노라 내가 너희에게 주는 것은 세상이 주는 것과 같지 아니하니라 너희는 마음에 근심하지도 말고 두려워하지도 말라 28 내가 갔다가 너희에게로 온다 하는 말을 너희가 들었나니 나를 사랑하였더라면 내가 아버지께로 감을 기뻐하였으리라 아버지는 나보다 크심이라 요 14:25-28

25 이 말을 너희에게 하였거니와 제자들이 그리스도의 말씀에서 마땅히 얻어야 할 유익을 얻지는 못했지만, 그리스도께서는 어찌 되었든지 그들이 실망하지 않도록 이 말씀을 더하신다. 사실 그리스도께서는 이때 교훈의 씨앗을 뿌리신 것이다. 일정 기간 제자들 안에 감춰져 있어 자라지 않을 그 씨앗을 말이다. 그래서 주님은 제자들에게 지금은 소용없어 보일지 모르는 교훈이 열매를 맺게 될 때까지 소망을 가지라고 권하신다. 한마디로 말해서, 그리스도께서는 제자들에게 그들이 들은 교훈에서 풍성한 위로를 받고 다른 곳에서 위로를 찾지 말라고 말씀하신 것이다. 그리고 만일 이것이 제자들에게 즉각 분명하게 나타나지는 않는다고 해도, 내면의 교사(interior magister)이신 성령께서 그들의 마음에 동일한 것을 말씀하실 때까지 용기를 굳게 하라고 명령하신다. 이 권면은 모든 사람에게 매우 유용하다. 만일 우리가 그리스도께서 가르치시는 것을 즉시 이해하지 못한다면, 우리는 지치기 시작할 것이고 모호한 것을 알려고 마지못해 무익한 수고를 하게 될 것이기 때문이다. 하지만 우리는 가르침을 받고자 하는 강한 열정을 보여야 한다. 우리가 하나님의 학교에서 올바로 성장하기를 원한다면 열심히 듣고 주의를 기울여야 한다. 무엇보다도 우리는 인내할 필요가 있다. 읽고 들어도 무슨 말인지 모르는 것을 자주 접한다 하더라도 그것을 성령께서 분명하게 해주실 때까지 말이다.

26 성령 그가 너희에게 모든 것을 가르치고 … 생각나게 하리라 이 말씀이 우리 모두에게 하신 것임을 기억하자. 배움의 열정이 우리 속에서 식지 않고 또 그리스도의 말씀의 의미를 즉시 깨닫지 못할 때 낙망하지 않도록 하기 위해서 말이다. 이사야 선지자는 하나님의 말씀이 믿지 않는 사람들에게는 봉한 책과 같을 것이라는 심판의 내용으로 불신자들에게 경고하였다. 하지만 주님은 자신의 백성들도 종종 이런 식으로 겸손하게 하신다. 그러므로 우리는 계시의 때까지 인내하며 잠잠히 기다리고 하나님의 말씀을 저버리지 말아야 한다. 그리스도께서 사도들에게, 그들이 주님에게서 직접 배운

것을 가르치는 것이 성령의 특별한 사역이라고 선언하실 때, 우리는 성령의 가르침이 동반되지 않는다면 외적인 설교는 소용이 없고 헛되다는 결론을 내릴 수 있다. 그래서 하나님께서는 두 가지 방법으로 우리를 교훈하신다. 즉, 사람들의 입으로 우리의 귀를 울리기도 하시고, 그분의 영으로 말미암아 우리에게 내적으로 말씀하기도 하신다. 하나님께서 적합하다고 생각하시는 대로 이 두 가지 일을 동시에 하기도 하시고 다른 시간에 하기도 하신다.

하지만 그리스도께서 약속하신 성령께서 가르치실 이 '모든 것'이 무엇을 가리키는지 살펴보자. 그리스도께서는 '내가 말한 모든 것'을 성령께서 생각나게 하실 것이라고 말씀하신다. 그러므로 이것은 그리스도께서 새로운 계시를 주시겠다는 의미가 아니라는 것을 알 수 있다. 사탄이 성령의 권위를 가장하여 처음부터 교회에 들여놓은 온갖 새로운 것들을 우리는 이 한마디 말씀으로 논박할 수 있을 것이다.

모하메드와 교황은 동일하게 다음과 같은 종교적인 원리를 주장한다. 성경에는 완벽한 교리가 들어 있지 않으며 좀 더 고차원적인 것은 성령에 의해 계시되어 왔다고 말이다. 재세례파와 자유주의자들은 오늘날에도 동일한 수로水路에서 그들의 미친 짓거리를 끌어온다. 그러나 복음과 전혀 낯선 어떤 것을 새롭게 만드는 영은 속이는 영이지 그리스도의 영이 아니다. 그리스도께서는 복음의 교훈을 확증하실 성령을 약속하시기 때문이다. 성령님은 복음의 교훈을 인印 치신다. 나는 이미 앞에서 아버지께서 그리스도의 이름으로 성령을 보내신다는 것이 무슨 의미인지를 설명했다.

27 평안을 너희에게 끼치노니 그리스도께서 '평안'이라는 단어로 의미하신 것은 사람들이 만나거나 헤어질 때 서로 빌어주는 번영prosperity이다. 히브리어 '평안'(샬롬, shalom)의 의미가 바로 이것이다. 그래서 그리스도께서는 이스라엘 나라의 일상적인 풍습에 따라, "내가 너희에게 나의 마지막 인사말farewell을 남긴다"라고 말씀하시는 것이다. 하지만 주님은 바로 이어 이 평안이 사람들 사이에 통상적으로 존재하는 것과는 다르다는 말을 덧붙이신다.

대부분의 경우 사람들은 '평안'이라는 말을 냉정한 공손 정도로만 언급하기 때문이다. 또한 설령 다른 사람에게 진지하게 평안을 빈다고 하더라도, 사람들이 실제로 그 평안을 주지는 못하기 때문이다. 하지만 그리스도께서는 제자들에게 자신의 평안이 단순하고 공허한 소망이 아니라 그 효과가 수반되는 평안이라고 말씀하신다. 한마디로 말해서, 그리스도께서는 몸으로는 제자들을 떠나가지만 자신의 평안이 제자들과 함께 있을 것이라고 말씀하신 것이다. 다른 말로 표현하자면, 제자들은 늘 그리스도께서 주시는 복으로 행복할 것이다.

너희는 마음에 근심하지도 말고 그리스도께서는 자신이 떠나는 것 때문에 제자들이 놀라는 것에 대해 놀랄 이유가 없다고 다시 바로잡아주신다. 그리스도께서는 단지 몸으로 계시지 않는 것뿐이며, 제자들은 성령을 통하여 그분의 진정한 임재를 누릴 것이기 때문이다. 우리 역시 그리스도께서 이런 식으로 임재하시는 것에 만족하고 육체적인 것에 굴하지 않는 법을 배우자. 육체는 항상 외적인 무언가를 만들어내서 하나님을 거기에 묶어둔다.

28 나를 사랑하였더라면 제자들이 그리스도를 사랑했다는 것은 의심의 여지가 없다. 하지만 그들이 마땅히 품었어야 하는 사랑의 태도를 가졌던 것은 아니다. 그들의 사랑에는 세상적인 것이 섞여 있었다. 그래서 제자들은 그리스도와 헤어지는 것을 견딜 수가 없었다. 제자들이 그리스도를 영적으로 사랑했더라면, 그들은 그리스도께서 아버지께로 가시는 것을 진정으로 바랐을 것이다.

아버지는 나보다 크심이라 이 구절은 다양한 방법으로 곡해되어 왔다. 아리우스파 사람들은 그리스도께서 하나님보다 열등하다는 것을 증명하려고 그분이 아버지보다 낮은 존재라고 주장했다. 이와 같은 비뚤어진 해석에 대한 구실을 없애기 위해서 정통적인 교부敎父들은 이것이 그리스도의 인성人

性을 언급하는 것이라고 말했다. 하지만 비록 아리우스파 사람들이 이러한 증거를 악한 의도로 남용했다고 하더라도, 교부들의 해결책은 바르지도 않았을 뿐더러 이 구절에 적절하지도 않다. 그리스도께서는 지금 그분의 인성人性이나 영원한 신성神性에 대하여 말씀하시는 것이 아니라, 우리의 연약함을 위해 하나님과 우리 사이를 친히 중재하고 계시는 것이기 때문이다. 사실 우리가 하나님이 계신 높은 곳에 닿을 수 없기 때문에, 그리스도께서 우리를 그 위치로 올리려고 친히 우리에게 내려오신 것이다. 그리스도께서 하신 말씀을 풀어 쓰면 이렇다.

"너희는 내가 아버지께 돌아가는 것을 기뻐해야 했다. 이것이 바로 너희가 이루려고 힘써야 할 궁극적인 목표이기 때문이다."

그리스도께서는 이 말씀을 통해, 그분이 아버지와 다른 분이라는 것을 보여주시는 것이 아니라 왜 그분이 우리에게 내려오셨는지를 보여주신다. 즉, 그분은 우리를 하나님과 연합시키기 위해 오신 것이다. 우리는 그 목표에 도달하기까지 중간 궤도에 서 있다고 말할 수 있다. 그리스도께서 우리를 하나님께로 인도하지 않으신다면, 우리는 단지 '반쪽 그리스도'(a semi-Christ)이신 불완전한 그리스도를 상상할 뿐이다.

바울도 이와 비슷한 내용을 고린도전서 15장 24,28절에서 제시한다. 거기에서 바울은 그리스도께서 "나라를 아버지 하나님께 바칠" 것이며, "이는 하나님이 만유의 주로서 만유 안에 계시려 하심이라"라고 말한다. 그리스도께서는 진정으로 통치하신다. 그분의 인성으로만 아니라 육체로 나타나신 하나님으로서도 그렇게 하신다. 그러므로 그분이 어떤 방법으로 그 나라를 아버지께 바칠 것인가? 지금은 그리스도의 얼굴에만 나타나는 신성이 그때에는 그분 안에서 누구나 볼 수 있게 될 것이다. 단지 차이가 있다면 바울은 신적神的인 광채의 가장 완벽함을 묘사하고 있다는 점이다. 그 광채는 그리스도께서 하늘에 올라가신 때부터 비추기 시작했다.

이 문제를 좀 더 분명하게 하기 위해 우리는 좀 더 단도직입적으로 말할 필요가 있다. 그리스도께서는 여기에서 아버지의 신성과 자신의 신성을 비교하시거나 그분 자신의 인성과 아버지의 신적 본질을 비교하시는 것이 아니라, 그분의 현재 상태와 그분이 잠시 후에 받으실 하늘에 속한 영광을 비교하시는 것이다. 그리스도께서 말씀하시는 내용을 이런 식으로 다시 쓸 수 있다.

"너희는 나를 세상에 계속 붙잡아두려 하는구나. 그러나 내가 하늘에 올라가는 것이 더 낫다."

그러므로 육체로 낮아지신 그리스도를 있는 그대로 보는 법을 배우자. 그분은 우리를 복된 불멸의 샘으로 인도하실 것이다. 그분은 단지 우리를 달이나 해의 영역으로 이끌기 위해서가 아니라, 우리를 하나님 아버지와 하나가 되게 하시기 위해 우리의 지도자로 지명되셨다.

> 29 이제 일이 일어나기 전에 너희에게 말한 것은 일이 일어날 때에 너희로 믿게 하려 함이라 30 이후에는 내가 너희와 말을 많이 하지 아니하리니 이 세상의 임금이 오겠음이라 그러나 그는 내게 관계할 것이 없으니 31 오직 내가 아버지를 사랑하는 것과 아버지께서 명하신 대로 행하는 것을 세상이 알게 하려 함이로라 일어나라 여기를 떠나자 하시니라 요 14:29-31

---

29 이제 … 너희에게 말한 것은 제자들은 이 문제에 대해 자주 경고를 받아야 했다. 이 문제는 사람들이 파악할 수 없는 신비이기 때문이다. 그리스도께서는 앞으로 일어날 일에 대하여 미리 말하여, 그 일이 발생할 때 제자들로 하여금 믿게 하려 하신다고 주장하신다. 제자들이 그리스도의 예언을 기억하고 그분의 입을 통해 직접 들은 바가 자기들 눈앞에서 이루어지는 것을 볼 때, 그들의 믿음은 더욱 돈독해졌을 것이다. 하지만 이것은 동시에 일종의 양보로 보인다. 그리스도께서는 이런 식으로 말씀하신다.

"너희가 아직은 이 심오한 비밀을 이해할 수 없겠지만, 이 일이 일어나기 전까지 얼마든지 양해해주겠다. 장차 내가 말한 대로 이루어지면 지금 내가 교훈한 것이 참이라는 것이 입증될 것이다."

그 당시에는 그리스도께서 듣지 못하는 자에게 노래하는 것과 같았지만, 나중에는 그분의 말씀이 공중에 뿌려진 것이 아니라 땅에 떨어진 씨앗이라는 것이 드러났다. 지금 여기에서 그리스도가 그분의 말씀과 사건의 성취에 관하여 언급하시는 것처럼, 그분의 죽음과 부활과 승천은 우리 속에서 믿음을 낳기 위해 그분의 교훈과 결합되고 하나가 된다.

30 이후에는 내가 너희와 말을 많이 하지 아니하리니 그리스도께서는 이 말씀으로 제자들이 자신에게 좀 더 관심을 기울이고 자신의 교훈을 그들의 마음에 좀 더 깊이 새겨두기를 바라신다. 물리게 먹으면 음식 맛이 없어지는 법이다. 그리고 우리는 갖고 있지 못한 것을 더욱 열렬히 바라며, 우리가 즉시 빼앗길 것을 더욱 열정적으로 쥐려고 한다. 그러므로 그리스도께서는 제자들에게 자신의 교훈을 더욱 간절히 듣게 하시려고 자신이 곧 떠나갈 것이라고 선언하신다. 물론 그리스도께서는 우리의 전 생애 동안 우리를 가르치기를 그치지 않으시겠지만, 이 주장은 우리에게도 적용될 수 있다. 우리의 생애가 짧기 때문에 우리는 주어진 기회를 잘 사용해야 한다.

이 세상의 임금이 오겠음이라 그리스도께서는 자신이 곧 죽으실 것이라고, 죽음의 때가 가까이 왔다고 단도직입적으로 말씀하실 수도 있었다. 하지만 제자들이 그분의 죽음 때문에 지나친 공포에 휩싸여 의기소침해지는 일이 없도록 하기 위해서, 그분은 미리 그들의 마음을 강하게 하시려고 이 내용을 에둘러 표현하신다. 십자가에 달리신 그분을 믿는 것은 그야말로 지옥에서 생명을 찾는 것과 같았다. 먼저 그분은 자신의 능력이 사탄에게 주어질 것이라고 말씀하신다. 그런 뒤에 그분은 자신이 떠나갈 것이라는 내용을 덧붙이신다. 어쩔 수 없어서가 아니라 아버지에게 순종하시기 위해서 말이다.

마귀는 이 세상의 임금이라고 불린다. (마니교도들이 상상하듯이) 마귀에게 하나님과 구별되는 나라가 있기 때문이 아니라, 하나님의 허락 아래 그가 이 세상에서 횡포를 부리기 때문이다. 그러므로 마귀에게 이 세상 임금이라는 칭호가 적용되는 것을 듣게 될 경우, 우리의 비참한 상황을 부끄러워하자. 사람이 아무리 고귀하다고 해도, 그들이 그리스도의 영으로 거듭나기 전에는 마귀의 소유물이기 때문이다. '세상'이라는 단어에는 온 인류가 포함되어 있다. 이처럼 무시무시한 종살이에서 우리를 구원하실 구주는 한 분밖에 안 계시다. 첫 사람의 죄 때문에 이런 징계가 내려졌고 또 새로 짓는 죄로 인해 그 징계가 날마다 더 심해진다. 그러므로 우리 자신과 우리가 지은 죄를 미워하는 것을 배우자. 우리가 이런 식으로 사탄의 통치 아래 있다고 해서, 그 (자원해서 된) 노예 상태가 우리로 비난을 면하게 해주지는 않는다. 또한 여기서는 불경건한 사람들의 활동이 마귀의 탓으로 언급되고 있음을 주목해야 한다. 그들은 사탄의 사주를 받기 때문에, 그들이 행하는 모든 것이 사탄의 일로 여겨진다.

그는 내게 관계할 것이 없으니 사탄은 아담의 죄 때문에 사망의 나라를 쥐고 있다. 그러므로 사탄은 그리스도에게 손을 댈 수가 없다. 그분은 자원해서 자신을 내어주지 않는 한 그 어떤 죄도 없으신 분이기 때문이다. 하지만 나는 이 말씀에는 통상적으로 주어지는 것보다도 더 넓은 의미가 들어 있다고 생각한다. 주석가들은 이런 식으로 설명한다. 즉, 그리스도께는 흠이나 죄가 없음으로 그분 안에는 사망의 원인이 없기 때문에 사탄이 그분 안에서 아무것도 찾지 못한다고 설명한다.

그러나 내가 판단하기에, 그리스도께서는 자신의 깨끗함뿐만 아니라 죽음의 지배를 받지 않는 그분의 신적神的인 능력도 주장하시는 것 같다. 그리스도께서, 제자들이 자신의 능력에 대해 낮게 평가하지 않도록 자신이 연약함에 좌우되지 않는다고 선언하신 것은 백번 옳은 일이다. 하지만 이 일반적인 선언에는 그분이 사탄에 의해 사망에 이르지 않는다는 내용도 포함된다. 이 사실에서 우리는 그리스도께서 죽음을 당하신 것이 우리를 대신한 것이라는 결론을 내리게 된다.

31 세상이 알게 하려 함이로라 이 말씀을 다음 구절과 연결해서 하나의 문장으로 읽는 사람들이 있다.

"세상으로 알게 하기 위해 … 일어나서 여기를 떠나자."

어떤 사람들은 이 말씀을 따로 떨어진 것으로 읽으면서 어떤 것이 생략되었다고 생각하기도 한다. 어떻게 읽든지 간에, 그것이 그 의미를 이해하는 데는 그렇게 중요하지 않다. 둘 중에 어떤 식으로 읽는 것이 좋은지는 독자들의 선택에 맡기겠다.

이 구절에서 특히 주목해야 할 것은 '하나님의 작정'이 여기에서 가장 중요한 위치를 차지한다는 사실이다. 이는 우리가, 하나님의 계획과는 다르게 그리스도께서 사탄에 의해 강제로 죽음에 끌려갔다고 생각하지 않도록 하기 위함이다. 하나님께서는 자신의 아들을 화목하게 하는 분으로 정하셨고, 그 아들의 죽음으로 세상 죄가 속죄되도록 결정하셨다. 이 목적을 이루기 위해 하나님께서는 사탄이 잠시 동안 그리스도를 제압하는 것을 허용하셨다. 마치 그가 그리스도를 이긴 것처럼 말이다. 그래서 그리스도께서는 아버지의 작정에 순종하시려고 또 그렇게 함으로써 우리의 의義를 위한 대속물pretium로 자신의 순종을 드리시려고 사탄에게 아무런 저항도 하지 않으신다.

일어나라 여기를 떠나자 하시니라 주석가들 중에는 그리스도께서 이 말씀을 하신 뒤에 그 장소를 떠나셨고 그 뒤에 이어지는 내용은 제자들과 함께 걸어가면서 말씀하신 것이라고 생각하는 사람들이 있다. 그러나 요한이 나중에 그리스도께서 제자들과 함께 나가셨다는 사실을 덧붙이고 있는 것으로 보아, 그분이 그 순간 제자들을 데리고 다른 곳으로 간 것은 아닌 것 같다. 오히려 자신이 탁월한 순종의 모범을 보여준 대로 제자들에게도 하나님께 동일하게 순종하라고 권면하기를 원하셨다고 보는 것이 더 이치에 맞다.

요한복음 15장

1 나는 참 포도나무요 내 아버지는 농부라 2 무릇 내게 붙어 있어 열매를 맺지 아니하는 가지는 아버지께서 그것을 제거해 버리시고 무릇 열매를 맺는 가지는 더 열매를 맺게 하려 하여 그것을 깨끗하게 하시느니라 3 너희는 내가 일러준 말로 이미 깨끗하여졌으니 4 내 안에 거하라 나도 너희 안에 거하리라 가지가 포도나무에 붙어 있지 아니하면 스스로 열매를 맺을 수 없음같이 너희도 내 안에 있지 아니하면 그러하리라 5 나는 포도나무요 너희는 가지라 그가 내 안에, 내가 그 안에 거하면 사람이 열매를 많이 맺나니 나를 떠나서는 너희가 아무것도 할 수 없음이라 6 사람이 내 안에 거하지 아니하면 가지처럼 밖에 버려져 마르나니 사람들이 그것을 모아다가 불에 던져 사르느니라 요 15:1-6

1 나는 참 포도나무요 이 비유의 핵심은, 우리가 그리스도에게 접붙임을 받지 않고 우리에게서 나오지 않는 새로운 능력을 그분에게서 받지 않는다면 본성상 열매를 맺지 못하는 마른 존재라는 것이다. 나는 이 문장에서 헬라어 '암펠로스'ampelos를 라틴어 '비티스'(vitis, 포도나무)로, 헬라어 '클레마타'klemata를 라틴어 '팔미테스'(palmites, 가지)로 번역하는 사람들의 번역을 따랐다. '비티스'(포도나무)는 식물 그 자체를 가리키지 포도나무가 심겨진 밭(포도원)을 가리키지 않는다. 키케로Cicero가 "pauperum agellos et viticulas"(가난한 사람들의 작은 농장

과 포도원)라고 하면서 포도밭과 포도나무를 동시에 언급한 것처럼✚ 간혹 포도나무가 '비네아'vinea를 가리키기 위해 사용되는 적도 있지만, 일반적으로 포도밭을 '비네아'라고 한다.

'팔미테스'(palmites, 가지)는 땅 위에 뻗어나온 나무의 큰 가지이다. 하지만 헬라어에서 '클레마타'가 때로는 '비티스'를, '암펠로스'가 '비네아'를 의미하는 경우가 있기 때문에, 나는 그리스도께서 자신을 포도나무가 심겨진 밭으로, 우리를 포도나무 자체로 비교하셨다는 의견으로 기운다. 하지만 나는 이 문제에 대해 논쟁하지는 않을 것이다. 단지 문맥상 더 적합하다고 생각되는 것을 따르라고 독자에게 충고하고 싶을 뿐이다.

우선 모든 비유에서 관찰할 수 있는 규칙을 기억해보자. 여기서 포도나무의 특성을 일일이 찾아서는 안 된다. 다만 그리스도께서 비교에 적용하신 대상에 대한 일반적인 시각을 취하면 된다. 여기서 주요한 부분은 다음 세 가지이다.

첫째, 우리에게는 그리스도에게서 나온 것 외에는 선을 행할 능력이 없다.

둘째, 우리가 뿌리를 그리스도에게 내릴 때 아버지께서 가지치기로써 우리를 잘 손질해주신다.

셋째, 하나님께서는 열매를 맺지 않는 가지를 잘라내어 불에 던져 태우신다.

자기에게 있는 모든 선한 것이 하나님에게서 왔다는 사실을 인정하기를 부끄러워하는 사람은 거의 없다. 그러나 그들은 그렇게 인정하고 나서 자기들이 '보편적인 은혜'(universalem gratiam)를 받았다고 생각한다. 마치 그 은혜가 자기들 속에 본성적으로 심겨진 듯이 말이다. 하지만 그리스도께서는 생명의 수액樹液이 자신에게서만 흘러나온다고 특별히 주장하신다. 여기서 사람의 본성이 열매를 맺지 못하며 그들에게는 모든 선한 것이 결핍되었다는 당연한 결론이 나온다. 그리스도 안에 심겨지기 전에는 아무도 포도나무의 특성을 보유하지 못하기 때문이다.

✚ De deorum natura 3.86.

그러나 포도나무의 특성은 '특별 은혜'(speciali gratia)로, 택함 받은 사람들에게만 주어진다. 그래서 친히 자신의 손으로 우리를 심으시는 아버지께서 모든 복을 주시는 첫 번째 분이시다. 그러나 우리가 뿌리를 그리스도 안에 내리기를 시작한다는 점에서 생명의 시작은 그리스도 안에 있다. 그리스도께서 자신을 참 포도나무라고 부르실 때, 마치 그분은 다음과 같이 말씀하시는 것 같다.

"내가 진정한 의미의 유일한 포도나무이다. 그러므로 사람들이 다른 곳에서 힘을 얻으려고 찾아다니는 것은 헛수고이다. 나로 말미암아 생산되는 가지가 아니고는 아무에게서도 유용한 열매가 나오지 않기 때문이다."

2 무릇 내게 붙어 있어 열매를 맺지 아니하는 가지는 그리스도께서 열매를 맺지 아니하는 가지를 다 포도나무에서 잘라낼 것이라고 말씀하실 때, 그분은 걱정거리를 자극하시는 것이다. 어떤 이들은 하나님의 은혜를 더럽히고, 어떤 이들은 그 은혜를 악의로 억누르며, 또 어떤 이들은 게으름으로 그 은혜를 막기도 하기 때문이다.

그러나 여기에서 그리스도 안에 접붙여진 사람이 열매를 맺을 수 없는가 하는 질문이 제기될 수 있을 것이다. 이 문제에 대답하겠다. 많은 사람들이 실제로는 포도나무에 뿌리를 두고 있지 않으면서도 사람들 눈에 포도나무에 있는 것처럼 보인다. 그래서 주님은 선지서에서 이스라엘 백성들을 하나님의 포도나무라고 부르셨다. 외적으로는 그들이 교회라는 이름을 가지고 있었기 때문이다.

무릇 열매를 맺는 가지는 그리스도께서는 이 말씀으로써 신자들이 타락하지 않으려면 지속적인 손질이 필요하다는 것과 하나님께서 계속해서 일하지 않으신다면 그들이 어떤 선한 열매도 맺을 수 없다는 것을 가르치신다. 하나님께서 우리 속에서 그분의 은혜를 진척시키지 않으신다면, 한 번 양자가 된 것으로는 충분하지 않기 때문이다. 그리스도께서 가지치기에 대하여 말씀하신 것은 우리 육체가 불필요한 것과 해로운 악으로 넘치고 있으며 왕성하게 그 악을 생산해내고 있기 때문이다. 또한 이 악이 하나님의 손으로 깨끗하게 되기 전까지는 끊임없이 자라 가지를 뻗기 때문이다. 그리스도께서는 열매를 더욱 풍성히 맺게 하기 위하여 포도나무를 가지치기한다고 말씀하시면서, 신자들이 경건의 과정을 지날 때 이루어야 할 진보가 어떤 모습이어야 하는지를 말씀하신다.

3 너희는 내가 일러준 말로 이미 깨끗하여졌으니 그리스도께서는 제자들이 자신이 말하는 것을 이미 경험했다는 사실을 그들에게 상기시키신다. 그들은 그리스도 안에 심겨졌으며 또한 깨끗해졌다. 그리스도께서는 깨끗해지는 방법을 소개하신다. 그것은 가르침을 통해서이다. 그리스도께서 그들이 그분의 입에서 나오는 '말'을 들었다고 분명하게 언급하시는 것으로 봐서, 자신이 외적인 설교에 대해서 말씀하고 계심이 틀림없다. 사람의 입에서 나오는 말이 본래 그렇게 위대한 효과가 있어서가 아니라, 그리스도께서 성령으로 (사람들의) 마음속에서 작용하시기 때문에 말씀 자체가 깨끗하게 하는 도구인 것이다.

　하지만 그리스도께서는 사도들이 죄가 없다는 의미로 그들이 깨끗해졌다고 말씀하시는 것은 아니다. 다만 그들 앞에 그들이 경험한 것을 제시하심으로써, 은혜의 지속이 얼마나 필요한지를 거기서 배우게 하시려는 것이다. 또한 그분은 제자들을 더욱 자극하여 복음의 교훈을 계속해서 묵상하도록 하려고 복음의 열매를 일깨우신다. 복음은 더러운 것을 깨끗하게 하는 정원사의 가위와 같기 때문이다.

4 내 안에 거하라 다시 그리스도께서는 제자들에게 그들이 받은 은혜를 지키는 데 부지런히 정성을 기울이라고 권하신다. 아무리 자극을 줘도 우리의 육체는 부주의해지기 쉽기 때문이다. 그리스도의 유일한 목적은, 우리가 부주의하여 멀리 가 멸망으로 치닫지 않도록, 마치 암탉이 그 새끼를 날개 아

래 보호하듯이 우리를 지키시는 것이다. 그러므로 중도에 포기할 계획으로 우리 구원의 일을 시작하지는 않으셨음을 증명하기 위하여, 그분은 성령께서 우리 속에서 언제든지 효과적으로 활동하실 것이라고 약속하신다. 우리가 성령님을 막지 않는 한 말이다. 그리스도께서는 "내 안에 거하라. 내가 너희 안에 거할 준비가 되었기 때문이다"라고 말씀하신다. 그리고 다시 "내 안에 거하는 자는 많은 열매를 맺을 것이다"라고 말씀하신다. 그리스도께서는 이 말씀으로써 그분 안에 살아 있는 뿌리를 내리는 모든 사람이 바로 열매를 맺는 가지들이라고 선언하신다.

5 나를 떠나서는 너희가 아무것도 할 수 없음이라 이것은 전체 비유의 결론이며 적용이다. 우리가 그리스도 밖에 있는 동안에는 좋은 열매를 맺을 수 없고 하나님을 기쁘시게 할 수 없다. 우리의 존재가 선한 것과 전혀 상관이 없기 때문이다. 교황주의자들은 이 교훈을 약화시킬 뿐만 아니라 완전히 없애버린다. 사실 그들은 이 교훈을 교묘하게 피한다. 말로는 자기들이 그리스도 없이는 아무것도 할 수 없다는 것을 인정하면서도, 그들은 우리 인간에게 어떤 능력이 있다고 상상한다. 그 자체로는 충분하지 않지만 하나님의 은혜의 도움을 받아서 그 은혜와 더불어 일할 수 있는 능력 말이다. 그들은 사람이 무의미한 존재라서 스스로는 전혀 도움이 되지 않는다는 사실을 참지 못하기 때문이다.

　하지만 그리스도의 말씀은 너무도 분명하여 쉽게 피할 수 없다. 교황주의자들이 만들어낸 교리는, 우리가 그리스도 없이 아무것도 할 수 없지만 그분의 도움을 받을 경우 하나님의 은혜 외에 대단한 무엇이 우리에게 있다는 것이다. 그러나 그리스도는 이와 정반대로 말씀하신다. 그분은 "가지는 스스로 아무런 열매를 맺을 수 없다"고 말씀하심으로써 우리 스스로는 아무것도 할 수 없다고 선언하신다.

　그러므로 그리스도께서는 단순히 협력하는 데 있어서 하나님 은혜의 도움이 중요하다는 것을 말씀하시는 것이 아니라, 하나님께서 공급하시지 않는다면 우리에게는 아무런 능력이 없다고 가르치신다. 이런 의미에서 "나를 떠나서는"이라는 어구는 '나로부터가 아니고서는'이라는 의미로 해석될 수 있을 것이다.

말도 안 되는 또 다른 의견이 있다. 사람들 중에서는 가지가 원래부터 어떤 대단한 것을 가지고 있다고 주장하는 자들도 있다. 열매를 맺지 못하는 어린 가지가 포도나무에 접붙임을 받으면 아무것도 맺지 못할 것이 아니냐고 그들은 이유를 댄다.

하지만 이런 주장에 대해서 우리는 쉽게 대답할 수 있다. 그리스도께서는 가지가 나무에 접붙여지기 전에 본성적으로 무엇을 가지고 있었는지를 설명하시는 것이 아니다. 오히려 우리가 그분과 연합될 때 가지가 되기 시작한다는 뜻으로 말씀하시는 것이다. 성경은 다른 곳에서 우리가 그리스도 안에 있기 전에는 아무런 쓸모가 없는 마른나무임을 보여준다.

6 사람이 내 안에 거하지 아니하면 그리스도께서는 다시 배은망덕한 사람들에게 내리는 심판에 제자들의 주의를 환기시키면서 그들에게 인내하라고 자극하신다. 인내가 하나님에게서 오는 은사이기는 하지만, 두려워하라는 권면이 불필요한 것은 아니다. 우리가 방탕한 육체로 인해 멸망할 수 있기 때문이다.

가지처럼 밖에 버려져 마르나니 그리스도에게서 잘려나간 사람들은 죽은 나무처럼 마를 것이다. 힘의 시작이 그리스도에게서 비롯되듯이, 힘이 중단되지 않고 지속되는 것 역시 그리스도에게서 나오기 때문이다. 이런 일이 일어나는 것은 택함을 받은 사람 중에서 밖에 버려지는 사람이 생기기 때문이 아니다. 겉으로 볼 때는 잘 자라는 것 같고 잠시 동안 녹음이 우거진 것 같지만, 나중에 열매를 맺을 때가 되면 주님이 자신의 백성들에게 바라고 요구하시는 것과는 정반대의 모습을 보이는 외식하는 사람들이 많이 있기 때문에 이런 일이 생기는 것이다.

7 너희가 내 안에 거하고 내 말이 너희 안에 거하면 무엇이든지 원하는 대로 구하라 그리하면 이루리라 8 너희가 열매를 많이 맺으면 내 아버지께서 영광을 받으실 것이요 너희는 내 제자가 되리라 9 아버지께서 나를 사랑하신 것같이 나도 너희를 사랑하였으니 나의 사랑 안에 거하라 10 내가 아버지의 계명을 지켜 그의 사랑 안에 거하는 것같이 너희도 내 계명을 지키면 내 사랑 안에 거하리라 11 내가 이것을 너희에게 이름은 내 기쁨이 너희 안에 있어 너희 기쁨을 충만하게 하려 함이라 요 15:7-11

7 너희가 내 안에 거하고 신자들은 종종 굶주려 있다는 느낌을 갖는다. 풍성한 열매를 맺는 풍부한 자양분을 전혀 섭취하지 못한다는 느낌 말이다. 이런 이유로 그리스도께서는 다음과 같은 말씀을 분명하게 더하셨다.

"그리스도 안에 있는 사람에게 부족한 것이 있다고 해도, 그들이 하나님께 구하는 순간 그들의 궁핍함을 채울 도움을 받는다."

이것은 매우 유용한 권면이다. 주님은 기도에 열심을 내도록 우리를 훈련하시기 위해 종종 우리를 배고프게 하시기 때문이다. 그러나 우리가 그분에게 날아간다면, 우리가 구하는 것을 반드시 받을 것이다. 그분은 우리에게 필요한 모든 것으로 풍성히 공급하신다(고전 1:5).

내 말이 너희 안에 거하면 이것은 우리가 믿음으로 그분 안에 뿌리를 내리고 있다는 의미이다. 복음의 교훈에서 떠나자마자 우리는 그리스도 밖에서 그분을 찾게 된다.

그리스도께서 우리가 원하는 것을 주겠다고 약속하실 때, 그분은 우리에게 아무것이나 마음대로 구해도 좋다고 허용하시는 것이 아니다. 하나님께서 우리에게 매우 쉽고 무절제하게 길을 내어주신다면, 그분은 우리 구원에 대해 별로 관심이 없으신 것이다. 우리 인간이 극단적으로 어리석은 것을 바랄 정도로 얼마나 방종한 존재인지를 알기 때문이다. 여기에서 하나님께서는 '우리 모든 열정을 하나님의 뜻에 복종시켜야 한다'는 기도의 원리로 자기 백성들의 소원을 제한하신다. 문맥을 보면 이를 확실하게 알 수 있다. 그리스도께서는 자신의 백성들이 어리석은 육체의 소원인 부요함이나 명예나 그와 비슷한 것들이 아니라 성령의 생기를 '원한다'는 뜻으로 말씀하고 계시기 때문이다. 그들은 성령이 주시는 그 생기로 말미암아 열매를 맺는다.

8 내 아버지께서 영광을 받으실 것이요 이 구절은 7절의 내용을 확증한다. 그리스도께서는 여기에서, 하나님께서는 그분의 백성들이 열매 맺기를 원할 때 그들의 기도를 들으신다는 것을 우리가 의심해서는 안 된다는 것을 보여주신다. 왜냐하면 그것이 하나님께 큰 영광이 되기 때문이다. 하지만 하나님께서는 자신의 영광이라는 이 목표 또는 효과를 사용하여 자신의 백성들 속에 선한 일을 하려는 욕구를 불붙이기도 하신다. 우리로 말미암아 하나님의 이름이 영화롭게 되는 것만큼 더 큰 상이 없기 때문이다.

"너희는 내 제자가 되리라"라는 문장도 같은 의미를 지닌다. 그리스도께서는 자신에게 속한 양들 중에서 하나님을 영화롭게 하는 열매를 맺지 못하는 양이 하나도 없다고 선언하신다.

9 아버지께서 나를 사랑하신 것같이 그리스도께서는 사람들이 통상적으로 생각하는 것 이상을 표현하고 싶으셨다. 그분이 여기에서 아들을 향하여 늘 가지고 계신 하나님 아버지의 비밀스러운 사랑에 대하여 이야기하고 있다고 생각하는 사람들은 이 구절의 의도와 상관없이 이를 철학적으로 설명한다. 그러나 그리스도의 의도는 오히려 우리를 향한 하나님의 사랑의 확실한 증거를 우리 속에 두시려는 것이다. 그러므로 아버지께서 아들 안에서 자신을 어떻게 사랑하셨는지를 교묘하게 설명하는 것은 이 구절과 아무런 상관이 없다. 여기에 언급된 사랑은 틀림없이 우리를 향한 사랑을 말하는 것이다. 그리스도께서는 아버지가 자신을 교회의 머리로서 사랑하신다고 선언하시기 때문이다. 그리고 이것은 우리에게 절대적으로 필요한 일이다. 중보자 없이 하나님에게 사랑받기를 원하는 사람은 올바른 입구도 출구도 찾지 못하는

미궁 속에서 방황하는 것이기 때문이다.

그러므로 우리의 시선을 그리스도에게만 고정하자. 그리스도 안에서 하나님의 사랑의 보증을 발견할 것이다. 하나님의 사랑이 그리스도에게 완전하게 부어졌기 때문이다. 그 사랑이 그리스도에게서 나와 그분의 모든 지체들에게로 흘러가도록 말이다. 그리스도는 '사랑하는 아들'이라는 칭호로 구별되신다. 그리고 그분 안에서는 아버지의 뜻이 충족된다. 그러나 우리는 그분이 왜 그런 칭호로 구별되시는지 그 목적에 주목해야 한다. 그것은 하나님께서 그리스도 안에서 우리를 기뻐하는 자로 받아들이시기 위함이다. 그러므로 마치 거울을 보듯이, 우리는 그리스도 안에서 우리 모두를 향한 하나님의 부성애를 볼 수 있다. 그리스도께서는 마치 그분의 개인적인 이득을 위해서 혹은 별도로 사랑을 받으시는 것이 아니라 우리를 그분 자신과 함께 아버지에게 연합하도록 하기 위해 사랑을 받으시는 것이기 때문이다.

나의 사랑 안에 거하라 이 말씀을 그리스도께서 제자들에게 보답하는 사랑을 요구하신다고 해석하는 사람들이 있다. 반면에 그리스도의 적극적인 사랑으로 해석하는 사람들이 있는데, 이들의 해석이 더 낫다. 그리스도께서는 자신이 우리에게 보여주신 사랑을 우리가 지속적으로 향유하기를 원하신다. 따라서 우리에게 그 사랑을 빼앗기지 않도록 주의하라고 경고하신다. 자기들이 받은 은혜를 저버리고, 자기들 손에 쥐여진 것을 내던져버리는 사람들이 많이 있다. 그러므로 그리스도의 은혜를 받았다면 우리의 잘못으로 그 은혜를 놓치지 않도록 주의해야 한다.

이 말씀에서 하나님의 은혜가 우리의 인내심의 협조가 없으면 효력을 발휘하지 못한다고 어리석은 결론을 내리는 사람들이 개중에 있다. 나는 성령께서 우리가 할 수 있는 것만을 우리에게서 요구하신다는 의견을 받아들이지 않는다. 오히려 그리스도께서는 우리가 마땅히 행해야 할 것을 보여주심으로 만일 우리에게 힘이 없다면 다른 곳에서 그것을 찾을 수 있도록 하신다. 마찬가지로 그리스도께서 여기서 우리에게 인내할 것을 권하실 때, 우리는 단지 우리의 노력과 활동을 의지해서는 안 되고 우리에게 명령하시는 그분께 기도해야 한다. 그분의 사랑으로 우리를 굳건히 해주시도록 말이다.

10 너희도 내 계명을 지키면 주님은 어떻게 인내하는지 그 방법을 우리에게 보여주신다. 그것은 주님이 부르신 곳을 따라감으로써 가능하다. 바울이 말한 것처럼, 그리스도 예수 안에 있는 자는 육신을 따르지 않고 그 영을 따라 행한다(롬 8:1,4). 이는 '그리스도의 거저 주시는 사랑을 감지하는 믿음'과 '선한 양심 및 생명의 새로움', 이 두 가지가 늘 결합되어 있기 때문이다. 그리스도께서는 신자들이 비난을 받지 않으면서 방탕하게 행하게 하려고 그들을 아버지와 화목하게 하신 것이 아니다. 하나님의 영으로 그들을 다스림으로써 그들을 아버지의 손과 통치 아래 두려는 목적으로 화목하게 하신 것이다. 그러므로 참된 순종을 통해 그리스도의 제자라는 것을 입증하는 사람들이 아니라면 그리스도의 사랑을 저버리기 마련이라는 결론이 나온다.

그렇게 되면 우리 구원의 보증이 우리 자신에게 달려 있는 것이 된다면서 이의를 제기하는 사람이 있을지 모르겠다. 나는 그리스도의 말씀을 이런 식으로 이해하는 것은 잘못이라고 대답하겠다. 신자들이 하나님께 순종하는 것은, 그분이 우리를 계속해서 사랑하시는 이유가 아니라 그분의 사랑의 결과이기 때문이다. 어째서 신자들이 하나님의 부르심에 응답하게 되는가? 양자養子의 영이신 성령께서 신자들을 인도하시기 때문이 아닌가?

하지만 우리에게 부과된 조건이 너무 어려운 것처럼 보인다. 그리스도의 명령을 지켜야 한다니, 그것은 완벽한 의義를 요구하는 것이고 우리의 역량을 훨씬 초과하는 요구가 아닌가? 그럼 우리가 천사와 같은 순결을 입지 않는다면 그리스도의 사랑이 소용없다는 결론이 나오지 않는가? 이 문제를 해결하는 것은 쉽다. 그리스도께서 선하고 거룩한 삶에 대한 갈망을 언급하실 때 그분의 교훈에서 중요한 위치를 차지하는 사실, 즉 거저 주시는 의義를 결코 배제하지 않으셨기 때문이다.

우리가 그리스도의 명령을 지키는 것은 그 자체로는 불완전하고 불순하여 버림 받아 마땅하지만, 하나님께서는 죄 사함의 은혜를 통하여 우리를 값없이 의롭다 하심으로 말미암아 우리의 계명 준수를 기쁘게 받아주신다. 그러므로 신자들이 그리스도의 명령에 성실한 주의를 기울일 때, 그들은 그 명령을 지키는 사람으로 여김을 받게 된다. 물론 그들이 그런 사람이라는 표지를 받기에는 거리가 멀지만 말이다. 이제 그들은 "이 율법의 말씀을 실행하지 아니하는 자는 저주를 받을 것이라"(신 27:26)라는 그 율법의 엄격함에서 해방을 얻은 것이다.

내가 아버지의 계명을 지켜 그의 사랑 안에 거하는 것같이 우리가 그리스도 안에서 택함을 받은 것처럼, 우리의 부르심에 대한 생생한 이미지 또한 그분 안에서 우리에게 드러난다. 그러므로 그분이 여기에서 자신을 하나의 모델로, 즉 경건한 모든 사람이 본받을 수 있는 형상에 대한 본으로 제시하는 것은 당연하다. 그리스도께서는 이렇게 말씀하신다.

"내 안에는 내가 너희에게 요구하는 것과 비슷한 것이 선명하게 빛난다. 너희도 알다시피 나는 내 아버지께 성실히 순종하였으며, 이 길을 꾸준히 달려왔다. 내 아버지 또한 나를 사랑하셨다. 한순간 혹은 잠시 동안이 아니라 끊임없이 계속해서 나를 사랑하셨다."

우리는 머리와 지체 간의 이러한 일치를 늘 명심해야 한다. 그리스도를 닮아갈 수 있도록 노력하기 위해서 뿐만 아니라, 우리가 끝까지 새 생명 안에서 행할 수 있도록 그분의 영이 매일매일 더 나은 모습으로 우리를 새롭게 하실 것임을 확신하며 즐거워하기 위해서 말이다.

11 내가 이것을 너희에게 이름은 그리스도께서는 자신의 사랑이 경건한 사람들에게 전혀 알려지지 않은 것이 아니라 믿음으로 감지할 수 있는 것이라고 덧붙이신다. 그 결과, 그들은 양심의 복된 평안을 누리게 된다. 그리스도께서 언급하신 기쁨은 은혜로 의롭다 함을 얻은 모든 사람이 소유하는 하나님의 평화로부터 나오는 것이기 때문이다. 그러므로 우리를 향한 하나

님의 부성애가 선포될 때마다, 우리가 평안한 마음으로 우리 구원을 확신할 수 있도록 참 기쁨의 근거가 제시되는 것임을 기억하자.

내 기쁨이 … 너희 기쁨을 더욱이 그 기쁨은 각기 다른 관점에서 그리스도의 기쁨과 우리의 기쁨으로 불린다. 그것이 그리스도의 기쁨인 것은 그분이 우리에게 그 기쁨을 주시기 때문이다. 그분은 기쁨의 창조자이기도 하고 기쁨의 원인이시기도 하다. 그리스도께서 우리에게 평강을 주시려고 죄책에서 자유함을 주셨기에, 나는 그리스도가 기쁨의 원인이라고 당당히 말한다. 내가 그리스도를 기쁨의 창조자라고 일컬은 것은 그분이 성령으로 하여금 우리 마음에 있는 두려움과 걱정을 없애버리심으로 말미암아 고요한 기쁨이 일어나기 때문이다. 그리스도의 기쁨은 다른 이유에서 우리의 기쁨이라고 불린다. 즉, 그 기쁨이 우리에게 주어져서 우리가 그 기쁨을 누리기 때문이다. 그리스도께서는 제자들이 기쁨을 누릴 수 있도록 이 말씀을 하시는 것이라고 선언하신다. 그러므로 이 말씀에서 유익을 받은 모든 사람들에게는 의지할 만한 것이 있다는 결론이 나온다.

내 기쁨이 너희 안에 있어 그리스도께서는 '있어'라는 단어로써[한글 개역 개정성경에는 '있다'라고 번역되어 있으나 칼빈은 이 단어를 'remain'(남아 있다)으로 읽는다 - 역자 쥐 그분이 말씀하시는 기쁨이 잠시 있다가 사라지는 것이 아니라 결코 없어지거나 지나가버리지 않을 것임을 의미하신다. 그러므로 우리는 그리스도의 교훈에서 구원의 확신을 찾아야 한다는 것을 기억하자. 그 구원의 확신은 우리가 살아 있을 때나 죽었을 때나 효력을 발휘한다.

너희 기쁨을 충만하게 하려 함이라 그리스도께서는 이 기쁨이 견고하고 충만할 것이라고 덧붙이신다. 신자들이 결코 슬퍼하지 않을 것이라는 의미에서가 아니라 기쁨의 근거가 훨씬 더 클 것이라는 의미에서 그러하다. 그래서 어떤 두려움이나 염려와 슬픔도 신자들을 삼키지 못할 것이다. 그리스도 안에서 영광을 돌리기 위하여 그 기쁨을 받은 사람들은 반드시 슬픔을 이기고 승리할 것이기 때문이다. 생명이나 죽음이나 그밖에 어떤 불행한 일이라도 그들을 막지 못할 것이다.

> 12 내 계명은 곧 내가 너희를 사랑한 것같이 너희도 서로 사랑하라 하는 이것이니라 13 사람이 친구를 위하여 자기 목숨을 버리면 이보다 더 큰 사랑이 없나니 14 너희는 내가 명하는 대로 행하면 곧 나의 친구라 15 이제부터는 너희를 종이라 하지 아니하리니 종은 주인이 하는 것을 알지 못함이라 너희를 친구라 하였노니 내가 내 아버지께 들은 것을 다 너희에게 알게 하였음이라 요 15:12-15

12 내 계명은 곧 우리가 그리스도의 계명에 따라 삶을 살아야 함은 당연하다. 그러므로 우리는 먼저 그리스도의 뜻 혹은 계명이 무엇인지를 깨달아야 한다. 그래서 그분은 이제 앞에서 말씀하신 것을 반복하신다. 그리스도께서는 무엇보다도 신자들이 서로 사랑하기를 바라신다. 하나님을 사랑하는 것과 경외하는 것이 순서상 가장 먼저 와야 하지만, 그것은 우리 이웃을 사랑하는 것으로 증명되기 때문에 그리스도께서는 이 점을 특별히 다루신다. 또한 그리스도께서는 앞에서 일반적인 교훈을 지키는 모델로 자신을 제시하신 것처럼, 지금은 우리가 구체적으로 따라야 할 것들에 대해서 자신을 모델로 제시하신다. 그분은 자기 백성들이 서로 사랑하도록 그들 모두를 사랑하셨던 것이다. 이 구절에서 그분이 믿지 않는 사람들을 사랑하는 것에 대해 분명하게 명령하지 않으신 이유는 이미 14장에서 언급하였다.

13 이보다 더 큰 사랑 그리스도께서는 때때로 우리에게 구원의 확신을 더 주시려고 우리를 향한 그분의 사랑이 얼마나 큰지를 선언하신다. 하지만 이제 그분은 여기서 한 걸음 더 나아가신다. 우리가 그분의 본을 받아 형제

를 사랑하도록 우리를 북돋우시기 위해서 말이다. 하지만 그분은 그 두 가지를 함께 결합하신다. 그리스도께서는 우리가 그분의 선하심이 무한히 감미롭다는 것을 믿음으로 맛보기를 바라시면서, 또한 그러하기 때문에 우리에게 형제 사랑을 권하시는 것이다. 그래서 바울은 에베소서 5장 2절에서 이렇게 썼다.

"그리스도께서 너희를 사랑하신 것같이 너희도 사랑 가운데서 행하라 그는 우리를 위하여 자신을 버리사 향기로운 제물과 희생제물로 하나님께 드리셨느니라."

하나님께서는 말씀이나 소원으로 우리를 구원할 수도 있으셨다. 그런 방법이 우리를 위해 최선이었다고 한다면 말이다. 그런데 하나님께서는 자신의 독생자를 아끼지 아니하심으로써, 그분이 우리의 구원을 위하여 얼마나 마음을 많이 쓰고 계시는지를 그분의 인격으로 보여주셨다. 그러므로 하나님 사랑의 비교할 수 없는 감미로움으로 부드럽게 되지 않은 사람들의 마음은 쇠나 돌보다 더 단단한 마음임에 틀림이 없다.

그러나 그리스도께서 우리를 화목하게 하시기 전에는 우리가 원수 된 자들이었는데, 어떻게 그분이 친구를 위하여 죽으신 것이냐고 질문을 제기할 수도 있다. 그분이 우리 죄를 위한 화목제물로 죽으심으로써 하나님과 우리 사이의 원수 됨을 허물어버리셨기 때문이다. 이 질문에 대한 대답은 요한복음 3장에서 찾을 수 있을 것이다. 거기서 우리는 그리스도의 죽음으로 우리 죄가 깨끗해지기 전에 우리와 하나님 간에는 불화가 있었다고 말했다. 하지만 그리스도 안에 나타난 이 은혜의 원인은 하나님의 영원한 사랑이었다. 하나님께서는 바로 이 사랑으로 원수들까지도 사랑하신 것이다. 이와 마찬가지로 그리스도께서도 낯선 사람들을 위하여 자신의 목숨을 버리셨다. 하지만 그들이 낯선 자들이었을 때조차 그분은 이미 그들을 사랑하셨다. 그렇지 않았다면 그분은 그들을 위해 죽지 않으셨을 것이다.

14너희는 … 나의 친구라 그리스도께서는 우리가 그럴 만한 자격이 있어서 그분의 친구라는 큰 영예를 얻는 것이라는 뜻으로 이 말씀을 하시는 것이 아니다. 다만 어떤 조건 하에서 우리를 사랑으로 받아주시고 또 우리를 황송하게도 그분의 친구로 여겨주시는지 그들에게 상기시키시는 것이다. 그분이 앞에서 "너희도 내 계명을 지키면 내 사랑 안에 거하리라"(10절)라고 말씀하셨듯이 "모든 사람에게 구원을 주시는 하나님의 은혜가 나타나 우리를 양육하시되 경건하지 않은 것과 이 세상 정욕을 다 버리고 신중함과 의로움과 경건함으로 이 세상에"(딛 2:11,12) 살게 될 것이다.

그러나 악한 마음으로 복음을 멸시하고 그리스도에게 방자하게 행하는 불경건한 사람들은 그리스도와 친구 되는 것을 자발적으로 단념한다.

15 이제부터는 너희를 종이라 하지 아니하리니 그리스도께서는 다른 논증을 통해 제자들에 대한 사랑을 보여주신다. 친구들 사이에서 친근한 의사소통이 일어나는 것처럼, 그분은 자신의 마음과 생각을 제자들에게 다 열어주신다. 그리스도께서 말씀하시는 내용은 이렇게 풀어 적을 수 있다.

"나는 사람들이 통상적으로 자기 종에게 하는 것보다 훨씬 더 친근하게 너희를 대했다. 그러므로 내가 내 아버지에게서 들은 하늘에 속한 지혜의 비밀을 너희에게 친절하고 우정 어린 방법으로 설명한 것을, 내가 너희를 사랑하는 사랑의 증표로 삼아라."

우리에게 복음에 나타난 그리스도의 마음이 있다는 것은 복음이 줄 수 있는 참으로 놀라운 상(賞)이다. 그 마음 때문에 우리는 그리스도의 사랑을 의심하지 않으며, 그 사랑이 분명하게 나타난 것을 경험한다. 우리는 구원의 확신을 얻기 위해 구름 위로 올라가거나 바다 깊은 곳까지 내려갈 필요가 없다. 복음에 설명된 우리를 향한 그리스도의 사랑의 증거로 만족하자. 복음은 우리를 속이는 법이 없기 때문이다. 모세는 구약시대의 백성들에게 이렇게 말했다.

"우리 하나님 여호와께서 우리가 그에게 기도할 때마다 우리에게 가까이 하심과 같이 그 신이 가까이함을 얻은 큰 나라가 어디 있느냐"(신 4:7).

하지만 하나님께서 우리에게 부여하신 고귀함은 이보다도 훨씬 더 높다. 하나님이 자신의 아들 안에서 자신을 온전히 우리에게 주셨기 때문이다. 그렇다면 복음의 놀라운 지혜로 만족하지 않고 교만한 열정으로 새로운 생각을 찾아 날아가는 사람들의 배은망덕함과 사악함은 더욱더 큰 것이다.

내가 내 아버지께 들은 것을 다 제자들이 그리스도께서 알고 계신 것을 다 알지 못한다는 것은 분명하다. 사실 그들은 그런 경지에 이를 수가 없었다. 하나님의 지혜는 무한하기에, 그분은 제자들 한 사람 한 사람에게 어느 정도 충분한 양의 지식을 나눠주셨다.

그렇다면 그리스도께서 자신이 모든 것을 계시하셨다고 말씀하시는 이유는 무엇인가? 이 질문에 대답하겠다. 여기에서 말하는 "내 아버지께 들은 것"은 중보자의 인격과 직분에 한정된 지식이다. 그리스도께서는 자신을 하나님과 우리 사이에 두신다. 이는 그분이 우리에게 차례차례 전달해야 할 것을 하나님의 신비한 성소로부터 받으셨기 때문이다. 그리스도께서는 우리의 구원과 관계가 있고 우리 구원에 대하여 알아야 할 중요한 것 중에서 어느 하나라도 제자들에게 가르치지 않으신 것이 없었다. 그분은 교회의 유일한 주님과 교사로 임명 받으셨기에, 아버지에게서 들은 모든 것을 자신의 백성들에게 신실하게 가르치셨다. 그러므로 기꺼이 배우고자 하는 겸손한 갈망을 갖자. 그러면 바울이 왜 복음을 사람을 완전하게 하는 지혜라고 했는지 그 충분한 이유를 알게 될 것이다(골 1:28).

16 너희가 나를 택한 것이 아니요 내가 너희를 택하여 세웠나니 이는 너희로 가서 열매를 맺게 하고 또 너희 열매가 항상 있게 하여 내 이름으로 아버지께 무엇을 구하든지 다 받게 하려 함이라 17 내가 이것을 너희에게 명함은 너희로 서로 사랑하게 하려 함이라 18 세상이 너희를 미워하면 너희보다 먼저 나를 미워한 줄을 알라 19 너희가 세상에 속하였으면 세상이 자기의 것을 사랑할 것이나 너희는 세상에 속한 자가 아니요 도리어 내가 너

희를 세상에서 택하였기 때문에 세상이 너희를 미워하느니라 **20** 내가 너희에게 종이 주

인보다 더 크지 못하다 한 말을 기억하라 사람들이 나를 박해하였은즉 너희도 박해할

것이요 내 말을 지켰은즉 너희 말도 지킬 것이라 **21** 그러나 사람들이 내 이름으로 말미

암아 이 모든 일을 너희에게 하리니 이는 나를 보내신 이를 알지 못함이라 요 15:16-21

16 너희가 나를 택한 것이 아니요 제자들이 큰 영예를 입은 것이 자기

들의 공로가 아니라 그리스도의 은혜에 속한 것임을 주님은 좀 더 분명하게

표현하신다. 제자들이 그리스도를 택한 것이 아니라는 주님의 말씀은 그들

에게 있는 것은 무엇이 되었든지 간에 그들의 기술이나 노력으로 얻은 것이

아니라는 의미이다.

사람들은 흔히 하나님의 은혜와 인간의 의지 사이에 일종의 결합 같은 것

이 일어났다고 생각한다. 하지만 그 생각은 "내가 너희를 택한 것이지, 너희

가 나를 택한 것이 아니다"라는 그분의 말씀과 대조된다. 이 말씀은 그리스도

와 인간 사이에 나누어 갖고 있다고 생각하는 선택의 영역이 오직 그분에게

만 해당되는 것임을 철저하게(in solidum) 주장한다. 마치 그리스도께서 어떤 사

람을 찾으시기까지는 그 사람에게 자진해서 그분을 찾을 마음이 생기지 않는

다는 듯이 말이다.

사실 이 구절은 신자들이 하나님의 자녀가 되는 일반적인 선택의 문제를

다루는 것이 아니라, 그리스도께서 제자들을 복음을 선포하는 직책에 임명하

시는 '특별한 선택'을 다루고 있다. 하지만 제자들이 사도직에 택함을 받은

것이 은혜로 이루어졌고 그들의 어떤 공로가 작용한 것이 아니라면, 진노의

자녀와 저주 받은 씨에서 하나님의 영원한 상속자가 된 것 역시 이와 동일하

게 하나님의 은혜로운 선택에 의한 것임이 분명하다.

더욱이 이 구절에서 그리스도께서는, 제자들을 사도로 택하신 자신의 은

혜를 지극히 높이심으로써 그 은혜를 그들이 교회의 몸에 접붙임을 받게 된

이전의 택함의 은혜에 결합시키신다. 사실 주님은 이 말씀 속에 자신이 제자

들에게 부여한 모든 영예를 포괄하신다. 하지만 나는 그리스도께서 분명히 사도직을 다루고 있음을 인정한다. 제자들에게 그들의 의무를 능동적으로 행사하도록 자극하는 것이 주님의 의도이기 때문이다.

그리스도께서는 제자들에게 부으신 무조건적인 은총을 권면의 기초로 삼으신다. 주님께 은혜를 더 많이 입을수록, 그분이 우리에게 요구하시는 의무를 수행함에 있어서 더 열심을 내야 하기 때문이다. 그렇지 않으면 우리도 배은망덕한 사람이라는 비난을 면하기 어렵다. 그러므로 우리는 모든 면에서 하나님의 은혜를 입은 자들이라는 것과 우리에게는 우리 것이라고 주장할 수 있는 것이 아무것도 없음을 기억하자. 그리고 우리 구원의 시작만이 아니라 그 구원에서 나오는 모든 것이 하나님의 거저 주시는 자비에서 비롯되었다는 것을 인정하자. 이러한 사실을 기억하고 인정하는 것보다 더 강렬하게 우리 속에서 거룩하고 경건한 삶을 추구하려는 열망을 불붙이는 것은 없다.

또한 그리스도가 모든 면에 전혀 어울릴 것 같지 않은 사람들을 사도로 택하셨다는 사실에서, 그분의 말씀이 참이라는 것이 분명하게 나타난다. 물론 그리스도께서는 제자들 안에 자신의 은혜의 영원한 기념비를 세우기를 원하셨다. 바울이 말했듯이, 하나님께서 사람들을 그분 자신과 화목하게 하시는 대사大使의 직분을 누가 감당하겠는가?(고후 2:16) 또 인간이 어떻게 하나님의 사람을 대신하겠는가? 친히 사람들을 선택해서 사도라는 직분에 어울리게 만드는 분은 그리스도 한 분뿐이시다. 그러므로 바울은 자신의 사도 직분이 은혜로 말미암았다고 말한다(롬 1:5). 또한 자기가 어머니의 태로부터 택함을 입었다고 선언한다(갈 1:15). 사실 우리는 다 무익한 종들이다. 그러므로 다른 이들보다 뛰어난 것처럼 보이는 사람들이라도 택함을 받기 전에는 가장 낮은 소명을 감당하기에도 적합하지 않은 자들이다. 누구든지 더 높은 수준의 영예로운 자리에 오를수록, 자신이 하나님의 더 많은 은혜를 입은 자라는 사실을 기억하라.

내가 너희를 택하여 세웠나니 어떤 사람이 예정된 직책을 받음으로써 자신이 택함을 받았다는 사실이 실제로 알려지기 전까지는 택함이라는 것은 보이지 않는 법이다. 앞에서 우리가 인용한 갈라디아서 본문에서, 바울은 자기가 어머니의 태로부터 택함을 입었다고 선포한 뒤에, 자기가 하나님의 기쁘신 뜻 때문에 사도로 지음을 받았다는 사실을 덧붙인다. 마찬가지로 하나님께서는, 예레미야서 1장 5절에서 자신이 예레미야가 어머니 태에 있기 이전부터 그를 아셨다고 증언하신다. 비록 그분이 정하신 적절한 때에 예레미야를 선지자 직으로 부르셨지만 말이다. 물론 적절한 자격을 갖춘 사람이 가르치는 직분을 맡는 경우도 있다. 아니 필요한 은사들을 갖추어서 준비되기 전까지는 부름을 받지 않는 것이 교회 질서의 한 부분이다. 그리스도께서 자신이 이 두 경우 모두를 주장하시는 분이라고 말씀하시는 것은 놀라운 일이 아니다. 하나님께서는 그리스도로 말미암아서만 행동하시고 그리스도 역시 아버지와 함께 행동하시기 때문이다. 그러므로 선택과 임직은 똑같이 하나님과 그리스도 두 분에게 속하는 일인 것이다.

이는 너희로 가서 이제 그리스도께서는 왜 자신이 택함의 은혜에 대해서 언급했는지를 보여주신다. 그것은 제자들로 하여금 좀 더 열심히 일을 하게 하기 위함이다. 사도는 명예직이 아니다. 그들은 거대한 난제難題와 싸워야 할 것이다. 그래서 그리스도께서는 제자들이 힘겹고 골치 아픈 일들과 위험 때문에 위축되지 않도록 그들을 격려하신다. 그분의 교훈은 이런 목적에서 나온 것이다.

열매를 맺게 하고 하지만 그리스도께서 이 말씀을 하실 때는 결과를 염두에 두고 설명하신다. 자기의 수고로 열매가 맺힐 것이라는 소망이 없다면 일꾼이 성심을 다해 부지런히 일한다는 것은 거의 불가능하기 때문이다. 그러므로 제자들이 순종하는 한, 그들이 한 수고는 반드시 열매를 맺고 유용하게 될 것이라고 그리스도께서는 선언하신다. 주님은 사도들에게 그들의 소명이 무엇인지 그리고 자신이 그들에게 요구하시는 것이 무엇인지를 말씀하실 뿐만 아니라, 그들이 무력해지거나 냉랭해지지 않도록 그들이 틀림없이 열매를 맺을 것이라고 약속하신다.

그리스도의 사역자들이 매일 만나는 수많은 유혹을 생각한다면, 이 말씀은 그 유혹을 뿌리칠 수 있는 매우 중요한 위로의 말씀이다. 우리가 헛수고를 하고 있는 것처럼 보일 때마다, 그리스도께서 마침내 우리의 수고를 가치 있고 유용하게 하실 것임을 기억하자. 이 약속은 열매가 나타나지 않는 것처럼 보일 때 특히 적합한 말씀이다. 현대인들의 지혜의 관점에서 보거나 세상에서 지혜 있다고 하는 사람들의 관점에서 볼 때, 우리의 수고는 하늘과 땅을 섞으려고 하는 것처럼 고려할 가치도 없는 헛된 것이며 조롱의 대상일 뿐이다. 아직 우리가 바라는 것처럼 열매가 맺히지 않기 때문이다. 그러나 잠시 동안은 감춰져 있지만 반드시 수고의 상費이 따를 것이라고 그리스도께서는 약속하셨다. 그러므로 세상이 조롱하더라도 우리의 의무를 다하도록 부지런히 노력하자.

또 너희 열매가 항상 있게 하여 왜 그리스도께서 이 열매가 영원할 것이라고 선포하셨는지 질문이 제기될 수 있을 것이다. 복음의 선포로 말미암아 영혼들이 그리스도께 나아옴으로 영원한 구원에 들어가게 될 때, 많은 사람들은 이것을 열매의 영원함으로 볼 것이다. 하지만 나는 그리스도께서 하신 말씀을 좀 더 확대해서, 교회가 세상 끝날까지 지속될 것이라는 의미로 이해한다. 사도들의 수고는 심지어 오늘날에도 열매를 맺는다. 그리고 우리가 하는 설교는 한 시대에만 해당되는 것이 아니라, 교회를 증가시켜서 우리가 죽은 이후에도 새로운 열매를 맺을 것이다.

그리스도께서 "너희 열매"라고 하실 때, 그분은 마치 그 열매가 제자들의 수고로 얻게 되는 것처럼 말씀하신다. 물론 바울은 물 주는 이와 심는 이가 아무것도 아니라고 가르치지만 말이다(고전 3:7). 교회가 세워지는 것은 너무도 탁월한 하나님의 일이어서 그 영광을 결코 사람에게 돌릴 수가 없다. 하지만 주님은 사람들의 손으로 자신의 능력을 나타내시기 때문에, 자신에게만 해당되는 영광을 사람들에게 돌리곤 하신다. 이는 사람들의 수고가 헛되지 않게 하시기 위함이다. 그러나 우리가 반드시 명심해야 할 것이 있다. 그리스도께서 정말로 은혜로우셔서 제자들을 영예롭게 하실 때, 그것은 제자들을 격려하기 위한 것이지 그들을 교만하게 하려는 것이 아니라는 사실을 말이다.

무엇을 구하든지 이 문장은 많은 사람들이 생각하는 것처럼 앞의 내용과 단절된 새로운 선언이 아니다. 가르치는 일은 사람의 능력 범위를 넘어서는 일이어서 사탄의 수많은 공격에 시달리게 된다. 그리고 이 공격은 하나님의 힘이 아니고서는 막아낼 수가 없다. 그러므로 사도들이 낙망하지 않도록 그리스도께서는 이 말씀을 통해 최상의 도움을 주시는 것이다. 그분은 마치 이런 의미로 말씀하시는 것 같다.

"그 일(가르치는 일)이 너희에게 너무도 버거워서 너희가 사도로서의 직분을 이행할 수 없다면, 내 아버지께서 너희에게 도움을 주실 것이다. 내가 너희를 복음의 사역자로 임명했기 때문이다. 너희가 하나님께 도움을 달라고 내 이름으로 기도할 때마다 하나님께서 손을 내밀어 너희를 도우실 것이라는 확신과 함께 말이다."

사실 대부분의 교사들이 게으름에 빠지거나 혹은 절망감 때문에 철저히 패배감을 맛보는 것은 단순히 그들이 기도의 의무를 게을리하기 때문이다.

그러므로 그리스도의 약속은 우리로 하여금 하나님께 부르짖게 한다. 자신의 일의 결과가 하나님께만 달려 있다고 고백하는 사람은 두렵고 떨림으로 그 일을 하나님께 올려드릴 것이다. 반대로, 자신의 노력만을 의지하고 하나님의 도우심을 무시하는 사람은 일을 할 때 손에 들고 있던 창과 방패를 집어던지든지 아니면 아무런 이득을 보지 못한 채 크게 분주하기만 할 것이다. 여기서 우리는 두 가지 잘못에 주의해야 한다. 그것은 교만과 불신이다. 스스로 어떤 문제를 처리할 수 있다고 생각하는 사람들이 하나님의 도우심을 무시하듯이, 많은 사람들이 어려움을 겪는 것은 그들이 하나님의 깃발 아래 전쟁터에 나가면서도 그분의 능력과 보호로 싸우고 있다는 생각을 하지 않기 때문이다.

17 내가 이것을 너희에게 명함은 이 말씀 역시 시기적절하게 주어졌다. 사역자들 사이에서 서로 사랑하는 것이 다른 무엇보다도 더 절실히 요구된다는 것을 사도들이 앎으로써, 그들이 하나님의 교회를 세우려는 뜨거운 열망을 가질 수 있도록 말이다. 모든 사람이 각자 따로 일하고 각 개인이 자기의 일을 공공의 유익을 위하는 쪽으로 모으지 않는 것보다 더 큰 장애물은 없다. 그러므로 사역자들이 서로 형제간의 교제를 발전시키지 않는다면, 많은 사람들을 모을 수는 있을지는 몰라도, 그것은 혼란스럽고 지리멸렬한 군중에 불과하다. 거기에는 교회가 세워지지 않을 것이다.

18 세상이 너희를 미워하면 그리스도께서는 사도들이 싸울 수 있도록 무장을 시키신 후에 그들에게 인내하라고 권하시기도 한다. 복음이 전파되면 세상은 곧바로 미치게 될 것이다. 그렇기 때문에 경건한 교사들은 세상의 미움을 피할 수가 없다. 생짜배기 새내기들이 통상적으로 겪는 어려움을 겪지 않도록 하기 위해서 그리스도께서는 적절한 때에 미리 말씀하신다. 그들은 경험이 없어서, 전쟁이 벌어지면 원수들을 보기도 전에 공포에 질린다. 하지만 그리스도께서는 전혀 예기치 않던 새로운 일이 발생하는 것이 아니라고 제자들에게 미리 경고하시는 동시에, 자신을 예로 들어 그들에게 확신을 주시기도 한다. 그리스도께서 세상에게 미움을 받으셨는데 그분을 대표하는 우리가 세상에서 사랑을 받는다는 것은 도리에 맞지 않기 때문이다.

알라 나는 이 동사 ginoskete를 직설법으로('알고 있다')로 번역하는 것을 선호한다. 하지만 어느 누가 명령형으로 번역한다고 해도 반대하지는 않을 것이다. 둘 사이에 의미의 변화는 거의 없기 때문이다. 더 어려운 것은 그 앞에 나오는 "너희보다 먼저"라는 어구이다. 이것은 시간을 언급할 수도 있고 지위를 언급할 수도 있다. 시간을 언급한다는 설명이 더 일반적으로 받아들여지는데, 의미는 그리스도께서 사도들보다 더 일찍 세상에서 미움을 받았다는 것이다. 하지만 나는 이 단어가 지위를 언급한다는 설명을 더 좋아한다. 즉, 제자들보다 훨씬 높으시고 뛰어나신 그리스도께서 세상에서 미움을 받으셨으니, 그분의 사역자들도 동일한 상황을 거부해서는 안 된다는 말이다. 왜냐하면 이 표현은 우리가 이전에 1장 27절과 30절("나보다 앞선 것은 그가 나보다 먼저 계심이라")에서 살펴보았던 어구와 동일하기 때문이다.

19 너희가 세상에 속하였으면 여기 또 다른 위로의 말씀이 있다. 제자들은 세상과 구별되었기 때문에 세상에서 미움을 받는다는 것이다. 그리고 이것이 바로 제자들의 진정한 행복과 영광이다. 이는 제자들이 멸망으로부터 구원 받은 표이기 때문이다.

도리어 내가 너희를 세상에서 택하였기 때문에 여기서 '택하였다'는 단어는 '분리되었다'는 의미로 사용되었다. 제자들이 세상에서 택함을 받았다면, 그들은 이전에 세상의 일부였으며 그들이 멸망하는 나머지 사람들과 구별되는 것은 오직 하나님의 자비에 의해서라는 결론이 나온다. 그리스도께서는 이 구절에서 다시 '세상'이라는 단어를 사용하심으로써 하나님의 영으로 거듭나지 못한 모든 사람을 지칭하신다. 나중에 우리가 17장에서 좀 더 충분히 살펴보겠지만, 그리스도께서는 교회와 세상을 대조하신다. 하지만 이 교훈은 "할 수 있거든 너희로서는 모든 사람과 더불어 화목하라"(롬 12:18)라는 바울의 권면과 모순되지 않는다. 그리스도께서 덧붙이신 예외는, 누구든지 세상을 기쁘게 하려고 하다가 세상의 타락에 물드는 일이 없도록 우리에게 옳고 바른 것이 무엇인지를 깨달아야 한다는 말씀과 동일하기 때문이다.

세상이 자기의 것을 사랑할 것이나 하지만 또 다른 이의가 제기될 수도 있다. 세상에 속한 악한 자들이 미움을 받거나 저주를 받는 것은 흔히 일어나는 사건이기 때문이다. 이런 점에서 볼 때 세상이 자기 사람을 사랑하지 않는다는 것은 사실이다. 이것에 대해 답하겠다. 세속적인 관점에 따라 사는 땅에 속한 사람들은 결코 죄를 진정으로 미워하지 않는다. 단지 죄가 자신들의 편의나 손해와 관련하여 그들에게 영향을 미칠 경우에만 그것을 미워할 뿐이다. 그러나 이 구절에서 그리스도께서 말씀하시고자 하는 바는 세상이 내부적인 싸움으로 말미암아 분을 내고 난리법석을 떤다는 사실을 부인하는 것이 아니다. 다만 그분은 세상이 신자들에게 있는 어떤 것을 미워하는 것이 아니라 하나님에게 속한 것을 미워한다는 것을 보여주고자 하신 것이다. 그러므로 재세례파 사람들이 이 한 구절을 근거로, 단순히 자기들이 대부분의 사람들에게서 미움을 받기 때문에 하나님의 종들이라고 주장하는 것이 얼마나 우스꽝스러운지 분명해진다. 세상에 속한 많은 사람들이 그들의 교훈에 찬성하는 것은 모든 것이 추잡한 혼란 상태에 있는 것을 그들이 즐거워하기 때문이다. 반면에 세상에 속하지 않은 사람들은 그 교훈을 싫어한다. 그들은 정치적인 질서가 깨지지 않고 유지되기를 바라기 때문이다.

20 말을 기억하라 이 구절 역시 직설법으로('너희는 기억한다') 읽을 수도 있다. 하지만 명령형으로 읽든 직설법으로 읽든 의미에는 별로 차이가 없다. 내 생각에는 명령형이 더 나은 것 같다. 이 구절은 그리스도께서 자신이 제자들보다 훨씬 뛰어남에도 불구하고 세상에서 미움을 받으셨다고 말씀하신 앞의 문장의 내용에 대한 확증이다. 종들의 상태가 주인의 상태보다 더 낫다는 것은 바르지 않기 때문이다.

그리스도께서는 사람에 대하여 언급하고 나서 교훈에 대해서도 말씀하신다. 하나님에게 속한 교훈이 사람들에게 멸시 받는 것을 보는 것보다 경건한 사람들의 마음을 어지럽히는 것은 없다. 이것은 끔찍한 일이며, 아무리 담대한 마음을 가진 사람도 그 광경을 보면 흔들릴 수 있기 때문이다. 그러나 다른 한편, 우리가 하나님의 아들이 친히 집요한 반대에 부딪치는 경험을 하셨음을 기억한다면, 하나님의 교훈이 사람들 사이에서 존경을 받지 못하는 것에 놀랄 필요가 없다. 그리스도께서 하나님의 교훈을 자신의 교훈과 제자들의 교훈이라고 칭하실 때, 그것은 사역을 가리키는 것이다. 그리스도께서는 교회의 유일한 교사이시다. 하지만 그분은 여기에서, 자신이 첫 교사로서 가르쳤으며 나중에 사도들이 가르치게 될 그 교훈을 말씀하신 것이다.

21 이 모든 일을 세상이 자기들에게 구원을 전해주는 설교를 거슬러 크게 분노할 때, 그 격정은 소름이 끼칠 정도이다. 그래서 그리스도께서는 세상이 눈멀고 무지하여 스스로 멸망에 휩쓸려가기 때문에 이런 일이 발생한다고 그 원인을 말씀하신다. 아무도 의도적으로 하나님을 거슬러 싸우려고 하지는 않을 것이기 때문이다. 그러므로 세상이 주저하지 않고 그리스도에 대하여 전쟁을 벌이는 것은, 그들이 하나님에 대해 눈이 멀고 무지하다는 증거이다. 그렇다면 우리는 이러한 행위의 이유를 늘 주목해야 한다. 그리고 선한 양심이 증거하는 것에만 진정한 위로가 있을 수 있다. 세상은 눈이 멀어 멸망하는데 하나님께서는 그분의 빛으로 우리를 영화롭게 하셨으니, 우리 마음은 감사로 고양되어야 마땅하다. 그러나 하나님을 알지 못하고 그리스도를 미워하는 것은 그 마음의 어리석음에서 나온다는 사실을 이해하자. 내가 자주 말했듯이, 불신앙은 앞이 보이지 않는 것이다. 불경건한 자들이 깨달음이 없거나 알지 못하기 때문이 아니라, 그들에게 있는 지식이 혼란스럽고 즉시 사라지는 지식이기 때문이다. 이 주제를 나는 다른 곳에서 좀 더 충분히 다루었다.

> **22** 내가 와서 그들에게 말하지 아니하였더라면 죄가 없었으려니와 지금은 그 죄를 핑계할 수 없느니라 **23** 나를 미워하는 자는 또 내 아버지를 미워하느니라 **24** 내가 아무도 못한 일을 그들 중에서 하지 아니하였더라면 그들에게 죄가 없었으려니와 지금은 그들이 나와 내 아버지를 보았고 또 미워하였도다 **25** 그러나 이는 그들의 율법에 기록된 바 그들이 이유 없이 나를 미워하였다 한 말을 응하게 하려 함이라 **26** 내가 아버지께로부터 너희에게 보낼 보혜사 곧 아버지께로부터 나오시는 진리의 성령이 오실 때에 그가 나를 증언하실 것이요 **27** 너희도 처음부터 나와 함께 있었으므로 증언하느니라 요 15:22-27

22 내가 와서 그들에게 말하지 아니하였더라면 그리스도께서는 전에 유대인들이 하나님을 몰랐기 때문에 복음을 미워했다고 말씀하셨다. 혹시 이것 때문에 유대인들의 죄가 가볍다고 생각하는 사람이 있을까봐, 그리스도께서는 그들이 악하며 눈이 어둡다는 말씀을 덧붙이신다. 마치 빛을 보지 않으려고 눈을 감듯이 말이다. 그렇지 않다면 그리스도에게 이런 이의가 제기되었을 것이다.

"유대인들이 당신의 아버지를 모른다면 어째서 당신이 그들의 무지를 치료해주지 않았소? 왜 당신은 그들이 가르침을 받을 만한 사람들인지 검증하지 않았소?"

예수님은 이렇게 대답하셨다. 자신은 선하고 신실한 교사의 직책을 잘 수행했지만, 유대인들이 너무도 악하여 건전한 마음을 가질 수 없어서 그 가르침이 먹혀들지 않았다고 말이다. 더욱이 하나님의 진리를 받고 그것을 거절하거나 진리를 알고도 의도적으로 그것을 대적하는 모든 사람들에게, 그리스도께서는 그들의 됨됨이에 대해 적극적으로 질책하려고 하셨다. 하나님의 두려운 보응이 그들을 기다리고 있지만, 또한 그리스도께서는 여기서 제자들에게 승리에 대한 확신으로써 용기를 불어넣고 싶으셨다. 제자들이 불경건한 사람들의 사악함 앞에서 주눅 들지 않도록 말이다. 전쟁 중에 결과가 어찌 되리라는 것을 들을 때처럼, 우리는 이미 승리를 확신할 수 있기 때문이다.

죄가 없었으려니와 몇몇 사람이 생각하듯이, 그리스도께서는 이 말씀으로 마치 그들에게 불신앙 외에는 다른 죄가 없다고 암시하시는 것처럼 보인다. 어거스틴은 좀 더 신중하게 말하지만, 그의 견해 역시 이 입장과 가깝다. 믿음으로 모든 죄가 용서함을 받고 씻기기 때문에 정죄함을 받는 유일한 죄는 불신앙이라고 그는 주장한다. 불신앙은, 사람들이 사망의 정죄에서 구원을 받지 못하도록 방해할 뿐만 아니라 모든 악의 원천이고 이유이기 때문에 이 말은 사실이다. 하지만 그 모든 추론은 이 구절과 전혀 상관이 없다. 왜냐하면 여기에서 '죄'라는 단어는 일반적인 의미로가 아니라 지금 논의하는 주제와 관련하여 사용되고 있기 때문이다. 마치 그리스도께서는 유대인들이 그리스도 안에서 하나님을 거절했기 때문에 그들의 무지는 절대로 변명할 도리가 없는 것이라고 말씀하시는 듯하다. 이는 마치 우리가 비난 받고 있는 어떤 사람의 한 가지 범죄를 용서하고 싶을 때, 그 사람을 무죄하고 의롭고 깨끗하다고 칭하는 것과 같다. 그리스도의 말씀은 유대인들이 복음을 멸시하고 미워하는 이 죄에 대해 무지함을 핑계할 수 없다는 것이기 때문에, 그분이 말씀하시는 '죄가 없다'는 것은 한 가지 죄에 국한되는 것이다.

하지만 또 다른 질문이 제기된다. 불신앙은 그리스도께서 오시기 전에 존재했던 사람들을 정죄하기에 충분하지 않지 않은가? 개중에는 이 구절을 근거로 해서, 그리스도께서 오시기 전에 죽은 사람들은 다 믿음이 없었으며 그리스도가 자신을 그들에게 나타내시기 전까지는 의혹과 긴장 상태에 있었다고 잘못 추론하는 사람들이 있다. 그들은 마치 양심만으로도 그들을 정죄하기에 충분하다고 증언하는 성경 본문이 그리 많지 않은 것처럼 생각한다. 그러나 바울은 이렇게 증언한다.

"그러나 아담으로부터 모세까지 아담의 범죄와 같은 죄를 짓지 아니한 자들까지도 사망이 왕 노릇 하였나니"(롬 5:14).

그리고 그는 다시 "무릇 율법 없이 범죄한 자는 또한 율법 없이 망하고"(롬 2:12)라고 말한다.

그렇다면 그리스도의 말씀의 의미는 무엇인가? 이 말씀에는 양보의 의미가 있는 것이 확실하다. 유대인들은 자기들에게 제공된 생명을 의도적으로 자진해서 거부했기 때문에, 자기들의 죄를 경감해줄 만한 그 어떤 것도 더 이상 제시할 수가 없다. 그러므로 "주인의 뜻을 알고도 준비하지 아니하고 그 뜻대로 행하지 아니한 종은 많이 맞을 것이요"(눅 12:47)라는 말씀에 따르면, 그리스도께서 그들에게 양해를 해주신 것은 그들의 죄를 완전하게 용서해준 것이 아니라 단지 그 죄의 중(重)함을 가볍게 해준다는 것이다. 사실 여기서 그리스도께서는 어느 누구에게도 죄 용서를 약속하지 않으신다. 다만 하나님의 은혜를 완강히 거절한 원수들에게, 그들이 죄 용서와 자비를 받을 만한 자격이 없음이 명백하다는 사실을 확인시키고 계실 뿐이다.

내가 와서 그들에게 말하지 아니하였더라면 그리스도께서는 여기에서, 자신이 이 땅에 오신 것에 대해서 말씀하시는 것이 아니라 그것을 자신의 가르침과 연결해서 언급하고 계심을 주목해야 한다. 유대인들의 죄가 그리스도께서 육체로 계시는 것과 관련한 것뿐이었다면 그렇게 엄청난 죄가 아니었을 것이다. 그러나 그들은 그리스도의 교훈을 멸시했기 때문에 그 죄가 도무지 용서받을 수 없는 것이 된 것이다.

23 나를 미워하는 자는 이 주목할 만한 구절에서, 우리는 복음의 교훈을 미워하는 사람이 당연히 하나님을 거스르고 불경건함을 보이는 사람이라는 가르침을 받는다. 사실 말로는 그렇지 않은 척하는 사람들이 많이 있다. 비록 그들이 복음에 대하여 반감을 갖는다고 해도, 그들은 하나님을 예배하는 훌륭한 사람이라고 여김을 받고 싶어 하기 때문이다. 하지만 그들의 말은 거짓이다. 그들 속에는 하나님을 멸시하는 것이 숨겨져 있기 때문이다. 이렇게 하여 그리스도께서는 그분의 교훈의 빛으로 많은 사람들의 위선을 폭로하신다. 우리는 이 주제에 대하여 요한복음 3장 20절과 5장 23절 두 구절을 설명하면서 충분히 언급했다.

"악을 행하는 자마다 빛을 미워하여 빛으로 오지 아니하나니"(요 3:20).

"아들을 공경하지 아니하는 자는 그를 보내신 아버지도 공경하지 아니하느니라"(요 5:23).

24 내가 아무도 못한 일을 그들 중에서 하지 아니하였더라면 내 생각에 그리스도께서는 그분의 신적神的인 영광에 대한 모든 증거를 '일'이라는 단어에 포함시키신 것 같다. 그리스도께서는 이적과 성령의 능력과 그밖에 다른 여러 예들로써 자신이 하나님의 아들이심을 분명하게 입증하셨다. 그 결과 우리가 요한복음 1장에서 보았듯이, 그리스도에게서 하나님의 독생

獨生하신 아들의 위엄이 분명하게 드러났다. 모세나 선지자들과 비교하여 그리스도께서 더 많은 혹은 더 위대한 이적을 행하지 않았다고 반대 의견을 제시하는 사람들이 종종 있다.

이 문제에 대한 설명은 잘 알려져 있다. 그리스도께서 다른 사람들과 같은 단순한 사역자가 아니라, 엄밀히 말해서 그들이 행하는 이적의 근원자라는 의미에서, 그분이 행하신 이적은 더욱 탁월하다. 그리스도께서는 이적을 행하실 때 그분 자신의 이름과 권위와 능력을 사용하셨기 때문이다. 하지만 내가 이미 말한 바와 같이, 그리스도께서는 자신의 신성神性을 나타내는 수단으로 사용하신 하늘에 속한 신령한 능력에 대한 모든 증거들을 '일'이라는 이 범주 안에 넣으셨다.

보았고 또 미워하였도다 그리스도께서는 원수들이 이것에 대해 핑계할 수 없다고 결론을 내리신다. 그들은 신성을 명백히 드러내주는 그분의 능력을 멸시했기 때문이다. 하나님께서는 자신의 신성을 아들 안에서 공개적으로 나타내셨다. 그러므로 원수들이, 자기들은 단지 연약한 인간을 멸시한 것뿐이지 절대로 하나님을 멸시한 것이 아니라고 말하는 것은 아무 소용이 없다.

이 구절은 우리에게 하나님의 일에 대해서 곰곰이 생각해보라고 경고한다. 하나님께서는 그 일들을 통해 그분의 능력을 나타내심으로써, 우리가 그분에게 합당한 영광을 돌리기를 원하신다. 그러므로 하나님의 은사를 어둡게 하거나 그 은사를 멸시하며 소홀히 여기는 사람은 다 하나님께 배은망덕하고 악의가 가득 찬 사람이다.

25 한 말을 응하게 하려 함이라 본성에 반反하는 것은 터무니없는 것처럼 보인다. 하지만 하나님을 미워하는 것이야말로 가장 이성理性에 어긋나는 일이다. 그래서 그리스도께서는 유대인들이 너무도 큰 악에 오염되어 이유도 없이 자신을 미워했다고 말씀하신다. 그분은 시편 35편 19절을 인용하시면서 이 구절이 지금 성취된다고 하신다. 단순히 동일한 일이 전에 다윗에게

발생하지 않았다는 의미에서가 아니라, 이스라엘의 완고함과 사악함을 책망하기 원하신다는 의미에서 이 말씀을 인용하신 것이다. 이스라엘의 완악함은 선조들이 후손들에게 끊임없이 전해주었고, 세대를 거듭하며 영원히 지속되었다. 그리스도께서는 유대인들이 이유도 없이 다윗을 미워한 그 조상들보다 나은 것이 하나도 없다고 말씀하시는 듯하다.

이는 그들의 율법에 기록된 바 그리스도께서는 '율법'이라는 말로 시편을 가리키신다. 선지자들의 모든 가르침은 율법의 부록에 불과하기 때문이다. 또한 우리는 모세의 사역이 그리스도의 때까지 계속되었다는 것을 안다. 그리스도께서 율법을 "그들의 율법"이라고 부르셨는데, 이는 그들에 대한 존중의 표현이 아니라 친숙한 용어로써 그들을 좀 더 신랄하게 자극하기 위해서이다. 그분은 마치 "유대인들에게는 선조 대대로 전수되어온 율법이 있었다. 그들은 그 율법에서 자기들의 행동이 뚜렷이 묘사되어 있는 것을 본다"라고 말씀하시는 듯하다.

26 보혜사 곧 … 성령이 오실 때에 복음을 대적하는 원수들이 많이 있는 까닭에 심지어 교회 안에서라도 복음을 과소평가해서는 안 된다고 사도들에게 말씀하시고 나서, 그리스도께서는 이제 이 사람들의 사악한 분노에 맞서 성령의 증거를 제시하신다. 사도들은 성령의 증거를 의지하면 결코 흔들리지 않을 것이다. 그리스도의 말씀의 의미는 이것이다.

"세상은 너희에게 분노를 발할 것이다. 너희를 모욕하는 사람도 있고, 너희의 교훈을 저주하는 사람도 있을 것이다. 하지만 성령께서 자신의 증거로 너희를 세우려고 오시면, 그들 중에 어느 누구도 너희 믿음의 견고함을 깨뜨릴 정도로 폭력을 휘두르지 못할 것이다."

사실 세상이 사방에서 격분할 때, 우리를 유일하게 보호해주는 것은 하나님의 진리이다. 성령께서 우리 마음에 인印 치신 하나님의 진리, 세상에 있는 모든 것을 물리칠 그 진리 말이다. 만일 우리를 보호해주는 것이 사람들의 판단에 좌지우지되는 것이라면, 우리의 믿음은 하루에도 수백 번 기가 꺾일 것이기 때문이다.

그러므로 우리는 이처럼 여러 가지로 혼란스러운 상황에서 어떻게 견고하게 남아 있을 수 있는지 주의 깊게 관찰해야 한다. 하나님께서 우리에게 주신 것들을 알 수 있는 것은, 우리가 세상의 영靈을 받지 않고 하나님에게서 나오는 영을 받았기 때문이다(고전 2:12). 이 하나의 증거는, 세상이 하나님의 진리를 가리거나 멸하려고 세운 모든 것을 없애고 흩고 뒤엎을 만큼 능력이 있다. 이러한 성령을 받은 사람은 세상의 미움과 멸시에 낙망할 위험이 전혀 없기에, 그는 온 세상을 이길 것이다.

하지만 우리는 세상 사람들의 훌륭한 견해를 의지하지 않도록 주의해야 한다. 믿음이 이런 식으로 정처 없이 배회하면, 아니 좀 더 정확히 말해서 믿음이 하나님의 성소를 떠나는 순간 틀림없이 비참하게 흔들릴 것이기 때문이다. 그러므로 '성령님의 내적이고 비밀스런 증거'(interius et arcanum Spiritus testimonium)를 상기해야 한다. 신자들은 이 증거가 하늘로부터 그들에게 주어진 것임을 알고 있다.

그가 나를 증언하실 것이요 여기에서 성령이 그리스도를 증언하신다고 언급되었다. 우리가 우리 구원의 어떤 부분도 다른 곳에서 찾지 않도록 하려고 성령께서는 우리의 믿음을 그리스도 안에만 두고 견고케 하시기 때문이다. 우리로 하여금 성령의 보호를 의존하여 절대로 불안해하지 않도록 하기 위해 그리스도께서는 다시금 성령을 '보혜사'라고 부르신다. 그렇게 부르심으로써 그분은 우리가 어떤 유혹에도 넘어가지 않도록 우리의 믿음을 강하게 하기 원하셨던 것이다.

또한 그리스도께서 성령을 '진리의 영'이라고 부르실 때 그것은 현실적인 문제에 적용되어야 한다. 이 구절을 반대 상황으로 읽으면 의미가 더욱 분명해진다. 즉, 사람들이 '성령'이라는 증인을 갖고 있지 않으면, 온갖 종류의 길에서 배회하며 어느 곳에서도 확고한 안식처를 찾지 못한다. 하지만 성령께서 어느 곳에서든지 말씀하시면 사람들의 마음을 모든 의심과 속임의 공포에서 구원하신다.

아버지께로부터 너희에게 보낼 … 아버지께로부터 나오시는 그리스도께서는 자신의 권위의 효과를 높이기 위하여 이 말씀을 하신다. 성령께서 하나님에게서 나오신다는 확신이 우리에게 없다면, 성령의 증거는 강력한 공격과 격렬하고 많은 전략들을 막기에 충분하지 못할 것이다. 성령을 보내시는 분은 그리스도이시지만, 그분은 하늘의 영광으로부터 성령을 보내신다. 성령이 인간의 선물이 아니라 신적神的인 은혜의 확실한 보증이라는 것을 우리가 알 수 있도록 하기 위해서 말이다. 헬라 교부教父들이 이 말씀에 근거하여 성령이 아들에게서 나온다는 사실을 부인한 것이 얼마나 어리석은 짓인지 여기에서 분명해진다. 늘 그러하시듯 그리스도께서는 우리의 눈을 들어 그분의 신성神性을 바라보게 하시려고 여기서 아버지를 언급하신다.

27 너희도 … 증언하느니라 그리스도께서는 성령의 증거가 사도들이 사적私的으로 받게 될 혹은 그들만이 향유하게 될 그런 유의 증거가 아니라는 뜻으로 말씀하신다. 성령의 증거는 사도들에 의해 널리 퍼질 것이라고 말이다. 마치 성령께서 그들의 입을 통하여 말씀하시듯, 사도들은 성령의 도구가 될 것이기 때문이다. 이제 우리는 믿음이 어떻게 들음에서 나는지, 그리고 어떻게 믿음의 확신이 성령의 보증과 인印 침으로 말미암는지 이해하게 된다.

인간 마음의 어둠을 충분히 인식하지 못하는 사람들은 믿음이 설교만으로 저절로 생긴다고 생각한다. 그러나 이와는 반대로 외적인 설교를 경멸하고 비밀스러운 계시와 엔두시아스무스(enthousiasmous, 영감)에 대해서 의기양양하게 이야기하는 환상가들도 많이 있다. 하지만 우리는 그리스도께서 이 둘을 함께 연결하시는 것을 본다. 그러므로 하나님의 영靈이 우리 정신을 조명하시고 우리 마음에 인印을 치실 때에야 비로소 믿음이 생기는 것은 사실이지만, 우리는 난데없이 환상이나 신탁(계시)을 추구해서는 안 된다. 우리 가까이에 있고 우리 입과 우리 마음에 있는 말씀(신 30:14 ; 롬 10:8)으로 우리의 감각들을 묶어 고정해야 한다. 이사야 선지자가 다음과 같이 아름답게 말한 것처럼 말이다.

"여호와께서 이르시되 내가 그들과 세운 나의 언약이 이러하니 곧 네 위에 있는 나의 영과 네 입에 둔 나의 말이 이제부터 영원하도록 네 입에서와 네 후손의 입에서와 네 후손의 후손의 입에서 떠나지 아니하리라 하시니라 여호와의 말씀이니라"(사 59:21).

너희도 처음부터 나와 함께 있었으므로 사도들을 더욱 신임할 수 있는 것은, 그들이 직접 눈으로 본 것을 선포했기 때문임을 우리에게 알려주기 위해서 이 말씀이 덧붙여진 것이다. 요한이 말한 것처럼 말이다.

"태초부터 있는 생명의 말씀에 관하여는 우리가 들은 바요 눈으로 본 바요 자세히 보고 우리의 손으로 만진 바라"(요일 1:1).

주님은 이렇게 하심으로써 복음을 완전히 확증하는 데 아무것도 부족함이 없도록 하시기 위해서 우리가 모든 면에서 준비되기를 원하셨다.

요한복음 16장

1 내가 이것을 너희에게 이름은 너희로 실족하지 않게 하려 함이니 2 사람들이 너희를 출교할 뿐 아니라 때가 이르면 무릇 너희를 죽이는 자가 생각하기를 이것이 하나님을 섬기는 일이라 하리라 3 그들이 이런 일을 할 것은 아버지와 나를 알지 못함이라 4 오직 너희에게 이 말을 한 것은 너희로 그 때를 당하면 내가 너희에게 말한 이것을 기억나게 하려 함이요 처음부터 이 말을 하지 아니한 것은 내가 너희와 함께 있었음이라 5 지금 내가 나를 보내신 이에게로 가는데 너희 중에서 나더러 어디로 가는지 묻는 자가 없고 6 도리어 내가 이 말을 하므로 너희 마음에 근심이 가득하였도다 7 그러나 내가 너희에게 실상을 말하노니 내가 떠나가는 것이 너희에게 유익이라 내가 떠나가지 아니하면 보혜사 가 너희에게로 오시지 아니할 것이요 가면 내가 그를 너희에게로 보내리니 요 16:1-7

1 내가 이것을 너희에게 이름은 여기서 그리스도께서는 지금까지 말씀 하신 것 중에서 그 어떤 것도 불필요한 것이 없다고 또 다시 언급하신다. 제 자들 앞에 기다리고 있는 것은 전쟁과 갈등이며, 그들은 사전에 적절한 무기 를 갖추고 있어야 하기 때문이다. 하지만 주님은 제자들이 이 교훈을 깊이 묵 상하면 그들 앞에 있는 것을 얼마든지 막아낼 수 있다는 의미로 말씀하시기 도 한다.

더욱이 그 당시 그리스도께서 제자들에게 하신 말씀은 우리에게도 하신 말씀임을 기억하자. 먼저 우리는 그리스도께서 자신을 따르는 사람들을 무기도 갖추지 않은 채 전장戰場에 보내지 않으시며, 그렇기에 게으르지만 않는다면 전쟁에서 패할 사람은 아무도 없다는 사실을 깨달아야 한다. 우리는 전쟁이 진행될 때까지 기다려서는 안 된다. 그리스도의 이 말씀에 익숙해지도록 노력하고, 필요하다면 전쟁에 참여해야 한다. 그리스도의 권면이 우리 마음에 깊이 새겨진 이상, 승리가 우리 손에 있음을 의심해서는 안 된다. 그리스도께서 "너희로 실족하지 않게 하려 함이니"라고 말씀하신 것은 어떤 것도 우리를 바른길에서 벗어나게 할 위험이 없다는 의미이다. 그러나 이 교훈에서 바르게 가르침을 받는 사람이 극히 드물다는 것은, 마음으로 그 교훈을 받은 것 같지만 실제로 전쟁에 나가서는 사람들이 마치 완전히 무지하고 전혀 교훈을 받지 않은 것처럼 제멋대로 행동한다는 사실에서 분명히 드러난다. 그러므로 이 무기를 잊지 말고 실제로 사용하자.

2 사람들이 너희를 출교할 뿐 아니라 경건한 사람들의 총회로부터 아니면 최소한 자기들이 하나님의 백성이라고 떠벌리며 교회라는 이름을 자랑하는 사람들로부터 범죄자처럼 추방당한다는 것은 얼마든지 제자들의 마음을 불안하게 할 만한 심각한 거침돌이었다. 바울이 말한 대로(고전 4:11 이하), 신자들은 핍박을 받을 뿐만 아니라 비난과 치욕을 당할 것이다. 하지만 그리스도께서는 이러한 공격에 굳게 맞서라고 권하신다. 설령 회당에서 쫓겨난다고 해도 그들은 여전히 하나님나라 안에 있기 때문이다. 한마디로 말해서, 우리는 사람들의 불의한 재판에 무너지지 말고 그리스도의 십자가의 치욕을 당당히 견디며 십자가만을 생각함으로 만족을 얻어야 한다. 사람들이 불의하고 악하게 정죄하는 우리의 주장이 하나님에게는 인정을 받도록 말이다.

여기서 우리는, 복음의 사역자들이 믿음이 있다고 주장하는 원수들에게 학대를 받을 뿐만 아니라 때로는 교회의 지체들과 심지어 교회의 기둥들로 보이는 사람들에게서도 굉장한 치욕을 당한다고 결론 내릴 수 있다. 사도들을 정죄한 서기관과 제사장들은 자기들이 하나님께서 인정한 교회의 심판자라고 으스댔다. 진정, 교회의 일반적인 정치가 그들 손에 맡겨졌으며, 그들이 수행하고 있는 판단하는 직책이 하나님에게서 온 것이고 사람에게서 나온 것이 아니라는 것은 사실이다. 하지만 그들은 폭력으로 하나님께서 제정하신 전체 질서를 더럽혔다. 그러므로 덕德을 세우기 위해 그들에게 준 권세는 하나님의 종들을 압제하는 기괴한 핍박 도구에 불과했다. 교회를 정화淨化하는 약으로 사용되어야 할 출교가 경건을 추방하는 데 사용되고 말았던 것이다.

사도들이 그들 시대에 이미 이것을 경험했기 때문에, 오늘날 우리는 복음을 증언한다는 이유로 우리에게 내리치는 교황의 파문으로 인해서 과도하게 겁먹을 필요가 없다. 옛 시대의 사람들(서기관과 제사장들)이 사도에게 해를 가한 것 이상으로 교황이 우리에게 해를 가할 것이라고 두려워해서는 안 된다. 사실, 그리스도를 추방한 공동체에서 빠져나오는 것보다 더 바람직한 일은 없다. 하지만 출교가 너무 심하게 남용된다고 해도, 그것 때문에 하나님께서 처음부터 교회에 임명하신 권징勸懲이 폐지되지는 않는다는 점을 주목하자. 사탄이 하나님께서 제정하신 모든 것을 더럽히려고 온갖 노력을 다하지만, 하나님께서 영원히 거룩하게 하신 것을 타락 때문에 없앰으로써 사탄에게 굴복해서는 안 되기 때문이다. 그러므로 세례나 성만찬과 마찬가지로 출교는 남용된 것을 고쳐 바르고 적법하게 사용하도록 해야 한다.

때가 이르면 그리스도께서는 이 거치는 돌을 강조하신다. 복음의 원수들은 신자들을 죽이면서 스스로는 하나님께 거룩한 제사를 드린다고 생각할 정도로 자기들의 권위를 주장한다. 무죄한 사람들이 잔인하게 학대받는 것은 정말로 견디기 힘들다. 하지만 이보다도 더 힘들고 고통스러운 것은, 불경건한 사람들이 하나님의 자녀들에게 악을 행하는 불의가 공의로운 심판으로 여겨지고 하나님의 자녀들이 행한 범죄에 대한 정당한 보응으로 간주되어야 한다는 사실이다. 하지만 그리스도께서 우리와 그분 자신의 주장을 옹호하시려고 하늘로부터 나타나실 때까지, 우리로서는 잠시 동안 압제 받는 것을 견디며 선한 양심의 보호 속에서 굳게 설 필요가 있다.

하지만 진리의 원수들이 자기들의 악함을 인식하면서도 사람들을 속일 뿐만 아니라, 하나님의 존전에서까지 자기들의 불의한 만행을 자랑한다는 것은 아연실색할 수밖에 없는 일이다. 외식하는 사람들은 양심의 가책을 느끼면서도 늘 스스로 속이기 위하여 달콤한 말을 늘어놓는다. 이들은 야심이 크고 잔인하며 자랑을 늘어놓는 사람들이다. 그러나 그들은 남에게 비난을 받지 않으면서 이러한 악을 탐닉할 수 있도록 열정이라는 외투로 그 모든 악들을 은폐한다. 이것으로도 부족하여 그들은 순교자들의 피로 자신들을 흠뻑 적시고 격심한 분노에 취하기까지 한다.

3 그들이 이런 일을 할 것은 불신자들이 사도들에게 분노를 표하는 한 가지 이유가 그들이 하나님을 알지 못하기 때문이라는 사실을 그리스도께서 그들에게 자주 상기시키는 데에는 분명한 이유가 있다. 이것은 불신자들의 죄를 가볍게 하기 위해서가 아니라, 사도들이 그들의 맹목적인 분노를 당당하게 멸시하도록 하기 위함이다. 불경건한 사람들이 가지고 있는 권세와 그들 속에서 빛나는 영광이 겸손하고 경건한 사람들의 마음을 흔드는 일이 종종 일어나기 때문이다. 그러나 그리스도께서는 자기를 따르는 사람들에게 거룩하고 숭고하게 일어나 그들을 대적하는 자들을 멸시하라고 말씀하신다. 그 대적하는 자들은 잘못된 생각과 눈이 먼 까닭에 그렇게 행하는 것뿐이다. 하나님께서 우리 편에 서 계시다는 것과 우리를 대적하는 사람들이 이성이 없는 사람들이라는 것을 안다면, 이것이 우리를 지켜주는 강한 성벽이 된다. 다시 말하지만, 그리스도의 이 말씀은 우리에게 하나님을 모르는 것이 얼마나 심각한 악인지 상기시켜준다. 하나님을 알지 못하기 때문에, 부모를 살해한 사람들까지도 그 사악함에 대해 인정과 칭송을 받아야 한다고 생각하게 되니 말이다.

4 너희로 그 때를 당하면 … 이것을 기억나게 하려 함이요 그리스

도께서는 앞에서 말씀하셨던 것을 반복하신다. 즉, 이것은 학문적인 사색이 아니라 실천적이고 유용한 것이며, 제자들이 헛되게 가르침을 받지 않았음을 실제로 증명하기 위해 이제 그분이 이 문제에 대해 친히 강설하신다는 것이다. 그리스도께서는 "기억나게 하려 함이요"라고 말씀을 하심으로써, 우선 그들에게 들은 것을 마음속에 간직하라고 권하신다. 그리고 실제로 사용할 필요가 있을 때 그것을 기억하라고 말씀하신다. 마지막으로 그리스도께서는 자신이 장차 올 것을 예상하시면서 이 말씀을 하셨다는 것이 중요하다고 선언하신다.

처음부터 이 말을 하지 아니한 것은 그리스도께서 육체를 입으시고 사도들과 함께 사시는 동안, 그들은 여전히 부서지기 쉬운 연약한 자들이었다. 그래서 그들의 가장 선하고 친절한 선생님께서는 그들의 목숨을 보존하시고 그들이 감당하기 어려운 압박을 받지 않도록 하셨다. 그러므로 그들이 핍박을 받지 않고 한가롭게 지낼 동안에는 큰 확신이 필요 없었다. 그러나 이제 그리스도께서는 사도들에게 삶의 태도를 전환해야 한다고 경고하신다. 그들 앞에 새로운 단계가 놓여 있으므로, 그리스도께서는 사도들에게 싸울 준비를 하라고 권하신다.

5 지금 내가 나를 보내신 이에게로 가는데 그리스도께서는 자신이 떠나가는 것 때문에 제자들이 품었음 직한 슬픔을 최고의 위로를 통해 진정시키신다. 이것은 매우 필요한 일이었다. 지금까지는 부드럽게 보호를 받아왔던 사람들이 미래를 위해 격렬하고 힘든 싸움을 싸우라고 요청을 받았다. 그들의 구원의 보호자이신 그리스도께서 하늘에 게시다는 것을 알지 못했다면 그들은 어떻게 되었겠는가? 그리스도께서 '내 아버지에게로 간다'고 말씀하신 것은 가장 높은 권세를 소유하러 하늘 영광에 들어가신다는 말이다. 그러므로 그리스도께서 몸으로는 자기들과 함께 계시지 않지만 그분의 능력으로 신자들을 보호하시려고 아버지 우편에 앉으신다는 말씀이 제자들의 슬픔에

대한 위로와 치료책으로 제시되고 있는 것이다.

하지만 그리스도께서는 사도들의 두 가지 잘못을 책망하신다.

첫째, 그들이 그리스도의 육체적인 가시적可視的임재에 너무 많이 집착하고 있다는 점이다.

둘째, 눈에 보이는 그리스도의 임재가 사라지면 그들이 슬픔에 짓눌려 하늘을 향하여 눈을 들지 않는다는 점이다.

우리에게도 이와 동일한 일이 일어난다. 우리는 늘 그리스도를 우리 감각에 의지해서 바라보고, 만일 그분이 우리가 바라는 대로 나타나지 않으시면 절망하기 때문이다.

너희 중에서 나더러 어디로 가는지 묻는 자가 없고 자기들의 선생님이 어디로 가시는지 물어보지 않았다는 것을 가지고 사도들을 책망하는 것은 옳지 못한 것처럼 생각될지 모르겠다. 일찍이 그들이 그리스도에게 이 문제로 문의한 적이 있었기 때문이다. 하지만 이것을 설명하기는 쉽다. 예전에 그 질문을 했을 때, 그들은 무엇보다도 자기들의 마음을 고양시켜서 확신 가운데 있어야 했지만 그러지 않았던 것이다. 그러므로 그리스도의 말씀은 이런 의미이다.

"너희는 내가 떠난다는 소식을 듣자마자 놀라서 내가 어디로 가는지, 무슨 목적으로 가는지 생각하지 않았다."

7 그러나 내가 너희에게 실상을 말하노니 주님이 자기들과 함께 눈에 보이게 임재하기를 원하는 마음을 단념하도록, 그리스도께서는 자신이 떠나는 것이 유익할 것이라고 선언하시면서 일종의 맹세를 사도들 앞에서 하신다. 우리는 너무도 세상적이어서, 그리스도를 하늘에서 끌어내어 우리와 함께 있게 하려는 이 어리석은 생각을 없애버리는 것만큼 어려운 일도 없기 때문이다.

그리스도께서는 자신이 떠나가는 것이 어떤 의미에서 유익한지를 설명하신다. 즉, 그분이 세상을 떠나지 않으시면 다른 어떤 방법으로도 성령이 그들에게 임할 수 없다는 것이다. 하지만 그리스도께서는 그렇게 임재하심으로써 자신의 영의 은혜와 능력으로 우리와 교통하신다. 그리고 그 임재는 그분이 우리 눈앞에 계시는 것보다 훨씬 더 유익하고 바람직하다. 이제 이 시점에서 우리는 그리스도께서 땅에 계시는 동안에는 왜 성령을 주실 수 없었는지 질문을 던질 필요가 있다. 그리스도께서는 아버지께서 정하신 모든 것을 당연한 일로 생각하셨기 때문이다. 사실, 주님께서 어떤 일이 이루어지기를 바라는지 일단 지적하신 마당에 다른 어떤 가능성에 대해서 왈가왈부하는 것은 어리석고 해롭다.

> 8 그가 와서 죄에 대하여, 의에 대하여, 심판에 대하여 세상을 책망하시리라 9 죄에 대하여
> 라 함은 그들이 나를 믿지 아니함이요 10 의에 대하여라 함은 내가 아버지께로 가니 너희
> 가 다시 나를 보지 못함이요 11 심판에 대하여라 함은 이 세상 임금이 심판을 받았음이
> 라 12 내가 아직도 너희에게 이를 것이 많으나 지금은 너희가 감당하지 못하리라 13 그러
> 나 진리의 성령이 오시면 그가 너희를 모든 진리 가운데로 인도하시리니 그가 스스로
> 말하지 않고 오직 들은 것을 말하며 장래 일을 너희에게 알리시리라 14 그가 내 영광을
> 나타내리니 내 것을 가지고 너희에게 알리시겠음이라 15 무릇 아버지께 있는 것은 다
> 내 것이라 그러므로 내가 말하기를 그가 내 것을 가지고 너희에게 알리시리라 하였노라
>
> 요 16:8-15

8 그가 와서 이 구절의 의미가 모호하기 때문에 생긴 다양한 주석들이 있는데, 나는 그것을 일일이 언급하지 않고 단지 그리스도께서 의도하신 참 의미라고 생각되는 것을 서술하려고 한다. 그리스도께서는 제자들에게 성령을 약속하셨다. 이제 그분은 이 선물의 탁월함을 그 효과 면에서 말씀하신다. 성령께서는 제자들 한 사람 한 사람을 다스리고 보존하시고 보호하실 뿐만 아

니라 그분의 능력과 효력을 더욱 널리 퍼뜨리실 것이기 때문이다.

세상을 책망하시리라 성령께서 제자들 안에 갇힌 채로 계시지 않을 것이고 그분의 능력은 그들을 넘어 온 세상에 확장될 것이라는 의미로 그리스도께서는 이 구절을 말씀하신다. 그리스도께서는 제자들에게 세상의 심판자가 되실 성령님을 약속하시는 것이다. 제자들의 설교는 그 성령으로 말미암아 정말로 생생하게 살아 있는 영향력 있는 말씀이 될 것이고, 그리하여 고삐 풀린 망아지처럼 제멋대로 살면서 아무런 두려움과 공경심을 나타내지 않는 사람들을 바로잡아 질서를 찾게 해줄 것이다.

여기서 그리스도께서 비밀스러운 계시에 관하여 말씀하시는 것이 아니라 성령의 능력에 관하여 말씀하고 계시다는 사실을 주목해야 한다. 성령의 능력은 복음의 외적인 가르침과 사람들의 목소리에 나타난다. 그리스도의 영이 행하시지 않는다면, 어떻게 사람의 목소리가 마음에 들어가 그곳에 뿌리를 내리고 마침내 열매를 맺게 하여 돌과 같은 마음을 살과 피를 가진 사람의 마음으로 만들고 그들을 새롭게 할 수 있겠는가? 바울이 고린도후서 3장 6절에서 아름답게 가르치고 있는 것처럼, 성령께서 일하시지 않으면 사람의 목소리는 한갓 죽은 문자와 공허한 소리가 되고 만다. 바울은 하나님께서 자기의 가르침을 통해 능력 있게 역사하셨다는 점에서 자기가 성령의 사역자임을 자랑한다.

그러므로 이 구절의 의미는, 사도들이 성령을 받았으므로 하늘의 신적神的인 능력을 입을 것이고 그 능력으로 온 세상을 심판하게 되리라는 것이다. 이것은 사도 자신들보다는 성령님에게 부여된 능력이다. 사도들은 그들 고유의 능력을 소유한 것이 아니라 단지 사역자들과 도구에 불과하며, 성령님만이 홀로 그들을 주관하시기 때문이다.

내가 생각하기에 '세상'이라는 단어에는 그리스도에게 참으로 회심하고 돌아올 사람들뿐만 아니라 외식하는 자들과 멸망 받을 사람들도 포함되는 것 같다. 성령께서 복음을 선포하심으로써 사람들을 책망하시는 방법은 두 가지가 있기 때문이다. 어떤 사람들은 복음을 듣고 감동을 받아 스스로 겸손해져 자기들을 정죄하는 심판에 기꺼이 동의한다. 반면에 죄가 있음을 깨닫고 회피할 수 없으면서도 성령의 권위와 다스림에 진지하게 스스로를 복종하지 않는 사람들도 있다. 후자의 경우에는 설령 복종을 한다고 해도 속으로는 신음하며, 혼란스러운 중에도 여전히 내적인 완고함을 품기를 그치지 않는다.

이제 우리는 성령께서 어떤 방식으로 사도들을 통하여 세상을 책망하시는지를 이해한다. 하나님께서 그분의 심판을 복음에 나타내 보여주셨기 때문이다. 그리고 복음에 나타난 하나님의 심판으로 말미암아 사람들의 양심은 충격을 받았고, 그들은 자신들의 연약함과 하나님의 은혜를 파악하기 시작했다. 헬라어 동사 '엘렝케인'elengchein은 여기서 '책망하다'convict라는 의미로 사용되었다. 바울이 고린도전서 14장 24,25절에서 말한 내용이 이 구절을 이해하는 데 큰 빛을 던져줄 것이다.

"그러나 다 예언을 하면 믿지 아니하는 자들이나 알지 못하는 자들이 들어와서 모든 사람에게 책망을 들으며 모든 사람에게 판단을 받고 그 마음의 숨은 일들이 드러나게 되므로 엎드리어 하나님께 경배하며 하나님이 참으로 너희 가운데 계신다 전파하리라."

여기서 바울은 특별히 한 종류의 책망에 관해 말하고 있다. 그것은 주께서 자신이 택한 자들을 복음으로 말미암아 회개에 이르게 하시는 것이다. 그러나 이 구절은 하나님의 영이 어떻게 인간의 목소리를 사용하여 이전에는 그분의 멍에를 지는 것에 익숙하지 않았던 사람들로 하여금 그분의 다스림을 인정하고 복종하게 하시는지 명백하게 보여준다.

이제 그리스도께서 이 말씀을 하신 목적이 무엇인지 질문할 수 있을 것이다. 그리스도께서 이 구절에서 이전에 언급하신 '미워함'의 원인을 말씀하신다고 생각하는 사람들이 더러 있다. 성령께서 그리스도의 편에 서서 제자들을 통하여 세상을 책망하기 때문에 세상이 그들을 미워할 것이라고 그리스도께서 말씀하신 것처럼 이해하는 것이다. 하지만 나는 앞에서 암시했듯이 그리스도의 목적이 다른 데 있다고 주장하는 사람들과 견해를 같이한다. 사도들이 자기들에게 약속된 성령의 선물이 평범한 것이 아니라는 사실을 알아야 했다는 것은 매우 중요하다. 그래서 그리스도께서는 이런 식으로 하나님께서 온 세상을 심판하시려고 그분의 심판대를 세우실 것이라고 말씀하심으로써, 성령의 선물이 얼마나 독특하고 탁월한지를 묘사하시는 것이다.

9 죄에 대하여라 함은 이제 남은 것은 죄에 대하여 책망한다는 것이 무슨 의미인지를 살피는 일이다. 그리스도께서 불신앙을 죄의 유일한 원인으로 취급하신다고 생각하는 주석가들은 이 구절의 의미를 다양한 방법으로 왜곡시키고 있다. 하지만 앞에서 이미 말했듯이, 나는 주석가들마다 이 구절을 어떻게 설명하는지에 대해서는 언급하지 않을 것이다.

성령의 심판은 무엇보다도 죄를 밝히는 것으로부터 시작한다는 점을 주목해야 한다. 영적인 가르침은 죄 가운데 출생한 사람들 안에는 죄로 이끄는 것밖에 없다는 사실에서 시작하기 때문이다. 그리스도께서 불신앙을 언급하신 것은 사람의 본성이 불신앙이라는 것을 보여주시려는 데 있다. 믿음은, 그리스도가 그분과 우리와 연합시키시는 결속이기 때문에, 그분을 믿기 전까지 우리는 그분과 상관이 없는 그리고 그분에게서 분리된 자들이다. 그러므로 이 말씀은 이런 식으로 표현할 수 있다.

"성령이 오시면, 나를 떠나서는 죄가 세상에서 왕 노릇 한다는 것을 너희에게 보여주고 확증할 것이다."

그러므로 이 구절에 불신앙이 언급된 것은, 그것이 우리를 그리스도에게서 떠나게 하기 때문이며, 결과적으로 우리에게는 죄밖에 남은 것이 없기 때문이다. 한마디로 말해서, 그리스도께서는 이 말씀으로 인간 본성의 부패와 타락을 정죄하신다. 그러므로 우리는 그리스도를 떠나서 우리 안에 의로움이 눈곱만큼도 없다는 점을 알아야 한다.

10 의에 대하여라 함은 우리는 그리스도께서 제시하시는 단계가 어떤 순

서로 되어 있는지 주목할 필요가 있다. 그분은 이제 세상이 의義에 대하여 심판을 받아야 한다고 말씀하신다. 사람들이 결코 의에 주리고 목마르지 않을 것이기 때문이다. 오히려 반대로, 그들은 죄에 대하여 책망을 받음으로 그 마음이 움직여지지 않는다면 주님이 죄에 관하여 말씀하신 모든 것을 경멸적으로 저버릴 것이다. 우리가 신자들과 관련하여 특별히 이해해야 할 것이 있는데, 그들이 겸손해지기 전까지는 복음에 진보를 이룰 수 없다는 사실과 자기들의 죄를 알아차리기까지는 겸손해질 수 없다는 사실이다. 사람들의 양심을 하나님의 심판에 소환하고 그들에게 공포로 상처를 주는 것은 율법이 하는 일이다. 하지만 복음은 죄를 의로, 사망을 생명으로 인도하지 않고서는 올바르게 선포될 수 없다. 그러므로 그리스도께서 말씀하신 첫 부분("그가 와서 … 세상을 책망하시리라")은 율법에서 빌려올 필요가 있다.

여기서 '의'義라는 말은 그리스도의 은혜를 통하여 우리에게 주어진 것으로 이해해야 한다. 그리스도께서는 승천하실 때 의를 아버지에게 드리셨다. 그리고 그렇게 하신 데에는 그럴 만한 이유가 있었다. 그리스도께서 우리를 의롭다고 하시기 위해서 살아나셨다고 바울이 선포한 것처럼(롬 4:25), 이제 그분은 아버지 오른편에 앉아 계시면서 자신이 받은 모든 권세를 행사하시고 만물을 충만케 하신다. 한마디로 말해서, 그리스도께서는 하늘의 영광 가운데서 세상에 그분의 의로움의 달콤한 맛을 퍼뜨리신다. 지금은 성령께서 이것이 우리가 의롭다 함을 받는 유일한 방법이라고 복음을 통해 선포하신다. 죄에 대한 책망 다음에 있을 두 번째 단계는 성령께서 참된 의가 무엇인지에 대하여 세상을 책망하시는 단계이다. 즉, 그리스도께서 하늘에 오르심으로써 생명의 왕국을 세우셨고, 지금은 참된 의를 견고케 하기 위해 아버지 오른편에 앉아 계신다는 것에 대해서 말이다.

11 심판에 대하여라 함은 '심판'이라는 단어를 '정죄'로 이해하는 것이 터무니없는 것은 아니다. 그리스도께서 이 세상의 임금이 심판을 받았다는 말을 곧바로 첨가하시기 때문이다. 하지만 내 생각에는 다른 의미가 더 맞는

것 같다. 복음의 빛이 밝혀졌기 때문에, 성령께서는 세상이 그리스도의 승리로 말미암아 이상적이고 질서 잡힌 상태가 되었음을 보여주신다. 그리스도께서 그 승리로 사탄의 통치를 떨쳐버리신 것이다. 그리스도께서는 자신이 사탄을 이기고 승리하심으로써 홀로 그 나라를 붙드실 때 만물이 개혁되는 진정한 회복이 이루어졌다고 말씀하시는 듯하다. 그러므로 심판은 혼란과 흩어짐과 대조된다. 내가 이것을 간략히 서술할 수 있다면, 심판은 '아탁시아'(ataxia, 혼란, 무질서)의 반대이며 성경에서 종종 쓰이는 의미인 '공정함'이라고 말할 수 있다. 그러므로 이 구절의 의미는, 사탄이 통치를 하고 있는 동안은 만물이 혼란스럽고 어지럽혀져서 하나님의 일에 끔찍하고 혐오스러운 혼란이 있게 된다는 것이다. 하지만 그리스도께서 사탄이 폭정을 행사하지 못하게 붙잡아두시면, 세상은 회복되고 정상적인 질서로 돌아간다. 그래서 성령께서는 심판에 대하여 세상을 책망하시는 것이다. 다시 말해서, 그리스도께서는 사악한 임금을 이기심으로써 타락하고 찢겨진 만물들을 정상적으로 회복시키신다.

12 내가 아직도 너희에게 이를 것이 많으나 그리스도의 설교는 제자들에게 강력한 영향을 미치지 못했다. 그들은 무지하여 여전히 많은 것을 혼란스러워 했다. 그리스도께서 그들을 온전히 새롭게 하셨음에도 불구하고, 사실 그들은 그것을 거의 맛보지 못한 채 자기들의 육신이 연약하다는 것만 다시 확인했다. 자기의 궁핍함을 의식하는 사람들은 반드시 두려움과 염려로 짓눌림을 당하게 되어 있다. 그러나 그리스도께서는 성령을 받으면 새롭고 전혀 다른 사람들이 될 것이라는 위로로 궁핍함에 대한 그들의 의식을 일깨워주신다.

지금은 너희가 감당하지 못하리라 그리스도께서는 제자들에게 하실 말씀(좀 더 엄청난 내용의 말씀)이 더 있지만 지금은 그들이 감당하지 못할 것이라고 말씀하신다. 이것은 제자들이 실망하지 않도록 하기 위해서 더욱 나아질 것이라는 소망으로 그들을 격려하기 위한 말씀이다. 제자들은, 그들이 받은 은혜를 그 당시의 감정으로 평가해서는 안 되었다. 지금 그들은 하늘에서 너무도 멀리 있기 때문이다. 한마디로 말해서, 그리스도께서는 제자들에게 지금 그들이 아무리 연약하다고 해도 기뻐하고 용기를 가지라고 명하신다. 더욱이 제자들에게는 그리스도의 교훈 이외에는 의지할 것이 없었다. 그래서 그리스도께서는 그들이 받아들일 수 있는 수준에 맞추셨지만 잠시 후에는 더욱 고상하고 풍성한 것을 얻을 소망이 그들에게 있다고 말씀하신다. 그리스도께서 지금 제자들에게 하시는 말씀을 다음과 같이 풀어 쓸 수 있다.

"너희가 내 말을 듣고 아직은 확신을 얻기에 충분하지 않다고 생각한다면 조금만 참아라. 오래지 않아 너희 선생이신 성령에게서 가르침을 받게 될 때에는 더 이상 필요한 것이 없다고 할 정도로 만족하게 될 것이다. 성령은 지금 너희 속에 있는 모든 무지無知를 제거할 것이다."

이 시점에서 사도들이 배울 수 없었던 것이 무엇인지 질문할 수 있을 것이다. 자기들이 만들어낸 것을 하나님의 계시라고 주장하는 교황주의자들은 사악하게 이 구절을 왜곡해서 다음과 같이 주장한다.

"그리스도께서는 사도들에게 새로운 계시를 약속하셨다. 그러므로 우리는 성경에서 멈추어서는 안 된다. 그리스도께서는 제자들에게 그 이상의 무엇을 구하라고 촉구하셨기 때문이다."

교황주의자들이 어거스틴과 이야기를 나누기 원한다면 이 문제는 쉽게 해결된다. 사실 어거스틴은 이렇게 말했다.

"그리스도께서 침묵하신 상황에서, 우리 중에 누가 감히 이것이다 저것이다 말할 수 있겠는가? 혹 어떤 사람이 과감히 그렇게 말한다 해도, 어떻게 그것이 그리스도께서 원하셨던 말씀이라는 것을 증명하겠는가? 설사 그 사람이 진리를 말한다고 하더라도, 신적神的인 증거도 없이 그리스도께서 그 당시 말씀하기 원치 않으셨던 것을 주장할 만큼 그토록 교만하고 건방진 사람이 누구인가?"

하지만 교황주의자들을 논박하는 더욱 확실한 방법은 본문 뒤에 따라오는 그리스도의 말씀에서 찾을 수 있다.

13 그러나 진리의 성령이 오시면 그리스도께서 사도들에게 약속하신 성령께서는 '진리의 완전한 선생'(Magister veritatis)으로 언급되었다. 사도들이 성령에게서 받은 지혜를 전할 수 없다면 그리스도께서 왜 성령을 주겠다고 약속하셨겠는가? 사도들은 성령의 인도를 받아 그들에게 부여된 사도 직분을 수행하도록 성령을 받은 것이다.

그가 너희를 모든 진리 가운데로 인도하시리니 사도들이 그들의 가르침의 핵심 내용을 기록하는 임무를 받았을 때, 이 동일한 성령께서 그들을 모든 진리 가운데로 인도하셨다. 그러므로 사도들의 가르침을 불완전하고 미완성된 것으로 여기고 그 가르침에 어느 것이든 덧붙여야 한다고 생각하는 사람은 사도를 불명예스럽게 할 뿐만 아니라 성령을 거스르는 신성모독을 범하는 것이다. 사도들이 기록하라고 임무를 받은 교훈이 단순히 초보 학습자에게서 나온 것이라고 한다면 보충할 필요가 있을 것이다. 그러나 만일 사도들의 글이 그들에게 약속되고 주어진 계시의 영원한 기록tabulae으로 간주될 수 있기 때문에, 성령께 지독한 모욕을 주지 않고는 그들의 기록에 어느 것도 첨가할 수가 없다.

교황주의자들은 그리스도께서 말씀하지 않으신 것이 실제로 무엇이었는지 결정하는 시점에 이르러서는 우스꽝스러운 정도를 넘어 아예 바보짓을 하고 있다. 그들은 사도들이 감당하지 못하는 이 신비를 어떤 유치한 자장가로 규정하기 때문이다. 이보다 더 어처구니없고 얼빠진 일이 어디 있는가? 성령께서 하늘에서 내려오셔야 했던 이유가, 사도들에게 성만찬의 잔과 제단을 거룩하게 하고 교회의 종鐘에 세례를 베풀고 성수聖水에 축복하고 미사를 거행하는 예식을 배우게 하기 위함이었는가? 그렇다면 어리석은 사람들과 어린아이들은 어떻게 배움을 얻는가? 그들은 이 모든 것들을 아주 분명하게 이해하는데 말이다.

무엇보다도 분명한 사실은, 교황주의자들이 이 모든 것들을 짐짓 하늘에서 온 것처럼 만드는 것이 하나님을 모독하는 행위라는 점이다. 이것은 마치 케레스(Ceres, 농업의 여신. 그리스의 데메테르에 해당함)나 프로세르피나(Proserpine, 지하의 여신. 그리스의 페르세포네에 해당함)의 신비가 성령님의 순전한 지혜와 전혀 어울리지 않는 것과 비슷하다.

하나님의 은혜를 잊지 않으려 한다면, 사도들이 썼다고 주장하는 글에서 가르치는 바들을 의지하자. 그들의 글에는 "하나님의 사람으로 온전하게"(딤후 3:17) 하는 가장 완전한 하늘의 지혜가 계시되어 있기 때문이다. 그 지혜의 계시를 벗어나는 것은 바르지 않다고 생각하자. 우리의 높이와 넓이와 깊이는 그리스도 안에서 우리에게 나타난 하나님의 사랑을 아는 것이기 때문이다. 바울이 말하고 있듯이, 이 지식은 다른 모든 지식을 넘어선다(엡 3:19). 그리고 바울이 지혜와 지식의 모든 보화가 그리스도 안에 감춰져 있다고 선언할 때(골 2:3), 그는 미지의 그리스도를 만들어낸 것이 아니다. 그가 갈라디아서 3장 1절에서 언급했듯이, 우리가 십자가에 못 박히신 그분을 우리 눈앞에 밝히 볼 수 있도록 하기 위해서 자기의 설교를 통해 생생하게 묘사했던 그분을 언급하는 것이다. 하지만 그리스도께서는 모호한 부분을 조금이라도 없애려고 사도들이 아직은 감당치 못한 것이 무엇이었는지를 나중에 말씀으로써 친히 설명하신다.

장래 일을 너희에게 알리시리라 그리스도의 이 말씀을 예언의 영(靈)에 한정시키는 사람들이 있다. 하지만 내가 생각하기에 이 말씀은 그리스도의 영적인 나라의 미래의 모습을 의미하는 것 같다. 그 나라는 그리스도께서 부활하신 직후 사도들이 보았던 나라였지만, 그들이 이 말씀을 들을 당시에는 그 내용을 파악할 수가 없었다. 그래서 그리스도께서는 제자들이 죽은 후에 일어날 것들을 그들에게 미리 약속하신 것이 아니라, 단지 그분의 나라가 제자들이 지금 마음으로 생각하고 있는 것과는 전혀 다른 특성을 지닐 것이며 훨씬 더 영광스럽다고만 말씀하신다. 바울은 에베소서 1장 처음부터 4장 마지막 부분까지 이 감춰진 지혜의 보화를 설명한다. 이것은 하늘에 있는 천사들도 교회를 통하여 놀라움으로 배우게 될 그런 지혜이다(엡 3:10). 그러므로 이 지혜의 보화를 교황의 기록 문서에서 찾을 필요는 전혀 없다.

그가 스스로 말하지 않고 이 말씀은 "그가 너희를 모든 진리 가운데로 인도하시리라"라는 선언에 대한 확증이다. 우리는 하나님이 진리의 원천이시며 그분을 떠나서는 확실하고 본질적인 것이 없다는 것을 안다. 그러므로 사도들이 성령의 계시를 충분히 신뢰할 수 있도록 그리스도께서는 그 계시가 신적神的인 것임을 선언하신다. 마치 그분은 성령께서 가져오시는 것은 무엇이든지 하나님 자신에게서 흘러나온다고 말씀하시는 듯하다.

그러나 이 말씀 때문에 성령님의 위엄이 줄어드는 것은 아니다. 마치 성령님이 하나님이 아니라거나 성부 하나님보다 열등하기나 한 것처럼 이해해서는 안 된다. 성령께서 스스로 말씀하지 않으신다는 것은 우리의 이해 수준에 맞춰서 하시는 말씀이다. 여기에서 성령의 신성神性이 분명하게 언급되고 있는 이유는, 중간에 있는 베일 때문에 우리가 성령께서 우리에게 계시하시는 것을 어떤 공경의 태도로 받아야 하는지 충분히 깨닫지 못하기 때문이다. 마찬가지로 성령님은 다른 곳에서 하나님께서 우리의 구원을 확증하시려고 우리에게 주신 보증으로 그리고 우리에게 구원의 확실함을 인印 치신 분으로 불리셨다(엡 1:13,14). 한마디로 말해서, 그리스도께서는 성령의 교훈이 마치 공기 중에서 나오기라도 한 듯이 이 세상에 속한 것이 아니라 그분의 하늘 성소의 은밀한 곳에서 나온 것임을 우리에게 말씀하고 싶으셨다.

14 그가 내 영광을 나타내리니 그리스도께서는 이제 성령께서 새로운 나라를 세우려고 오실 것이 아니라 아버지께서 그리스도에게 주신 영광을 확증하러 오신다고 말씀하신다. 그리스도께서 기독교의 도道의 초보만을 가르치셨고 나중에 제자들을 보내어 좀 더 고차원의 교육을 하게 하셨다고 상상하는 사람들이 많이 있기 때문이다. 이들은 이렇게 생각함으로써 복음을 옛

사람들의 교사로 불렸던 율법과 동일한 수준으로 전락시켰다(갈 3:24).

이러한 오류에 용납할 수 없는 또 다른 오류가 이어졌다. 마치 그리스도의 나라가 끝나고 그분이 이제 아무것도 아닌 존재인 듯이, 그분의 법에 작별을 고한 후에 그리스도의 자리에 성령님을 대체한 것이다. 여기서 교황주의자들과 마호메트 교도들의 신성모독이 흘러나왔다. 이 적그리스도들은 많은 점에서 다르지만 이들에게는 공통적인 출발점이 있다. 그것은 우리를 참 믿음으로 이끄는 초보적인 교훈은 복음에서 받지만, 우리를 완성시켜줄 온전한 교훈은 다른 곳에서 찾아야 한다는 것이다. 교황을 반대할 목적으로 성경을 들이대면, 그는 우리가 성경에 스스로를 제한해서는 안 된다고 주장한다. 성령께서 지금 오셔서 (로마 가톨릭 교회가 시행하는) 많은 것들을 덧붙이심으로써 우리를 성경보다 높은 곳으로 이끄셨다는 것이 그가 둘러대는 이유이다. 마호메트는 코란경이 없이는 사람들이 늘 어린아이 상태에 머물러 있다고 선언한다.

이렇듯 성령에 대한 그릇된 주장으로 말미암아 세상은 그리스도의 단순하고 순전한 교훈에서 떠나라는 유혹을 받는다. 성령을 그리스도의 말씀과 단절시키는 순간, 온갖 종류의 미친 행동과 거짓을 향한 문이 열리기 때문이다. 우리 시대에도 이와 비슷한 속임수를 사용하려는 광신자들이 많이 있다. (성경과 같이) 기록된 교훈들이 그들에게는 문자적인 것으로만 보이는지, 그들은 계시를 이루는 새로운 신학을 만드는 쪽을 택했다.

이제 그리스도께서 그분이 보내실 성령으로 말미암아 영광스럽게 되리라는 말씀이 전혀 불필요한 말씀이 아님을 알게 된다. 성령의 역할이 단순히 그리스도의 나라를 세우고 아버지께서 그리스도에게 주신 모든 것을 영원히 간직하고 확증하는 것임을 우리에게 알려주시기 위하여 그리스도께서는 이 말씀을 하신 것이다. 그렇다면 성령의 교훈의 목적은 무엇인가? 우리를 그리스도의 학교에서 벗어나게 하는 것이 아니라 그리스도의 음성을 확증하려는 것이다. 그리스도의 말씀에 귀 기울이라는 그 음성을 말이다. 그렇지 않다면 성령은 그리스도의 영광을 탈취하게 될 것이다. 그 이유가 다음에 제시되어 있다.

내 것을 가지고 너희에게 알리시겠음이라 이 말씀은 우리가 성령을 받는 것은 그리스도의 은혜를 향유하기 위함이라는 뜻이다. 그리스도께서 우리에게 무엇을 주시는가? 그리스도의 피로 깨끗함을 받는 것, 그분의 죽음으로써 우리 속에 있는 죄가 씻음 받는 것, 우리의 옛 사람이 십자가에 못 박히는 것, 그분의 부활로 우리가 변화되어 새 생명을 갖게 되는 것이다. 한마디로 말해서, 그분의 복에 참여하는 자가 되는 것이다.

그러므로 성령님은 그리스도를 떠나서는 아무것도 우리에게 주지 않으신다. 성령님은 그리스도에게서 받아 우리에게 부어주신다. 우리는 성령의 교훈에 대해서도 동일하게 생각해야 한다. 성령께서 우리에게 빛을 비추시는 것은 지극히 작은 분량이라도 우리를 그리스도에게서 멀어지게 하기 위함이 아니라, 바울이 말한 바 그리스도께서 우리에게 지혜가 되심을(고전 1:30) 실현되게 하시기 위함이다. 다른 말로 표현하면, 성령께서는 그리스도 안에 감춰진 보화를 나타내시기 위해서 우리를 조명하신다. 한마디로 말해서 성령께서는 그리스도로 하여금 만물 안에서 영광을 나타내시도록 그리스도에게 속한 것 이외에는 다른 어떤 부요함도 우리에게 주지 않으신다.

15 무릇 아버지께 있는 것은 다 내 것이라 그리스도께서 자기 것이라고 주장하는 것은 다 아버지에게서 받은 것이라고 할 수 있다. 그러므로 그리스도께서는 자신이 성령을 통하여 우리에게 주시는 것이 다 아버지에게서 받은 것임을 인정하신다. 아버지에게 있는 것이 다 자신의 것이라고 말씀하실 때, 다시금 그분은 중보자로서 말씀하신다. 우리는 그리스도의 충만한 데서 받기 때문이다. 앞에서 언급했듯이 그분은 늘 우리를 염두에 두신다. 하지만 우리는 대다수의 사람들이 속고 있음을 본다. 그들은 그리스도를 지나쳐 돌아가는 길에서 하나님을 찾고 있기 때문이다.

그리스도가 하나님과 동일한 분이시기에 아버지에게 있는 것이 똑같이 아들에게도 있다고 이 말씀을 해석하는 사람들이 있다. 하지만 그리스도께서는 여기서 그분의 감춰진 고유의 능력에 관하여 말씀하시는 것이 아니라, 우리에게 행사하도록 그분에게 맡겨진 직분에 관하여 말씀하고 계신다. 한마디로 말해서, 그리스도께서는 우리를 초대하여 향유하게 하시는 자신의 부요함을 선언하시며, 우리가 그리스도의 손을 빌려 아버지에게서 받는 선물들 중에서 성령을 생각하고 계신 것이다.

16 조금 있으면 너희가 나를 보지 못하겠고 또 조금 있으면 나를 보리라 하시니 17 제자 중에서 서로 말하되 우리에게 말씀하신 바 조금 있으면 나를 보지 못하겠고 또 조금 있으면 나를 보리라 하시며 또 내가 아버지께로 감이라 하신 것이 무슨 말씀이냐 하고 18 또 말하되 조금 있으면이라 하신 말씀이 무슨 말씀이냐 무엇을 말씀하시는지 알지 못하노라 하거늘 19 예수께서 그 묻고자 함을 아시고 이르시되 내 말이 조금 있으면 나를 보지 못하겠고 또 조금 있으면 나를 보리라 하므로 서로 문의하느냐 20 내가 진실로 진실로 너희에게 이르노니 너희는 곡하고 애통하겠으나 세상은 기뻐하리라 너희는 근심하겠으나 너희 근심이 도리어 기쁨이 되리라 요 16:16-20

16 조금 있으면 너희가 나를 보지 못하겠고 그리스도께서는 종종 사도들에게 자신이 떠나갈 것에 대해 미리 경고하셨다. 한편으로는 사도들이 큰 용기를 가지고 그 사건을 감당하게 하기 위함이고, 다른 한편으로는 그들이 성령의 은혜를 더욱 간절히 열망하도록 하기 위함이다. 그리스도께서 육체적으로 사도들과 함께 계시는 동안에는 그들에게 큰 갈망이 없었기 때문이다. 그러므로 우리는 그리스도께서 분명한 이유를 가지고 제자들에게 말씀하시는 것을 읽을 때 싫증 내지 않도록 주의해야 한다.

첫째, 그리스도께서는 사도들이 그들의 의지가 되었던 그리스도를 빼앗길 때 용기를 잃지 않도록 자신이 잠시 동안만 사도들에게서 떠나 있을 것이라고 말씀하신다.

둘째, 그리스도께서는 자신이 없는 동안 그들에게 돕는 자를 약속하신다.

아니 주님은 떠나가신 후에 곧 그들에게 다시 오실 것이라고 선언하신다. 하지만 다른 방식으로, 즉, 성령의 임재라는 방식으로 오실 것이다.

또 조금 있으면 나를 보리라 하시니 이 두 번째 내용을 "내가 죽은 자 가운데서 다시 살아날 때 너희는 나를 볼 것이다. 하지만 내가 곧 하늘로 갈 것이기 때문에 너희가 나를 보는 시간은 잠시뿐이다"라고 다르게 설명하는 사람들이 있다. 그러나 내가 볼 때 "조금 있으면 나를 보리라"라는 말씀은 이런 해석을 용인하지 않는 것 같다. 이와는 반대로, 그리스도께서는 자신이 떠나가 있는 시간이 오래지 않을 것이라는 위로의 말씀을 통해 자신의 부재로 인해 사도들이 느끼게 될 슬픔을 진정시키시는 것이다. 그래서 그리스도께서는 성령의 은혜를 강조하신다. 그 은혜로 말미암아 그분은 계속해서 사도들과 함께 계실 것이다. 그리스도께서는 마치 오래지 않아 돌아오실 것이며, 사도들이 그리스도 없이 오랫동안 있지는 않을 것이라고 약속하시는 듯하다.

그리스도께서 성령으로 제자들 안에 거하실 때 제자들이 그분(그리스도)을 보게 된다는 의미로 이 말씀을 하셨다고 생각하는 것은 그리 틀리지 않다. 그리스도를 눈으로 보지 못하더라도 믿음의 확실한 경험을 통해 그분의 임재를 알 수 있기 때문이다. 믿음으로 행하고 보는 것으로 행하지 않기 때문에, 신자들이 땅에 거하는 동안 주님과 떨어져 있다는 바울의 가르침은 참이다(고후 5:6,7). 그러나 그동안 신자들은 그리스도께서 그들 속에 믿음으로 거하신다는 것과 지체가 머리에 의존해 있듯이 그들이 그리스도에게 연합되어 있다는 것, 그리고 소망으로 그리스도와 함께 하늘을 소유하고 있다는 것을 당당하게 자랑할 수 있음 또한 사실이다. 그러므로 성령의 은혜는 거울이라고 할 수 있다. 그리스도께서는 우리가 그 거울을 통해 자신을 보기를 원하시는 것이다. 바울이 고린도후서 5장 16,17절에서 말한 것처럼 말이다.

"비록 우리가 그리스도도 육신을 따라 알았으나 이제부터는 그같이 알지 아니하노라 그런즉 누구든지 그리스도 안에 있으면 새로운 피조물이라 이전

것은 지나갔으니 보라 새것이 되었도다."

17 내가 아버지께로 감이라 이 구절을, 그리스도께서는 하늘에 있고 제자들은 땅에 있을 것이기 때문에 더 이상 그리스도를 보지 못할 것이라고 해석하는 사람들이 있다. 나는 오히려 이 구절이 "조금 있으면 나를 보리라"라는 말씀을 언급한다고 생각한다. 그리스도의 말씀은 이렇게 풀어 쓸 수 있다.

"너희는 곧 나를 볼 것이다. 나의 죽음이 나를 너희에게서 분리하는 멸망이 아니라 나를 하늘 영광으로 이끄는 것이기 때문이다. 그러므로 내가 가지고 있는 신적神的인 능력이 너희에게도 임할 것이다."

그래서 내 생각에는 그리스도께서 자신이 죽으신 후에 어떤 상태가 될 것인지 제자들에게 가르쳐주기 원하셨던 것 같다. 그들이 그분의 영적인 임재로 만족하고, 그분이 연약한 인간으로 더 이상 그들과 함께 거하지 않는 것을 상실喪失로 여기지 않도록 하기 위해서 말이다.

19 예수께서 그 묻고자 함을 아시고 때때로 주님은 귀먹은 자에게 말씀하시는 것처럼 보인다. 하지만 주님은 마침내 제자들의 무지를 일깨우셔서, 그분의 교훈이 쓸모없는 것이 되지 않도록 하신다. 그러므로 우리의 의무는 깨닫기에 둔한 마음이 교만이나 게으름을 수반하는 일이 없도록 하는 것이다. 대신 겸손히 배우고자 하는 갈망을 보여야 한다.

20 너희는 곡하고 애통하겠으나 그리스도께서는 왜 자신이 떠날 때가 가까이 왔다고 미리 말씀하셨는지 그리고 동시에 왜 곧 다시 오겠다는 약속을 덧붙이셨는지를 보여주신다. 그 이유는, 제자들이 성령의 도움이 얼마나 필요한지를 더 잘 이해하도록 하려는 데 있었다. 그리스도께서는 이렇게 말씀하신다.

"힘들고 가혹한 유혹이 너희를 기다린다. 내가 죽어 너희를 떠날 때, 세상은 너희를 이기고 승리할 것이기 때문이다. 너희는 깊은 근심에 빠질 것이다.

이것을 세상은 행복으로, 너희는 비참함으로 여길 것이다. 그래서 나는 너희에게 이러한 싸움을 싸우는 데 필요한 무기를 공급해야겠다고 결심했다."

그리스도께서는 자신의 죽음과 성령을 보내는 시간의 간격을 설명하셨다. 제자들의 믿음이 압도당하는 시간이 바로 그때이기 때문이다.

너희 근심이 도리어 기쁨이 되리라 여기서 그리스도께서 말씀하시는 기쁨은 제자들이 성령을 받았을 때 갖게 될 기쁨이다. 제자들이 그 후에는 슬퍼하지 않는다는 의미가 아니라, 그들이 겪게 될 모든 슬픔이 영적인 기쁨으로 삼켜지게 된다는 의미에서 말이다. 우리는 사도들이 살아 있는 동안 힘겨운 싸움을 싸웠다는 것을 안다. 그들은 부끄러움을 참아냈으며 애통해할 이유가 많았다. 하지만 그들은 성령으로 새롭게 함을 받은 뒤에 이전의 약한 감정을 벗어버렸고, 자기들이 겪었던 모든 아픔을 고상한 영웅심으로 그 발 아래 쉽게 뭉개버렸다.

여기서 제자들이 현재 갖고 있는 연약함은 그들이 곧 받게 될 성령의 능력과 비교된다. 잠시 동안 제자들은 거의 전멸 상태에 있었지만, 그 후에는 격렬하게 싸웠을 뿐만 아니라 전쟁 중에 영광스러운 승리를 얻었다. 하지만 우리는 여기에서 그리스도께서 자신의 부활과 사도들의 죽음 사이의 간격뿐만 아니라 그 후에 따라오는 것에 대해서도 관심을 집중하셨음에 주목해야 한다. 그리스도께서 하신 말씀은 다음과 같이 풀어 쓸 수 있을 것이다.

"너희는 잠시 기운을 잃을 것이다. 하지만 성령께서 너희를 다시 일으키실 때 새로운 기쁨이 시작될 것이고, 너희가 하늘 영광에 올라가고 거기서 완전한 기쁨을 누리게 될 때까지 그 기쁨은 계속 커질 것이다."

21 여자가 해산하게 되면 그 때가 이르렀으므로 근심하나 아기를 낳으면 세상에 사람 난 기쁨으로 말미암아 그 고통을 다시 기억하지 아니하느니라 22 지금은 너희가 근심하나 내가 다시 너희를 보리니 너희 마음이 기쁠 것이요 너희 기쁨을 빼앗을 자가 없으리

라 ²³ 그날에는 너희가 아무것도 내게 묻지 아니하리라 내가 진실로 진실로 너희에게

이르노니 너희가 무엇이든지 아버지께 구하는 것을 내 이름으로 주시리라 ²⁴ 지금까지

는 너희가 내 이름으로 아무것도 구하지 아니하였으나 구하라 그리하면 받으리니 너희

기쁨이 충만하리라 요 16:21-24

21 여자가 해산하게 되면 그리스도께서는 앞에서 하신 말씀을 비유로써

확증하신다. 좀 더 정확히 말하면, 그 말씀의 의미를 더 분명하게 표현하신

다. 제자들의 근심이 기쁨으로 바뀔뿐더러 근심 그 자체에 기쁨의 근거를 배

태胚胎하고 있다고 말이다. 힘든 일을 겪고 난 후에 행복하고 좋은 일을 맞게

될 경우, 사람들은 이전의 근심은 잊고 온전히 기뻐한다. 그렇다고 해서 이전

의 근심이 기쁨의 원인이라고 할 수는 없다. 하지만 그리스도께서는 제자들

이 복음 때문에 근심하게 되더라도 나중에는 좋은 열매를 맺을 것이라는 의

미로 이 말씀을 하신다. 사실 모든 근심은 비참하게 끝날 수밖에 없다. 그 근

심이 그리스도 안에서 복을 받기 전까지는 말이다.

　그리스도의 십자가에는 늘 승리가 따른다. 그래서 주님은 십자가로 말미

암아 발생하는 근심을 해산하는 여자의 근심에 비교하신다. 여자는 해산하

게 될 것으로 근심하지만, 아이를 낳아 기뻐하는 것으로 그 근심에 대해 보상

을 받는다. 근심이 그리스도의 지체들에게 기쁨을 생산하지 않는다면 이 비

유는 적합하지 않을 것이다. 여자가 해산의 고통으로 새 생명을 출산하듯이

그리스도의 고난은 제자들에게 기쁨의 원인이었다. 여자의 해산 비유가 여

기에 적용될 수 있는 것은 여자의 근심이 매우 심했다고 해도 그 근심이 속히

지나가기 때문이다. 그러므로 자기들이 겪게 될 근심이 오래 지속되지 않을

것이라는 소식을 들었을 때, 사도들은 크게 위로를 얻었다.

　이제 이 교훈을 우리에게 적용할 필요가 있다. 우리는 그리스도의 영으로

거듭남을 받았으므로, 우리 안에는 모든 불행을 없앨 기쁨이 넘쳐나야 마땅

하다. 내 말은, 우리가 해산하는 여자처럼 되어야 한다는 것이다. 해산한 여

자는 태어난 아이를 보는 것만으로도 크게 감동을 받아 더 이상 해산의 고통으로 아파하지 않기 때문이다. 하지만 우리는 단지 아주 조그만 첫 번째 열매를 받았을 뿐이기 때문에, 우리의 고통에 뿌려져 그 아픔을 경감시켜주는 영적인 기쁨을 단지 몇 방울 경험할 뿐이다. 그러나 그 적은 분량의 첫 열매가 분명하게 보여주는 것은, 믿음으로 그리스도를 바라보는 사람들은 결코 근심으로 압도당하지 않기에 최악의 상황에서도 큰 기쁨을 누린다는 사실이다.

구원의 마지막 날까지 모든 피조물들이 해산의 고통을 겪고 있기에, 우리도 현재의 삶에서 지속되는 비참한 상황에서 구원을 받아 마침내 우리 믿음의 열매를 똑똑히 볼 때까지 탄식해야 한다는 것을 기억하자. 요약하자면 이렇다. 신자들은 그리스도 안에서 다시 태어났으나 아직 하늘에 있는 하나님나라와 그곳에서의 복된 삶으로 들어가지 못했다는 점에서 해산하는 여자들과 같다. 또한 그들은 여전히 육체의 고행소(苦行所, 라틴어로는 ergastulum)에 갇혀 있으면서 소망 아래 감춰져 있는 행복한 상태를 갈망한다는 점에서 임산부와 같다.

22 너희 기쁨을 빼앗을 자가 없으리라 기쁨의 가치는 그 영원성으로 인해 한없이 커진다. 이 말은 고난은 가볍고 순간적이므로 조용히 견뎌야 한다는 의미이다. 그리스도께서는 이 말씀으로 우리에게 참 기쁨이 무엇인지를 일러주신다. 세상은 사라지는 것들 속에서만 기쁨을 추구한다. 그리고 어쩔 수 없이 그 기쁨을 곧 빼앗기게 되어 있다. 그러므로 우리는 그리스도의 부활로 나아와야 한다. 거기에는 영원한 안정이 있다.

내가 다시 너희를 보리니 이 말씀은 그리스도께서 그분의 영의 은혜로 말미암아 제자들을 다시 찾아올 것이고, 그들은 계속해서 그분의 임재를 누리게 될 것이라는 의미이다.

23 너희가 아무것도 내게 묻지 아니하리라 제자들이 흔들리지 않는 견고함과 담대함으로 말미암아 기쁨을 누리게 될 것이라고 약속하시고 나서,

그리스도께서는 그들에게 주어질 성령의 또 다른 은혜를 선포하신다. 즉, 그들이 지극히 큰 깨달음의 빛을 받음으로써 하늘의 비밀이 있는 곳까지 이르게 되리라는 것이다. 그 당시 제자들은 깨닫는 것이 더뎌서 어떤 사소한 어려움에도 멈칫거리곤 했다. 마치 이제 막 글을 깨우친 아이가 글 한 줄 읽을 때 여러 번 쉬어가며 읽는 것처럼, 제자들은 그리스도의 거의 모든 말씀을 들을 때마다 앞으로 나아가지 못하고 멈칫거렸다. 하지만 조금 뒤에 그들이 성령의 조명하심을 받으면, 하나님의 지혜에 친숙해지거나 익숙해지는 데 방해가 될 만한 것들이 더 이상 없을 것이다. 제자들은 하나님의 비밀들 속에서 휘청거림 없이 전진하게 될 것이다.

사도들이 가장 높은 수준의 지혜에 이르렀을 때조차 그리스도에게 묻기를 그치지 않았다는 것은 확실하다. 그러므로 그리스도의 말씀은 단지 두 상태를 비교하는 것에 불과하다. 즉, 제자들의 무지가 고침을 받아, 아주 작은 것에도 멈칫거렸던 그들이 가장 고상한 비밀들 속으로 쉽게 들어가게 되었다는 의미로 말씀하신 것이다. 예레미야서의 말씀이 의미하는 바가 그것이다.

"그들이 다시는 각기 이웃과 형제를 가리켜 이르기를 너는 여호와를 알라 하지 아니하리니 이는 작은 자로부터 큰 자까지 다 나를 알기 때문이라 내가 그들의 악행을 사하고 다시는 그 죄를 기억하지 아니하리라 여호와의 말씀이니라"(렘 31:34).

예레미야 선지자가 가르침을 폐하거나 무효로 만드는 것은 아니다[한글 개역개정성경에는 '가리켜'라고 번역되어 있으나 칼빈은 '가르쳐'(teach)라고 읽는다 - 역자 주]. 오히려 그 가르침은 그리스도의 나라에서 최고로 성행하게 될 것이다. 그러나 모든 사람이 하나님에게 가르침을 받게 될 때, 의義의 태양이신 그리스도께서 그분의 영의 광채로 비춰주시기 전까지 사람들의 마음을 붙들고 있던 무지가 더 이상 있을 자리가 없을 것이라고 그는 단언한다. 사도들은 아이와 다를 바가 없는 자들이다. 아니 오히려 사람이라기보다는 나무토막에 더 가깝다고 봐야 한다. 하지만 사도들이 그들의 선생이신 성령에게 가르침을 받게 될 때 갑자기 어떤 모습으로 바뀔지 우리는 잘 안다.

너희가 무엇이든지 아버지께 구하는 것을 그리스도께서는 이 새로운 능력이 어떻게 제자들에게 임하는지 보여주신다. 즉, 제자들은 지혜의 샘이신 하나님에게서 필요한 만큼 풍성하게 길을 수 있는 능력을 갖게 될 것이다. 그리스도의 말씀은 이렇게 풀어 쓸 수 있다.

"너희에게 깨달음의 은사가 부족하다고 두려워할 필요가 없다. 내 아버지께서 모든 풍성한 복으로 너희를 부유하게 하실 것이기 때문이다."

그리스도께서는 이 말씀으로써 그분이 약속하신 성령을 빈둥거리면서 한가하게 기다려서는 안 된다고 제자들에게 경고하신다. 반대로 그들은 자기들에게 약속된 은혜를 강렬히 추구해야 한다. 한마디로 말해서, 그리스도께서는 그때가 되면 중보자 직분을 수행하셔서, 제자들이 무엇을 구하든지 간에 그들이 구하는 것 이상으로 풍성하게 그들을 위하여 아버지에게서 받을 것이라고 선포하신다.

하지만 여기에서 "이때가 사람들이 처음으로 그리스도의 이름으로 하나님께 기도하기 시작한 때인가?"라는 무척 난해한 질문이 제기될 수 있다. 왜냐하면 중보자가 아니라면 하나님께서는 다른 어떤 방법으로도 사람들과 화목하게 되실 수 없기 때문이다. 여기에서 그리스도께서는 미래에 대해 말씀하고 계신다. 아버지께서 제자들이 그리스도의 이름으로 무엇을 구하든지 다 주시는 미래 말이다. 이것이 새롭고 특별한 은혜라면, 그리스도께서 땅에 계시는 동안에는 그분을 통하여 신자들의 기도가 하나님께 받아들여지도록 우리를 변호하는 중보자의 직분을 그분이 행사하지 않으셨다고 추론할 수 있다. 곧바로 이어지는 다음 절에서 이 사실이 더욱더 분명하게 표현되고 있다.

24 지금까지는 너희가 내 이름으로 아무것도 구하지 아니하였으나 사도들은 율법에 명기된 기도의 규칙을 지켰을 것이다. 하지만 우리는 구약시대 성도들이 중보자 없이 기도하는 것에 익숙하지 않았음을 안다. 하나님께서는 그와 같은 기도의 형식을 가르치려고 많은 예로 그들을 훈련시켰기 때문이다. 그들은 대제사장이 온 백성의 이름으로 성소에 들어가는 것을 보

았다. 또한 교회의 기도가 하나님 앞에 받으실 만한 것이 되도록 매일 제사가 드려지는 것을 보았다. 그러므로 중보자가 중간에 끼지 않는다면 하나님의 이름을 부르는 것이 분별없고 소용없는 행동이라는 것이 믿음의 원칙 가운데 하나이다. 그리스도께서는 이미 제자들에게 자신이 중보자라고 충분히 선언하셨다. 하지만 그들은 이것을 아는 지식이 희미해서, 아직은 그리스도의 이름으로 바르게 기도할 수가 없었다.

또한 제자들이 율법의 요구대로 중보자를 믿고 하나님께 기도했지만 그것이 무슨 의미인지를 충분하고 분명하게 깨닫지 못했다고 말하는 것 역시 맞는 말이다. 성전의 휘장은 여전히 드리워져 있었고, 하나님의 엄위는 그룹들의 그림자 아래 있었으며, 참되신 대제사장께서는 자기 백성을 위해 중보하기 위해 하늘 성소에 아직 들어가지 않으셨고 자신의 피로 그 길을 거룩하게 하지 않으셨기 때문이다. 그러므로 그 당시에 그리스도께서 중보자로 인정을 받지 못하셨다고 해서 놀랄 것이 없다. 이제 그리스도께서는 자신을 희생제물로 드려 우리를 하나님과 화목하게 하시면서 하늘에서 우리를 위하여 아버지 앞에 나타나심으로, 비참한 처지에 있는 우리로 하여금 담대하게 하나님 앞에 나타나게 하신다. 사실 그리스도께서는 우리 죄를 속贖하시고 하늘에 올라가신 뒤에 공개적으로 자신을 중보자로 보여주셨다.

우리는 '그리스도의 이름'으로 기도해야 한다는 구절이 계속 반복되고 있음을 주목할 필요가 있다. 그리스도를 무시하고 감히 하나님의 심판대에 모습을 드러내는 것은, 하나님의 이름을 사악하게 모독하는 행위라는 것을 여기서 알게 된다. 그리고 아들의 이름으로 무엇을 구하든지 하나님께서 우리에게 기꺼이 그리고 풍성하게 주신다는 확신이 마음에 깊이 박혀 있으면, 우리는 우리를 도와줄 여러 조력자를 여기저기서 구하지 않을 것이고, 대신 우리를 위해 자주 그리고 호의적으로 도움의 손길을 펴시는 그리스도 한 분만으로 만족하게 될 것이다. 우리를 하나님이 기뻐하시는 존재가 되도록 그분과 화목하게 하는 일에 그리스도를 우리의 중보자로 삼을 때, 우리는 입술을 열어 그리스도의 이름을 분명하게 언급하지 않는다 해도 그분의 이름으로 기도하는 것이라고 할 수 있다.

구하라 그리하면 받으리니 이것은 이후에 바로 있게 될, 그리스도께서 나타나실 때를 가리킨다. 오늘날 짐짓 성도들을 보호한다는 명목으로 이 교훈의 의미를 곡해하는 사람들은 그만큼 용서받지 못한다. 옛 시대의 성도들은 기도하고 싶을 때마다 그림자에 불과한 대제사장과 희생제물로 바치는 짐승들을 바라보아야 했다. 그러므로 화목자로 우리에게 나타나신 참된 대제사장에게 우리의 감각을 고정하지 않는다면, 우리는 더더욱 은혜를 저버리는 사람이 되고 만다. 그분을 통하여 우리는 하나님의 영광의 보좌에 언제든지 자유롭게 나아갈 수 있다.

너희 기쁨이 충만하리라 우리에게 필요한 것을 그리스도의 이름으로 하나님께 구하면, 모든 복을 완벽하고 풍성하게 받을 것이고 우리의 소망이 최상으로 채워질 것이며 잔잔한 만족을 얻기에 어느 것도 부족함이 없을 것이라는 의미이다.

> 25 이것을 비유로 너희에게 일렀거니와 때가 이르면 다시는 비유로 너희에게 이르지 않고 아버지에 대한 것을 밝히 이르리라 26 그날에 너희가 내 이름으로 구할 것이요 내가 너희를 위하여 아버지께 구하겠다 하는 말이 아니니 27 이는 너희가 나를 사랑하고 또 내가 하나님께로부터 온 줄 믿었으므로 아버지께서 친히 너희를 사랑하심이라 28 내가 아버지에게서 나와 세상에 왔고 다시 세상을 떠나 아버지께로 가노라 하시니 요 16:25-28

25 이것을 비유로 너희에게 일렀거니와 그리스도께서 이 말씀을 하신 목적은 제자들에게 용기를 불어넣어, 그들이 더 나아질 것이라는 소망으로 자기들이 지금 듣는 교훈이 소용없다고 생각하지 않게 하기 위함이다. 설령

그들이 그 교훈의 상당한 분량을 이해하지 못한다 하더라도 말이다. 그리스도의 교훈이 소용없는 것은 아닌가 하는 의심 때문에, 그들은 주님이 이해받기를 원하지 않으신 것은 아닌지 또 그분이 의도적으로 그들을 의심하게 한 것은 아닌지 추측할 수도 있기 때문이다. 그래서 그리스도께서는 제자들이 곧 이 교훈의 열매를 볼 것이라고 선언하신다. 그들은 그 교훈의 불분명함 때문에 넌더리가 났을 수도 있다.

히브리어 '마샬'mashal은 속담이나 격언을 의미하는 경우가 가끔 있다. 하지만 속담이나 격언에는 일반적으로 비유와 수식어가 포함되기 때문에, 히브리인들은 알레고리나 주목할 만한 경구警句를 '마샬림'(meshalim, 마샬의 복수형)이라고 부른다. 이것을 그리스 사람들은 모호하거나 희미한 것이 포함된 '아포프테그마타'aphphthegmata라고 부른다. 그러므로 이 구절의 의미는 다음과 같다.

"내가 지금은 비유로 말하고 단순하고 분명하게 말하지 않는 것처럼 보일 것이다. 하지만 곧 너희에게 좀 더 친숙한 방식으로 말할 것이다. 너희가 내 교훈을 이해하는 데 어리둥절하거나 어려워하지 않도록 말이다."

이제 내가 앞에서 언급한 내용을 이해할 수 있을 것이다. 즉, 제자들은 좀 더 발전이 있을 것이라는 희망으로 용기를 얻게 된다. 그리고 그들은 그리스도께서 하신 교훈의 의미를 아직 이해하지 못한다고 해서 그 교훈을 저버리지 않을 것이다. 더 나아질 것이라는 소망으로 불타지 않는다면, 배우고자하는 바람은 불가피하게 식어버릴 것이기 때문이다. 그러나 여기에서, 그리스도께서 비유적으로가 아니라 단순하고 초보적이기까지 한 방법으로 제자들에게 말씀하신다는 사실이 분명하게 나타난다. 그러나 제자들이 그리스도의 말씀을 듣고 놀란 것은 그들이 너무도 무지했기 때문이다. 그러므로 그리스도의 말씀이 모호했다기보다는 그들의 깨달음이 둔했다고 할 수 있다. 사실 오늘날 우리에게도 동일한 일이 일어난다. 하나님의 말씀이 괜히 칭송을 받는 것이 아니다. 그 말씀은 우리의 빛이다. 하지만 그 빛의 밝음은 우리의 어둠으로 너무도 많이 가려져 있어서, 우리는 단지 비유를 듣고 있다고 생각한다.

그리스도께서는 선지자의 글로써 불신자들과 멸망 받을 자들이 그리스도의 말씀을 깨닫지 못할 것이라고 경고하신다. 그들은 마치 그분이 더듬는 입술로 말씀하시는 것처럼 생각할 것이다(사 28:11). 바울은 사탄이 그들의 마음을 어둡게 하므로 복음이 그런 사람들에게 감춰져 있다고 주장한다(고후 4:4). 이렇듯 약하고 무지한 사람들에게 복음은 대부분 너무도 혼란스러운 소리처럼 이해할 수 없게 된다. 설령 불신자들의 마음처럼 그 마음이 완전히 어두워지지는 않았다고 해도, 우리는 안개에 둘러싸여 있는 것과 같은 처지이다. 이렇듯 주님은 우리의 지각이 잠시 둔해지는 것을 허용하신다. 우리 자신의 보잘것없음을 깨달음으로써 우리가 겸손해지도록 하기 위해서 말이다. 하지만 그리스도께서 그분의 영으로 조명하시는 사람들은 큰 진보를 이루어서, 그분의 말씀을 쉽게 잘 이해하게 된다. 이것이 바로 다음 절이 의미하는 바이다.

때가 이르면 이것은 그리스도께서 제자들에게 더 이상 비유로 말씀하시지 않을 때가 곧 온다는 의미이다. 성령께서는 사도들이 그리스도에게서 직접 들은 것 이외에는 아무것도 가르치지 않으셨다. 하지만 성령님은 사도들의 마음에 빛을 비춰 그들의 어둠을 흩으셨고, 이로 인해 그들은 이전과는 다른 새로운 방식으로 말씀하시는 그리스도의 음성을 듣고 그 의미를 쉽게 간파했다.

아버지에 대한 것을 밝히 이르리라 그리스도께서는 이 말씀을 통해 자신의 교훈의 목적이 우리를 하나님께로 인도하는 것임을 상기시키신다. 하나님 안에는 복의 본질이 있다. 하지만 또 다른 질문이 남아 있다. 그리스도께서 왜 다른 곳에서는 하나님나라의 비밀을 아는 것이 제자들에게 허락되었다고(마 13:11) 말씀하셨는가? 이 요한복음 본문에서는 그리스도께서 제자들에게 비유로 말씀하신 것을 인정하시면서, 마태복음 본문에서는 그분이 비유로 말씀하신 다른 사람들과 제자들을 구별하셨으니 말이다. 이 질문에 대답하겠다. 사도들의 무지는 그리 심각하지 않았다. 어찌 되었든지 그들은 자기들의 스승이 의미한 것을 미약하나마 맛보았다. 그러므로 그리스도께서 사도들을 어둠에 싸여 있는 무리들과 구별하신 데에는 분명한 이유가 있었다. 그리고 지금 여기에서 그리스도께서는, 자신이 곧 성령의 은혜로 사도들에게 주실 분명한 이해의 빛과 비교할 때 이제까지 하신 자신의 말씀은 비유였다고 말씀하시는 것이다. 그러므로 마태복음의 말씀이나 요한복음의 말씀 모두 참이다. 사도들은 복음의 말씀을 전혀 맛보지 못한 사람들보다는 월등히 낫지만, 성령께서 그들에게 주실 새로운 지혜의 관점에서 볼 때 여전히 기초 학습을 하는 어린아이와 같았다.

26 그날에 그리스도께서는 하늘의 보화가 풍성하게 펼쳐지게 되는 이유를 반복하신다. 그것은 사도들이 무엇이든지 필요한 것을 그리스도의 이름으로 구하기 때문이다. 하지만 그분의 말씀에는 모순이 있는 것처럼 보인다. 그분이 아버지께 기도할 필요가 없을 것이라는 내용을 곧바로 덧붙이시기 때문이다. 그리스도께서 중보자의 직책을 수행하지 않으신다면, 그분의 이름으로 기도하라는 말의 의미는 무엇인가? 요한은 다른 성경 본문에서 그리스도를 우리의 대언자라고 칭한다(요일 2:1). 바울도 그리스도께서 지금 우리를 위하여 간구하신다고 선언한다(롬 8:34). 동일한 내용을 히브리서 기자도 확증한다(히 7:25). 이 질문에 답하겠다. 그리스도께서는 이 구절에서 자신이 중보자 역할을 하실 것임을 직접적으로 부인하지는 않으신다. 단지 아버지께서 제자들에게 매우 호의적으로 마음을 기울이실 것이기에 그들이 구하는 것을 거저 주시는 데 아무런 어려움 없을 것임을 밝히실 뿐이다. 그리스도께서 하신 말씀을 이런 식으로 풀어 쓸 수 있을 것이다.

"아버지께서 너희를 만나주실 것이다. 너희를 향한 그분의 크신 사랑 때문에 아버지께서는 중보자보다 앞서 손을 쓰실 것이다. 그렇지 않으면 그 중보자가 너희를 대신하여 말씀하실 것이다."

반복하거니와, 그리스도께서 우리를 위하여 아버지께 간구할 것이라고 말씀하실 때, 마치 그분이 아버지 앞에 무릎을 꿇고 겸허하게 간구하기라도 하듯이 그분에 대한 육체적인 어떤 것을 상상하지 말자. 하나님과 우리를 화목하게 하신 그리스도의 희생 제사의 능력은 언제든지 강력하며 효력을 미친다. 그리스도께서 드리신 순종, 즉 우리 죄를 위해 속죄물로 드리신 그분의 피로 말미암아 우리를 위한 지속적인 간구가 이루어지는 것이다. 우리가 하나님 앞에 그분의 아들의 이름을 놓는 순간, 우리가 하나님의 마음을 소유하게 된다는 교훈이 담겨 있다는 면에서, 이 구절은 참으로 주목할 만하다.

27 너희가 나를 사랑하고 이 말씀은 우리와 하나님을 연합하게 해주는 유일한 끈이 그리스도와의 연합임을 알려준다. 우리는 진실한 믿음으로 그리스도와 연합하며, 그 믿음은 그리스도께서 사랑이라는 이름으로 묘사하는 진지한 태도에서 나온다. 그리스도를 충심으로 영접하지 않는 사람은 아무도 그분을 성실하게 믿지 않기 때문이다. 그러므로 그리스도께서는 이 말씀으로 믿음의 능력과 본질을 잘 표현하신 것이다.

하지만 우리가 그리스도를 사랑할 때 비로소 하나님께서 우리를 사랑하기 시작하신다면, 우리가 하나님의 은혜를 앞지르기에 구원의 시작이 우리 자신에게서 비롯된다는 결론이 나온다. 그러나 성경의 많은 증거들은 이것과 정반대되는 교훈을 제시한다. 하나님께서는 "내가 그들로 하여금 나를 사랑하게 할 것이라"라고 약속하시며, 요한은 "우리가 하나님을 사랑한 것이 아니요"라고 밝힌다(요일 4:10). 여기서 다른 여러 성경 본문을 찾는 것은 불필요한 일이다. 주께서 그분의 백성이 아닌 자들을 부르시고, 죽은 자들을 살리시며, 그분 밖에 있던 자들과 스스로를 연합시키시고, 우리 육신에서 굳은 마음을 제하고 부드러운 마음을 주시며, 그분을 찾지 않는 사람들에게 나타나셨다는 교훈보다 더 확실한 교훈은 없기 때문이다.

내 대답은 이렇다. 하나님께서는 사람들을 부르시기 전에 그들을 은밀한 방법으로 사랑하신다. 그들이 택함 받은 사람들 가운데 속했다면 말이다. 왜냐하면 하나님께서는 자기 사람들이 지음을 받기 전에 그들을 사랑하시기 때문이다. 하지만 바울이 로마서 5장 10절에서 언급하듯이, 그들이 아직 하나님과 화목하게 되지 않았을 때에 하나님의 원수로 여김을 받은 것은 정당하다.

"곧 우리가 원수 되었을 때에 그의 아들의 죽으심으로 말미암아 하나님과 화목하게 되었은즉 화목하게 된 자로서는 더욱 그의 살아나심으로 말미암아 구원을 받을 것이니라."

우리가 그리스도를 사랑할 때 하나님께서 친히 우리를 사랑하신다고 말한 이유가 바로 여기에 있다. 이전에 우리는 혹독한 심판자인 하나님 앞에서 두려워 떨었으나, 이제 우리에게는 그분의 부성애父性愛에 대한 증거가 있기 때문이다.

28 **내가 아버지에게서 나와** 이 표현은 우리로 하여금 그리스도 안에 있는 하나님의 능력을 주목하게 한다. 그리스도께서 가지신 신적神的인 능력을 이해하지 못하면, 그분을 믿는 우리의 믿음은 확고하지 못할 것이다. 신앙의 두 기둥인 그리스도의 죽음과 부활이 하늘의 능력과 결합되지 못하면, 그것은 우리에게 거의 도움이 되지 못하기 때문이다. 이제 우리는 어떤 방법으로 그리스도를 사랑해야 하는지 알게 된다. 하나님께서는 자신의 손으로 우리에게 그리스도를 주셨다. 우리의 믿음이 그 하나님의 목적과 능력을 바라볼 수 있도록 그렇게 그리스도를 사랑해야 할 것이다. 우리는 그리스도께서 하나님에게서 나오셨다는 사실을 냉랭하게 받아서는 안 된다. 그리스도께서 어떤 이유에서 그리고 어떤 목적을 갖고 오셨는지, 즉 우리에게 지혜와 의로움과 거룩함과 구원함이 되기 위해 오셨음을 깨달아야 한다(고전 1:30).

다시 세상을 떠나 아버지께로 가노라 여기서 그리스도께서는 이 능력이 영원하다고 밝히신다. 그분이 구주로 세상에 보냄을 받는 것을 제자들이 잠정적인 복으로 생각할 수도 있었기 때문이다. 그분이 가지고 오신 그 어떤 복도 그분의 떠남으로 인해 없어지지 않을 것임을 제자들에게 확신시키기 위해서, 그리스도께서는 자신이 아버지께로 다시 가신다고 말씀하셨다. 그리스도께서는 하늘의 영광 가운데서 자신의 죽음과 부활의 능력과 효과를 세상에 부으실 것이기 때문이다. 그리스도께서 우리의 연약함을 제쳐두고 하늘로 들어가셨을 때, 그분은 세상을 떠나신 것이다. 하지만 우리에게 주시는 그분의 은혜는 여전히 넘쳐난다. 그분이 아버지의 오른편에 앉아 온 세상을 다스리는 통치권을 가지고 계시기 때문이다.

> 29 제자들이 말하되 지금은 밝히 말씀하시고 아무 비유로도 하지 아니하시니 30 우리가 지금에야 주께서 모든 것을 아시고 또 사람의 물음을 기다리시지 않는 줄 아나이다 이로써 하나님께로부터 나오심을 우리가 믿사옵나이다 31 예수께서 대답하시되 이제는 너희가 믿느냐 32 보라 너희가 다 각각 제 곳으로 흩어지고 나를 혼자 둘 때가 오나니 벌써 왔도다 그러나 내가 혼자 있는 것이 아니라 아버지께서 나와 함께 계시느니라 33 이것을 너희에게 이르는 것은 너희로 내 안에서 평안을 누리게 하려 함이라 세상에서는 너희가 환난을 당하나 담대하라 내가 세상을 이기었노라 요 16:29-33

29 제자들이 말하되 그리스도께서 제자들을 위로하신 것이 얼마나 효과적이었는지 이 구절에 나타나 있다. 절망하고 깨어진 사람들의 마음에 갑자기 큰 기쁨이 생겨났기 때문이다. 물론 제자들이 그리스도께서 하신 말씀의 의미를 온전히 파악하지 못했다는 것은 분명하다. 그러나 그들에게 그럴 만한 능력이 없었을지라도, 그 의미를 조금이라도 깨달음으로써 그들은 새로워졌다. 제자들은 주님이 분명하게 말씀하시고 비유로 말씀하지 않으신다고 감탄한다. 하지만 오늘날 우리도 경험하듯이, 제자들의 관점에서는 진실을 말했겠지만 그들은 너무 지나친 발언을 한 것이다. 복음의 교훈 중에서 적은 부분만을 맛본 사람은 그렇게 적은 믿음의 분량으로도, 플라톤에 관한 모든 것을 알게 되었을 때보다도 더 흥분되고 더 강한 에너지를 느끼기 때문이다. 사실 경건한 사람들의 마음에서 일어나는 하나님의 영의 탄식은 하나님께서

그들의 이해를 넘어서서 비밀한 방법으로 역사하신다는 사실에 대한 분명한 증거이다. 그렇지 않다면 바울이 그것을 "말할 수 없는 탄식"이라고 부르지 않았을 것이다(롬 8:26).

그러므로 우리는 사도들이 어느 정도 발전하였음을 느꼈고, 그래서 그리스도의 말씀이 완전한 비유가 아니라고 진심으로 말할 수 있었다고 이해해야 한다. 하지만 제자들은 실제보다 자기들이 더 지혜롭다고 생각한 점에서 스스로 속고 있었다. 그들의 실수는 성령의 은사가 어떤 것인지 알지 못한 데서 비롯되었다. 그래서 그들은 그때가 되기 전에 즐거워했던 것이다. 마치 어떤 사람이 달랑 금화 하나를 갖고서 자기가 부자라고 생각하는 것처럼 말이다. 제자들은 어떤 표지를 보고는 그리스도께서 하늘에서 오셨다고 결론을 내리고, 그로 말미암아 더 이상 아무것도 필요하지 않은 양 기뻐했던 것이다. 하지만 그리스도께서 장차 그들에게 어떤 분으로 나타나실지 깨닫지 못하는 한, 그들은 여전히 성령의 은사에 대한 지식에서 멀리 떠나 있는 셈이다.

31 이제는 너희가 믿느냐 제자들이 너무도 자기만족에 빠져 있었기 때문에, 그리스도께서는 그들의 연약함을 기억하고 그들의 부족한 소양 안에 머물러 있는 것이 차라리 낫다고 경고하셨다. 하지만 우리는 심각한 문제에 봉착하기 전까지는, 우리에게 진정 부족한 것이 무엇인지 그리고 우리가 믿음의 충만함에서 얼마나 멀리 떨어져 있는지 알지 못한다. 심각한 문제가 닥쳐야 비로소 충만했다고 상상했던 우리 믿음이 얼마나 약한지 드러나기 때문이다. 그리스도께서는 이 사실을 제자들에게 상기시키면서, 얼마 안 있어 그들이 그리스도를 버릴 것이라고 선언하신다. 핍박은 믿음을 시험하는 시금석과 같다. 믿음이 작다는 것이 밝혀지게 되면, 이전에 교만했던 사람들은 떨며 뒤로 물러가기 시작한다.

그러므로 그리스도께서 제자들에게 던진 질문은 풍자적인 것이었다. 주님은 마치 "너희가 믿음이 많은 양 자랑하느냐? 너희에게 아무것도 없다는 것을 보여줄 시험의 때가 다가왔다"라고 말씀하시는 것 같다. 그래서 지나친 기쁨에 도취해 있을 때 우리의 어리석은 자신감을 자제해야 하는 것이다. 하지만 제자들이 그리스도를 떠나 멀리 흩어졌을 때, 그들에게 전혀 믿음이 없었다고 생각할 수도 있고 혹은 믿음이 있었는데 없어졌다고 생각할 수도 있을 것이다. 이 문제에 답하겠다. 비록 제자들의 믿음이 연약해졌고 또 거의 없어졌다고 하더라도, 여전히 뭔가 남아 있었다. 나중에 돋아날 새로운 가지의 시작이 될 만한 뭔가가 말이다.

32 그러나 내가 혼자 있는 것이 아니라 이 구절이 덧붙여진 것은, 그리스도께서 사람들에게 버림을 받으실 때 그분의 위엄이 전혀 손상 받지 않는다는 사실을 우리에게 가르쳐주기 위함이다. 그리스도의 진리와 영광은 그분 자신 위에 근거를 두고 있고 세상의 믿음에 의존하지 않기 때문에, 만일 그분이 온 세상에 의해 버림을 받는다고 해도 그분은 건재하실 것이다. 그분은 하나님이시며, 외부의 어떤 도움도 필요 없는 분이시기 때문이다.

아버지께서 나와 함께 계시느니라 이 말씀은 하나님께서 그리스도 편에 계실 것이기에 그분은 어떤 것도 사람들에게서 얻을 필요가 전혀 없으실 것이라는 의미이다. 이 말씀을 바르게 묵상하는 사람은 비록 세상이 요동한다고 하더라도 굳게 설 것이다. 또한 다른 모든 사람들이 믿음을 버린다 해도 그 사람의 믿음이 전복되지는 않을 것이다. 우리가 하나님 한 분만으로 만족하지 않으면, 하나님께 드려야 할 정당한 영광을 드리지 않는 것이기 때문이다.

33 이것을 너희에게 이르는 것은 그리스도께서는 자신이 제자들에게 했던 위로가 얼마나 필요한 것인지 다시금 강조하시며, 다음과 같은 이유를 들어 이를 증명하신다. 즉, 많은 환난과 역경이 세상에서 그들을 기다리고 있기 때문이다. 그러므로 우리는 먼저, 모든 경건한 사람들은 자기들의 삶이 환

난으로 점철되어 있음을 확신해야 한다는 경고에 주목해야 한다. 그래야 인내할 준비를 할 것이기 때문이다. 세상은 험악한 바다와 같아서, 참된 평안은 그리스도가 아니고서는 어디서도 발견되지 않는다. 이제 우리는 그리스도께서 이 구절에서 묘사하시는 그 평안을 누리는 방법에 관심을 기울일 필요가 있다. 제자들이 이 교훈을 잘 깨닫는다면 그들에게 평안이 있을 것이라고 주님은 말씀하신다. 환난 중에서 평온하고 안정된 마음을 갖기를 원하는가? 그리스도의 이 교훈에 주의를 기울이자. 그 자체가 우리에게 평안을 줄 것이다.

담대하라 우리의 나태함은 다양한 환난을 통해 고침을 받아야 하고 또 우리는 스스로의 질병에 대한 치유책을 찾기 위해 각성해야 한다. 그렇다고 해도 주님은 우리 마음이 상하기를 원하지 않으신다. 오히려 주님은 우리가 열심히 싸우기를 원하신다. 그러나 우리에게 확실한 승리가 보장되지 않는다면 이는 불가능하다. 결과가 불확실한데 싸워야 한다면, 우리의 모든 열정은 금세 식을 것이다. 그러므로 그리스도께서 우리를 향해 싸우라고 촉구하실 때, 그분은 우리를 승리의 확신으로 무장시키신다. 여전히 우리가 분투해야 하지만 말이다.

내가 세상을 이기었노라 언제든 우리 속에는 두려워 떨 만한 충분한 이유가 있으므로, 그리스도께서는 확신을 가지라고 우리에게 가르치신다. 그분이 세상을 이기셨기 때문이다. 그리고 그 승리는 그분 개인을 위한 것이 아니라 우리 자신을 위한 것이기 때문이다. 그러므로 우리 자체로는 거의 압도되는 지경에 이를지라도, 만일 우리의 머리이신 그리스도께서 높임을 받으신 그 큰 영광을 바라본다면, 우리는 우리 위에 드리워져 있는 모든 악한 것들을 담대하게 무시할 수 있다.

　우리가 진정 그리스도인이 되기를 바란다면 십자가가 없기를 바랄 것이 아니라, 그리스도의 깃발 아래 싸우는 우리는 전쟁이 진행되는 와중에도 모든 위험에서 건짐을 받는다는 이 한 가지 사실로 만족해야 한다. 그리스도께서는 여기서 '세상'이라는 단어를 경건한 사람들의 구원을 대적하는 모든 것을 의미하는 용어로 사용하신다. 특히 사탄이 우리에게 올무로 놓기 위해 사용하는 모든 부패한 것들을 가리키신다.

요한복음 17장

1 예수께서 이 말씀을 하시고 눈을 들어 하늘을 우러러 이르시되 아버지여 때가 이르렀
사오니 아들을 영화롭게 하사 아들로 아버지를 영화롭게 하게 하옵소서 **2** 아버지께서
아들에게 주신 모든 사람에게 영생을 주게 하시려고 만민을 다스리는 권세를 아들에게
주셨음이로소이다 **3** 영생은 곧 유일하신 참 하나님과 그가 보내신 자 예수 그리스도를
아는 것이니이다 **4** 아버지께서 내게 하라고 주신 일을 내가 이루어 아버지를 이 세상에
서 영화롭게 하였사오니 **5** 아버지여 창세전에 내가 아버지와 함께 가졌던 영화로써 지
금도 아버지와 함께 나를 영화롭게 하옵소서 요 17:1-5

1 예수께서 이 말씀을 하시고 주님은 제자들에게 십자가를 지는 것에
관한 설교를 하신 후 그들에게 위로의 말씀을 주셨다. 제자들은 그 위로를 의
지함으로써 인내할 수 있을 것이다. 그리스도께서는 제자들에게 성령의 강
림을 약속하신 후에, 그들에게 더 나은 소망을 일으키시며 그분 나라의 영광
과 광채를 말씀하셨다.

이제 그리스도께서는 하나님께 기도하신다. 이것은 참으로 적절한 일이
다. 위로부터 부어지는 신적^{神的} 효과가 없다면 교훈 자체는 아무런 능력이 없
기 때문이다. 그러므로 그리스도께서는 교사들에게 본을 보이신다. 그들이

말씀의 씨를 뿌리는 일에만 전념하지 않고, 그 일에 기도를 동반함으로써 하나님의 도움을 받아야 한다고 말이다. 그럴 때 하나님이 주시는 복으로 말미암아 그들의 사역이 열매를 맺을 것이다. 한마디로 말해서, 그리스도의 이 기도는 말하자면 이전의 가르침을 인印 치는 것이다. 그 가르침이 본질적으로 신빙성을 가질 수 있도록 하기 위해서 뿐만 아니라, 동시에 제자들에게 충분히 그 권위를 인정받을 수 있도록 하기 위해서 말이다.

눈을 들어 하늘을 우러러 이것은 특별한 갈망과 열정에 대한 표시이다. 그리스도께서는 이러한 태도를 보이심으로써 자신의 마음이 땅이 아니라 하늘에 있음을 선언하셨던 것이다. 그래서 그분은 사람들을 뒷전에 두고 하나님과 친근하게 말씀하셨다. 그리스도께서는 땅에도 충만하신 하나님께서 마치 하늘에만 갇혀 계신 것처럼 하늘을 바라보신 것이 아니다. 하나님의 엄위가 주로 하늘에 나타나기 때문에 그렇게 하신 것이다.

더욱이 그리스도께서는 하늘을 바라보심으로써 하나님의 영광이 모든 피조물 위에 뛰어나다는 사실을 우리에게 상기시키신다. 그분이 기도하실 때 손을 올리시는 것도 같은 의미를 지닌다. 사람들은 본성상 나태하고 더디며 세상적인 성향에 의해 아래를 향하는 경향이 있어서, 그 마음을 하나님께로 들어올리기 위한 이런 식의 자극 혹은 운송 수단 같은 것이 필요하기 때문이다.

물론 우리가 진정으로 하나님을 본받으려 한다면, 겉으로 나타나는 모습이 우리 마음에 있는 것보다 더 많은 것을 표현하지 않도록 주의해야 한다. 하지만 우리의 내적인 감정은 눈으로, 손으로, 혀로, 그 밖의 것으로 나타나기 마련이다. 세리는 눈을 들어 하늘을 바라보지는 않았지만, 그의 마음은 하나님을 향하였다(눅 18:13). 세리가 기도하는 모습은 지금 내가 말하고 있는 것과 모순되지 않는다. 그는 자신의 죄 때문에 부끄러워하며 자신을 낮추었지만, 이러한 겸손이 확신 있게 죄 용서를 구하는 것을 방해하지는 않았기 때문이다. 그러나 그리스도께서 세리와는 전혀 다른 모습으로 기도하신 것은 당

연한 일이다. 그분은 부끄러워할 것이 아무것도 없었기 때문이다. 다윗 자신
도 상황에 따라 다른 태도로 기도한 것이 분명하다.

아버지여 때가 이르렀사오니 그리스도께서는 자신의 나라가 확장되기
를 구하신다. 그분 자신이 또한 아버지의 영광을 드높일 수 있도록 말이다.
그리스도께서 때가 이르렀다고 말씀하신 것은, 이적과 온갖 종류의 초자연적
인 일들을 통해 그분이 하나님의 아들임이 드러났지만 곧 나타날 그분의 영
적인 나라는 여전히 분명하게 드러나지 않았기 때문이다. 곧 있게 될 그리스
도의 죽음이야말로 가장 영광스럽지 못한 일이 아니겠냐면서 이의를 제기하
는 사람이 있다면, 우리는 바로 그 죽음에서 불경건한 사람들에게는 보이지
않는 무한한 영광을 본다고 대답하겠다. 그리스도의 죽음에서 세상이 죄 용
서를 받아 하나님과 화목하게 되고, 저주가 씻어지며 사탄이 정복된다는 것
을 우리가 알기 때문이다.

　또한 그리스도께서는 하늘에 속한 영의 능력으로 말미암아, 자신의 죽음
이 하나님의 영원한 목적이 정한 열매를 맺을 수 있기를 간구하신다. 때가 이
르렀다고 하실 때, 그 '때'는 사람들의 뜻에 의해 결정된 때가 아니라 하나님
께서 정하신 때이기 때문이다. 그렇다 하더라도 기도가 필요 없는 것은 아니
다. 그리스도께서는 하나님의 뜻을 깊이 의존하시기에, 하나님께서 약속하신
것이 확실히 이루어지기를 자신이 갈망해야 함을 아시기 때문이다. 하나님
께서는 자신이 작정하신 것을 정말로 행하신다. 무감각한 세상을 통해서만
이 아니라 심지어 그분을 대적하는 세상을 통해서도 말이다. 하지만 하나님
께서 약속하신 것이 무엇이든 그것을 위해 하나님께 기도하는 것은 우리의
책임이다. 하나님께서 약속을 주신 목적은 우리로 기도하게 하기 위함이기
때문이다.

아들로 아버지를 영화롭게 하게 하옵소서 이 구절은 그리스도의 영
광이 나타나는 것과 아버지의 영광이 나타나는 것이 상호 관련이 있다는 의

미이다. 그리스도가 우리를 아버지께로 인도하기 위함이 아니라면 그분(그리스도)이 세상에 왜 오셨겠는가? 그러므로 여기에서 그리스도에게 부여된 모든 영광이 아버지의 영광을 약화시키는 것이 아니라 오히려 그 영광을 견고하게 하는 것이라는 결론이 나온다. 우리가 항상 기억해야 할 것은 그리스도께서 어떤 신분으로 이 구절을 말씀하시는가 하는 것이다. 여기서 우리는 단지 그분의 영원한 신성神性만을 생각해서는 안 된다. 그분은 지금 육체로 나타난 하나님으로서 그리고 중보자로서의 직책을 갖고 말씀하시기 때문이다.

2 아버지께서 아들에게 주신 그리스도께서는 아버지의 뜻에 부합한 것이 아니면 아무것도 구하지 않는다고 다시금 주장하신다. 하나님께서 주려고 하시는 것 이상을 구하지 않는 것이 기도의 일반적인 규칙이다. 무엇이든 우리가 원한다고 모두 하나님 앞에 가지고 가는 것만큼 불합리한 것도 없기 때문이다.

만민을 다스리는 권세 이것은 아버지께서 그리스도를 왕과 머리로 임명하셨을 때 그분에게 주신 권세이다. 하지만 우리는, 하나님께서 왜 그런 권세를 그리스도께 주셨는지 그 목적을 주목해야 한다. 그것은 자기 백성 모두에게 영생을 주시기 위함이다. 그리스도께서는 자신을 위해서가 아니라 우리의 구원을 위해서 권세를 받으신 것이다. 그러므로 하나님께 순종하기 위해서만 아니라 그런 순종이야말로 가장 아름다운 것이기 때문에, 우리는 그리스도에게 복종해야 한다. 순종은 우리 영생의 원인이다.

아버지께서 아들에게 주신 모든 사람에게 지금 그리스도께서는 모든 사람에게 생명을 차별 없이 주려고 온 세상을 지배하는 권세를 받았다고 말씀하시는 것이 아니다. 주님은 이 은혜를 자신에게 주어진 사람들에게로 제한하신다. 그러나 어떻게 그 사람들이 그분에게 주어졌는가? 아버지께서는 멸망 받을 자들도 그분에게 복종시키지 않으셨는가? 이 문제에 대해 답하겠다. 택함을 받은 사람들만 그리스도의 양이고, 그분은 목자로서 그들을 보호하신다. 그러므로 그리스도의 나라가 모든 사람들에게 연장되는 것은 틀림없지만, 그 나라는 목자의 음성을 듣고 기꺼이 순종하는 택함 받은 사람들에게만 구원을 베푼다. 다른 사람들은 어쩔 수 없이 그리스도께 복종하는 것이다. 종국에 가서는 그분이 자신의 철장으로써 그들을 철저히 멸망시킬 것이다.

3 영생은 곧 이제 그리스도께서는 어떻게 자신이 영생을 주는지 설명하신다. 즉, 택함을 받은 사람들에게 하나님을 아는 참된 지식으로 조명하심으로써 영생을 주신다. 그리스도께서는 여기에서, 우리가 소망하는 생명의 열매에 대해 말씀하시는 것이 아니라, 사람들이 생명에 도달하는 방법에 대해서만 말씀하실 뿐이다. 그리고 그분이 주장하시는 것을 바르게 이해하려면, 우리는 먼저 홀로 생명이신 하나님께서 우리를 밝혀주시기 전에는 우리 모두가 죽음 가운데 있었다는 사실을 깨달아야 한다. 우리는 하나님께서 빛을 비추신 곳에서 믿음으로 하나님을 소유하며, 결과적으로 생명을 소유하게 된다. 하나님을 아는 지식이 참되고 바르게 구원하는 혹은 구원을 가져오는 지식이라고 불리는 이유가 바로 이것이다. 여기서 그리스도께서 사용하신 거의 모든 용어가 중요하다. 여기에 사용된 '아는 것'이라는 말은 모든 종류의 지식을 의미하는 것이 아니라, 우리를 믿음에서 믿음에 이르게 하여 하나님의 형상으로 변화되게 하는 지식을 의미하기 때문이다. 사실 이 지식은, 우리를 그리스도의 몸에 연합하게 하고 하나님의 자녀와 하늘의 상속자가 되게 하는 믿음과 같은 것이다.

하나님과 그가 보내신 자 예수 그리스도를 아는 것이니이다 그리스도께서 이 말씀을 하신 것은, 살아 있는 분명한 하나님의 형상이신 예수 그리스도의 얼굴을 통해서만 하나님을 알 수 있기 때문이다. 그리스도께서는 아버지를 먼저 언급하셨는데, 이는 마치 우리 마음이 하나님을 아는 지식에서 나와 그리스도를 아는 지식으로 내려오듯이 믿음의 순서를 가리키는 것이 아니다. 오히려 하나님이 알려지는 것은 중보자의 개입으로 말미암는다는 의미이다.

유일하신 참 하나님 그리스도께서 하나님을 묘사하면서 '참'과 '유일한'이라는 형용사 두 개를 덧붙이신 이유가 있다.

첫째, 믿음은 반드시 하나님을 사람들의 헛된 상상과 구별해야 하며, 하나님을 확실하게 받아들임으로써 변하거나 주저하지 말아야 하기 때문이다.

둘째, 믿음은 하나님에게는 결점이나 불완전한 것이 하나도 없다고 확신함으로써 하나님 한 분만으로 만족해야 하기 때문이다.

개중에는 이 구절을 "당신만이 하나님이신 줄을 아는 것"이라고 설명하는 사람들이 있는데, 이 설명은 빈약하다. 오히려 "당신만이 참 하나님이신 줄을 아는 것"이라고 보는 것이 맞다.

그런데 그리스도께서는 이런 식으로 자신의 신적神的인 권리와 칭호를 포기하시는 것처럼 보인다. 만일 하나님이라는 이름이 아버지에게 해당하듯이 그리스도에게도 해당한다고 대답한다면, 성령에 대해서도 동일한 질문이 제기될 수 있다. 만일 아버지와 아들만 한 분이신 하나님이라면 성령님은 그 서열에서 배제되는데, 이것 또한 우스꽝스럽기 때문이다. 그리스도께서 요한복음 전체를 통하여 일관되게 말씀하신 방법을 고려한다면 이 질문에 대답하기는 쉽다.

내가 이 주석을 쓰면서 독자들에게 굉장히 여러 번 상기시켰으므로, 독자들도 지금쯤은 그 내용에 익숙해져 있어야 한다. 사람의 모습으로 나타나신 그리스도께서는 아버지의 인격 아래 하나님의 능력과 본질과 위엄을 나타내신다. 그러므로 그리스도의 아버지는 유일하신 참 하나님이시다. 이 말은 그분이 이전에 세상에 구원자를 약속하신 그 하나님이시라는 의미이다. 하지만 하나님의 유일하심과 참됨은 그리스도 안에서 발견될 것이다. 그분이 우리를 높이 올리시려고 낮아지셨기 때문이다. 이 시점에 이르면 그리스도의 신적神的인 위엄이 나타나며, 우리는 그분이 전적으로 아버지 안에 계시고 아버지께서 전적으로 그리스도 안에 계시다는 것을 알게 된다. 한마디로 말해서, 그리스도를 아버지의 신성神性에서 분리하는 사람은 유일하신 참 하나님이신 그분을 아직 알지 못하는 것이고 오히려 스스로를 위한 낯선 신神을 만드는 사람이다. 하나님과 그분이 보내신 그리스도를 알라고 하신 이유가 바로 여기에 있다. 하나님께서는 그리스도로 말미암아, 말하자면 손을 뻗으심으로써 우리를 하나님 자신에게로 오라고 초대하신다.

단지 하나님을 알지 못한다는 이유로 멸망 받는 것은 공평하지 못하다고 생각하는 사람이 있을지 모르겠다. 그러나 이런 생각은 하나님 한 분 외에는 생명의 근원이 없다는 것과 하나님을 떠난 사람들은 다 생명을 잃는다는 것을 참작하지 않는 데서 비롯된다. 믿음이 아니고는 하나님께 갈 수 있는 방도가 없다면, 불신앙이 우리를 사망의 자리에 있게 한다는 결론을 내릴 수밖에 없다. 하나님을 알지 못하는 것 말고는 정직하고 죄가 없는 사람들이 정죄를 당하는 것은 공정하지 않다고 이의를 제기한다면, 여기에 명쾌한 답변이 있다. 인간이 자기의 본성에 머물러 있는 한, 그들 속에서는 그 어떤 의로운 것이나 성실한 것을 찾을 수 없다고 말이다. 그러나 바울은 우리가 하나님의 형상을 따라 지식에까지 새롭게 함을 얻는다고 말한다(골 3:10).

이제 이 구절을 다음과 같이 요약할 필요가 있다.

첫째, 그리스도의 나라는 생명과 구원을 가져온다.

둘째, 모든 사람이 그리스도에게서 생명을 얻는 것은 아니다. 또한 모든 사람에게 생명을 주는 것이 그리스도의 직책은 아니다. 오직 아버지께서 그리스도에게 돌보라고 맡기신 택한 사람들에게 생명을 주는 것이 그분의 일이다.

셋째, 이 생명은 믿음으로 얻는다. 그리스도께서는 복음을 믿는 믿음 안에서 그분이 친히 빛을 비추시는 사람들에게만 이 생명을 부여하신다. 그러므로 조명하심과 하늘에 속한 지혜의 은사는 모든 사람들에게 공통적으로 주어지는 것이 아니라 특별히 택함을 받은 사람들에게만 주어진다고 추론할 수 있다. 복음이 모든 사람들에게 제공된다는 것은 의심의 여지가 없지만, 여기서 그리스도께서는 비밀스럽고 효과적인 가르침의 방식에 대해서 말씀하신다. 그 가르침으로 말미암아 하나님의 자녀들만 믿음으로 이끌림을 받는 것이다.

4 내가 이루어 아버지를 … 영화롭게 하였사오니 주님이 이 말씀을 하신 이유는, 하나님께서는 그리스도의 가르침과 이적으로 세상에 알려지셨기 때문이다. 우리가 하나님이 어떤 분이신지를 알 때 하나님은 영광을 받으신다. 그리스도께서 아버지에게서 받은 일을 이루었다는 말을 첨가하신 것은 그분이 자신의 소명의 전 과정을 다 이루셨다는 의미이다. 이제 그리스도께서 하늘 영광에 들어가실 때가 무르익었기 때문이다. 여기서 그분은 단지 가르침의 직분만을 언급하시는 것이 아니라 그분 사역의 다른 부분들도 염두에 두고 계신다. 그리스도의 사역 중에서 중요한 부분인 우리 모두의 죄를 속贖하실 그분의 죽음의 제사가 아직 드려지지 않은 상태이지만, 그분이 죽으실 때가 이미 가까이 와 있기 때문에 마치 그분은 자신이 이미 죽음을 당한 것처럼 말씀하신다.

그러므로 우리는 그리스도의 말씀을 이렇게 요약할 수 있다. 아버지께서는 나라를 소유하게 하시려고 그리스도를 보내셨다. 자신이 걸어가야 할 여정을 완수하신 후에는, 성령의 능력을 힘입어 아버지의 명령대로 땅에서 행하신 모든 일의 열매와 효험을 보여주실 일만 남았을 뿐, 이제 더 이상 주님이 하실 일은 아무것도 남아 있지 않았다. 바울의 말에 따르자면, 주님은 "자기를 비워 종의 형체를 가지사 사람들과 같이 되셨고 … 이러므로 하나님이 그를 지극히 높여 모든 이름 위에 뛰어난 이름을" 주셨다(빌 2:7,9).

5 아버지와 함께 나를 영화롭게 하옵소서 그리스도께서는 아버지와 함께 영화롭게 되기를 바라신다. 아버지께서 증인들 없이 비밀스럽게 그리스도를 영화롭게 하시는 것이 아니라, 그리스도께서 하늘에 오르신 후에 주님의 위대함과 능력을 장엄하게 보여주어 모든 무릎을 그분에게 꿇게 하시도

록 말이다(빌 2:10). 그래서 이 구절 앞 부분에 나오는 "아버지와 함께"라는 어구는 세상에 속하여 없어져버리는 영광과 대조된다. 그분이 죄에 대하여 단번에 죽으시고 지금은 하나님께 대하여 살아 계시다고 말함으로써(롬 6:10) 그분의 복된 불멸을 바울이 표현했듯이 말이다.

창세전에 내가 아버지와 함께 가졌던 영화로써 그리스도께서는 자신의 것이 아닌 어떤 이질적異質的인 것을 바라는 것이 아니라, 자신이 창세전에 가졌던 영광이 이제 자신의 육체로 나타나기를 바란다고 선언하신다. 이 말씀을 좀 더 분명하게 표현하자면, 그리스도에게 늘 있던 신적神的인 위엄이 이제 중보자로서의 인격에 그리고 자신이 입으신 인간의 육체에 나타나기를 바라셨다고 할 수 있을 것이다. 이 구절은 그리스도께서 새롭게 소개된 하나님이라거나 짧은 순간만 하나님으로 존재하셨던 분이 아니라고 가르치는 주목할 만한 말씀이다. 만일 그분의 영광이 영원하다면, 그분 역시 영원하시기 때문이다. 또한 이 구절에는 그리스도의 인격과 하나님의 인격 사이의 뚜렷한 구별이 표현되어 있다. 여기서 우리는 그리스도가 영원한 하나님이실 뿐만 아니라 창세전에 아버지에게서 나신 하나님의 영원한 말씀이시라는 사실을 추론할 수 있다.

6 세상 중에서 내게 주신 사람들에게 내가 아버지의 이름을 나타내었나이다 그들은 아버지의 것이었는데 내게 주셨으며 그들은 아버지의 말씀을 지키었나이다 7 지금 그들은 아버지께서 내게 주신 것이 다 아버지로부터 온 것인 줄 알았나이다 8 나는 아버지께서 내게 주신 말씀들을 그들에게 주었사오며 그들은 이것을 받고 내가 아버지께로부터 나온 줄을 참으로 아오며 아버지께서 나를 보내신 줄도 믿었사옵나이다 9 내가 그들을 위하여 비옵나니 내가 비옵는 것은 세상을 위함이 아니요 내게 주신 자들을 위함이니이다 그들은 아버지의 것이로소이다 10 내 것은 다 아버지의 것이요 아버지의 것은 내 것이온데 내가 그들로 말미암아 영광을 받았나이다 11 나는 세상에 더 있지 아니하오나 그

들은 세상에 있사옵고 나는 아버지께로 가옵나니 거룩하신 아버지여 내게 주신 아버지의 이름으로 그들을 보전하사 우리와 같이 그들도 하나가 되게 하옵소서 요 17:6-11

6 내가 아버지의 이름을 나타내었나이다 여기서 그리스도께서는 제자들을 위해 아버지께 기도하기 시작하신다. 곧 그분은 따뜻한 사랑의 마음을 품은 채 제자들을 위한 죽음의 고통을 당하실 터인데, 그 동일한 사랑으로 이제 그들의 구원을 위해 아버지께 간구하신다. 그리스도께서 제자들을 위해 간구하실 때 사용하신 첫 번째 근거는, 사람을 참으로 하나님의 자녀로 만드는 교훈을 제자들이 지켰다는 것이다. 모든 사람들을 하나님께로 부르시는 일에서 그리스도께서 신실함과 부지런함이 부족했던 적은 없었다. 그러나 오직 택함 받은 사람들 사이에서만 주님의 수고가 유익을 주고 효과를 나타냈다.

하나님의 이름을 나타낸 그리스도의 설교는 모든 사람들에게 공통적으로 행해졌다. 그분은 심지어 완악한 사람들 사이에서도 자신의 영광을 주장하기를 그치지 않으셨다. 그렇다면 왜 그리스도께서는 그 영광을 오직 몇 사람에게만 나타내셨다고 말씀하시는가? 그것은 택함을 받은 사람들만 성령의 내적인 가르침으로 유익을 얻기 때문이다. 여기서 우리는 그리스도의 교훈을 받은 모든 사람이 진정으로 그리고 효과 있게 교훈을 받는 것이 아니라, 다만 그 마음에 조명하심을 받은 사람들만 유익을 얻는다고 추론할 수 있다. 그리스도께서는 그 원인을 하나님의 선택에 돌리신다. 하나님의 영광을 왜 다른 사람들에게는 나타내지 않으시고 단지 몇몇 사람들에게만 나타내셨는지에 대해서, 그리스도는 아버지께서 그들을 자신에게 주셨다는 것 외에는 다른 차이점을 말씀하지 않으시기 때문이다. 이 사실에서 우리는 믿음이 하나님의 영원한 예정에서 흘러나온 것이며, 그러므로 믿음은 모든 사람들에게 차별 없이 주어지는 것이 아니라고 추론할 수 있다. 모든 사람이 다 그리스도에게 속한 것은 아니기 때문이다.

그들은 아버지의 것이었는데 내게 주셨으며 이 말씀을 덧붙이시면서 그리스도께서는 먼저 영원한 선택을 언급하시고, 다음으로 우리가 영원한 선택에 대해 어떻게 생각해야 하는지를 암시하신다. 그리스도께서는 택함을 받은 사람들이 늘 하나님에게 속해 있다고 선언하신다. 그러므로 하나님께서는 택함을 받은 사람들과 멸망을 받을 사람들을 믿음이나 다른 어떤 공로에 의해서가 아니라 순전한 은혜에 의해서 구별하신다. 택함을 받은 사람들이 하나님의 마음에 완전히 맞는 사람들은 아니었지만, 하나님께서는 자신의 비밀스러운 경륜 안에서 그들을 자신의 백성으로 간주하신다. 거저 주시는 은혜로 사람들을 택하셨다는 것은, 하나님께서 택한 사람들을 다 자신의 아들의 보호 아래 맡기셨고 그로 인해 그들이 멸망하지 않는다는 사실에서 분명하게 드러난다. 우리가 하나님의 자녀에 속한다는 확신을 얻고 싶으면, 이 사실에 눈을 돌려야 한다. 하나님의 예정은 본질적으로 감춰져 있고, 오직 그리스도 안에서만 우리에게 계시되기 때문이다.

그들은 아버지의 말씀을 지키었나이다 이것이 세 번째 단계이다. 첫 번째 단계는 무조건적 선택이고, 두 번째 단계는 우리가 그리스도의 돌보심 아래로 들어가는 은혜이다. 그리스도에 의해 영접을 받고 나서, 우리는 믿음으로 말미암아 택함 받은 자들의 우리 안으로 모여든 것이다. 하나님의 말씀이 멸망받을 사람들에게서는 미끄러지듯 지나가지만 택함을 받은 사람들 속에서는 뿌리를 박는다. 그래서 그들이 아버지의 말씀을 지킨다고 하는 것이다.

7 지금 그들은 … 알았나이다 여기에 믿음의 중요한 내용이 표현되었다. 즉, 그리스도를 믿는 믿음은 그분의 육신의 모습에서 멈추는 것이 아니라 그분의 신적神的인 능력을 붙잡는 데까지 나아가야 한다. 그리스도께서는 신자들이 자기들에게 있는 모든 것이 하늘에 속한 것이며 신적神的인 것임을 알았다는 의미로 이 말씀을 하셨기 때문이다. 사실 우리는 그리스도 안에서 하나님을 붙들지 않는다면 계속해서 흔들릴 수밖에 없다.

8 그들은 이것을 받고 그리스도께서는 이 지식이 어떤 모양의 지식인지 표현하신다. 즉, 제자들은 그리스도께서 가르치신 교훈을 받은 것이다. 하지만 어느 누구도 그리스도의 교훈을 인간적이라거나 땅에서 온 것이라고 생각하지 않도록 하기 위하여, 그분은 "나는 아버지께서 내게 주신 말씀들을 그들에게 주었사오며"라고 말씀하시면서 하나님이 그 교훈을 내신 분이라고 선언하신다. 그리스도께서 자신이 아버지에게 받은 것만을 가르치신다고 말씀하시는 것은 늘 하시던 대로 중보자와 사역자의 신분으로 말씀하시는 것이다. 그리스도께서 육체 안에 있는 동안 그분의 상태는 여전히 비천하고 그분의 신적神的인 위엄은 종의 형체 아래(sub forma servi) 감춰져 있기에, 그분이 '아버지'라는 이름으로 언급하는 분은 하나님이시다.

하지만 우리는 요한복음 서론에 있는 요한의 증언을 명심할 필요가 있다. 즉, 그리스도께서는 하나님의 영원한 말씀이시므로 아버지와 더불어, 늘 한 하나님이셨다. 그러므로 이 구절의 의미는 그리스도께서 제자들에게 하나님을 신실하게 증언하셨고, 아버지께서 친히 아들 안에서 말씀하셨기에 그들의 믿음이 하나님의 진리에만 근거하게 되었다는 것이다. 그리스도께서 말씀하시는 '받고'라는 표현은 그분이 성령으로 말미암아 아버지의 이름을 제자들에게 효과적으로 나타내셨기 때문에 나온 것이다.

참으로 아오며 이제 그리스도께서는 방금 전에 언급하신 내용을 다른 말로 반복하신다. 그리스도께서 아버지에게서 나오셨으며 아버지에게서 보냄을 받았다는 것은, 자신에게 있는 모든 것이 아버지에게서 온 것이라고 말씀하신 앞의 구절과 동일한 내용이기 때문이다. 요약하자면, 믿음은 그리스도를 직접 바라보는 것이다. 그분에 대한 세상적이며 경멸할 만한 개념을 형성하는 것이 아니라, 그분의 신적神的인 능력을 아는 데까지 나아가도록 그리고 그분이 완전한 하나님이시며 하나님에게 속한 모든 것이 그분 안에 있다는 것을 굳게 믿을 수 있도록 말이다.

믿었사옵나이다 그리스도께서 처음에 '알다'라는 동사를 사용하시다가 지금은 '믿는나'라는 동사로 바꾸신 것에 주목하라. 그분은 믿음이 아니고는 하나님에 대해서 바르게 알 수 없다고 말씀하시는 것이다. 믿음 안에는 굉장한 확신이 있기에, 그 믿음에 의한 지식만이 정당하게 지식이라고 불릴 수 있는 것이다.

9 내가 그들을 위하여 비옵나니 지금까지 그리스도께서는 아버지께서 제자들에 대해 좋아하실 만한 것이 어떤 것인지 말씀하셨다. 이제 그분은 그들을 위한 기도의 형식을 취하시면서, 자신이 오직 아버지의 뜻에 일치하는 것만 가지고 있음을 보여주신다. 그리스도께서는 아버지 자신이 기꺼이 사랑을 베푸신 사람들만을 위하여 기도하시기 때문이다. 그분은 자신이 세상을 위하여 기도하는 것이 아니라고 공공연히 선언하신다. 그분은 아버지에게서 받은 자기의 양들만을 위하여 비시기 때문이다.

그런데 그리스도의 이러한 기도는 불합리하게 보인다. 그리스도를 우리의 인도자와 교사로 알고 따르는 것이 기도의 가장 좋은 규칙이다. 그런데 주님은 우리에게 모든 사람을 위하여 기도하라고 명하셨으며, 자신도 이후에 모든 사람을 위해 "아버지 저들을 사하여 주옵소서 자기들이 하는 것을 알지 못함이니이다"(눅 23:34)라고 친히 기도하셨기 때문이다. 이 문제에 답하겠다. 우리가 모든 사람을 위해 드리는 기도는 여전히 하나님의 택한 자들로 제한된다. 우리는 이런 저런 모든 사람들이 구원을 받을 수 있도록 기도함으로써 온 인류를 품어야 한다. 우리로서는 택함을 받은 사람과 멸망 받을 사람을 구별할 수 없기 때문이다. 그러나 우리는 하나님나라의 도래를 바라면서 하나님께서 그분의 원수들을 멸망시키시기를 또한 기도한다. 두 기도 사이에 유일한 차이가 있다면, 그것은 우리가 하나님의 형상대로 지음 받고 동시에 우리와 동일한 속성을 가진 모든 사람들의 구원을 위해 기도하고 하나님이 아시는 멸망 받을 사람들은 그분의 심판에 맡긴다는 것이다.

그러나 여기에 언급된 기도에는 우리가 그것을 모범으로 삼아서는 안 되는 특별한 이유가 담겨 있다. 그리스도께서는 지금 단순히 사람들에 대한 믿음과 사랑의 태도로 기도하시는 것이 아니라, 하늘 성소에 들어가서서 아버지의 비밀스러운 심판을 직접 보고 계시기 때문이다. 이것은 우리가 믿음으로 행하는 동안에는 우리에게 감춰져 있는 내용이다.

더욱이 이 말씀을 통해 우리는, 세상에서 하나님 보시기에 생명의 상속자로 적합하다고 생각되는 사람들을 하나님께서 선택하신다는 사실을 알게 된다. 그리고 이러한 구별은 사람들의 공로에 따라 이뤄지는 것이 아니라 그분의 기뻐하시고 선하신 뜻에 달려 있다는 사실도 알게 된다. 선택의 원인을 사람에게 두는 사람들은 믿음에서부터 다시 시작해야 한다. 하지만 그리스도께서는 자신에게 주신 사람들이 아버지의 것이라고 분명하게 선언하신다. 물론 믿을 수 있도록 하기 위하여 그들을 그리스도께 주셨다는 것과 '믿음'은 그 '주는 행위'에서 시작된다는 것은 사실이다. 만일 믿음의 기원이 이처럼 아버지께서 주시는 것에 있다면 그리고 선택이 순서와 시간상 믿음보다 앞선다면, 하나님께서 세상에서 구원하기를 원하시는 사람들은 거저 택함을 받았다고 고백할 수밖에 없지 않은가?

그리스도께서는 오직 선택 받은 사람들만을 위해서 기도하신다. 만일 우리가, 그리스도께서 우리의 구원을 위하여 아버지께 간구하기를 원한다면, 선택의 교훈을 믿는 것은 불가피한 것이다. 그러므로 선택에 대한 지식을 신자들의 마음에서 지워버리려고 하는 사람들은 자신에게 치명적인 상해를 가하는 것과 똑같다. 그들은 스스로에게서 그리스도의 후원을 빼앗는 셈이다. 또한 이 말씀은 선택이라는 미명 아래 게으름에 빠지는 사람들의 잘못된 어리석음을 폭로하기도 한다. 그러나 우리는 그리스도께서 친히 모범을 보여 가르치시는 것처럼 기도에 열심을 내야 할 것이다.

10 내 것은 다 아버지의 것이요 이 문장은 아버지께서 그리스도의 기도를 확실히 들으신다는 사실을 암시한다. 그리스도의 말씀은 이런 식으로 다시 쓸 수 있다.

"저는 아버지의 것으로 인정하신 사람들 이외에는 아버지께 아뢰지 않습니다. 아버지의 것이 아니고는 제게는 아무것도 없습니다. 그러므로 아버지께서 제 기도를 거절하지 않으실 것을 제가 압니다."

두 번째 문장("아버지의 것은 내 것이온데")에서 그리스도께서는 택함 받은 사람들을 보살피는 분명한 이유를 제시하신다. 그들은 아버지의 것이었는데 이제 그리스도의 것이 되었기 때문이다. 이 모든 말씀은 우리의 믿음을 돈독히 하기 위한 것이다. 우리는 그리스도 외에는 다른 어떤 곳에서도 구원을 추구하지 말아야 한다. 하지만 그리스도 안에서 하나님을 소유한다는 사실을 알기 전까지 우리는 그리스도로 만족하지 못할 것이다. 그러므로 아버지와 아들이 하나라는 사실을 믿어야 한다. 아버지와 아들이 서로 다른 것을 갖고 있다는 것은 불가능하다. 떠나서는 아무것도 가질 수 없다.

내가 그들로 말미암아 영광을 받았나이다 이것은 두 번째 문장("아버지의 것은 내 것이온데")과 연결되어 있다. 그리스도께서 그 자신 편에서 제자들의 구원을 촉진시켜야 함이 마땅하다는 결론이 나오기 때문이다. 그리스도께서 우리로 말미암아 영광을 받으신다면, 그분은 우리 구원을 결코 소홀히 하지 않으실 것이다. 이것은 우리 믿음을 확증하는 가장 훌륭한 가르침이다.

11 나는 세상에 더 있지 아니하오나 그리스도께서는 자신이 왜 제자들을 위해 이처럼 간절히 기도하시는지 또 다른 이유를 제시하신다. 왜냐하면 제자들이 지금까지 의지했던 그리스도를 곧 빼앗기게 될 것이기 때문이다. 그리스도께서 제자들과 함께 사시는 동안에는 암탉이 그 새끼를 날개 아래 모음같이 주께서 제자들을 자신의 날개 아래 품으셨다. 그러나 이제 그분은 떠나려 하시기에, 그들을 아버지의 보호 아래 두기를 구하신다. 이 간구는 그들을 위한 것이다. 즉, 그들이 두려워하지 않도록 치유책을 제공하시는 것이다. 그리스도께서 제자들을 넘겨주신 그 하나님에게 그들이 의지할 수 있도록 말이다. 하나님의 아들이 육체적으로 자신의 백성들을 떠나실 때 그들의

구원을 더 염려하신다는 사실을 아는 것은 우리에게 얼마나 큰 위로가 되는지 모른다. 오늘날 우리가 세상에서 수고하는 동안 그리스도께서는 우리를 생각하고 계시며, 우리가 겪는 환난 가운데서도 그분은 하늘 영광 중에 계시면서 우리를 도와주신다는 사실을 여기서 추론할 수 있기 때문이다.

거룩하신 아버지여 주님이 몸으로 그들과 함께 계시지 못하게 되자 제자들의 상황이 더 악화되기라도 한 것처럼, 그리스도께서는 이 모든 기도를 제자들이 낙망하지 않도록 하기 위해 드리신다. 아버지로부터 잠시 그들의 보호자로 임명을 받으셔서 그 직분을 수행하신 그리스도께서 지금 그들을, 말하자면 아버지의 손에 다시 돌려드리시는 것이다. 이제부터 그들이 하나님의 능력을 힘입어 그분의 보호를 누릴 수 있도록 말이다. 요약하자면, 그리스도의 육체적 임재가 제자들에게서 떠나는 것이 그들에게 손해가 되지 않는다는 것이다. 하나님께서 그들을 자신의 보호 아래, 즉 영원한 능력 아래 받아주실 것이기 때문이다.

그들도 하나가 되게 하옵소서 이 말씀을 통해 그리스도께서는 제자들이 보호를 받는 방법을 보여주신다. 천부께서는 자신이 보존하기로 작정한 사람들을 믿음과 성령의 거룩한 하나 됨으로 모으시기 때문이다. 하지만 사람들이 일반적으로 자기들끼리 의견을 같이하는 것만으로는 충분하지 않기 때문에, 그리스도께서는 "우리와 같이"라는 어구를 첨가하신다. 도장을 찍고 그 위에 밀랍으로 봉하듯이 우리의 하나 됨이 아버지 하나님과 그리스도의 형상을 지닐 때, 그것은 진정으로 복될 것이다. 아버지와 그리스도가 어떤 식으로 하나가 되는지에 대해서는 잠시 후에 설명하겠다.

12 내가 그들과 함께 있을 때에 내게 주신 아버지의 이름으로 그들을 보전하고 지키었나이다 그중의 하나도 멸망하지 않고 다만 멸망의 자식뿐이오니 이는 성경을 응하게 함

이니이다 13 지금 내가 아버지께로 가오니 내가 세상에서 이 말을 하옵는 것은 그들로 내 기쁨을 그들 안에 충만히 가지게 하려 함이니이다 요 17:12,13

12 내가 그들과 함께 있을 때에 그리스도께서는 아버지의 이름으로 제자들을 보존하셨다고 말씀하신다. 그분은 하나님의 능력과 권세가 아니고서는 아무것도 행하지 않는 종Servant으로서만 자신을 계시하신다. 그러므로 이 구절은, 그리스도께서 떠나가신다고 해서 하나님의 능력이 무력하게 되거나 없어지기라도 하는 것처럼 제자들이 멸망한다는 것은 말도 안 된다는 의미이다. 그러나 삶의 여정을 마친 뒤에 자기 백성의 보호자가 되는 것을 그만두기라도 하는 듯이, 그리스도께서 그들을 보존하는 직분을 하나님께 드린다는 것은 앞뒤가 맞지 않는 것처럼 보인다. 이 문제에 대답하기는 쉽다. 그리스도께서는 자신의 죽음으로 끝을 맺는, 눈에 보이는 보호에 대해서만 언급하시는 것이다. 그분이 세상에 계시는 동안에는 제자들을 보존하기 위하여 다른 곳에서 능력을 빌려올 필요가 없으셨다. 하지만 이 모든 것은 잠시 종의 형태로 나타나신 중보자의 신분과 관련이 있다. 그러나 이제 그리스도께서는 제자들이 외부적인 도움을 받지 못하게 될 경우에 즉시 마음을 하늘로 향하라고 말씀하신다. 여기에서 우리는 그리스도께서 과거와 마찬가지로 현재에도 다른 방식이기는 하지만 신자들을 보존하신다고 결론을 내릴 수 있다. 그리스도 안에 신적神的인 위엄이 충분히 드러났기 때문이다.

내게 주신 그리스도께서는 아들이 아버지의 명령대로 사역 마지막까지 보존한 사람들을 아버지께서 버리신다면 잘못이라는 동일한 논증을 다시 사용하신다. 그분이 하신 말씀을 다음과 같이 풀어 쓸 수 있다.

"아버지께서 제게 맡기신 것을 저는 신실하게 이행했습니다. 저는 제 손에 있는 것은 하나도 멸망하지 않게 잘 돌보았습니다. 아버지께서 제게 맡기신 것을 받으시면, 그것이 안전하게 보존되었다는 것을 아실 것입니다."

다만 멸망의 자식뿐이오니 그리스도께서는 가룟 유다를 예외로 하신다. 거기에는 그럴 만한 충분한 이유가 있었다. 유다가 택함 받은 사람과 하나님의 참된 양 무리에 속하지는 않았지만, 그가 받은 사도직의 위엄은 그를 택함 받은 자처럼 보이게 했기 때문이다. 유다가 이 영광스러운 지위를 갖고 있던 동안에는 아무도 그가 택함을 받지 못했다고는 생각하지 않았을 것이다. 언어의 정확성을 고려하자면, 문맥상 그를 예외로 하는 것이 옳지 않다. 그러나 문제의 핵심을 고려한다면, 주님은 사람들이 일반적으로 사용하는 의미에 따라 이런 식으로 말씀하실 필요가 있었다.

하지만 하나님의 영원한 선택이 유다의 멸망으로 말미암아 전복顚覆되었다고 오해하지 않게 하려고, 그리스도께서는 즉시 유다가 멸망의 자식이었다는 말을 첨가하셨다. 이 말은, 유다의 멸망이 사람들 눈앞에 갑작스럽게 일어나기 이미 오래 전에 하나님에게 알려진 일이었다는 의미이다. 히브리어로 "멸망의 자식"은 '잃어버린 바 된 자' 또는 '멸망 받기로 정해진 자'를 가리킨다.

이는 성경을 응하게 함이니이다 이 어구는 앞의 문장과 관련이 있다. 즉, 유다는 성경을 응하게 하려고 멸망했다. 하지만 유다가 멸망할 수밖에 없었던 것은 그에 관하여 예언되었기 때문이라면서, 여기에서 유다의 멸망이 유다 자신의 탓이 아니라 하나님의 탓이라고 추론하는 것은 잘못이다. 예언자들의 글에 그렇게 예고되었다는 이유만으로 사건의 과정을 예언의 탓으로 돌려서는 안 된다. 사실 선지자들은 어떤 일이 일어날 것이라고 경고했을 뿐이다. 그러므로 사건의 원인은 사건 자체에서 찾아야 한다. 나는 하나님께서 정하시지 않은 것은 아무것도 일어나지 않는다는 점을 인정한다. 하지만 우리는 지금 어떤 일이 예고되고 예언되었다고 해서 과연 사람들이 필연적으로 그것을 행할 수밖에 없는지에 대해서 다루고 있다. 나는 이미 이러한 생각이 잘못이라고 밝혔다.

유다가 멸망 받은 원인을 성경 탓으로 돌리는 것은 그리스도께서 여기서 의도하신 바가 아니다. 그분은 다만 약한 마음을 흔들 수도 있는 걸림돌을 제거하기 원하셨을 뿐이다. 이제 그분은 걸림돌을 제거하시면서, 하나님의 영靈께서 오래 전에 그런 일이 일어나리라고 증언하셨다고 논증하신다. 우리는 새로운 일이 갑자기 발생하는 것을 항상 두려워하는 경향이 있기 때문이다. 그리스도의 말씀은 매우 유용한 경고이며 널리 적용될 수 있다. 오늘날 많은 사람들이 실족하는 이유가 어디에 있을까? 하나님께서 자기 백성을 무장시키시고 그들이 목도하게 될 모든 악과 환난을 미리 예고하신 성경의 증거를 기억하지 않기 때문이 아닌가?

13 내가 세상에서 이 말을 하옵는 것은 여기에서 그리스도께서는, 자신이 제자들을 위해 아버지께 매우 조심스럽게 기도하신다는 것을 보여주신다. 제자들의 앞날에 대해 마음이 놓이지 않아서가 아니라, 그들이 염려하는 것에 대해 치료책을 주시려고 하기 때문이다. 우리의 마음이 얼마나 외적인 도움을 의지하는지 잘 알 것이다. 일단 도움이 제공되면 우리는 마치 강탈하듯이 그것을 움켜잡고 쉽사리 놓으려 하지 않는다. 그래서 그리스도께서는 제자들 앞에서 아버지께 기도하신다. 주님에게 그 말이 필요해서가 아니라 제자들에게서 모든 의심을 제거하기 위해서 말이다. 즉, 그분이 "내가 세상에서 이 말을 하옵는 것"이라고 말씀하신 것은, 제자들이 이 말을 들음으로써 마음이 평온해지도록 하기 위함이다. 제자들의 구원은 그리스도께서 아버지의 손에 두셨기에 이미 안전하기 때문이다.

그들로 내 기쁨을 … 충만하게 가지게 하려 함이니이다 그리스도께서는 이것을 '내 기쁨'이라고 칭하신다. 제자들이 그분에게서 그 기쁨을 얻어야 하기 때문이다. 이 말을 좀 더 간략하게 표현한다면, 그분이 기쁨의 기원자요 원인이요 보증이시기 때문이다. 우리 안에는 두려움과 불안만 있고, 평안과 기쁨은 그리스도 안에만 있기 때문이다.

14 내가 아버지의 말씀을 그들에게 주었사오매 세상이 그들을 미워하였사오니 이는 내가 세상에 속하지 아니함같이 그들도 세상에 속하지 아니함으로 인함이니이다 15 내가 비옵는 것은 그들을 세상에서 데려가시기를 위함이 아니요 다만 악에 빠지지 않게 보전하시기를 위함이니이다 16 내가 세상에 속하지 아니함같이 그들도 세상에 속하지 아니하였사옵나이다 17 그들을 진리로 거룩하게 하옵소서 아버지의 말씀은 진리니이다 18 아버지께서 나를 세상에 보내신 것같이 나도 그들을 세상에 보내었고 19 또 그들을 위하여 내가 나를 거룩하게 하오니 이는 그들도 진리로 거룩함을 얻게 하려 함이니이다 요 17:14-19

14 내가 아버지의 말씀을 그들에게 주었사오매 그리스도께서는 제자들을 위해서 아버지께 간청하는 데 다른 논증을 사용하신다. 즉, 그들은 세상에서 미움을 받기 때문에 하나님의 도우심이 필요하다는 것이다. 동시에 그분은 그 미움의 원인이 그들이 세상이 감당하지 못하는 하나님의 말씀을 받았기 때문이라고 말씀하신다. 그리스도께서는 이런 의미로 말씀하시는 것이다.

"아버지의 말씀 때문에 세상의 미움을 받는 사람들을 보호하실 분은 아버지뿐이십니다."

우리가 여기서 명심해야 할 것은, 그리스도의 기쁨이 우리 안에서 충만해지도록 하는 것이 이 기도의 목적이라는 사실이다. 그러므로 세상이 우리를 향해 분노를 발하여 우리가 멸망 직전에 와 있는 듯이 보일 때마다, 즉시 이 방패를 사용해서 그것에 대항하는 법을 배우자. 하나님께서는 복음을 위하여 수고하는 사람들을 결코 버리지 않을 것이다.

그들도 세상에 속하지 아니함으로 인함이니이다 그리스도께서는 이렇게 말씀하신 이유는 그분이 자신의 영靈으로 거듭나게 하신 사람들은 세상에서 구별된 자들이기 때문이다. 하나님께서는 자신의 양들을 이리 가운데 방황하게 하지 않으시며 친히 그들의 목자가 되어주신다.

15 내가 비옵는 것은 그들을 세상에서 데려가시기를 위함이 아니요 그리스도께서는 경건한 사람들이 어떻게 안전하게 될 수 있는지를 가르치신다. 그들에게서 모든 고민거리가 사라지고 편안함과 기쁨이 넘치기 때문이 아니라, 위험 속에서도 하나님의 도움으로 말미암아 계속해서 안전한 것이다. 그리스도께서는 편한 것을 아버지께 구하지 않고, 오히려 제자들의 연약함을 돌보아주시기를 구하신다. 그 돌보심을 통해 제자들이 과도해지기 쉬운 자기들의 소원을 조절할 수 있도록 하기 위해서 말이다. 한마디로 말해서, 그리스도께서는 제자들에게 그들의 모든 염려와 수고를 없애기 위한 아버지의 은혜를 약속하신 것이 아니라, 모든 역경을 이겨낼 수 있는 힘을 공급해주시고 그들이 겪어야만 하는 수많은 전투로 인해 넘어지지 않게 하는 아버지의 은혜를 약속하신다.

우리가 그리스도께서 제시하신 규칙에 따라 보존되기를 원한다면, 악에 면역이 되기를 바라거나 혹은 우리를 곧장 안식의 복으로 옮겨주시기를 하나님께 구해서는 안 된다. 우리는 승리에 대한 확신으로 만족하면서, 모든 악에 용감하게 저항해야 한다. 그리스도께서는 우리가 그 악으로부터 적절하게 빠져나오기를 아버지께 기도하셨다. 한마디로 말해서, 하나님께서는 자기 백성을 세상에서 데려가지 않으신다. 그분은 자기 백성이 연약하고 물러빠지는 것을 원치 않으시기 때문이다. 하나님께서는 그 백성들이 넘어지지 않도록 악에서 구원하신다. 그리고 자기 백성이 악을 대항하여 싸우기를 원하신다. 그러나 그들이 죽을 정도로 상처를 입게 내버려두지는 않으신다.

16 그들도 세상에 속하지 아니하였사옵나이다 그리스도께서는 온 세상이 제자들을 미워할 것이며 천부天父께서는 더더욱 제자들에게 도움을 베푸실 것이라는 말씀을 되풀이하신다. 동시에 그분은 이러한 미움이 제자들의 잘못에서 비롯된 것이 아니라, 세상이 하나님과 그리스도를 미워하는 데 그 이유가 있다고 밝히신다.

17 거룩하게 하옵소서 이 거룩하게 함은 하나님나라와 그분의 의義를 망라한다. 즉, 하나님께서 그분의 영으로써 우리를 새롭게 하시고 우리 안에 새롭게 하는 은혜를 확증하시며 마지막까지 그 은혜를 유지하시는 것을 의미한다. 그러므로 그리스도께서는 먼저 아버지께서 제자들을 거룩하게 해주시기를 구하신다. 즉, 하나님께서 그들을 거룩하게 하여 온전히 그분께 헌신하게 하시고 그들을 그분의 거룩한 소유로 여기고 보호해주시기를 구하는 것이다. 다음으로 그리스도께서는 거룩하게 하는 것의 의미를 서술하시는데, 그렇게 하시는 분명한 이유가 있다. 광신자들은 거룩함에 관하여 헛되게 떠벌리지만 하나님의 진리는 간과하기 때문이다. 하나님께서는 그분의 진리로 우리를 거룩하게 하여 그분에게로 헌신하게 하는데도 말이다. 또한 진리에 대하여 말도 안 되는 소리를 지껄이지만 하나님의 말씀은 무시하는 사람들이 있기 때문에, 그리스도께서는 하나님께서 자신의 자녀들을 거룩하게 하시는 진리가 하나님의 말씀이 아닌 다른 어느 곳에도 존재하지 않는다고 분명히 말씀하신다.

아버지의 말씀은 진리니이다 여기에서 '말씀'은 사도들이 이미 주님에게서 듣고 나중에 다른 사람들에게 선포해야 할 복음의 교훈을 의미한다. 이런 의미에서 바울은 교회가 "물로 씻어 말씀으로 깨끗하게 하사 거룩하게" 되었다고 주장한다(엡 5:26). 거룩하게 하시는 분이 하나님 한 분이라는 것은 사실이다. 하지만 복음은 모든 믿는 자에게 구원을 주시는 하나님의 능력이므로(롬 1:16), 구원과 거룩함의 수단인 복음을 떠나는 사람은 더욱 더럽게 될 것이다.

　여기서 진리는, 우리를 그분의 형상에 맞게 만들어가시려고 하나님께서 자신을 우리에게 계시하시는 천상적天上的인 지혜의 빛을 가리키는 탁월한 표현으로 이해된다. 하나님의 말씀을 사람들에게 설교하는 것 자체로는 이러한 효과가 발생하지 않는 것이 사실이다. 멸망 받을 자들이 하나님의 말씀을 사악하게 모독하고 있기 때문이다. 하지만 그리스도께서는 택함을 받은 사람들에게 말씀하신다는 사실을 기억하자. 성령께서는 택함을 받은 사람들을 하나님의 말씀으로 거듭나게 하는 효과를 일으키신다. 사도들에게 이러한 은혜가 전혀 없는 것은 아니기 때문에, 그리스도의 말씀에서 우리는 다음과 같은 사실을 추론한다. 거룩하게 되는 것은 첫날에 우리 안에서 순간적으로 온전하게 되는 것이 아니라, 마침내 하나님께서 우리의 육체의 장막을 거두어가시고 그분의 의義로 우리를 채우실 때까지 우리 생애의 전 과정을 통해서 발전하는 것이라는 사실을 말이다.

18 아버지께서 나를 세상에 보내신 것같이 그리스도께서는 자신이 사도들이 받은 것과 동일한 소명을 받으셨다는 말씀을 하심으로써 자신의 기도를 확증하신다. 그리스도의 말씀의 의미는 이것이다.

"아버지께서 명하셔서 제가 지금까지 보유하고 있던 직분을 이제 제자들에게 줍니다. 그러므로 제자들이 그 짐을 질 수 있도록 아버지의 영靈의 능력으로 그들을 무장시켜주옵소서."

19 또 그들을 위하여 내가 나를 거룩하게 하오니 그리스도께서는 이 말씀으로써 거룩함이 흘러나오는 근원이 어디에 있는지를 좀 더 분명하게 설명하신다. 거룩함은 복음의 가르침에 의해 우리 속에서 이루어진다. 그리스도의 거룩함이 우리에게 임한 것은, 그분이 자신을 아버지에게 거룩하게 드리셨기 때문이다. 복編이 첫 열매부터 전체 추수에 이르기까지 두루 퍼지듯이, 하나님의 영은 그리스도의 거룩하심으로 우리를 깨끗하게 하시고 우리를 그 거룩함에 참여하게 하신다. 우리가 거룩하게 되는 것은 전가轉嫁에 의해서만 이루어지는 것은 아니다. 전가에 의해서 그리스도께서는 우리에게 의로움이 되셨다. 그러나 그분은 동시에 우리에게 거룩함이 되기도 하셨는데(고전 1:30), 이는 그리스도께서 자신의 영으로 말미암아 우리를 새롭게 하여 참된 거룩함에 이르게 하려고 자신의 위격 안에서(in sua persona) 우리를 아버지께 드리셨기 때문이다. 이 거룩함은 그리스도의 전체 생애(ad totam Christi vitam)에 속하는 것이지만 그분의 희생의 죽음에서 가장 밝게 빛났다. 그때에 그리스도께

서는 성전과 제단과 모든 기물과 백성들을 그분의 영의 능력으로 거룩하게 하신 참 대제사장으로 나타나셨기 때문이다.

> **20** 내가 비옵는 것은 이 사람들만 위함이 아니요 또 그들의 말로 말미암아 나를 믿는 사람들도 위함이니 **21** 아버지여, 아버지께서 내 안에, 내가 아버지 안에 있는 것같이 그들도 다 하나가 되어 우리 안에 있게 하사 세상으로 아버지께서 나를 보내신 것을 믿게 하옵소서 **22** 내게 주신 영광을 내가 그들에게 주었사오니 이는 우리가 하나가 된 것같이 그들도 하나가 되게 하려 함이니이다 **23** 곧 내가 그들 안에 있고 아버지께서 내 안에 계시어 그들로 온전함을 이루어 하나가 되게 하려 함은 아버지께서 나를 보내신 것과 또 나를 사랑하심같이 그들도 사랑하신 것을 세상으로 알게 하려 함이로소이다
>
> 요 17:20-23

20 내가 비옵는 것은 이 사람들만 위함이 아니요 그리스도께서는 기도의 대상을 확장하신다. 지금까지는 사도들을 위해서만 기도하셨는데, 이제는 세상 끝날까지 있게 될 복음의 제자들 모두를 위해서 기도하신다. 사실 이 말씀은 확신의 놀라운 근거가 된다. 만일 우리가 복음의 가르침을 통하여 그리스도를 믿는다면, 우리가 이미 사도들과 함께 그분의 신실한 보호 안에 들어와 있어서 아무도 멸망하지 않는다는 것을 전혀 의심할 필요가 없다. 그리스도의 이 기도는 안전한 항구이다. 그 항구에 들어와 있는 사람은 파선破船의 위험으로부터 안전하다. 마치 그리스도께서는 우리의 구원을 돌보시고 배려하시겠다고 엄숙하게 맹세하시는 것 같다.

그리스도께서는 사도들과 함께 시작하셨다. 그리고 우리는 그들의 구원이 확실하다는 것을 안다. 그들의 구원은 우리로 하여금 우리의 구원에 대해서도 좀 더 확신을 가질 수 있도록 해줄 것이다. 그러므로 사탄이 우리를 공격할 때마다 이 방패로 막자. 하나님의 아들의 거룩한 말씀이 우리를 사도들과

결합시켜 모든 사람의 구원을 한 묶음 안에 두셨다는 이 방패 말이다. 이것이야말로 우리로 하여금 복음을 받아들이게 하는 가장 강력한 자극제이다. 우리가 그리스도의 손에 의하여 하나님께 드린 바 되고 멸망에서 안전함을 얻는 것은 헤아릴 수 없는 복이므로, 다른 어떤 것보다도 복음을 사랑하고 관심을 가져야 한다. 이 점에서 세상은 가공할 정도로 미쳤다. 모든 사람들은 구원을 갈망한다. 그리고 그리스도께서는 우리에게 구원을 얻는 확실한 방법을 일러주셨다. 구원을 외면하는 사람에게는 소망이 없다. 그러나 은혜로 주신 것을 겸손하게 받는 사람은 백 명 중에서 한 명도 찾기 힘들다.

그들의 말로 말미암아 나를 믿는 사람들도 위함이니 그리스도께서 말씀하시는 형식에 주목할 필요가 있다. 그분은 그분을 믿는 모든 사람을 위해 기도하신다. 우리가 이미 여러 차례 언급했듯이, 그리스도께서는 이 말씀으로써 우리의 믿음이 직접 그분을 향해야 함을 상기시키신다. 이 구절에 나오는 "그들의 말로 말미암아"라는 말은 믿음의 능력과 특성을 잘 표현해준다. 또한 우리 믿음이 사도들이 가르친 복음에 기초한다는 사실을 알고 있는 우리에게 이 표현은 익숙한 증언이다. 세상이 우리를 얼마든지 정죄하게 하라. 그리스도께서 우리를 자신의 백성으로 인정하시고 아버지께 드리신다는 것만으로도 구원에 대해 확신을 갖기에 충분하다.

그러나 교황주의자들에게는 화가 있을 것이다. 그들이 말하는 믿음은 이러한 근거와는 너무도 거리가 멀다. 그들은 성경에 있는 것이 다 모호하고 확실하지 않다는 신성모독적인 말을 내뱉는 것을 전혀 부끄러워하지 않는다. 교황주의자들에게는 교회의 전통이 믿음을 규정하는 유일한 권한으로 작용한다. 하지만 유일한 심판자이신 하나님의 아들은 사도들의 교훈에 의해 형성된 믿음만을 인정하신다는 사실을 기억하자. 더욱이 이에 대한 확실한 증거는 사도들의 글에서만 얻을 수 있다.

우리는 또한 "그들의 말로 말미암아 나를 믿는"이라는 어구도 주목할 필요가 있다. 이것은 믿음이 들음에서 난다는 의미이다. 사람들이 행한 설교는 하나님께서 우리를 믿음으로 이끄시는 수단이다. 그러므로 바울이 고린도전서 3장 5절에서 가르치듯이, 엄밀히 말해서 하나님께서 믿음의 창시자이시며 사람들은 우리가 믿음을 얻는 수단이라고 할 수 있다.

21 그들도 다 하나가 되어 그리스도께서는 우리 복福의 궁극적인 목적이 하나 됨에 있다고 다시금 선언하시는데, 이는 백 번 옳은 말씀이다. 인류의 파멸이 하나님에게서 멀어지는 것이기 때문이다. 또한 인류는 본질적으로 깨어지고 흩어져 있다. 그러므로 거꾸로 말하면 인류의 회복은 하나의 몸으로 합쳐지는 것(in corpus unum rite coalescat)에 달려 있다. 에베소서 4장 3절과 16절에서 바울은 한 성령 안에서 연합한 신자들 속에서 교회의 온전함을 본다. 그리고 그리스도께서는 자신의 몸을 회복하고 세우기 위해 사도와 선지자와 복음 전하는 자와 목사들을 주셔서 믿음에 하나가 되게 하신다고 말한다. 그러므로 바울은 신자들에게 그리스도의 장성한 분량이 충만한 데까지 이르라고 권한다. 그리스도께서는 머리시며, 그분에게서 온몸이 각 마디를 통하여 도움을 받음으로 연결되고 결합되어 각 지체의 분량대로 역사하여 그 몸을 자라게 하며 사랑 안에서 스스로 세운다. 그러므로 그리스도께서 하나 됨에 대하여 말씀하실 때 세상이 그리스도를 떠나 뿔뿔이 흩어져 있는 것이 얼마나 어리석고 끔찍한지를 기억하자. 그리고 복된 삶의 시작은 우리가 다 그리스도의 한 성령에 의해 다스림을 받고 사는 것임을 배우자.

그리스도께서 이 장章에서 그분이 아버지와 하나라고 선언하실 때, 이것은 비단 그분이 가지신 신적神的 본질만을 언급하는 것이 아니라는 사실을 우리는 다시금 기억해야 한다. 즉, 그리스도께서 우리의 머리이신 한, 그분은 중보자로서 그분의 위격에서 하나라고 불리는 것이다. 수많은 교부敎父들이 이 말씀을 그리스도께서 영원한 하나님이기 때문에 아버지와 하나라는 절대적인 의미로 해석하였다. 그러나 아리우스 논쟁 때문에 그들은 본문을 문맥과 상관없이 전혀 다른 의미로 곡해하였다. 하지만 그리스도께서 이 구절에서 의도하신 바는 우리로 하여금 그분의 신성神性에 대하여 막연히 추측하게 하는 것과는 거리가 멀다. 그분은 우리가 하나가 되어야 한다는 목적을 갖고 이런 말씀을 하신 것이다. 그렇지 않다면 그리스도께서 아버지와 함께 누리고 계시는 하나 됨이 공허하고 효과가 없는 것이 되고 말 것이기 때문이다.

그리스도와 아버지가 하나라는 것의 의미를 바르게 이해하기 위해서는 중보자로서 그리스도의 위격을 배제하지 않도록 주의해야 한다. 하지만 그분을 교회의 머리로 보고 지체들과 연결하여 생각해야 한다. 그럴 때, 아들과 아버지의 연합이 무익하거나 효과가 없는 것이 되지 않도록 하려면 그 연합의 능력이 신자들의 전체 몸을 통하여 발산되어야 한다고 제대로 연결할 수 있다. 또한 여기서 우리는 우리가 그리스도와 하나임을 추론할 수 있다. 이는 그분이 자신의 본질을 우리에게 전해주시기 때문이 아니라, 성령의 능력으로 말미암아 그분이 자신의 생명과 아버지에게서 받은 모든 복을 우리에게 주시기 때문이다.

세상으로 … 믿게 하옵소서 여기서 '세상'이라는 말을 그 당시 아직 흩어져 있던 택함 받은 사람들이라고 설명하는 사람들이 있다. 그러나 '세상'이라는 단어가 요한복음 17장 전체에서 멸망 받을 사람들을 의미하기에, 나는 이와는 다른 견해를 취하는 쪽으로 기운다. 그리스도께서 이 말씀을 하신 직후에 지금 언급하고 있는 동일한 세상을 그분의 모든 백성과 구별하신다.

복음서 기자는 여기서 '믿는다'라는 동사를 '알다'라는 동사 대신 부정확하게 사용하고 있다. 즉, 이것은 자기들의 직접적인 경험을 통해 양심의 가책을 느낀 불신자들이 하늘에 속한 그리스도의 신적(神的)인 영광을 감지하게 된다는 의미이다. 그러나 그 느낌은 그들 내면의 마음 자세로까지 파고들어가지 않기 때문에, 그들은 믿지만 사실은 믿지 않는 것이다. 신적인 영광의 광채로 인하여 멸망 받을 사람들의 눈이 어찔해지는 것은 하나님의 정당한 보복이다. 그들은 그 영광을 순전하고 분명하게 볼 만한 자격이 없는 자들이기 때문이다. 나중에 그리스도께서는 '알다'라는 동사를 이와 동일한 의미로 사용하신다.

22 내게 주신 영광을 내가 그들에게 주었사오니 그리스도 안에 표현된 완전한 복福의 패턴을 주목하라. 그리스도께서는 자신만을 위해서는 아무것도 가지지 않으셨고 자신을 믿는 자들을 풍요롭게 하시려고 부유하셨다. 우리의 복은 하나님의 형상을 갖는 것에 달려 있다. 죄로 말미암아 더럽혀졌고, 우리 안에서 회복되고 재형성된 그 하나님의 형상 말이다. 그리스도께서는 하나님의 영원한 말씀으로서 하나님의 살아 있는 형상imago이시다. 뿐만 아니라 자신의 지체들을 하나님의 형상으로 변형시킬 수 있도록, 우리와 공통으로 가지고 계신 그분의 인성人性에도 아버지의 영광의 인(印, 라틴어로는 effigies)이 각인되어 있다. 바울 역시 고린도후서 3장 18절에서 우리에게 이 사실을 가르친다.

"우리가 다 수건을 벗은 얼굴로 거울을 보는 것같이 주의 영광을 보매 그와 같은 형상으로 변화하여 영광에서 영광에 이르니 곧 주의 영으로 말미암음이니라."

그러므로 이렇게 결론지을 수 있다. 누구든지 반지로 인印을 치듯이 그리스도의 형상effigie에 의하여 각인된 하나님의 영광이 나타나지 않으면, 아무도 그리스도의 제자로 여김을 받지 못할 것이라고 말이다. 이어지는 내용도 동일한 목적을 지닌다.

23 내가 그들 안에 있고 아버지께서 내 안에 계시어 그리스도께서는 자신 안에 모든 복의 충만함이 거한다는 것과 하나님 안에 감춰져 있던 것이 이제 자신 안에서 분명하게 나타났다는 것, 그리고 샘에서 나온 물이 다양한 통로를 거쳐 들판 이곳저곳을 적시듯이 자신이 그 복福을 자기 백성에게 전해주신다는 것을 가르치기 원하신다.

그들도 사랑하신 것을 경건한 사람들 안에 거하시는 하늘에 속한 성령께서 의義와 거룩함의 광채를 발하실 때, 세상은 원하든지 원하지 않든지 간에 하나님의 사랑을 느낄 수밖에 없다. 그리스도께서는 이것이 하나님께서 경건한 자들을 사랑하신다는 가장 찬란한 표지이며 탁월한 보증이라는 뜻으로 이 말씀을 하신다. 사실 하나님께서는 자신이 우리를 얼마나 사랑하시는지 매일 수없이 많은 방법을 통해 증언하신다. 그러나 양자 됨의 표지는 그 모든 방법들을 능가한다. 그리스도께서 "나를 사랑하심같이 그들도 사랑하신 것을"이라는 말을 덧붙이신 것도 같은 맥락이다. 그리스도께서는 이 말로써 자신의 사랑의 원인과 기원을 보여주고 싶으셨다. 여기서 비교의 부사 '같이'는 원인을 의미하는 것으로 이해해야 한다. 즉, 그리스도께서 "나를 사랑하심같이"라고 하셨을 때 그것은 '아버지께서 나를 사랑하시기 때문에'라는 의미인 것이다. '내 사랑하는'이라는 타이틀은 그리스도에게만 속하는 칭호이다. 하지만 이러한 원리에 따라 천부天父께서는 머리(이신 그리스도)를 사랑하시는 것과 동일한 사랑을 지체들(인 신자들)에게도 베푸신다. 그러므로 하나님께서는 그리스도 안에 있는 사람들만 사랑하신다.

하지만 여기에 누가 보아도 모순이 발생하는 듯하다. 우리가 다른 곳에서 보았듯이, 그리스도께서는 세상을 향한 하나님의 절대적인 사랑이 하나님께서 자신의 독생자를 세상에 주신 이유였다고 말씀하셨다(요 3:16 참고). 만일 원인이 결과에 선행해야 한다면, 우리는 아버지이신 하나님께서 그리스도 밖에 있는 사람들을 사랑했다고 추론하게 된다. 즉, 그분이 구주로 임명되기 이전에도 하나님께서 사람들을 사랑하셨다는 말이 된다.

이 문제에 답하겠다. 요한복음 3장 16절과 그와 비슷한 성경 본문에서 '사랑'은 하나님께서 무가치한 사람들을 향하여 가지시는 그리고 자신과 화목하게 되기 전 그분의 원수들을 향하여 품으시는 긍휼을 의미한다. 하나님께서 증오할 수밖에 없는 사람들에게 은혜를 베푸시고 그분의 사랑에 방해가 되지 않도록 그 증오의 원인을 제거하셨다는 것은 인간의 머리로는 도저히 이해할 수 없는 하나님의 놀라운 선하심이다. 사실 바울은 우리가 그리스도 안에서 이중적인 의미로 사랑을 받는다고 말한다.

첫째, 아버지께서 창세전에 그리스도 안에서 우리를 선택하셨기 때문이다(엡 1:4).

둘째, 하나님께서는 그리스도 안에서 우리를 하나님과 화목하게 하셨고 그분이 우리에게 은혜로운 하나님이신 것을 보여주셨기 때문이다(롬 5:10).

우리 죄를 위한 속죄가 이뤄짐으로써 다시 하나님의 은총을 받게 되기 전까지 우리는 (하나님의) 원수이기도 했고 사랑의 대상이기도 했음을 주목하라. 하지만 우리가 믿음으로 의롭다함을 받았을 때, 우리는 아버지의 사랑을 받는 자녀들처럼 하나님에게 정식으로 사랑을 받기 시작했다. 우리가 태어나기도 전에 그리고 아담 안에서 여전히 타락한 상태에 있는 동안, 우리는 그리스도 안에서 은혜로 택함을 받았다. 그 그리스도를 우리의 구주로 정하신 사랑, 그 사랑은 하나님의 품속에 감춰져 있는 것으로 인간의 마음으로는 도저히 헤아릴 수 없는 것이다. 하나님의 진노가 그리스도 안에서 누그러졌다는 사실을 이해하지 못하면, 하나님께서 사람에게 은혜를 베푸신다는 것을 아무도 느끼지 못할 것이다. 하지만 그리스도께서 계시지 않는다면 하나님의 사랑을 맛보았던 것이 모두 사라진다. 그러므로 우리는 안전하게 다음과 같이 결론을 내릴 수 있다. 우리는 믿음으로 그리스도의 몸에 접붙임을 받기 때문에 하나님의 사랑에서 잘려나갈 위험이 없다고 말이다. 아버지께서 그리스도를 사랑하셨기 때문에 우리는 사랑을 받는다. 이러한 기초는 뒤집힐 수 없다.

24 아버지여 내게 주신 자도 나 있는 곳에 나와 함께 있어 아버지께서 창세전부터 나를 사랑하시므로 내게 주신 나의 영광을 그들로 보게 하시기를 원하옵나이다 25 의로우신 아버지여 세상이 아버지를 알지 못하여도 나는 아버지를 알았사옵고 그들도 아버지께서 나를 보내신 줄 알았사옵나이다 26 내가 아버지의 이름을 그들에게 알게 하였고 또 알게 하리니 이는 나를 사랑하신 사랑이 그들 안에 있고 나도 그들 안에 있게 하려 함이니이다 요 17:24-26

24 나 있는 곳에 … 원하옵나이다 '원하다'라는 말은 '갈망하다'를 의미한다. 이 단어는 명령이 아니라 간구를 표현하는 기도이기 때문이다. 하지만 이 단어는 두 가지 방법으로 이해할 수 있다.

첫째, 그리스도께서 제자들이 자신의 외적인 임재에 참여하기를 원하신다고 볼 수 있다.

둘째, 그리스도께서 제자들보다 먼저 가신 하늘나라에 하나님께서 마침내 그들도 들어가게 하시기를 바라는 것으로 이해할 수 있다.

나의 영광을 그들로 보게 하시기를 이 말씀을 그리스도께서 가지고 계신 영광에 참여하고 향유하는 것으로 해석하는 사람들이 있다. 또 어떤 사람들은 믿음의 경험으로 그리스도께서 어떤 분이시며 그분의 위엄이 얼마나 큰지를 아는 것이라고 설명하기도 한다. 나는 이 구절을 주의 깊게 관찰한 뒤에, 그리스도께서 경건한 사람들의 완전한 복에 관하여 말씀하고 계시다고 결론을 내린다. 그리스도께서는 제자들이 하늘에 들어가야 비로소 자신의 바람이 충족될 것이라는 의미로 이 말씀을 하신 것이다.

나는 '영광을 본다'는 것도 이와 동일한 의미로 설명한다. 그 당시 제자들은 그리스도의 영광을 보았지만, 그것은 마치 어둠에 갇힌 사람이 작은 틈으로 희미하게 반쯤 들어온 빛을 보는 것과 같았다. 그리스도께서는 지금 그들이 하늘의 충만한 밝음을 향유하게 될 것을 바라신다. 한마디로 말해서, 그리스도께서는 아버지께서 제자들을 인도하셔서 자신의 영광을 충만히 볼 수 있게 해달라고 기도하신다.

나를 사랑하시므로 이 말씀 역시 그리스도의 순수한 신성神性보다도 중보자의 인격과 더 일치한다. 아버지께서 그리스도의 지혜를 사랑하셨다고 말하는 것은 귀에 거슬릴지도 모른다. 설령 우리가 이 사실을 인정한다고 해도, 문맥상 다른 방향으로 나가게 된다. 그리스도께서 앞에서 사도들로 하여금 그분과 하나가 되고 그분의 나라의 영광을 보기를 기도하실 때 교회의 머리로서 말씀하셨다는 것은 의심의 여지가 없다. 이제 그리스도께서는 아버지의 사랑이 그 기도의 원인이라고 말씀하신다. 그러므로 그리스도께서 세상의 구주로 정해졌으므로 (아버지에게서) 사랑을 받으시는 것이 당연하다. 아버지께서는 그 사랑으로 창세전에 그리스도를 품으셨고, 그분이 택하신 사람들을 그리스도 안에서 사랑하셨다.

25 의로우신 아버지여 그리스도는 아버지께서 제자들에게 베푸신 사랑과 은혜를 강조하려고 그들을 세상과 대조하신다. 세상이 거절한 하나님을 제자들만 알았다는 것을 강조하는 것은 정당한 일이다. 그리고 세상의 불신앙에 아랑곳하지 않고 하나님을 인정한 사람들, 그들을 그리스도께서 특별한 사랑으로 칭찬하시는 것 또한 정당하다. 하나님을 의로우신 아버지라고 부름으로써 그리스도께서는 세상과 세상의 악을 이기고 승리하신다. 그분의 말씀은 이런 식으로 다시 풀어 쓸 수 있을 것이다.

"세상이 제아무리 교만하여 하나님을 멸시하고 거절하더라도, 하나님에게서 아무것도 빼앗을 수 없을 것이며 그분의 영광과 의로우심은 영원히 남을 것이다."

이 말씀을 통해 그리스도께서는 신자들이 믿음의 기초를 하나님 위에 두어야 함을 보여주신다. 그렇게 함으로써 온 세상이 그들의 믿음을 공격해도 결코 그 믿음이 떨어지지 않도록 말이다. 이는 오늘날 우리가 하나님께 마땅한 찬양을 드릴 수 있도록 교황의 불의를 정죄해야 하는 것과 마찬가지이다.

나는 아버지를 알았사옵고 그들도 아버지께서 나를 보내신 줄 알았사옵나이다 그리스도께서는 하나님께서 제자들에게 알려지셨다고 단순하게 말씀하시지 않고, 두 단계를 설정하신다. 첫째는 그리스도 자신이 아버지를 아신 단계이고, 둘째는 제자들이 그리스도께서 아버지에게서 보냄을 받으셨다는 것을 안 단계이다. 하지만 그리스도께서는 즉시 자신이 제자들에게 아버지의 이름을 나타내셨다는 사실을 덧붙이시면서, 내가 앞에서 말한 것처럼 제자들이 하나님을 안 것에 대해서 칭찬하신다. 그들을 세상의 다른 사람들과 구별하는 것은 하나님을 아는 지식이다. 이 구절에 묘사된 것처럼 우리는 믿음의 순서를 주목해야 한다. 아버지의 품속에서 나오신 아들만이 아버지를 아신다는 것은 적절하다. 그러므로 하나님께 가까이 가고자 하는 사람들은 다 그들을 만나시는 그리스도에게로 가고 그리스도에게 헌신해야 한다. 제자들이 그리스도를 알았을 때, 그리스도께서는 마침내 그들을 아버지 하나님께로 올리실 것이다.

26 내가 아버지의 이름을 그들에게 알게 하였고 또 알게 하리니 그리스도께서는 교사의 직분을 참으로 잘 수행하셨다. 하지만 그분은 아버지를 알리시려고 자신의 목소리뿐만 아니라 성령의 비밀스러운 계시를 사용하셨다. 그러므로 이 구절은 그분이 사도들을 효과 있게 가르치셨다는 의미이다. 더욱이 지금까지 제자들의 믿음은 매우 약했다. 그래서 그분은 미래에 더 나은 진보를 약속하시면서 그들로 하여금 성령의 더욱 풍성한 은혜를 소망하게 하신다. 그리스도께서 사도들에 대해서 말씀하고 계시기는 하지만, 우리는 이 말씀으로부터 꾸준히 진전하기를 힘쓰라는, 그리고 지금까지 잘 달려왔기 때문에 우리가 육체를 입고 사는 동안 우리 앞에 전과 같이 긴 여정이 남아 있지는 않다고 생각해서는 안 된다는 일반적인 권면을 도출해야 한다.

나를 사랑하신 사랑이 그들 안에 있고 이 말은 '아버지께서 내 안에서 그들을 사랑하시고' 또는 '아버지께서 나를 사랑하신 사랑이 그들에게 비치고'라는 의미이다. 엄밀하게 말해서, 하나님께서 우리를 사랑하시는 사랑은 자신이 처음부터 자신의 아들聖子을 사랑하셨던 것과 동일한 사랑이다. 그 사랑 때문에 우리는 그리스도 안에서 하나님이 받으실 만하고 사랑하실 만한 존재가 된 것이다. 방금 전에 언급한 것처럼, 그리스도와 별개로 우리 자신을 생각하면 우리는 하나님의 미움을 받은 사람들이다. 또한 우리가 그분의 사랑하는 아들의 몸에 연합될 때야 비로소 하나님은 우리를 사랑하기 시작하신다. 그리스도께서 우리를 위해 아버지에게 사랑을 받으셨으며 우리 역시 영원히 동일한 사랑에 참여하게 되었다는 것을 아는 것은 믿음의 헤아릴 수 없는 특권이다.

나도 그들 안에 있게 이 말은 우리 안에 거하시는 그리스도에 의해서만 우리가 그분이 말씀하고 계시는 사랑 안에 포함된다는 것을 가르친다. 아버지께서 아들을 보실 때 그 아들의 온몸을 동시에 보시는 것처럼, 만일 하나님께서 그리스도 안에서 우리를 봐주시기 바란다면 우리는 참으로 그분의 지체가 되어야 한다.

JOHN

요한복음 18장

1 예수께서 이 말씀을 하시고 제자들과 함께 기드론 시내 건너편으로 나가시니 그곳에 동산이 있는데 제자들과 함께 들어가시니라 2 그곳은 가끔 예수께서 제자들과 모이시는 곳이므로 예수를 파는 유다도 그곳을 알더라 3 유다가 군대와 대제사장들과 바리새인들에게서 얻은 아랫사람들을 데리고 등과 횃불과 무기를 가지고 그리로 오는지라 4 예수께서 그 당할 일을 다 아시고 나아가 이르시되 너희가 누구를 찾느냐 5 대답하되 나사렛 예수라 하거늘 이르시되 내가 그니라 하시니라 그를 파는 유다도 그들과 함께 섰더라 6 예수께서 그들에게 내가 그니라 하실 때에 그들이 물러가서 땅에 엎드러지는지라

요 18:1-6

1 예수께서 이 말씀을 하시고 이 기사에서 요한은 다른 세 복음서에 다뤄진 많은 내용을 언급하지 않고 지나간다. 요한이 이렇게 한 것은 다분히 의도적이다. 요한의 목적은 다른 세 복음서 기자들이 침묵하고 있는 내용 중에서 기억할 만한 내용들을 모으는 데 있기 때문이다. 그러므로 나는 독자들이 요한복음에 생략된 것에 대해서는 다른 세 복음서에서 교훈을 얻기 바란다.

기드론 시내 건너편으로 헬라어 성경에는 '기드론 시내'가 마치 '백향

목'(게다르, cedars)에서 그 이름을 취한 것인 양 기드론에 관사가 붙어 있다. 하지만 이는 아마도 오류에 의한 것 같다. 성경에 기드론 계곡 또는 기드론 시내가 종종 언급되기 때문이다. 그 장소가 '기드론'이라고 불리게 된 것은 그곳이 어둡기 때문이다. 그곳은 움푹 들어간 계곡이며 그늘져 있었다. 하지만 그 점에 대해서 나는 논쟁하지 않고 다만 개연성이 있다는 것만을 제시하는 것으로 그치겠다.

중요한 것은 요한이 이 장소를 언급한 의도이다. 요한은 그리스도께서 자원하여 죽으러 가셨다는 사실을 보여주고 싶었기 때문이다. 그리스도께서는 가룟 유다도 잘 알고 있는 장소로 가셨다. 그리스도께서 그렇게 하신 이유는 무엇이겠는가? 자진해서 배반자(유다)와 원수들에게 자신을 넘겨주려고 그러신 것이 아니겠는가? 그리스도께서는 생각 없이 행동하는 실수를 범하지 않으셨다. 그분은 장차 일어날 모든 일을 미리 아셨기 때문이다. 요한은 그 후에 그리스도께서 사람들을 만나러 앞으로 나오셨다는 내용을 덧붙인다. 그러므로 그리스도께서는 강압적으로 죽음을 당하신 것이 아니라 자원하여 제물이 되기 위해 기꺼이 죽음을 맞으신 것이다. 순종이 없이는 우리를 위한 속죄를 이룰 수 없기 때문이다.

더욱이, 그리스도께서는 동산으로 들어가셨다. 숨을 곳을 찾기 위해서가 아니라 자유롭게 기도할 시간을 얻기 위해서였다. 그리스도께서 죽음을 피하게 해달라고 세 번씩이나 기도하신 것은 내가 방금 전에 언급한 자원하는 순종과 맞지 않는 것처럼 보인다. 그러나 그분은 마침내 정복해야 할 어려움과 싸우셔야 했던 것이다. 그리스도께서는 죽음의 공포를 정복하셨기에, 홀가분하고 기꺼운 마음으로 죽음에 한 발짝 가까이 가신다.

3 유다가 … 그리로 오는지라 가룟 유다가 군인들과 많은 호위병들과 함께 왔다는 사실은 악한 양심의 표시이다. 이런 무리들은 늘 이유 없이 마음을 졸인다. 군대는 총독 관할 하에 있던 군인들이라는 게 확실하다. 총독은 천 명이나 되는 보병들을 이끄는 천부장도 보냈다. 갑작스러운 폭동이 일어

날 것을 대비하여 예루살렘에는 주둔군이 상주하고 있었으며, 총독 자신은 어디를 가든지 경호원을 대동했기 때문이다. 나머지 사람들은 제사장들의 하인들이었다. 하지만 요한은 바리새인을 별도로 언급한다. 바리새인들은 종교에 더 많은 관심을 가지고 있는 듯이 예수님에 대해 다른 모든 사람들보다 더욱 격분하고 있었기 때문이다.

4 예수께서 그 당할 일을 다 아시고 복음서 기자는 그리스도께서 죽음을 맞을 준비가 되셨다는 것을 더욱 분명히 표현한다. 하지만 동시에 말씀 한 마디로 내뿜으신 그분의 위대한 능력도 보여준다. 그리스도의 허락 없이는 그분을 제거할 힘이 불경건한 사람들에게 없다는 것을 우리로 배울 수 있게 하기 위해서이다.

5 내가 그니라 그리스도께서는 자신이 그들이 찾는 사람이라고 매우 부드럽게 대답하신다. 하지만 사람들은 마치 돌풍에 휩쓸리거나 번개에 정신이 나간 사람들처럼 땅에 엎드러졌다. 원하신다면 그들의 힘을 제압할 능력이 주님에게는 얼마든지 있었다. 하지만 주님은 아버지께 순종하기를 원하셨다. 아버지의 작정에 의하여 자신이 죽기 위하여 부름 받았다는 것을 아셨던 것이다. 그리스도께서 세상을 심판하러 그분의 보좌에 오르실 때 그분의 음성이 불경건한 사람들에게 얼마나 두렵고 끔찍한 것이 될지, 우리는 이 사건에서 다시금 추론하게 된다. 그 당시 그리스도께서는 희생 제사를 위해 준비된 어린양으로 서셨다. 어느 모로 보든지 그분의 위엄은 모두 사라졌다. 그런데도 그리스도를 잡으려고 무장하고 왔던 원수들은 그분의 말씀 한 마디에 갑자기 땅에 엎드러졌다. 그리스도께서는 원수들을 향하여 끔찍한 저주를 발한 것이 아니라 단지 "내가 그니라"(I am he)라고 대답했을 뿐인데 말이다.

그렇다면 그리스도께서 장차 다시 오실 때 무슨 일이 벌어질까? 사람들에게 심판을 받으러 오시는 것이 아니라 산 자와 죽은 자를 심판하는 심판주로 오실 때, 비천하고 사람들에게 멸시를 받는 상태가 아니라 하늘 영광을 가지고 천사들과 함께 오실 때 말이다. 그 당시 그리스도께서는, 이사야 선지자가 그분의 목소리가 갖고 있다고 기술한 효력에 대한 증거를 보이고자 하셨다. 이사야서 11장에서 선지자는 그리스도께서 행하실 여러 능력 있는 일들 중에서 다음과 같은 일을 언급한다.

"공의로 가난한 자를 심판하며 정직으로 세상의 겸손한 자를 판단할 것이며 그의 입의 막대기로 세상을 치며 그의 입술의 기운으로 악인을 죽일 것이며"(사 11:4).

바울이, 이 예언이 마지막 때에 성취될 것이라고 한 것(살후 2:8)은 사실이다. 하지만 우리는 불경건한 사람들의 분노와 교만이 그리스도의 음성으로 꺾이는 것을 날마다 목도한다. 그리스도를 결박하기 위해서 그곳에 온 사람들이 땅에 엎드러졌을 때, 불경한 사람들 모두가 속으로 두려움을 느끼고 있다는 것이 눈에 보이는 표상으로 드러났다. 그리스도께서 자신의 사역자들로 말미암아 말씀하실 때에도 불경건한 사람들이 두려워할 것인가? 더욱이 그리스도께서 보이신 그 증거가 그분의 음성이 갖고 있는 부수적인 특성이라면 그리고 죽음의 상태에 있는 불행한 사람들을 일으키는 것이 그리스도의 음성이 가진 고유한 특성이라면, 그분이 그 크신 능력을 우리에게 보이셔서 우리를 하늘까지도 높이실 것은 분명한 일이다.

> 7 이에 다시 누구를 찾느냐고 물으신대 그들이 말하되 나사렛 예수라 하거늘 8 예수께서 대답하시되 너희에게 내가 그니라 하였으니 나를 찾거든 이 사람들이 가는 것은 용납하라 하시니 9 이는 아버지께서 내게 주신 자 중에서 하나도 잃지 아니하였사옵나이다 하신 말씀을 응하게 하려 함이러라 요 18:7-9

7 이에 다시 누구를 찾느냐고 물으신대 이 구절에는 하나님께서 불경건한 사람들의 마음에 내리신 어두움이 얼마나 짙은지 그리고 하나님의 의로

운 심판으로 말미암아 사탄에게 마음을 빼앗긴 그들의 어리석음이 얼마나 심각한지 나타나 있다. 소나 나귀도 넘어지면 어떤 감정을 보인다. 하지만 불경건한 사람들은 그리스도의 신적神的인 능력이 공공연히 나타나는 것을 보고 나서, 그분 안에서 사람의 그림자도 보지 못한 듯이 계속해서 고집스럽게 나아간다. 이들만이 아니다. 가룟 유다 자신도 아무런 마음의 흔들림이 없다.

그러므로 하나님의 심판을 두려워하는 것을 배우자. 그 심판으로 말미암아 멸망 받을 자들은 사탄의 손에 넘어가서 잔인한 맹수보다도 더 어리석게 된다. 사탄이 난폭한 격렬함으로 그들을 부추겨서 분별없이 무례하게 행동하도록 한다는 것은 의심의 여지가 없는 사실이다. 아무리 정신이 나갔어도 그것이 사람을 이러한 무분별함으로 격렬하게 몰고 갈 수는 없기 때문이다. 악한 사람들을 마음을 상실한 대로 내버려두게 되면, 그들은 마치 파리를 다루듯이 하나님께 대항하여 함부로 한다. 그들은 하나님의 능력을 느끼지만 하나님께 순종하지는 않는다. 한마디로 말해서, 그들의 사악함은 그들로 하여금 하나님의 빛을 주목하지 못하게 하는 휘장이다. 또한 그들은 강퍅함으로 인해 돌보다 더 단단해져서 결코 길들여지려고 하지 않는다.

8 너희에게 내가 그니라 하였으니 여기서 우리는 하나님의 아들이 자신의 순종으로 우리의 허물을 씻기 위하여 어떻게 스스로를 죽음에 기꺼이 내어주시는지 알 수 있을 뿐만 아니라, 자신의 양 무리를 보호하시는 선한 목자의 직책을 어떻게 수행하시는지도 보게 된다. 하나님의 아들은 이리의 위협을 보고서, 양들이 돌봐달라고 자신에게로 올 때까지 기다리시는 것이 아니라 곧바로 그들을 보호하기 위해 나서신다. 그러므로 사악한 사람이든지 마귀든지 우리를 공격할 때마다, 하나님의 아들이 동일한 방법으로 우리를 돕기 위해 가까이 계시다는 것을 의심하지 말자. 그리스도께서는 친히 본을 보이심으로써, 목자들이 그들의 직책을 올바로 수행하기를 원한다면 따라야 할 규칙이 무엇인지 지시해주셨다.

9 하나도 잃지 아니하였사옵나이다 이 말씀이 인용된 것은 적절하지 않은 듯 보인다. 그리스도께서 잃지 않겠다고 말씀하신 것이 그들의 신체라기보다는 그들의 영혼과 더 관련되었기 때문이다. 그리스도께서는 사도들을 끝까지 안전하게 보존하지는 않으셨다. 하지만 그리스도께 하신 일은 끊임없는 위험과 심지어 사망 중에서도 사도들의 영원한 구원을 안전하게 지키셨다는 것이다. 이 문제에 답하겠다. 복음서 기자는 여기에서 단지 사도들의 육체적인 생명에 관해서만 언급하는 것이 아니라, 그리스도께서 잠시 동안 사도들을 아끼심으로써 그분이 그들의 영원한 구원에 주목하신다는 것을 말하고 있는 것이다. 지금까지 사도들이 얼마나 연약했는지를 생각해보라. 자기들의 생명이 시험을 당하게 되면 그들이 무슨 일을 저질렀겠는가? 그러므로 그리스도께서는 그들이 그분에게서 받은 능력으로 감당할 수 없는 시험 당함을 원하지 않으셨기에, 그들을 영원한 멸망에서 구원하셨던 것이다.

우리는 이 사실에서 다음과 같은 일반적인 교훈을 얻을 수 있다. 그리스도께서 많은 시험으로 우리의 신앙을 시험하실지라도, 우리에게 그 시험을 이길 수 있는 힘을 공급하지 않으신 채 우리로 하여금 치명적인 위험에 빠지게 하시는 일은 결코 없을 것이라는 사실이다. 그리스도께서 사탄과 불경건한 사람들의 수많은 공격을 격퇴시키기 위해 나아가실 때, 그분이 얼마나 지속적으로 우리의 연약함을 짊어지시는지 우리는 알고 있다. 그분은 우리가 아직은 이런 공격에 대항할 능력도 없고 또 준비도 되지 않았다는 것을 아시기 때문이다. 한마디로 말해서, 그리스도께서는 자기 백성이 잘 훈련되었을 때에야 비로소 전쟁에 내보내신다. 그래서 그리스도의 백성들은 멸망하는 중에서도 멸망하지 않는다. 살아 있을 때나 죽었을 때나 그리스도의 백성들은 그분에게서 유익을 얻기 때문이다.

---

10 이에 시몬 베드로가 칼을 가졌는데 그것을 빼어 대제사장의 종을 쳐서 오른편 귀를 베어버리니 그 종의 이름은 말고라 11 예수께서 베드로더러 이르시되 칼을 칼집에 꽂으

라 아버지께서 주신 잔을 내가 마시지 아니하겠느냐 하시니라 ¹² 이에 군대와 천부장과
유대인의 아랫사람들이 예수를 잡아 결박하여 ¹³ 먼저 안나스에게로 끌고 가니 안나스
는 그 해의 대제사장인 가야바의 장인이라 ¹⁴ 가야바는 유대인들에게 한 사람이 백성을
위하여 죽는 것이 유익하다고 권고하던 자러라 요 18:10-14

10 이에 시몬 베드로가 복음서 기자는 이제 베드로의 어리석은 열정을 기
술한다. 베드로는 자기 선생님을 불법적인 방식으로 보호하려 했다. 베드로
가 그리스도를 위하여 큰 위험을 감수한 것은 기백 있고 용감한 행동이었다.
하지만 그는 그리스도의 소명이 요구하는 것이 무엇인지 또 하나님께서 허락
하신 것이 무엇인지 생각하지 않고 행동했다. 이런 베드로의 행동은 결코 칭
찬할 만한 행동이라고 할 수가 없었기에, 그는 그리스도께 혹독한 질책을 받
았다. 그러나 우리는, 베드로라는 인물을 통해 그리스도께서 사람들이 제멋
대로 행하려 하는 모든 것을 정죄하신다는 교훈을 배우자. 이 교훈은 특히 주
목할 만한 가치가 있다. 자신들이 행하고 있는 모든 것을 열심이라는 미명으
로 보호하려고 하는 것이 사람들의 가장 보편화되어 있는 경향이기 때문이
다. 사람들은 다른 사람들이 옳다고 생각하는 것만을 중요하게 여기고 하나
님께서 인정하시는지는 중요하지 않은 듯이 행동한다. 사람의 모든 칭찬은
한갓 헛된 것뿐인데도 말이다.

우리가 볼 때 베드로의 열심에 비난 받을 만한 것이 없다고 하더라도, 우리
는 그리스도께서 기뻐하지 않는다고 선언하신 것만으로 만족해야 한다. 하
지만 그리스도께서 죽음을 피하지 않으신 것과 그분의 이름이 영원히 치욕스
럽게 되지 않은 것이 베드로 덕분이 아니라는 것을 우리는 안다. 베드로가 호
위대장과 군인들에게 폭력을 휘두른 그 순간에는 영락없는 노상강도였다.
그는 하나님께서 지정하신 통치 세력에 저항했기 때문이다. 그리스도께서는
이미 세상으로부터 더 받을 수 없을 만한 미움을 받았다. 그런데 베드로의 이
한 가지 행동은 그리스도의 원수들이 그분에게 가한 모든 거짓된 비방을 미

화시킬 만한 것이었다. 베드로가 입으로는 할 수 없었으면서 칼로써 자기 믿음을 증명하려고 한 것은 대단히 무모한 행동이었다. 베드로는 신앙을 고백하라는 요청을 받을 때 부인한다. 하지만 지금은 주님이 명하지도 않으셨는데 폭동을 일으킨다.

우리는 이런 놀라운 사례를 통해 경고를 받고 우리의 열심을 절제하는 법을 배우자. 우리의 육체가 하나님께서 명령하신 것 이상을 하고 싶은 충동에 사로잡힐 때, 그 열정이 하나님의 뜻을 넘어 행동하지 않게 되기를 배우자. 만족스럽게 시작은 했지만 우리의 성급함으로 끝을 망치는 경우가 종종 발생할 것이다. 우리가 행하는 모든 일에 순종을 기초로 삼자. 그리스도의 대의ㅊ義를 수행하는 사람들은 베드로와 동일한 실수를 하지 않도록 늘 조심스럽게 행동해야 한다는 것 또한 여기서 우리가 배우는 바이다. 그러므로 우리는 모든 행동에서 분별의 영으로 인도함을 받을 수 있도록 주님께 더욱 진지하게 기도해야 한다.

11 칼을 칼집에 꽂으라 그리스도께서는 이렇게 명령하심으로써 베드로의 행동을 꾸짖으신다. 하지만 여기서 그리스도께서 왜 그를 꾸짖으셨는지 그 이유를 주목할 필요가 있다. 개인은 공적公的 권위를 가진 사람들을 거슬러서는 안 되었다. 이는 다른 세 복음서 기자의 말에서도 추론할 수 있는 내용이다. 세 복음서 기자는 "칼을 가지는 자는 다 칼로 망하느니라"라는 그리스도의 일반적인 주장을 소개한다. 그러므로 우리는 법과 공권력이 허용하는 경우를 제외하고는 원수들을 강제로 또는 무기를 사용하여 쫓아내지 않도록 주의해야 한다. 자기가 부름을 받은 한계를 넘어가는 사람은, 설령 온 세상의 칭송을 받는다고 해도 그 행동에 대해서 절대로 하나님의 인정을 받지 못할 것이다.

아버지께서 주신 잔 이것은 왜 그리스도께서 도살장에 끌려가는 어린양처럼 아무 말씀도 하지 않으셔야 했는지에 대한 특별한 이유처럼 보인다. 하지만 그리스도께서 아버지에게서 받은 잔은 하나의 본보기 역할을 한다. 우리 모두에게도 이와 같은 참음이 요구되기 때문이다. 성경은 환난을 잔을 마시는 것에 비유한다. 집 주인이 자녀들과 종들에게 먹을 것과 마실 것을 나눠 주듯이, 하나님께서는 우리에 대하여 이런 권한을 가지고 계신다. 즉, 하나님께서는 그분이 기뻐하시는 대로 우리 각 사람을 다루실 권리가 있으시다. 그래서 하나님께서 풍요로움으로 우리를 기쁘게 하시든지 아니면 역경으로 우리를 낮추시든지 할 때, 그분이 '단 잔' 또는 '쓴 잔'을 주신다고 말한다. 그리스도께서 받으셔야 하는 잔은 세상으로 하나님과 화목하게 하기 위한 십자가의 죽음을 당하는 것이었다. 그래서 그리스도께서는 아버지께서 주신 잔을 마셔야 한다고 말씀하신다.

이와 똑같은 방법으로 우리 역시 십자가를 질 준비를 해야 한다. 하지만 광신자들에 대해서는 주의를 기울일 필요가 없다. 그들은 우리가 하나님의 손에 들려 있는 (진노의) 잔을 받으려면 질병이나 그밖에 다른 고난을 치료할 자구책을 찾아서는 안 된다고 주장한다. 우리는 한 번은 죽어야 하고 죽음을 준비해야 한다는 사실을 알고 있다. 하지만 우리가 언제 죽을지 모르기 때문에, 주님은 자신이 친히 정하신 도움의 방법들로 우리 생명을 보호하기를 허락하셨다. 질병은 아무리 우리 육체에 고통스러운 것이라도 인내로 감수해야 한다. 그러나 죽을병이 아니라면 질병에서 낫기를 구해야 한다.

단지 우리가 주의해야 할 것이 있다면, 그것은 하나님의 말씀이 허용하는 것 외에는 어떤 것이든 구하지 말아야 한다는 것이다. 한마디로 말해서, 우리 마음에 주님의 뜻이 이루어지기를 구하는 바람이 늘 자리 잡고 있다면, 심지어 우리를 억누르는 악한 것들에서 구원해주시기를 구할 때에라도 우리는 반드시 주께서 주신 잔을 마실 것이다.

12 이에 군대와 천부장과 단 한 마디 말씀으로 군인들을 두렵게 만드신 그리스도께서 지금 자신을 잡아가라고 허락하신다는 것은 이상하게 보일 수 있다. 결국 그리스도께서 원수들에게 굴복할 계획이셨다면 군이 그런 이적

을 행할 필요가 있었겠는가? 그러나 신적神的 능력이 나타나는 것은 두 가지 면에서 유익했다.

첫째, 그리스도께서 연약해서 굴복하셨다는 생각을 하지 않도록 걸림돌을 제거해주는 역할을 한다.

둘째, 그리스도께서 완전히 자원하여 죽으신 것임을 입증해준다.

이런 의미에서 이적이 유용하기 때문에 그리스도께서는 원수들을 향하여 자신의 능력을 주장하셨다. 그러나 주님이 반드시 아버지께 순종하셔야 하는 경우에는 스스로를 제한하셔서 자신을 희생제물로 드리셨다. 우리가 기억해야 할 것은, 우리 영혼을 죄와 사탄의 속박에서 풀어주기 위해서 하나님의 아들의 몸이 묶였다는 사실이다.

13 안나스에게로 끌고 가니 다른 복음서 기자들은 이 내용을 생략했는데, 이는 이 어구를 추가해봤자 기사의 본질에 별 영향이 없을 것이라고 생각했기 때문이다. 사실 그리스도께서 안나스에게 가서 공포하신 것 중에 기억할 만한 내용은 하나도 없었다. 군인들은 안나스의 집이 산헤드린 공회를 소집할 때까지 그리스도를 가둬놓기에 편리했다고 생각하여 그리로 끌고갔을 것이다.

그 해의 대제사장 이 말은 많은 사람들이 잘못 생각하듯이 대제사장직이 1년을 임기로 한다는 의미가 아니다. 하지만 요세푸스가 밝히 언급하듯이, 그 해의 대제사장은 가야바였다. 율법에 따르면, 대제사장직은 종신직이고 그 직책을 맡은 사람이 죽어야만 끝이 났다. 하지만 야망이나 내부 반란 때문에 로마 총독들은 자기 마음대로 어느 한 대제사장을 폐위하고 다른 사람을 그 자리에 앉히기도 했다. 돈 때문에 혹은 편애 때문에 그렇게 한 것이다. 그래서 로마 황제 비텔리우스(Vitellius, 주후 15~69, 네로 이후 갈바에 이어 69년에 로마 황제가 된 인물)는 가야바를 폐위시키고 안나스의 아들 요나단을 후계자로 지명했다.

14 유대인들에게 … 권고하던 자리라 복음서 기자는 우리가 일찍이 들었던 가야바의 주장을 다시 언급한다. 하나님께서 믿을 수 없고 사악한 대제사장의 불결한 입술을 사용하여 예언을 발하시기 때문이다(요 11:50). 예전에 하나님께서 발람의 혀를 사용하여 발람이 의도한 것과 정반대되는 내용을 말하게 하신 것처럼 말이다. 그래서 발람은 발락 왕에게 아첨하면서 자기가 저주하려 했던 이스라엘 백성들에게 오히려 복을 빌 수밖에 없었다(민 24:5).

> **15** 시몬 베드로와 또 다른 제자 한 사람이 예수를 따르니 이 제자는 대제사장과 아는 사람이라 예수와 함께 대제사장의 집 뜰에 들어가고 **16** 베드로는 문 밖에 서 있는지라 대제사장을 아는 그 다른 제자가 나가서 문 지키는 여자에게 말하여 베드로를 데리고 들어오니 **17** 문 지키는 여종이 베드로에게 말하되 너도 이 사람의 제자 중 하나가 아니냐 하니 그가 말하되 나는 아니라 하고 **18** 그때가 추운 고로 종과 아랫사람들이 불을 피우고 서서 쬐니 베드로도 함께 서서 쬐더라 요 18:15-18

15 또 다른 제자 근거가 빈약한 추측 때문에 이 제자가 요한이라고 생각하는 사람들이 더러 있다. 요한복음에서 사도 요한이 자신을 무명으로 언급하는 데 익숙해 있다는 것이 그 이유이다. 하지만 비천한 어부였던 요한이 어떻게 고위층에 속한 대제사장과 친분을 가질 수 있었겠는가? 그리스도의 친척 중에 하나인 그가 대제사장의 집에 자주 드나들었을 가능성은 거의 없다. 그러므로 여기에 언급된 제자는 열두 제자 중의 한 사람이 아니라, 그가 하나님의 아들의 교훈을 받아들였기 때문에 제자로 언급되었다고 보는 것이 더 타당하다.

요한은 이야기를 배열하면서 정확성을 기하지는 않았다. 그는 단지 짧게 요약하는 것으로 만족한다. 요한이 베드로가 그리스도를 한 번 부인했다는 기사를 쓸 때, 그 기사에 다른 이야기 몇 가지를 삽입하고 나중에 베드로가 두 번 부인한 사건으로 되돌아가기 때문이다. 주의 깊게 본문을 읽지 않는 독자는 이 사실에 근거하여 베드로가 처음 그리스도를 부인한 곳이 안나스의 집이었다고 성급하게 결론을 내린다.

그러나 본문은 그렇게 말하지 않는다. 본문은 베드로가 대제사장의 여종 때문에 그리스도를 부인하게 되었다고 분명히 표현한다. 그러므로 그리스도께서 대제사장에게 끌려가셨을 때, 누구나 그곳에 들어가는 것이 허락된 것이 아니라 대제사장과 친분이 있었던 제자가 베드로도 들어가도록 허락을 구했다고 이해해야 한다. 물론 베드로와 또 다른 제자가 경건한 열정에서 그리스도를 따라 들어갔다는 것은 확실하다. 하지만 그리스도께서 베드로와 다른 제자들을 살려주셨다고 선언하셨다는 사실에 비춰볼 때, 연약한 베드로서는 여러 사람들 사이에 끼어 들어가기보다는 구석 어두운 곳에서 남몰래 괴로워하면서 기도하는 편이 더 나았을 것이다. 지금 베드로는 그리스도께서 면제해준 의무를 탐욕스럽게 다시 수행하려고 한다. 그러나 믿음을 고백해야 하는 상황에서, 죽음을 당할지라도 견고히 그 믿음을 붙잡고 있어야 하는 상황에서, 그는 그렇게 하지 못했다. 그러므로 우리는 주님이 우리에게 요구하시는 것이 무엇인지를 늘 주목해야 한다. 연약한 사람들이 불필요한 짐을 지지 않도록 말이다.

17 문 지키는 여종이 베드로에게 말하되 베드로는 대제사장의 집으로 들어가도록 허락을 받았다. 하지만 그 대가는 너무도 컸다. 들어서면서부터 그리스도를 부인하게 되었기 때문이다. 문턱도 채 넘기 전에 이처럼 치욕스럽게 넘어짐으로써, 베드로가 의기양양하게 으스대던 것이 얼마나 실없는 것이었는지 드러났다. 베드로는 자기가 무적의 용사이며 죽기까지 승리할 것이라고 자랑했다. 그런데 이제 한 여종의 목소리에, 그것도 아무런 위협도 가해지지 않은 상황에서 베드로는 당황하여 무기를 버렸다. 여기에 인간의 강함이 어떤 것인지를 보여주는 진정한 표본이 있다. 사람들 속에 있는 것처럼 보이는 모든 강함은 연기와 같아서 바람이 불면 즉시 날아가 버린다. 전쟁에

참여하지 않을 때 우리는 터무니없이 사기가 충천해 있다. 그러나 경험에 비추어볼 때 우리가 얼마나 어리석고 헛되게 자랑하는지 모른다. 사탄이 공격을 가하지 않을 때조차 우리는 스스로 헛된 두려움을 만들어내며, 그것 때문에 사탄이 공격을 가하기 전에 번뇌한다.

한갓 여종의 목소리에 베드로는 두려워했다. 그렇다면 우리는 어떤가? 우리는 때로 나뭇잎 하나 떨어지는 소리에도 움찔하지 않는가? 위험이 가까이 있지 않았는데도 또 실제로 위험한 것이 아니었는데도, 베드로는 그것 때문에 두려워 떨었다. 우리는 날마다 유치하고 어리석은 행동으로 말미암아 그리스도에게서 멀어지지는 않는가? 한마디로 말해서, 우리가 가지고 있는 용기란 그런 것이어서, 원수가 없는 상황에서도 스스로 움츠러들고 힘을 발휘하지 못한다. 그래서 하나님께서는 불같은 마음을 누그러뜨림으로써 인간의 교만을 징벌하신다. 불굴의 정신이 아니라 헛바람으로 충만한 사람은 온 세상을 쉽게 이길 것이라고 호언장담하지만, 그는 한갓 풀 그림자에도 놀란다. 그러므로 우리는 오직 주님 안에서만 용기를 갖는 법을 배우자.

나는 아니라 이것은 그리스도를 완전히 부정하는 말은 아닌 것 같다. 단지 베드로가 그리스도의 제자라는 것을 시인하기가 두려워서, 자기는 그리스도와 관계된 사람이 아니라고 말하는 것이다. 넌지시 에둘러서 자신의 믿음을 고백하지 못하게 되었을 때, 누구든지 자기가 허울 좋게 행동함으로써 그 상황을 벗어났다고 생각하지 않으려면 베드로의 경우를 주의 깊게 생각해보아야 한다.

18 베드로도 함께 서서 쬐더라 베드로가 종과 아랫사람들과 함께 불 곁에 서 있었다는 말을 복음서 기자가 언급했을 때, 우리가 나중에 보게 되겠지만 이것은 이야기를 연결하는 데 도움을 준다. 하지만 베드로가 자기 주님을 부인한 후에 사악한 사람들의 무리와 더불어 몸을 덥히려고 부주의하게 행동한 것이 얼마나 어리석기 그지없는 일인지 여기서 드러난다. 베드로가 대제

사장의 집을 떠남으로써 이와 비슷한 또 다른 위험에 빠지지 않도록, 두려워하면서 조심스럽게 행동했을 수도 있었는데 말이다.

> 19 대제사장이 예수에게 그의 제자들과 그의 교훈에 대하여 물으니 20 예수께서 대답하시되 내가 드러내놓고 세상에 말하였노라 모든 유대인들이 모이는 회당과 성전에서 항상 가르쳤고 은밀하게는 아무것도 말하지 아니하였거늘 21 어찌하여 내게 묻느냐 내가 무슨 말을 하였는지 들은 자들에게 물어보라 그들이 내가 하던 말을 아느니라 22 이 말씀을 하시매 곁에 섰던 아랫사람 하나가 손으로 예수를 쳐 이르되 네가 대제사장에게 이같이 대답하느냐 하니 23 예수께서 대답하시되 내가 말을 잘못하였으면 그 잘못한 것을 증언하라 바른말을 하였으면 네가 어찌하여 나를 치느냐 하시더라 24 안나스가 예수를 결박한 그대로 대제사장 가야바에게 보내니라 요 18:19-24

19 대제사장이 예수에게 … 물으니 대제사장은 그리스도께서 제자들을 모아 교회를 분열시킨 말썽꾼인 양 심문한다. 그리고 그리스도께서 새로운 왜곡된 교훈으로 믿음의 순결함을 더럽히려고 한 거짓 선지자인 것처럼 꼬치꼬치 캐묻는다. 그러나 그리스도께서는 자신이 받은 교사의 직분을 완수하셨기에 새로운 변호를 시작하지 않으신다. 하지만 진리의 원천을 버리지 않으시려고 자신이 일찍이 가르치셨던 모든 교훈을 변호할 준비를 갖추셨음을 보이신다. 이와 동시에 그분은 이미 알려진 내용을 의심하고 있는 듯 묻고 있는 대제사장의 부끄러운 줄 모르는 태도를 꾸짖기도 하신다. 그들은 자기들에게 보내신 구주와 그분이 약속하신 구원을 배척하는 것으로는 양이 차지 않아 율법의 모든 내용을 정죄하고 있는 것이다.

20 내가 드러내놓고 세상에 말하였노라 불경건한 사람들의 횡포 때문에 대중 앞에서 하나님의 말씀을 상설詳說하지 못하게 되자 개인적인 공간에

서 사적으로 그 일을 한 사람들을 비난하느라 그리스도께서 이 말씀을 하신 것이라고 유치하게 잘못 설명하는 사람들이 있다. 그러나 그리스도께서는 지금 합법적인 것과 그렇지 않은 것을 가지고 논쟁을 벌이시는 것이 아니다. 그분은 부끄러움을 모르는 가야바의 악의를 논박할 의도에서 이렇게 대답하신 것이다.

이 구절은 그리스도께서 다른 성경 본문에서 하신 말씀과 상충되는 듯이 보인다. 마태복음 10장 27절에서 그분은 제자들에게 귓속말로 듣는 것을 집 위에서 전파하라고 말씀하셨다. 그리고 천국의 비밀을 아는 것이 모든 사람에게 허락된 것이 아니라 오직 열두 제자들에게만 주신 은혜라고 다시 선언하신다(마 13:11). 이 질문에 답하겠다. 그리스도께서 이 구절에서 자신이 은밀하게는 아무것도 말하지 않았다고 하신 것은 교훈의 본질에 대해 말씀하시는 것이다. 교훈의 형식은 다양하더라도 그 본질은 일관성이 있었다. 그분은 제자들 사이에서 다르게 말함으로써 다른 내용을 가르친 일이 없으시기 때문이다. 또한 그분은 마치 내부에 있는 소수의 사람들에게 말씀하신 것을 일반 사람들에게는 일부러 감추기라도 하려는 듯 약삭빠르게 행동하지도 않으셨다. 그리스도께서는 선한 양심을 가지고 자신의 교훈의 본질을 공공연히 선포하셨으며, 진지하게 전파하셨다.

22 이 말씀을 하시매 이 구절은 원수들이 그리스도에 대해 얼마나 강렬하게 분노하고 있었으며 그들의 통치가 얼마나 포악했는지를 알려주기 위해 삽입된 것이다. 또한 이 구절은 제사장들 사이에 엄격한 규율이 존재했음을 알려준다. 제사장들은 심판자로 자리에 앉아 있었지만 그들은 야수처럼 잔인했다. 공의회가 소집되었고, 그곳의 분위기는 지극히 엄숙해야 했으나 그렇지 않았다. 관원에 불과한 아랫사람 하나가 대단히 건방지게 심문 도중에, 그것도 심판자들 앞에서 피고(그리스도)에게 손찌검을 했다. 아직 어떤 문제에서도 그분이 유죄로 판결되지 않았는데 말이다. 그러므로 그리스도의 교훈이 이와 같은 야만적인 공의회 사람들에 의해 잘못된 것이라고 판정 받은 것은

전혀 놀랍지 않다. 그곳에는 그 어떤 정의도 남아 있지 않았을 뿐만 아니라, 그 어떤 인간성과 품위도 사라지고 없었다.

23 내가 말을 잘못하였으면 이 말씀은 곧, "내가 죄를 지었다면 나를 고소하라. 그러면 재판이 열릴 것이고, 내가 잘못한 것에 따라 벌을 받을 것이다. 그러나 이 심의 과정은 합법적이지 않으며, 공평하게 재판해야 할 이곳은 무질서하고 편파적이다"라는 의미이다. 그래서 그리스도께서는 자신이 죄를 짓지 않았다면 심한 모욕을 당한 것이라고 불평하신다. 설령 그분이 죄를 지었다고 하더라도, 심판자들은 합법적으로 행동해야 했고 폭력을 휘둘러서는 안 되었다.

하지만 그리스도께서는 자신이 다른 성경 본문에서 제자들에게 명령하신 것을 지키지 않으신 것 같다. 그분은 왼쪽 뺨을 때리는 사람에게 자신의 오른쪽 뺨을 돌려 대지 않으셨기 때문이다. 이 질문에 답하겠다. 그리스도인이 인내해야 한다고 할 때, 그것은 매를 맞는 사람이 한 마디 말도 없이 모욕을 삼켜야 한다는 의미가 아니다. 먼저 그는 모욕을 조용히 참아야 한다. 그 다음으로는 보복하려는 모든 생각을 포기하고 선으로 악을 이기려고 해야 한다. 사악한 사람들은 아무도 자기들을 건드리지 못하도록 하기 위해서 다른 사람에게 해를 입히도록, 이미 너무도 강력하게 사탄의 영에 의해 자극을 받은 상태이다. 그러므로 이미 악을 행하는 데 열심을 내고 있는 사람들을 더 자극하라는 뜻으로 그리스도의 말씀을 해석하는 것은 어리석은 일이다. 그리스도의 말씀은 단지 우리 각 사람이 처음 모욕을 받았을 때 그것에 복수하려 하기보다는 두 번째 모욕을 당할 준비를 해야 한다는 의미이기 때문이다. 그러므로 그리스도인이 불의하게 취급을 당했을 때 그것에 대해 강한 반대를 표현해서는 안 된다고 해석할 만한 근거는 아무것도 없다. 그 마음에 화가 담겨 있지 않고 그 손에 복수하려는 의도가 담겨 있지 않다면 말이다.

24 안나스가 예수를 결박한 그대로 … 보내니라 이 문장은 괄호에

해당하는 것으로 읽어야 한다. 그리스도께서 안나스의 집에 끌려갔고 그 다음에 마치 그곳에서 제사장들의 모임이 열린 것처럼 이야기를 진행하고 나서, 복음서 기자는 지금 독자들에게 그리스도께서 안나스의 집에서 대제사장의 집으로 끌려가셨다는 사실을 상기시키고 있기 때문이다. 하지만 동사의 시제 때문에 많은 사람이 착각을 하므로, 나는 이 문장을 과거완료 시제로(had sent) 번역하는 것을 선호한다(한글 개역개정성경에도 오해의 소지가 있게 번역되어 있다. 그러나 칼빈은 안나스의 집에서 대제사장의 집으로 끌려간 이후에 그곳에서 제사장들의 모임이 열렸다는 것을 명확히 하기 위해서 시제 번역을 언급하는 것이다 - 역자 주).

> **25** 시몬 베드로가 서서 불을 쬐더니 사람들이 묻되 너도 그 제자 중 하나가 아니냐 베드로가 부인하여 이르되 나는 아니라 하니 **26** 대제사장의 종 하나는 베드로에게 귀를 잘린 사람의 친척이라 이르되 네가 그 사람과 함께 동산에 있는 것을 내가 보지 아니하였느냐 **27** 이에 베드로가 또 부인하니 곧 닭이 울더라 요 18:25-27

25 베드로가 부인하여 이르되 베드로의 무감각은 정말 소름 끼칠 정도이다. 그는 자기 주님을 부인하고 나서 전혀 회개의 마음을 느끼지 않을 뿐만 아니라 죄를 짓는 그 방자함으로 인해 자기의 마음을 완악하게 만들고 있다. 사람들이 한 명씩 베드로에게 물어보았다면, 그는 천 번이고 만 번이고 얼마든지 그리스도를 모른다고 했을 것이다. 이것이 바로 사탄이 비열한 사람들을 타락하게 만들고 나서 그들을 휩쓸어가는 방식이다.

우리는 다른 복음서 기자들이 서술한 내용도 주목할 필요가 있다. 앞의 세 복음서에 따르면, 베드로는 그리스도를 모른다고 맹세까지 해가며 부인했다. 많은 사람들이 일상에서 베드로와 같은 잘못을 저지른다. 처음에는 그 잘못이 심각한 정도까지는 가지 않을 것이다. 그러나 사소한 잘못은 습관이 되고, 마침내 양심이 무디어진다. 결국 하나님을 무시하는 데 익숙한 사람은 자기가 하는 모든 일이 정당하다고 생각할 것이고, 대담하게 극단적인 행동을 하게 될 것이다. 그러므로 미리 조심하는 것이 최상이다. 사탄의 시험을 받더라도 아직 제정신일 때에 사소한 방종이라도 허용하지 않도록 말이다.

27 곧 닭이 울더라 복음서 기자가 닭이 울었다는 사실을 언급한 것은 베드로가 때맞춰 하나님으로부터 경고를 받았음을 우리에게 알리기 위함이다. 다른 복음서 기자들이 베드로가 주님의 말씀을 기억했다고 언급한 것도 같은 이유에서이다. 하지만 누가는 단순히 닭이 운 것으로는 베드로의 마음에 감동이 없었다고 말한다. 그는 그리스도께서 베드로를 쳐다보셨을 때에야 비로소 베드로의 마음이 움직였다고 말한다. 그래서 누구든지 일단 사탄의 충동에 의해 타락하기 시작하면, 주께서 친히 그에게 눈길을 주시기까지는 그 어떤 음성이나 표시나 경고도 그를 회복시킬 수 없는 것이다.

> 28 그들이 예수를 가야바에게서 관정으로 끌고 가니 새벽이라 그들은 더럽힘을 받지 아니하고 유월절 잔치를 먹고자 하여 관정에 들어가지 아니하더라 29 그러므로 빌라도가 밖으로 나가서 그들에게 말하되 너희가 무슨 일로 이 사람을 고발하느냐 30 대답하여 이르되 이 사람이 행악자가 아니었더라면 우리가 당신에게 넘기지 아니하였겠나이다 31 빌라도가 이르되 너희가 그를 데려다가 너희 법대로 재판하라 유대인들이 이르되 우리에게는 사람을 죽이는 권한이 없나이다 하니 32 이는 예수께서 자기가 어떠한 죽음으로 죽을 것을 가리켜 하신 말씀을 응하게 하려 함이러라 요 18:28-32

28 그들이 예수를 … 끌고 가니 복음서 기자가 언급하고 있는 재판은 동트기 전에 열렸다. 제사장들이 백성들을 선동하려고 도시 곳곳에 선동자들을 심어놓았을 게 분명하다. 그래서 군중들은 하나같이 그리스도의 죽음을 요구하는 듯이 갑자기 격분하기 시작했다. 재판은 제사장들이 주도했다. 그

요한복음 18장

333

리스도에게 형을 선고할 권한이 그들에게 있었기 때문이 아니라, 그분에 대해 미리 판결을 내려서 꼼짝 못하게 만들면 이미 충분한 재판을 거친 것처럼 그리스도를 총독에게 넘겨줄 수 있다고 판단했기 때문이다. 로마인들이 '브라이도리온'Praetorium이라고 부르는 곳은 총독의 관저官邸를 지칭하기도 하고 총독이 소송 사건을 판결하는 재판석을 지칭하기도 한다.

그들은 더럽힘을 받지 아니하고 율법이 명한 대로 스스로를 정결하게 하고 유월절 음식을 먹기 위해서 더럽힘을 받지 않으려고 했다는 면에서, 그들의 신앙은 칭찬 받을 만하다. 하지만 거기에는 아주 심각한 오류가 두 가지 있다. 하나는 어떤 불결한 장소에 들어감으로써 더럽힘을 받는 것보다 자기들 내면에 더 많은 더러움이 있다는 것을 그들이 고려하지 않았다는 점이다. 다른 하나는 그들이 아주 작은 것에 대해서는 과도하게 신경을 쓰면서도 가장 중요한 것은 무시했다는 점이다. 바울은 "깨끗한 자들에게는 모든 것이 깨끗하나 더럽고 믿지 아니하는 자들에게는 아무것도 깨끗한 것이 없고 오직 그들의 마음과 양심이 더러운지라"라고 말한다(딛 1:5). 그러나 이 외식外飾하는 사람들은 악의와 야망과 속임과 잔인함과 탐욕으로 가득하여 하늘과 땅을 그들의 악취로 감염시키면서도, 외적인 부패만을 걱정했던 것이다. 참으로 정결한 것이 무엇인지는 잊어버리고서, 부정한 것에 접촉해서 더러운 것에 감염되지 않는 한 자기들이 하나님을 기쁘게 하고 있다고 생각하는 것은 어리석기 그지없다.

외식과 관련한 또 다른 결함은 겉으로 드러나는 의식을 행하는 것에 대해서는 주의를 기울이면서 가장 중요한 것은 무시한다는 점이다. 하나님께서 율법에 담긴 이러한 의식들을 유대인들에게 명하신 것은 그들로 하여금 참된 거룩을 사랑하고 실천하게 하려는 데 그 목적이 있었다. 더욱이, 율법 어디에도 유대인들이 이방인의 집에 들어가는 것을 금지한 곳은 없다. 이것은 경솔하게 정결하지 못한 (이방인의) 집에 들어감으로써 부정해지는 일이 없도록 하기 위해서 조상들이 만들어놓은 예방책에서 나온 것일 뿐이다. 그러나 그

훌륭한 율법 해석자들은 하루살이는 걸러내고 낙타는 삼켰다. 사람을 죽이는 것보다 벼룩을 죽이는 것을 더 심각한 죄라고 여기는 것이 외식자들에게는 보편화되어 있었다.

　이러한 잘못은 또 다른 문제, 즉 하나님의 거룩한 계명보다 사람들의 전통(장로들의 전통)을 훨씬 더 선호하는 문제와 연결된다. 제사장들은 유월절 식사를 적법하게 하기 위해 정결함을 유지하려고 했다. 하지만 그들은 부정不淨을 총독의 집 울타리 안으로 한정하고는 무죄한 사람을 죽이고자 하는 일에 한 치의 주저함도 보이지 않았다. 하늘과 땅이 다 보고 증거하고 있는데 말이다. 한마디로 말해서, 제사장들은 가식적이고 거짓된 경외심을 가지고 이름뿐인 유월절을 지켰던 것이다. 그들은 자기들의 피 묻은 손으로 진정한 유월절(그리스도)을 더럽혔을 뿐만 아니라, 할 수 있는 한도 내에서 그 유월절을 영원한 망각 속으로 매장시키고자 노력했다.

29 그러므로 빌라도가 밖으로 나가서 종교심이 없는 이 이교도(빌라도)는 자기가 조소하고 멸시하는 사교邪教를 허락하고 싶은 마음이 없지 않았다. 하지만 이 사건의 중요한 시점에서, 그는 유대인들에게 고소할 내용이 있다면 내놓아보라고 말함으로써 재판장으로서의 직무를 수행한다. 제사장들은 자기들이 죄가 있다고 선언한 사람에게 형을 선고할 충분한 권한이 없었으므로, 단지 빌라도가 그들이 이미 내린 판결을 지원해주어야 한다고 대답한다.

30 이 사람이 행악자가 아니었더라면 우리가 당신에게 넘기지 아니하였겠나이다 제사장들은 자기들이 충분히 검토한 것을 빌라도가 받아들이지 못한다고 은근히 불평을 터뜨리고 있다. 제사장들의 말은 "당신은 왜 우리가 심문한 사람이 죽임을 당할 만한 사람이라고 판결 내리기를 주저하십니까?"라는 뜻이다. 하나님께서 지극히 높은 자리에 올리신 불경건한 사람들은 자기들의 영광에 눈이 어두워, 이런 식으로 자기들이 하고 싶은 대로 한다. 자만自慢은 사람들을 얼마나 취하게 만드는지 모른다! 제사장들은 그

리스도께서 자기들이 고소한 대로 악인으로 취급 받기를 원했다. 하지만 면밀히 살펴보면 그리스도께서 모든 질병을 치료하셨다는 것, 귀신을 내쫓으셨다는 것, 중풍병자와 못 걷는 자를 걷게 했다는 것, 맹인의 눈을 뜨게 해서 앞을 보게 했다는 것, 못 듣는 사람을 들을 수 있게 했다는 것, 죽은 자를 다시 살리셨다는 것 외에 그분에게서 발견할 수 있는 악한 행위가 무엇이란 말인가? 이것은 명백한 사실이었고, 그리스도에게서 고침을 받은 사람들이 이를 분명히 확신했다. 하지만 내가 앞에서 언급한 것처럼, 자만심에 취한 사람들이 건전하고 바른 정신으로 판단하기를 기대한다는 것은 무척 어렵다.

31 너희 법대로 빌라도가 유대인들의 야만성과 폭력에 치를 떨었다는 것은 의심의 여지가 없다. 그래서 그는 그들이 강요하는 징벌의 형식이 모든 나라의 일반적인 법과 인간의 감정에 혐오스러운 것이라고 비난했다. 또한 하나님께서 자기들에게 전해준 율법이 있다고 자랑하는 것에 대해 그들을 질책했다.

그를 데려다가 빌라도는 빈정대듯이 말했다. 그는 유대인들이 예수님에게 사형선고를 내리는 것을 원치 않았기 때문이다. 그는 마치 "너희에게 권한이 있었다면, 그 사람을 즉시 끌고 가서 변명도 들을 것 없이 처형했을 것이다. 죄 없는 사람을 정죄하는 것이 너희 법에서 말하는 공평함이냐?"라고 말하는 것 같다. 자기들의 행동에 대해 하나님의 이름을 사칭하는 불경건한 사람들 때문에, 하나님의 거룩한 교훈은 이런 식으로 원수들의 비난의 대상이 된다. 또한 세상은 그것을 하나님의 교훈을 비난할 절호의 기회로 삼는다.

우리에게는 사람을 죽이는 권한이 없나이다 유대인들이 빌라도의 제안을 거절한 것이라고 이 구절을 해석하는 사람들은 잘못 이해한 것이다. 오히려 유대인들은 "너희가 그를 데려다가 너희 법대로 재판하라"라는 빌라도의 말이 자기들을 조롱하는 것임을 알아채고는 "당신이 우리에게 그렇게 하라고 해서는 안 됩니다. 당신이 재판장이지 않습니까? 당신의 의무를 행하십시오"라고 항변하는 것이다.

32 이는 예수께서 … 하신 말씀을 응하게 하려 함이러라 마지막으로 복음서 기자는, 인자人子가 이방인들에게 넘겨질 것이라는(마 20:19) 그리스도의 예언이 성취되어야 한다는 사실을 덧붙인다. 그리스도의 죽음에 대한 기사를 읽고 유익을 얻기 원한다면 하나님의 영원한 경륜을 바라보는 것이 중요하다. 하나님의 아들이 한갓 사람이 재판하는 재판정 앞에 서 계시다. 이것이 사람들의 뜻에 의해 이루어진 것이라고 생각하고 눈을 들어 하나님을 바라보지 않는다면, 우리의 믿음은 부끄러움을 당해야 마땅하다. 하지만 하늘에 계신 아버지께서 그리스도의 정죄 당하심을 기쁘게 받으셔서 사람들을 자신과 화목하게 하는 방도로 삼으셨으므로 우리에게는 더 이상 정죄함이 없다는 사실을 깨달을 때, 그것만으로도 우리의 위상은 하늘 높이 올라간다. 또한 우리는 그리스도께서 수치를 당하시는 것조차 부끄러워하지 않고 당당하게 자랑할 수 있다. 그러므로 예수님의 고난을 다루는 기사 하나하나에서 우리의 구속자救贖者이신 하나님께 우리의 눈을 돌리는 것을 배우자.

> 33 이에 빌라도가 다시 관정에 들어가 예수를 불러 이르되 네가 유대인의 왕이냐 34 예수께서 대답하시되 이는 네가 스스로 하는 말이냐 다른 사람들이 나에 대하여 네게 한 말이냐 35 빌라도가 대답하되 내가 유대인이냐 네 나라 사람과 대제사장들이 너를 내게 넘겼으니 네가 무엇을 하였느냐 36 예수께서 대답하시되 내 나라는 이 세상에 속한 것이 아니니라 만일 내 나라가 이 세상에 속한 것이었더라면 내 종들이 싸워 나로 유대인들에게 넘겨지지 않게 하였으리라 이제 내 나라는 여기에 속한 것이 아니니라 요 18:33-36

33 이에 빌라도가 다시 관정에 들어가 요한복음 기자는 침묵하고 있

지만, 짐작컨대 빌라도와 유대인들 사이에 많은 이야기가 오고갔을 것이다. 다른 복음서 기자들의 기록을 보면 이 사실이 분명히 드러난다. 하지만 요한 복음 기자는 여기에서 특별히 단 하나의 요점에 집중한다. 그것은 빌라도가 그리스도께서 공정하게 재판을 받았는지 그렇지 않은지를 매우 조심스럽게 조사했다는 것이다. 폭동을 일으키는 사람들 앞에서는 모든 것이 난리법석이 될 수밖에 없었다. 그래서 빌라도는 관정으로 들어갔다. 그는 그리스도를 석방하려 했다. 하지만 그리스도께서는 자신의 아버지께 순종하려고 자신을 정죄당하도록 내어주신다. 그리스도께서 짧게 대답한 것은 이러한 이유 때문이다.

빌라도가 그리스도에게 기꺼이 귀를 기울이려 하고 호의적이었기에, 그분이 자신의 입장을 탄원하는 것은 어렵지 않았다. 그러나 그리스도께서는 자신이 무슨 목적으로 세상에 왔는지 그리고 지금 아버지께서 자신을 어디로 부르시는지 생각하셨다. 그래서 그분은 죽음을 피하지 않으려고 의도적으로 침묵하신 것이다.

네가 유대인의 왕이냐 유대인들이 나라와 왕권 문제로 그리스도를 고소하지 않았다면, 빌라도도 이 문제에 관하여 심문하지 않았을 것이다. 그러나 그는 지금 대단히 심각한 문제를 거론하고 있다. 만일 그가 이 문제를 잘 처리하면 죄수를 방면할 수도 있을 것이라고 생각했다. 그리스도의 대답은 사람들이 고소하는 내용이 전혀 근거가 없음을 암시한다. 그래서 그분의 대답에는 은근한 논박이 담겨 있다. 그리스도께서는 "이 문제로 나를 고소하는 것은 우스꽝스럽다. 내가 그런 말을 했다는 혐의가 조금도 없으니 말이다"라고 말씀하시는 듯하다. 그리스도께서 빌라도에게 왜 자신을 의심하느냐고 물으신 것을 그는 적절하지 않다고 생각한 듯하다. 그래서 그는 화가 나서 그리스도를 책망한다. 온갖 악한 것은 그리스도가 속한 나라에서 나온다고 말이다. 빌라도는 다음과 같이 말하고 있는 것이다.

"나는 재판자로 앉아 있다. 하지만 너를 고소한 사람은 외국인이 아니라 너희 나라 사람들이다. 너희의 사소한 문제에 나를 개입시키지 말았으면 좋겠다. 나와 로마인들은 너희 백성들이 평화롭게 살게 해준다. 그런데 너희들은 너희들 스스로 문제를 일으키니, 나로서는 원하지 않는 바이지만 내가 그 문제에 관여할 수밖에 없는 실정이다."

36 내 나라는 이 세상에 속한 것이 아니니라 이 말로써 그리스도께서는 자신이 왕이라고 시인하신다. 하지만 그분은 자신의 무죄를 입증할 필요가 있었기에 고소 내용에 대해서 자신이 결백함을 밝히신다. 즉, 자신의 나라가 정치적인 질서를 위협하지 않는다고 주장하시는 것이다. 그리스도의 말씀은 "나는 국가를 전복顚覆하거나 사회질서를 어지럽히려 한다고 고소를 당하고 있지만 이 모든 내용은 거짓이다. 나는 하나님나라를 선포했다. 하지만 그 나라는 영적인 나라이다. 그러니 당신은 내가 어떤 나라에 대한 대망大望을 품고 있다고 혐의를 둘 만한 이유가 전혀 없다"는 것이다.

이것은 그리스도께서 빌라도 앞에서 자신을 변호한 내용이지만, 그분의 이 증언은 세상 끝까지 경건한 사람들에게도 유익한 교훈이다. 만일 그리스도의 나라가 땅에 속한 나라라면, 그 나라는 안정감이 없고 변화무쌍한 나라가 될 것이다. 이 세상의 외형은 지나가 버릴 것이기 때문이다. 그러나 이와는 반대로 그분의 나라는 하늘에 속한 나라이므로, 우리는 그 나라의 영원성을 확신한다. 그러므로 만일 온 세상이 전복된다 하더라도 우리의 양심이 그리스도의 나라를 지향한다면, 흔들리고 격동하는 상황에서는 물론이고 심지어 끔찍한 폐허와 파멸 속에서도 그 양심은 견고함을 유지할 것이다. 우리가 불경건한 자들에 의하여 폭력을 당하더라도 그리스도의 나라에서 우리는 확고한 구원의 보장을 받으며, 그 구원은 사람들의 뜻에 굴복되지 않는다. 한마디로 말해서, 세상이 수많은 폭풍으로 계속해서 요동친다고 하더라도 그리스도의 나라는 세상과 구별된다. 그리고 우리는 그 나라 안에서 고요함을 추구해야 한다.

또한 우리는 그리스도의 나라가 어떤 속성을 가졌는지에 대해서도 배운다. 그 나라가 우리에게 육신에 따른 행복을 주고 부富와 사치와 그밖에 현재의 삶에 유용한 것들을 가져다준다면, 그 나라에서는 땅에 속한 세상의 냄새가 날 것이다. 그러나 사실 우리의 상태가 겉으로 보기에는 누추하다고 하더라도 우리의 본질적인 행복은 손상되지 않는다. 여기서 우리는 또한 이 나라에 속한 사람들이 누구인지를 배운다. 그들은 하나님의 영으로 새롭게 되고 거룩함과 의로움으로 하늘의 생명을 실천하는 사람들이다.

그러나 그리스도의 나라가 이 세상에 존재하지 않는다고 말한 것은 아님을 주목해야 한다. 그리스도께서 누가복음 17장 21절에서 "하나님의 나라는 너희 안에(with in you) 있느니라"라고 말씀하신 것처럼, 우리는 하나님나라가 우리 영혼에 자리하고 있음을 안다[칼빈은 '너희 안에'를 '우리 영혼'으로 해석하지만, 이 구절은 하나님나라가 현재 사람들 사이에 있음을 의미하므로 '너희들 가운데'(among you)라고 읽어야 한다 - 역자 쥐. 하지만 엄격히 말하자면, 하나님의 나라가 설령 우리 안에 거한다고 하더라도 그 나라는 세상에서는 낯선 실체이다. 하나님나라의 상태는 세상 나라와 완전히 다르기 때문이다.

내 종들이 싸워 그리스도께서는 자신이 지상의 나라를 목표로 삼지 않는다는 것을 증명하신다. 그분은 어느 누구도 선동하지 않았고, 아무도 그분을 지지하기 위하여 무기를 잡지 않았기 때문이다. 만일 한 개인이 어떤 나라에 대한 권리를 주장한다면, 그는 틀림없이 선동적인 사람들을 이용하여 권력을 잡을 것이다. 그리스도에게는 이런 일 중 어느 것 하나도 나타나지 않았다. 그러므로 그리스도는 지상의 왕이 아니라고 결론을 내릴 수 있다.

하지만 이 시점에서 무기를 사용하여 그리스도의 나라를 방어하는 것이 타당한지 질문할 수 있을 것이다. 하나님의 아들에게 입 맞추라는 명령이 왕들에게 내려졌을 때, 그들은 개인적인 입장에서 그리스도의 권위에 굴복할 뿐만 아니라 자기들이 가지고 있는 모든 힘을 사용하여 교회를 보호하고 경건을 유지하도록 명을 받은 것이 아니겠는가?

이 질문에 답하겠다.

첫째, 복음서의 교훈과 하나님에 대한 순전한 예배는 무기를 써서 방어해서는 안 된다고 결론을 내리는 사람들은 서투르고 무지한 추론가들이다. 그리스도께서는 지금 다루고 있는 사건의 사실을 근거로 해서만 유대인들의 비방이 얼마나 어이없는 것인지 논증하고 계시기 때문이다.

둘째, 비록 경건한 왕들이 검(劍)으로 그리스도의 나라를 방어한다고 하더라도, 그 방어는 세상 나라들이 자기 나라를 방어하는 것과는 다른 방법으로 행해진다. 그리스도의 나라는 영적이기에, 성령의 교훈과 능력에 근거해야 하며 그 나라가 세워져가는 과정 또한 그러해야 한다. 율법이나 사람들의 명령이나 징벌은 양심에까지는 미치지 않기 때문이다. 그렇다고 해서 왕들이 외적인 징계를 시행하고 불경건한 자들로부터 교회를 보호함으로써 그리스도의 나라를 방어하지 못하는 것은 아니다. 그러나 세상이 타락하였기 때문에, 그리스도의 나라는 무기의 도움으로 세워지기보다는 순교자들의 피로 세워질 것이다.

---

37 빌라도가 이르되 그러면 네가 왕이 아니냐 예수께서 대답하시되 네 말과 같이 내가 왕이니라 내가 이를 위하여 태어났으며 이를 위하여 세상에 왔나니 곧 진리에 대하여 증언하려 함이로라 무릇 진리에 속한 자는 내 음성을 듣느니라 하신대 38 빌라도가 이르되 진리가 무엇이냐 하더라 이 말을 하고 다시 유대인들에게 나가서 이르되 나는 그에게서 아무 죄도 찾지 못하였노라 39 유월절이면 내가 너희에게 한 사람을 놓아주는 전례가 있으니 그러면 너희는 내가 유대인의 왕을 너희에게 놓아주기를 원하느냐 하니 40 그들이 또 소리 질러 이르되 이 사람이 아니라 바라바라 하니 바라바는 강도였더라 요 18:37-40

---

37 네 말과 같이 내가 왕이니라 빌라도는 그리스도께서 앞서 대답하신 것을 토대로 그분이 일종의 나라를 주장하고 계시다는 것을 알게 되었다. 하

지만 지금 그리스도께서는 동일한 내용을 좀 더 확실히 주장하신다. 그리고 거기에 만족하지 않으시고 다른 내용을 덧붙이신다. 말하자면 자신이 일찍이 주장하셨던 것을 확증하시는 것이다. 여기서 우리는 그리스도의 나라와 관련된 교훈이 매우 중요하다는 것을 알 수 있다. 그리스도께서는 그 나라를 이처럼 강하게 천명하실 만한 가치가 있는 것으로 여기셨기 때문이다.

내가 이를 위하여 태어났으며 … 곧 진리에 대하여 증언하려 함이로라 이 말씀이 일반적인 주장인 것은 분명하다. 하지만 특별히 어떤 문맥에서 이 말씀이 선포되었는지 살펴보아야 한다. 이 구절은 그리스도께서 진실을 말씀하시는 것이 자연스럽다는 의미이다. 그리고 그분은 이러한 목적을 위해 아버지에게서 보냄을 받으셨다. 결과적으로, 이것이 그분의 특별한 직분이다. 그러므로 그리스도를 믿고 의지하기만 한다면 우리에게는 속임을 당할 위험이 없다. 진리를 유지하는 직분을 하나님에게서 받고 본성적으로 진리를 유지하기 위해 태어나신 분이 진리가 아닌 것을 가르친다는 것은 불가능하기 때문이다.

진리에 속한 자는 그리스도께서는 빌라도를 설득하기 위해서가 아니라(그분은 그렇게 함으로써 얻을 것이 아무것도 없음을 아셨기 때문이다), 그분의 교훈이 불합리하게 모독을 당하는 것에 대해 항변하기 위해서 이 말씀을 하신 것이다. 그분의 말씀은 이렇게 풀어 쓸 수 있다.

"내가 왕이라고 고백했다고 내게 혐의를 씌우고 있지만, 사실 이 말 자체는 맞는 말이다. 이것은 바른 판단을 내리고 건실한 깨달음을 가지고 있는 사람들이라면 누구나 공손하게 기꺼이 받아들이는 확실한 진리이다."

그리스도께서 "진리에 속한 자"라고 하셨을 때, 그것은 그 사람들이 본성적으로 진리를 알고 있다는 의미가 아니라 하나님의 영靈으로 통치를 받는다는 의미이다.

38 진리가 무엇이냐 어떤 사람들에게는 빌라도가 호기심으로 이런 질문을 한 것처럼 보일 것이다. 종종 종교가 없는 사람들이 자기들에게 새로운 것을 알려고 하지만 왜 그것을 원하는지 모르는 것처럼 말이다. 그 사람들은 단지 자기들의 귀를 즐겁게 하기 위해서 질문하기 때문이다. 그러나 내가 볼 때 이 질문은 경멸의 표현인 것 같다. 그리스도께서 빌라도를 진리를 전혀 알지 못하는 자로 표현했을 때, 그는 적잖게 모독을 받았다고 생각했기 때문이다.

지금 우리는 사람들 사이에 존재하는 공통적인 질병을 빌라도에게서 발견한다. 비록 우리가 무지하다는 것을 인식하고 있더라도, 실제로 자기가 무지하다고 고백하는 사람은 거의 없다. 이런 까닭에 대단히 많은 사람들이 참된 교훈을 거부하는 것이다. 겸손한 사람들의 선생이신 주께서는 나중에 교만한 자들의 눈을 어둡게 하시고, 그들이 마땅히 받아야 할 벌을 내리신다. 남에게 가르침을 받지 않으려는 거드럭거림이 이와 동일한 자만심에서 잉태된다. 모든 사람이 자신은 총명하고 위트가 넘친다고 주장하기 때문이다. 사람들은 진리가 평범한 것이라고 생각한다. 하지만 이와는 반대로 하나님께서는 진리가 사람이 마음으로 파악할 수 있는 것보다 훨씬 높이 있는 것이라고 선언하신다.

이와 동일한 일이 다른 영역에서도 발생한다. 모든 사람에게 저주가 선언되었다는 것, 자연의 타락, 육체의 고행苦行, 생명의 회복, 유일한 제사로 말미암는 은혜로운 화목, 하나님께서 죄인을 받으시는 수단인 의義의 전가, 성령의 조명照明 등은 신학의 중요한 주제들이다. 이 내용들은 역설적이어서, 사람들의 일반적인 이해에 의해 경멸과 배척을 당했다. 그러므로 하나님의 학교에서 진보하는 사람은 거의 없다. 초보적인 교훈을 받으려는 사람은 열 명에 한 명도 찾기 힘들기 때문이다. 그 이유가 어디에 있는가? 사람들이 자신의 이해에 비추어 하나님의 신비한 지혜를 측정하고 있기 때문이다.

빌라도가 조롱하듯이 이 말을 했다는 것은 그가 곧바로 나갔다는 것에서 분명하게 나타난다. 간단히 말해서, 빌라도는 어둠 속에 감춰진 진리를 그리스도가 끄집어냈다고 그분께 화를 낸 것이다. 불경건한 사람들이 복음의 교훈을 배척하는 것은 그들의 마음이 복음의 효과로 말미암아 어느 정도 건드려졌기 때문임을 빌라도의 분노를 통해 알 수 있다. 빌라도가 그리스도의 가르침을 받아들일 만큼은 아니지만 내적으로는 찔림을 받았음에 틀림이 없기 때문이다.

39 너희에게 한 사람을 놓아주는 전례가 있으니 빌라도는 어떻게 하면 그리스도를 죽지 않게 할 수 있을지 오랫동안 고민했다. 하지만 백성들의 분노가 너무도 맹렬하자, 그는 그들의 분노를 누그러뜨리기 위해 중간 입장을 유지했다. 만일 그리스도께서 악행자로 방면放免되어 영원히 불명예로 낙인찍힌다면, 그것으로 충분하다고 생각했던 것이다. 그래서 그는 다른 누구보다도 바라바를 선택했다. 혹시 바라바와 비교하면 그리스도에 대한 백성들의 증오가 완화될 수 있지 않을까 하는 기대감에서 말이다. 바라바는 그 행한 흉악한 범죄로 인해 모든 사람들에게 심한 증오의 대상이 되었기 때문이다. 사실 강도보다 더 혐오스러운 사람이 누가 있을까? 하지만 누가는 그가 강도질 외에 다른 범죄도 저질렀다고 언급한다.

유대인들이 그리스도가 아니라 바라바를 선택한 것은 하나님의 놀라운 섭리에 의해서만 일어날 수 있는 일이었다. 하나님의 아들이 그토록 불명예스럽게 값을 치르고 죽음을 면해야 한다는 것은 어울리지 않는 일일 것이기 때문이다. 하지만 그리스도께서는 죽음으로써 가장 큰 불명예를 당하셨다. 바라바가 놓임을 받자, 결과적으로 그분은 두 강도들 사이에서 십자가에 달리시게 되었다. 이는 그분이 모든 사람의 죄악을 친히 짊어지셨기 때문이다. 그 죄악은 다른 방법으로는 갚을 수 없는 것이었다. 곧 이어진 그리스도의 부활의 영광으로 말미암아 그분의 죽음 자체는 장엄한 승리가 되었다.

로마의 총독이 유월절에 유대인들에게 죄수 한 사람을 방면해주는 이런 풍습에는 흉악하고 가증스러운 폐해가 연루되어 있었다. 이와 같은 풍습은 유월절의 거룩함을 경축하기 위해 행해진 것이었지만, 실제로는 단지 유월절을 치욕스럽게 하는 모독 행위에 불과했다. 성경은 악인을 의롭다 하고 의인을 악하다 하는 사람은 다 여호와께 미움을 받는다고 선언한다(잠 17:15). 그러므로 그리스도께서는 이와 같은 왜곡된 사면赦免을 기뻐하지 않으셨다. 우리가 만든 것들을 가지고 하나님을 섬기려고 하는 것이야말로 가장 가증스러운 것임을 이 예例를 통해 배우자. 사람들이 자기가 상상한 것을 따르기 시작하자마자 그 일은 끝없이 계속되기 때문이다. 결국 그들은 가장 어처구니없는 어리석은 행위에 빠져서 하나님을 공공연하게 조롱하게 된다. 그러므로 하나님이 정하신 것 외에 다른 것에서 그분을 예배하는 법을 찾아서는 안 된다.

요한복음 19장

1 이에 빌라도가 예수를 데려다가 채찍질하더라 2 군인들이 가시나무로 관을 엮어 그의 머리에 씌우고 자색 옷을 입히고 3 앞에 가서 이르되 유대인의 왕이여 평안할지어다 하며 손으로 때리더라 4 빌라도가 다시 밖에 나가 말하되 보라 이 사람을 데리고 너희에게 나오나니 이는 내가 그에게서 아무 죄도 찾지 못한 것을 너희로 알게 하려 함이로라 하더라 5 이에 예수께서 가시관을 쓰고 자색 옷을 입고 나오시니 빌라도가 그들에게 말하되 보라 이 사람이로다 하매 6 대제사장들과 아랫사람들이 예수를 보고 소리 질러 이르되 십자가에 못 박으소서 십자가에 못 박으소서 하는지라 빌라도가 이르되 너희가 친히 데려다가 십자가에 못 박으라 나는 그에게서 죄를 찾지 못하였노라 요 19:1-6

1 이에 빌라도가 예수를 데려다가 빌라도는 본래 자기가 목적한 바를 고수한다. 그러나 그는 그리스도를 채찍질하면 유대인들이 이 비교적 가벼운 징벌로 만족할 것이라는 기대를 갖고 그분에게 두 번째 치욕을 가한다. 빌라도가 그토록 열심히 노력하였으나 성공하지 못하는 모습 속에서 우리는 그리스도께서 죽임을 당하기로 정해진 하늘의 작정을 보아야 한다. 하지만 그분에게 죄가 없다는 사실은 재판자의 증언에서 자주 언급되었다. 그리스도가 전적으로 무죄하다는 사실에서 우리는 그분이 다른 사람들을 대신하여 죽

으셨으며, 다른 사람들의 죄 때문에 징벌을 당하셨음을 배운다. 또한 우리는 빌라도의 심리가 몹시 불안했다는 것을 살필 수 있다. 그는 말로는 그리스도를 석방하고 그분이 무죄하다는 것을 인정한다. 하지만 그리스도께서 죄인인 양 그분에게 징벌의 방법으로 채찍을 가한다. 이렇듯 옳은 것을 일관성 있게 변호할 만한 용기가 없는 사람들은 이리저리 휘둘리면서 정반대의 모순되는 의견을 받아들이게 된다.

우리는 빌라도를 정죄한다. 하지만 말하기조차 부끄러운 일이지만, 세상에는 그리스도를 채찍질하는 빌라도와 같은 사람들이 얼마나 많은가? 그리스도의 몸에만 채찍질을 가하는 것이 아니라 그분의 교훈에도 채찍질을 가하는 사람들 말이다. 복음을 위하여 핍박 받는 사람들을 죽음에서 구원한다는 이유로 그들에게 그리스도를 부인하게 하는 불경건한 사람들이 많이 있다. 이런 행위는 그리스도를 조롱거리로 만들고 그분을 불명예스럽게 할 뿐이다. 그리고 어떤 사람들은 복음에서 자기가 인정하는 몇 가지 부분을 선별하고 전체 복음은 갈기갈기 찢어버리기도 한다. 그들은 자기들이 잘못된 부분을 고침으로써 칭찬받을 만한 일을 했다고 생각한다. 하지만 이런 식으로 복음의 교훈이 난도질당하게 하는 것보다는, 그것을 잠시 동안 매장시키는 것이 더 낫다. 악마와 폭군들의 노력에도 아랑곳하지 않고 복음의 교훈은 다시 태어날 것이기 때문이다. 그러나 복음의 교훈은 일단 더럽혀지면 순수한 모습으로 회복되기가 매우 어렵다.

2 군인들이 가시나무로 관을 엮어 이것은 빌라도의 지시로 행해졌음이 분명하다. 스스로를 왕이라고 했다는 죄로 하나님의 아들을 낙인찍기 위해서 그리고 유대인들이 그리스도를 고소한 것이 정당하다고 확신이라도 한 듯이 그들의 분노를 만족시키기 위해서 이렇게 한 것이다. 그러나 군인들은 자신들의 사악함과 오만함을 재판장이 지시한 것보다도 더 자유롭게 맘껏 표출했다. 악을 행할 기회가 주어지면 불경건한 사람들은 언제나 그 기회를 열정적으로 포착한다. 유대 백성들의 잔인함은 참으로 경탄할 정도이다. 그들은

이 애석한 장면을 보면서도 전혀 연민조차 갖지 않으니 말이다. 그러나 하나님께서는 자신의 아들의 죽음으로 세상을 자신과 화목하게 하시기 위해서 이 모든 일을 주관하신다.

6 너희가 친히 데려다가 빌라도는 그리스도를 유대인들에게 넘겨주거나 그분을 그들 마음대로 하도록 포기하고 싶지 않았다. 그래서 자기가 그들을 대신하여 그리스도를 처형하지 않겠다고 선언한다. 이것은 빌라도가 곧바로 덧붙인 이유에서 분명하게 나타난다. 즉, 그는 그분에게서 죄를 찾지 못했던 것이다. 빌라도는 마치 자기가 유대인들을 위해 무죄한 사람의 피를 흘리는 일은 절대 없을 것이라고 말하는 것 같다. 그리스도를 십자가에 못 박도록 요구하는 자들이 오직 대제사장들과 그 아랫사람들이라는 것은, 백성들이 나중에 선동자들에 의해 자극을 받기 전까지는 그렇게 흥분한 상태가 아니었다는 사실에서 분명해진다.

> **7** 유대인들이 대답하되 우리에게 법이 있으니 그 법대로 하면 그가 당연히 죽을 것은 그가 자기를 하나님의 아들이라 함이니이다 **8** 빌라도가 이 말을 듣고 더욱 두려워하여 **9** 다시 관정에 들어가서 예수께 말하되 너는 어디로부터냐 하되 예수께서 대답하여 주지 아니하시는지라 **10** 빌라도가 이르되 내게 말하지 아니하느냐 내가 너를 놓을 권한도 있고 십자가에 못 박을 권한도 있는 줄 알지 못하느냐 **11** 예수께서 대답하시되 위에서 주지 아니하셨더라면 나를 해할 권한이 없었으리니 그러므로 나를 네게 넘겨준 자의 죄는 더 크다 하시니라 요 19:7-11

7 우리에게 법이 있으니 유대인들의 이 말은, 그리스도를 처형하는 것이 그들의 격노激怒나 증오심에서 나온 것이 아니라 합법적으로 행하는 것이라는 의미이다. 그들은 빌라도가 자기들을 은근히 책망하고 있다는 것을 알았

기 때문이다. 유대인들은 그들의 법에 대해 아무것도 모르는 사람을 앞에 두고 있는 것처럼 말하고 있다. 유대인들의 말은 이런 식으로 다시 쓸 수 있다.

"우리는 우리 방식으로 살 자유가 있소. 그리고 우리 종교에 따르면 아무도 자신을 하나님의 아들이라고 말하는 것을 허락하지 않소."

이러한 비난이 얼토당토않은 것은 아니다. 하지만 유대인들은 이렇게 말함으로써 중대한 오류를 범하고 있다. 사람이 스스로 어떤 신적神的인 위엄과 권한을 주장하는 것이 불법이라는 일반적인 교훈은 분명 사실이다. 그리고 하나님께만 어울리는 영예를 자기가 갖고 있다고 주장하는 사람은 마땅히 죽음에 처해져야 한다. 그러나 유대인들의 오류는 이것을 그리스도의 인격에 적용했다는 것이다. 그들은 성경이 메시아에 관하여 예언한 것을 고려하지 않았던 것이다. 그들이 성경을 자세히 살폈더라면 예수님이 하나님의 아들이심을 쉽게 배울 수 있었을 것이고, 예수님이 하나님께서 약속하신 메시아이신지를 알아보는 데 어려움이 없었을 것이다.

여기서 우리는 어떻게 유대인들이 참된 원리에서 잘못된 결론을 이끌어냈는지를 보게 된다. 그들은 옳지 못하게 추론한 것이다. 이 예例는 일반적인 교리와 그 교리를 적용하는 것을 조심스럽게 구별해야 함을 우리에게 경고한다. 비슷한 진리로 한 번 속임을 당하고 나서는 성경의 원리까지도 거부하는 무식하고 변덕스러운 사람들이 많이 있기 때문이다. 그리고 오늘날 세상에는 이러한 자유분방함이 대단히 많이 퍼져 있기 때문이다. 그러므로 참된 원리가 건전하게 유지되고 성경의 권위가 떨어지지 않도록 거짓으로부터 우리자신을 지켜야 한다는 사실을 기억하자.

다른 한편, 오늘날 교황주의자들이 하는 것처럼 불경건한 사람들이 성경의 증언과 그 증언에서 이끌어낸 원리들을 자기들의 악한 목적을 위해 부당하게 주장하려 할 때, 우리는 이런 식으로 그들을 쉽게 논박할 수 있다. 교황주의자들은 교회의 권위를 과장해서 떠벌리면서, 하나님의 모든 자녀들이 동의하는 것만을 제창한다. 그들은 교회가 신자들의 어머니이며 진리의 기둥이라서, 누구나 교회의 말을 들어야 하며 성령께서 교회를 다스리신다고 주장한다. 그들의 주장 자체는 구구절절 옳다. 그러나 그들이 교회를 빙자하여 모든 권위를 그들 자신에게 부여하기를 원할 때, 그들은 자기들에게 전혀 속하지 않는 것을 사악하고 불경스럽게 가로채고 있는 것이다. 우리는 과연 그들이 '교회'라는 타이틀을 사용할 만한 가치가 있는 자들인지 깊이 생각해봐야 한다. 이 부분에서 그들은 완전히 자격 미달이다.

이와 마찬가지 방식으로, 교황주의자들은 경건한 사람들을 대적하면서 분노를 발할 때 자기들이 믿음과 교회의 평화를 수호하는 사람들로 임명 받았다는 구실을 댄다. 하지만 우리가 사실을 좀 더 자세히 살펴보면, 교황주의자들이 참된 교리를 수호하는 데는 전혀 마음을 쓰지 않는다는 것을 알 수 있다. 그들은 평화와 일치에 대해서는 전혀 관심을 기울이지 않으며, 단지 자기들의 포학한 행위를 위해서만 싸운다. 일반적인 원리들로 만족하고 세부적인 교훈에는 관심을 두지 않는 사람들은 교황주의자들이 우리를 공격하는 것을 당연하고 마땅한 일로 생각한다. 그러나 그 이유를 알게 되면, 교황주의자들이 무지한 사람들을 속이기 위해 퍼뜨린 연막은 순식간에 사라지고 만다.

8 빌라도가 이 말을 듣고 더욱 두려워하여 이 구절은 두 가지로 설명할 수 있다.

첫째, 빌라도가 그리스도에게 유죄 판결을 내리지 않아서 폭동이 일어난다면 다소간 비난이 자기에게 쏟아질 것을 그가 두려워했다는 설명이다.

둘째, 빌라도가 "하나님의 아들"이라는 이름을 듣자 그의 마음이 종교심으로 감동되었다는 설명이다.

이어지는 내용으로 봐서 두 번째 설명이 타당하다. 빌라도는 예수가 "하나님의 아들"이라는 말을 듣고는 관정으로 다시 들어가 그리스도께 어디서 왔는지를 물었다. 이 내용에 비춰볼 때, 빌라도는 만일 하나님의 아들에게 손을 댄다면 신성모독으로 벌을 받을지 몰라 두려워하고 걱정했음이 분명하다. 여기서 우리가 주목해야 할 것이 있다. 빌라도가 그리스도께 어디에서 왔느냐고 물을 때, 그는 그분의 나라에 대해서 알아보려 한 것이 아니라는 점이다. 그는 마치 "당신은 땅에서 태어난 사람이요 아니면 신神이요?"라는 식으로 질문한 것이다. 그래서 나는 빌라도가 신성神性에 대한 두려움으로 충격을 받았다고 이 구절을 해석한다. 한편으로 빌라도는 폭동이 들끓는 것을 보았고, 다른 한편으로는 위험을 피하기 위해 하나님을 대적해서는 안 된다는 종교적인 의무감에 사로잡혔기 때문이다.

이러한 예는 대단히 주목할 만한 가치가 있다. 그리스도의 외모는 매우 흉측했다. 하지만 하나님의 이름을 듣는 순간, 빌라도는 가장 비천하고 멸시를 받는 사람에게 나타난 하나님의 위엄을 모독하고 있다는 두려움에 사로잡혔다. 종교와는 무관한 사람에게서 이처럼 하나님을 경외하는 마음이 나타났다면, 오늘날 하나님에게 속한 것들을 아무런 두려움 없이 부주의하게 농담 삼아 장난으로 판단하는 사람들은 배교자들보다도 더 악한 자들임에 틀림없다.

사실 빌라도는 사람에게 타고난 종교성이 있다는 명백한 증거이다. 이러한 종교성 때문에, 사람들은 하나님에게 속한 것들에 관계할 경우 자기가 하고 싶은 대로 거침없이 행하지 않으려고 주의한다. 사소한 것(umbra asini)에 관하여 논쟁할 경우보다 성경에 대해 다루면서 하나님의 엄위에 영향을 덜 받는 사람들은 상실한 마음대로 내버려둔 자라고 내가 말한 이유가 바로 이것이다. 하지만 장차 그들은, 자기들이 지금 경멸하고 모독하는 하나님의 이름이 어떤 존경을 받아 마땅한지 뼈저리게 느낄 것이다.

교황주의자들이 얼마나 교만하고 맹렬하게, 입증된 하나님의 명백한 진리를 정죄하고 무죄한 사람들의 피를 흘리는지 이야기한다는 것은 소름끼치는 일이다. 나는 독자들에게 묻고 싶다. 그와 같은 무감각이 어디서 온 것일까? 교황주의자들이 하나님과 관계된 것을 다루고 있다는 사실을 망각하고 있기 때문이 아닐까?

9 예수께서 대답하여 주지 아니하시는지라 우리는 그리스도께서 대답하지 않으신 것을 이상하다고 생각하지 말아야 한다. 적어도 내가 앞에서 말한 바, 그리스도께서 빌라도 앞에 서신 이유가 자신의 입장을 변명하려고

한 것이 아니라 재판을 받으려는 데 있다고 설명한 것을 기억하고 있다면 더더욱 그러하다. 그리스도께서는 우리를 대신하여 정죄를 받으셔야만 했다. 그분이 자신을 변호하지 않으신 이유가 바로 여기에 있다. 그리스도께서 대답을 하지 않으신 것은 바울이 디모데전서 6장 13절에서 "본디오 빌라도를 향하여 선한 증언을 하신 그리스도 예수"라고 말한 것과 모순되지 않는다. 왜냐하면 그리스도께서는 빌라도 앞에서 복음에 대한 믿음을 충분히 주장하셨으며, 그분의 죽음은 그분이 가르친 교훈의 진실됨을 보증하는 것이었기 때문이다. 그리스도께서는 정당한 믿음의 고백에 필요한 것은 어느 것도 빼놓지 않고 다 하셨다. 그러나 사면赦免을 구하기 위해 입을 열지는 않으셨다. 더욱이 티베리우스 황제가 그리스도를 로마의 제신諸神들 가운데 앉히기를 원했던 것처럼 빌라도가 가공의 신神들 중의 하나로서 그리스도를 사면한다는 것은 위험부담이 큰 일이었다. 그래서 그리스도께서는 침묵으로써 이러한 어리석은 미신을 거부하셨던 것이다.

10 내가 … 권한도 있는 줄 알지 못하느냐 이 말은 빌라도에게 갑자기 들이닥친 공포가 일시적인 것이었고 견고한 뿌리가 없는 것이었음을 보여준다. 지금 빌라도는 그 모든 두려움을 잊고 갑자기 교만해져서 극악무도하게 하나님을 멸시하고 있기 때문이다. 마치 하늘에 재판장이 없는 듯이 빌라도는 그리스도를 위협한다. 하지만 하나님을 두려워하는 마음을 떨쳐내고 곧 자기들의 성향으로 돌아가는 것은 종교와 무관한 사람들에게 늘 발생하는 일이다. 이 사실에서 우리는 아무런 근거 없이 사람들의 마음이 부패했다고(렘 17:9) 한 것이 아님을 알게 된다. 사람들의 마음에 하나님을 두려워하는 어떤 요소가 내재하고 있는 것은 사실이지만, 그 마음이 경건치 못함으로 끓어넘치고 있는 것 또한 사실이다. 그러므로 하나님의 영으로 거듭나지 않는 사람은, 설령 잠시 동안 하나님을 경외하는 것처럼 보여도 이러한 경외가 가식假飾이었음을 곧 그의 행동으로 입증하게 될 것이다.

우리는 자기의 야망 때문에 미친 짓으로 치닫게 되는 교만한 사람의 전형을 빌라도에게서 보게 된다. 그는 자기의 권력을 키우고 싶어서 정의正義에 대한 모든 칭송과 명예를 스스로 포기해버린다. 그리스도에게 죄가 없다는 것을 인정한 그가 이런 말을 한다는 것은 스스로를 노상강도 수준으로 전락시키는 것이다. 자기가 잡고 있는 희생자의 목을 칠 수 있다고 자랑하는 노상강도 말이다. 이렇듯 믿음과 하나님을 아는 참 지식이 영향력을 행사하지 못하는 악한 양심은 어쩔 수 없이 동요하게 되어 있다. 그 양심 속에는 서로 갈등하는 다양한 육신의 감정들이 있는 것이 분명하다.

사람들이 자기의 한계를 넘어 무한한 능력을 주장할 때, 하나님께서는 이러한 방법으로 사람들의 교만함을 친히 벌하신다. 불의에 대해 스스로를 정죄함으로써 그들은 자신을 최악의 비난과 치욕으로 낙인찍는다. 그러므로 교만한 사람들만큼 심각하게 눈이 먼 사람들도 없다. 자기들이 대항하는 하나님의 손이 복수로 무장하고 있음을 교만한 자들이 느끼고 있다는 것을 생각하면, 그들의 무분별함이 심각한 것은 이상한 일이 아니다. 그러므로 어리석은 사람이 되지 않도록, 생각 없고 헛되게 교만에 빠지는 일이 없도록 해야 함을 기억하자. 특히 높은 지위에 있는 사람들은 절제하며, 하나님과 그분의 율법에 복종하는 것을 부끄러워하지 않아야 한다.

11 권한이 없었으리니 학자들 중에는 이 구절을 일반적으로 해석하여, 하나님의 허락이 없으면 세상에 아무런 일도 일어나지 않는다고 설명하는 사람들이 있다. 마치 그리스도께서, 자기가 모든 것을 행할 수 있다고 생각하는 빌라도에게 하나님께서 허용하신 것 이상의 일은 아무 일도 할 수 없다고 말씀하시는 양 말이다. 세상이 하나님의 뜻에 의해 다스림을 받는다는 것은 사실이다. 그래서 불경건한 사람들이 제아무리 애쓴다고 하더라도 하나님의 신비한 권세가 규정하지 않는다면 손가락 하나도 까딱할 수 없다. 하지만 내 생각에는, 이 구절을 전능자의 직분과 연결하여 이해하는 사람들이 더 맞는 것 같다. 자기에게 있는 권세가 하나님에게서 오지 않은 것처럼 우쭐해 있는 빌라도의 어리석은 교만을 그리스도께서는 이 말씀으로써 책망하고 계시기

때문이다. 그리스도의 말씀은 이렇게 다시 쓸 수 있다.

"장차 하나님의 심판대 앞에 서서 결산해야 할 필요가 없다는 듯이, 너는 무엇이든 스스로 할 수 있다고 주장하는구나. 너는 하나님의 섭리로 재판장이 되었다. 그렇다면 그분의 하늘 보좌가 네 보좌보다 훨씬 높다는 것을 생각해보아라."

다른 사람들을 다스리는 위치에 있는 사람들에게, 그들의 권한을 남용하지 않도록 하라는 권면만큼 그들의 오만함을 억제하는 데 적합한 권면은 찾아보기 어렵다. 어떤 법에 의하여 우리의 권위가 제한을 받도록 하신 하나님을 바라보지 않을 때, 아버지는 자녀들에게, 남편은 아내에게, 주인은 종들에게, 왕은 백성들에게 자기가 하고 싶은 대로 할 수 있다고 생각한다.

그러므로 나를 네게 넘겨준 자 어떤 사람들은 이 말씀이 빌라도보다 유대인들이 더 죄가 있음을 밝히는 것이라고 생각한다. 합법적인 권위를 부여 받은 자가 아니라 평민인 그들이 악한 증오와 악의에 찬 배반으로 의인에게 격분했다는 이유에서 말이다. 그러나 나는 유대인들의 죄가 더 크고 용서받을 수 없는 또 다른 이유가 있다고 생각한다. 그것은, 그들이 하나님께서 임명하신 통치자(빌라도)로 하여금 자기들의 욕구를 만족시키도록 강요했다는 점이다. 하나님의 거룩한 명령을 사악한 목적으로 사용하는 것은 커다란 신성모독이다. 자기 손으로 가난한 여행자의 목숨을 빼앗는 강도는 누가 보더라도 끔찍하다. 하지만 재판이라는 미명하에 무죄한 사람을 죽이는 사람은 더욱 악하다. 그리스도께서는 빌라도의 죄를 경감시키기 위하여 유대인들의 죄를 크게 한 것이 아니었다. 그분은 유대인의 죄와 빌라도의 죄를 비교하신 것이 아니라, 유대인들이 빌라도와 똑같이 거룩한 권세를 더럽혔기 때문에 동일한 죄를 범했다고 언급하시는 것이다. 빌라도의 죄와 유대인들의 죄에 차이가 있다면, 그것은 다만 그리스도께서 유대인들에 대해서는 직접적으로 언급하신 반면 빌라도에 대해서는 유대인들의 요구에 굴복했다고 간접적으로 비난하신 것뿐이다.

12 이러하므로 빌라도가 예수를 놓으려고 힘썼으나 유대인들이 소리 질러 이르되 이 사람을 놓으면 가이사의 충신이 아니니이다 무릇 자기를 왕이라 하는 자는 가이사를 반역하는 것이니이다 13 빌라도가 이 말을 듣고 예수를 끌고 나가서 돌을 깐 뜰(히브리 말로 가바다)에 있는 재판석에 앉아 있더라 14 이날은 유월절의 준비일이요 때는 제 육시라 빌라도가 유대인들에게 이르되 보라 너희 왕이로다 15 그들이 소리 지르되 없이 하소서 없이 하소서 그를 십자가에 못 박게 하소서 빌라도가 이르되 내가 너희 왕을 십자가에 못 박으랴 대제사장들이 대답하되 가이사 외에는 우리에게 왕이 없나이다 하니 16 이에 예수를 십자가에 못 박도록 그들에게 넘겨주니라 17 그들이 예수를 맡으매 요 19:12-17上

12 이러하므로 빌라도가 예수를 놓으려고 힘썼으나 빌라도는 지혜롭게 행동하지도 않았고, 정의에 대한 관심보다는 야망에 지배를 받았다. 그런 면에서 그는 매우 우유부단한 사람이었다. 하지만 그리스도께서 빌라도를 호되게 책망하시자, 그는 감정에 이끌리지 않고 그리스도를 놓아주려고 더욱 애썼다. 이 점에서 그의 겸허함은 칭찬할 만하다. 빌라도는 재판장이었다. 그런데도 그는 피고인의 비평을 겸손하게 받아들였다. 심지어 서로 대등한 관계에서도 상대방이 꾸짖는 것을 이처럼 조용히 견디는 사람은 백 명 중에서 한 사람도 찾기 힘들다.

가이사의 충신이 아니니이다 유대인들은 빌라도를 협박하여 그리스도에 대한 유죄 판결을 얻어내려 했다. 가이사에 대한 빌라도의 충성심을 의심하는 것이야말로 유대인들이 그를 공격할 수 있는 가장 불쾌하고도 위협적인 말이었기 때문이다. 유대인들은 빌라도에게 이렇게 말했다.

"모든 것을 뒤엎으려고 한 사람을 방면한다면, 이것은 당신이 가이사의 권위에 전혀 관심을 갖지 않는 사람이라는 명백한 증거요."

유대인들의 이러한 사악함은 결국 빌라도의 결심을 깨뜨렸다. 지금까지는 유대인들의 분노에 찬 아우성에 흔들리기만 했던 그 결심이 깨져버린 것이다. 복음서 기자(요한)가 이러한 세부적인 내용을 이처럼 주의 깊게 조사하고 주장한 데에는 분명한 이유가 있었다. 빌라도가 그리스도께 유죄 판결을 내리지 않고 서너 번 놓아주려고 시도했다는 것은 우리에게 매우 중요하기 때문이다. 이를 통해 우리는 그리스도께서 자신 때문이 아니라 우리를 위해서 정죄를 받으셨다는 것을 배울 수 있다. 또한 우리는 그리스도께서 재판장(빌라도)의 호의적인 제안을 거절하심으로써 진정 자원하여 죽음을 당하셨다는 것도 배울 수 있다. 이러한 순종으로 말미암아 그리스도의 죽음은 모든 죄를 대속(代贖)하기 위한 향기로운 제사가 되었다.

13 빌라도가 … 재판석에 앉아 있더라 빌라도는 마치 일인이역-人二役을 하는 배우처럼 상충되는 행동을 하고 있다. 그는 위엄을 갖추고 그리스도에게 사형을 선고하려고 재판석에 오르면서도, 그렇게 하는 것이 매우 꺼려지고 자기 양심에 반한다고 공공연히 선언한다. 빌라도는 빈정대면서 그리스도를 '왕'이라고 칭한다. 이것은 유대인들이 그리스도에 대해 고발한 혐의는 사소한 것이었다는 뜻을 내포한다. 아니면 빌라도가 유대인들의 분노를 가라앉히려는 목적으로, 유대인 중 한 사람이 왕권에 대한 대망을 품은 죄로 형을 선고 받았다는 소식이 퍼진다면 온 세상에 망신거리가 될 것이라고 경고하는 것일 수도 있다.

돌을 깐 뜰(히브리 말로 가바다) 복음서 기자가 그곳의 이름을 히브리어로 '가바다'라고 할 때, 그는 당시에 일반적으로 사용되던 아람어 또는 시리아어를 언급하는 것이다. 히브리어로 '가바'Gabah는 '숭고한'이란 의미이기 때문이다. 그러므로 높은 곳에서 정죄를 받는 것은 그리스도에게 걸맞은 일이다. 그리스도께서는 최고의 재판장으로서 하늘에서 내려오셔서 마지막 날에 우리의 죄를 용서하실 것이기 때문이다.

14 때는 제육시라 복음서 기자들마다 시간을 측정하는 방식이 서로 다르

거나 모순되는 것 같다. 마가는 그리스도에게 최종 선고가 내려졌을 때가 세시였다고 분명히 말한다(막 15:25). 반면에 나머지 세 복음서 기자들은 그리스도께서 십자가에 달리시는 동안 제육시부터 어둠이 임했다고 언급한다. 하지만 이 문제를 해결하는 것은 그리 어렵지 않다. 다른 성경 본문들에 근거해볼 때, 당시에는 밤이 사경四更으로 구성되어 있는 것처럼 낮을 네 부분으로 나누었다는 것이 분명하다. 그래서 복음서 기자들은 종종 낮을 네 시간으로만 나누고 또 각각의 시간을 세 시간으로 확장했다. 동시에 복음서 기자들은 한 시간의 마지막 부분에 해당하는 시간을 다음 시간에 속하는 것으로 간주했다. 이와 같은 시간 계산법에 따르면, 요한이 그리스도께서 제 육시에 최종 판결을 받으셨다고 표시한 것은 그 시각이 제육시 또는 하루의 두 번째 부분에 다가가고 있었기 때문이다. 그러므로 우리는 그리스도께서 제육시 또는 그 무렵에 십자가에 못 박히셨다고 결론을 내릴 수 있다. 복음서 기자가 나중에 다시 언급하고 있듯이, 그리스도께서 십자가에 못 박히신 곳은 예루살렘 도성과 가깝다. 제육시부터 제구시까지 어둠이 시작되었고, 그 어둠은 그리스도께서 숨을 거두실 때인 열한 시까지 계속되었다.

15 가이사 외에는 우리에게 왕이 없나이다 율법 내용을 잘 알고 있어야 할 대제사장들이, 이스라엘 백성의 모든 구원이 담겨 있고 모든 약속의 성취가 달려 있으며 그들 종교 전체의 근거가 되는 메시아를 거부한 것은 무시무시한 광기狂氣를 보여주는 행동이다. 사실 메시아를 배척함으로써 그들은 하나님의 은혜와 모든 복을 포기한 것이다. 우리는 대제사장들이 어떤 광기에 사로잡혔는지를 본다. 그리스도가 진정한 메시아가 아니라고 상상해보자. 그렇다고 하더라도 대제사장들이 가이사 외에는 자기들에게 다른 왕이 없다고 말한 것에 대해서는 변명의 여지가 없다.

첫째, 대제사장들은 하나님의 영적인 나라에서 반역을 일으킨 셈이기 때문이다.

둘째, 대제사장들은 하나님께서 약속하신 의로운 정부보다 그들이 혐오스럽게 생각한 로마 제국의 독재를 더 좋아했기 때문이다.

이렇듯 불경건한 사람들은 그리스도에게서 떠나 영생을 상실할 뿐만 아니라 온갖 종류의 비참함을 자초한다. 반면 경건한 사람들의 유일한 행복은 그리스도의 왕 되심에 복종하는 것이다. 그들의 육신이 의롭고 합법적인 정부 아래 있든지 아니면 독재자의 압제 아래 있든지 상관없이 말이다.

16 이에 예수를 … 그들에게 넘겨주니라 대제사장들의 집요함 때문에 빌라도는 그리스도를 그들에게 넘겨주지 않을 수 없었지만, 이 일이 무질서한 소란 속에서 이루어진 것은 아니었다. 그리스도는 통상적인 형식에 따라 엄숙하게 십자가 처형을 선고 받았다. 그 당시 재판을 받고 그분과 함께 십자가형을 선고 받은 다른 두 강도도 그곳에 있었기 때문이다. 그리스도께서 어떤 죄를 지으신 것으로 판결을 받지는 않으셨는데도 무자비할 정도로 잔인한 백성들에게 넘겨졌다는 사실을 확증하려고 요한은 이 구절을 집어넣은 것이다.

> **17** 예수께서 자기의 십자가를 지시고 해골(히브리 말로 골고다)이라 하는 곳에 나가시니 **18** 그들이 거기서 예수를 십자가에 못 박을새 다른 두 사람도 그와 함께 좌우편에 못 박으니 예수는 가운데 있더라 **19** 빌라도가 패를 써서 십자가 위에 붙이니 나사렛 예수 유대인의 왕이라 기록되었더라 **20** 예수께서 못 박히신 곳이 성에서 가까운 고로 많은 유대인이 이 패를 읽는데 히브리와 로마와 헬라 말로 기록되었더라 **21** 유대인의 대제사장들이 빌라도에게 이르되 유대인의 왕이라 쓰지 말고 자칭 유대인의 왕이라 쓰라 하니 **22** 빌라도가 대답하되 내가 쓸 것을 썼다 하니라 요 19:17下-22

17 예수께서 자기의 십자가를 지시고 해골(히브리 말로 골고다)이라 하는 곳에 나가시니 본문에 자세히 설명된 내용은 이야기의 진실성을 보여주는 면에서 뿐만 아니라 우리의 믿음을 세우는 면에서도 매우 가치가 있

다. 우리는 그리스도의 희생을 통해 이루어진 의義를 추구해야 한다. 자신이 우리 죄를 위한 희생제물임을 입증하시기 위해, 그리스도께서는 성城 밖으로 나가 나무에 달리시기를 원하셨다. 율법의 명령에 따르면, 죄를 위하여 피를 흘리는 제사는 진영 밖에서 행해졌던 것이 관례였기 때문이다. 또한 그 동일한 율법이 나무에 달린 자마다 저주를 받은 자라고 선언하고 있기 때문이다 (레 6:30 ; 16:27 ; 신 21:23). 이 두 가지 모두 그리스도 안에서 성취되었다. 우리 죄가 그리스도의 죽음으로 말미암아 대속함을 얻었다는 것과 우리를 율법의 저주에서 구원하시려고 그분이 친히 저주를 받으셨다는 것(갈 3:13), 그리고 우리를 자신 안에서 하나님의 은혜가 되게 하시려고 그분이 대신하여 죄가 되셨고(고후 5:21) 우리의 허물을 짊어지시고 그 허물을 우리에게서 없애시려 그분이 성 밖으로 나가셨다는 것(히 13:12)을 우리가 충분히 확신할 수 있도록 하기 위해서 말이다.

18 다른 두 사람도 그와 함께 좌우편에 못 박으니 예수는 가운데 있더라 이 구절도 앞에서 언급한 것과 동일한 목적을 지닌다. 마치 십자가형 자체의 야만성으로는 충분하지 않은 듯이, 그리스도께서는 두 강도 사이에 매달리셨다. 그분은 다른 강도들과 같은 부류의 사람으로 취급되었을 뿐만 아니라 그들 중에서도 가장 사악하고 혐오스러운 대상인 것처럼 여겨졌다. 하지만 그리스도를 처형한 불경건한 사람들은 하나님의 손길과 계획에 의해 결정된 것만 행했다는 것을 우리는 늘 기억해야 한다. 하나님께서는 자신의 아들을 불경건한 사람들의 격노에 내어주신 것이 아니라, 아들 스스로 그 자신의 뜻과 결정에 따라 희생제물로 드리기를 원하셨기 때문이다.

하나님께서는 왜 자신의 아들이 고난을 받도록 이 모든 일을 계획하셨을까? 그에 대한 가장 합당한 이유를 알고자 한다면, 우리는 죄에 대한 그분의 분노가 무서울 정도로 크다는 것과 우리를 향한 그분의 선하심이 측량할 수 없을 만큼 크다는 것을 둘 다 고려해야 한다. 하나님의 아들이 우리를 위하여 버림 받으신 것 외에는 우리 죄를 없앨 수 있는 다른 아무런 방도가 없었다.

마치 온갖 종류의 죄악에 더럽혀지기라도 한 듯이 그리스도께서는 저주 받은 자리에 설 수밖에 없으셨다. 이는 그분이 하나님과 사람들 앞에서 저주 받은 자로 나타나시기 위함이었다. 이것을 보고도 하나님께서 죄에 대하여 얼마나 몸서리를 치시는지 분명히 깨닫지 못한다면, 우리는 정말로 어리석은 사람이다. 이와 같은 심판 앞에서 두려워 떨지 않는다면 우리는 돌보다 더 완악한 사람인 것이다.

그러나 하나님께서 우리를 구원하는 일이 너무도 귀해서 자신의 독생자를 아끼지 않았다고 선언하실 때, 우리는 이 선언에서 하나님의 풍성한 선하심과 은혜를 본다. 그리스도께서 왜 죽으셨는지 그리고 그분의 죽음이 우리에게 가져다준 결과가 무엇인지 바르게 생각하는 사람이라면, 십자가를 선포하는 것을 헬라인들처럼 어리석다고 여기지 않을 것이고 유대인들처럼 거치는 것이라고 생각하지 않을 것이다(고전 1:23). 오히려 십자가를 선포하는 것은 하나님의 능력과 지혜와 의義와 선하심의 헤아릴 수 없는 본보기와 보증이라고 여길 것이다.

요한은 그리스도께서 십자가에 달리신 장소를 '골고다'라고 언급했는데, 이는 그 명칭을 아람어 또는 시리아어에서 취한 것이다. 하지만 이 명칭은 '굴러가다'라는 뜻의 '갈갈'galgal에서 유래했다. 해골이 공이나 지구본처럼 둥글기 때문이다.

19 빌라도가 패를 써서 복음서 기자는 빌라도가 사형선고를 내린 뒤에 행한 기억에 남을 만한 행동 한 가지를 소개한다. 죄수가 처형될 때, 그가 그런 징계를 받는 이유를 모든 사람에게 본보기로 알리기 위하여 이와 같이 패를 써서 붙이는 것이 풍습이었던 것 같다. 하지만 그리스도의 경우에 특이한 점은 그분에게 붙여진 칭호가 치욕적인 것이 아니었다는 사실이다. 빌라도는 집요하게 자기를 부추겨서 무고한 사람을 강제로 처형하게 만든 유대인들에게 은근히 복수하려는 의도에서 이렇게 했다. 또한 그는 그리스도를 "유대인의 왕"이라고 부름으로써 이스라엘 온 나라를 정죄하고 싶었다. 그래서 그는

360

그리스도께 죄를 범했다는 아무런 낙인도 찍지 않았다.

그러나 빌라도의 손을 움직이신 하나님의 섭리에는 훨씬 더 고상한 목적이 담겨 있었다. 사실 빌라도가 그리스도를 구원의 주‡요 하나님의 나실인✚이며 택함 받은 백성들의 왕으로 찬양한 것은 아니었다. 하지만 하나님께서는 그로 하여금 "나사렛 예수 유대인의 왕"이라는 복음의 내용을 기록하게 하셨다. 물론 빌라도는 자기가 쓰고 있는 말이 무슨 뜻인지 깨닫지 못했지만 말이다. 이 패가 세 언어로 기록되어 선포된 것 또한 성령의 비밀스러운 인도하심에 의한 것이다. 패의 내용을 세 언어로 기록하는 것은 일반적으로 시행되던 일이 아니었기 때문이다. 그러나 하나님께서는 이렇게 전주곡을 연주하심으로써, 그분의 아들의 이름이 만방에 알려질 때가 이미 가까이 왔음을 보여주셨다.

21 대제사장들이 빌라도에게 이르되 대제사장들은 자기들이 모욕과 무시를 당했다고 느껴 빌라도에게 패에 쓴 내용을 수정하라고 요구한다. 이스라엘 나라가 망신을 당하는 것이 아니라 그리스도가 모든 불명예를 뒤집어쓰도록 말이다. 그러나 그들은 자기들을 타락시킨 진리에 대한 심각한 증오심을 숨기지 않는다. 그들은 진리의 작은 불꽃도 견딜 수 없었다. 하나님의 빛이 아무리 작게 빛을 발하는 순간에도, 이렇듯 사탄은 늘 자기 종들을 선동하여 그들의 어둠으로 그 빛을 끄거나 적어도 가리게 한다.

22 내가 쓸 것을 썼다 빌라도가 대제사장들의 요구에도 흔들리지 않고 확고한 입장을 고수한 것은 하나님의 섭리로 이해해야 한다. 분명 대제사장들은 다양한 방법으로 빌라도의 결정을 바꾸려고 노력했을 것이기 때문이다. 그러므로 하나님께서 빌라도를 지켜주셨기에 그가 굽히지 않은 것임을 알자. 빌라도는 제사장들의 간청에 무릎을 꿇지도 않았고 그들에 의해 오염되

✚ '나실인'은 '하나님께 헌신한 사람'이란 뜻이다(《공관복음 주석》 마태복음 2장 23절을 참조하라).

지도 않았다. 하나님께서는 빌라도의 입을 빌려, 하나님의 아들의 나라가 확고하다는 사실을 증언하셨다. 빌라도가 쓴 글에 그리스도의 나라가 실로 확고하게 드러나서 원수들의 어떠한 전략에도 흔들릴 수 없었다면, 하나님께서 자신을 섬기도록 하기 위해 그 입과 손을 거룩하게 하신 선지자들의 증언에 대해서 우리는 어떤 가치를 부여해야 하겠는가?

빌라도의 본은 우리에게 끊임없이 진리를 보호해야 할 의무가 있음을 말해준다. 자기가 무슨 일을 하고 있는지 알지도 못한 채 혹은 어떤 특별한 의도를 가지고 한 것이 아닐지라도, 빌라도는 자기가 그리스도에 관하여 참되게 기록한 것을 철회하지 않는다. 그렇다면 만일 위협이나 위험으로 말미암아 두려워하여 우리가 하나님께서 그분의 영으로 우리 마음에 인印을 치신 그분의 교훈에 대한 고백을 철회한다면, 이는 얼마나 수치스러운 일이겠는가?

또한 우리는 사람들로 하여금 복음서와 모든 성경을 읽지 못하게 하는 교황주의자들의 횡포가 얼마나 혐오스러운 것인지를 주목해야 한다. 빌라도는 멸망 받을 자이고 어떤 면에서 사탄의 도구였지만, 그럼에도 불구하고 그는 신비스러운 감동으로 말미암아 세 언어로 복음의 핵심 내용을 선포하는 복음의 선포자로 지명되었다. 그렇다면 가능한 모든 수단을 동원해서 복음을 아는 지식을 압제하는 사람들은 도대체 어떻게 취급해야 할까? 그들은 빌라도보다 더 악하다는 것을 보여주고 있으니 말이다.

---

23 군인들이 예수를 십자가에 못 박고 그의 옷을 취하여 네 깃에 나눠 각각 한 깃씩 얻고 속옷도 취하니 이 속옷은 호지 아니하고 위에서부터 통으로 짠 것이라 **24** 군인들이 서로 말하되 이것을 찢지 말고 누가 얻나 제비 뽑자 하니 이는 성경에 그들이 내 옷을 나누고 내 옷을 제비 뽑나이다 한 것을 응하게 하려 함이러라 군인들은 이런 일을 하고

요 19:23,24

23 군인들이 다른 복음서 기자들도 군인들이 그리스도의 옷을 나눠가진 내용을 언급한다. 당시 네 명의 군인이 있었는데, 그들은 자기들끼리 속옷을 제외한 그분의 다른 옷들을 나눠 가졌다. 속옷은 호지 않았기 때문에 나눌 수가 없어서 제비를 뽑았다. 우리로 하여금 하나님의 목적이 무엇인지를 생각하게 하려고 복음서 기자들은 이 상황에서도 성경 말씀이 성취되었다고 언급한다. 그런데 그들이 시편 22편 18절에서 인용한 구절은 지금 다루고 있는 주제에 적합하지 않게 적용된 것 같다. 시편 22편에서 다윗은 자기 원수에게 포획되었다고 불평하면서 자기 모든 소유에 대한 은유적 상징으로 옷이라는 단어를 사용하고 있기 때문이다. 이를테면 그는 자기가 악한 자들에게 약탈당하여 벌거벗김을 당했다고 말하고 있는 셈이다. 복음서 기자들이 이 이미지를 무시했을 때, 그들은 그 본래의 의미에서 떠난 것이다.

하지만 우리는 먼저 이 시를 다윗에 관한 것으로 제한해서는 안 된다는 점을 이해해야 한다. 이는 여러 구절들에서 분명하게 나타나는데, 특히 "내가 … 회중 가운데에서 주를 찬송하리이다"(시 22:22)라는 구절을 보면 더욱 그러하다. 즉, 이 시는 그리스도를 언급한 것으로 이해해야 한다. 그러므로 다윗에게 희미하게 묘사된 것이 그리스도에게 더욱 분명하게 나타나는 것은 지극히 당연하다. 진리는 그것에 대한 상징적 표현보다 더 분명해야 마땅하기 때문이다.

또한 그리스도의 옷이 벗김을 당한 것은, 주님이 우리에게 자신의 의義를 입혀주시기 위함임을 기억하자. 우리를 하나님의 심판대 앞에서 영광으로 나타나게 하려고 벌거벗겨진 그분의 몸이 사람들의 모욕을 받았다. 몇몇 사람들이 이 구절을 곡해하여 알레고리적인 의미를 부여한 것은 성경을 갈기갈기 찢는 이단적인 행위이며 너무 억지스러운 설명이다. 그러나 나는 그리스도의 옷이 불경건한 군인들에 의해 나뉘었듯이, 오늘날에도 그리스도께서 자신을 우리에게 나타내기 위해 입으신 옷에 해당하는 성경 전체를 자기들이 만든 이상한 것들로 난도질하는 사악한 사람들이 있다고 비교하는 것에 대해서는 반박하지 않을 참이다.

그러나 하나님을 지독하게 모독하는 교황주의자들의 정직하지 못한 처사는 견딜 수가 없다. 그들은 성경이 이단들에 의해 조각났지만 그 옷, 즉 교회는 온전하게 남아 있다고 주장한다. 그래서 교황주의자들은 성경의 권위를 거부한 채, 믿음으로 하나 되는 것이 단순히 교회라는 타이틀에 존재한다고 주장한다. 마치 교회의 하나 됨이 성경을 믿는 믿음이 아닌 다른 어떤 것에 기초하고 있기라도 한 듯이 말이다. 그러므로 교황주의자들이, 믿음이 교회에만 있는 것처럼 믿음을 성경과 분리시킬 때, 그들은 이와 같은 분리로써 그리스도를 약탈할뿐더러 그분의 몸을 잔인하게 더럽히고 있는 것이다. 비록 교황주의자들이 그리스도의 호지 않은 속옷을 교회의 상징이라고 주장하는 것에 대해서는 묵과한다고 하더라도, 그들의 주장이 관철되지는 않을 것이다. 왜냐하면 교회가 그들의 권세 아래 있다는 것이 여전히 증명되어야 하는데, 그들은 이 점에서 전혀 어떤 표지도 보여주지 못하기 때문이다.

25 예수의 십자가 곁에는 그 어머니와 이모와 글로바의 아내 마리아와 막달라 마리아가 섰는지라 26 예수께서 자기의 어머니와 사랑하시는 제자가 곁에 서 있는 것을 보시고 자기 어머니께 말씀하시되 여자여 보소서 아들이니이다 하시고 27 또 그 제자에게 이르시되 보라 네 어머니라 하신대 그때부터 그 제자가 자기 집에 모시니라 요 19:25-27

25 예수의 십자가 곁에는 … 섰는지라 복음서 기자는 그리스도께서 성부 하나님께 순종하시면서 자신의 어머니에 대한 인간적인 의무를 소홀히 하지 않으셨음을 동시에 언급한다. 그리스도께서 성부 하나님께 순종하는 데 필요한 것이라면 자기 자신뿐만 아니라 모든 것을 개의치 않으셨다는 것은 사실이다. 하지만 그 일을 다 마치신 후에는 자신의 어머니에게 해야 할 바를 게을리하지 않으셨다. 이 사실에서 우리는 하나님과 사람에 대한 의무를 어떤 식으로 행해야 할지 배우게 된다. 하나님께서 우리를 어떤 일로 부

르실 때, 우리 부모나 아내나 자식들이 우리를 다른 방향으로 가게 하기 때문에 양쪽 다 똑같이 만족시키지 못하는 일이 종종 발생하곤 한다. 사람들을 하나님과 동등한 위치에 놓는다면 그것은 잘못 판단하는 것이다. 그러므로 우리는 하나님의 명령과 그분을 예배하고 섬기는 일에 우선순위를 두어야 한다. 그런 다음에 우리가 할 수 있는 범위 내에서 사람에 대한 의무도 행해야 한다.

율법의 첫 번째 판에 기록된 (하나님에 관련된) 계명들과 두 번째 판에 기록된 (이웃에 관련된) 계명들은 언뜻 보는 것과 다르게 서로 상충되지 않는다. 하지만 우리는 반드시 하나님을 예배하는 것을 먼저 해야 하고, 사람들에게는 더 낮은 우선순위를 두어야 한다. 그것이 바로 다음과 같은 예수님의 말씀이 의미하는 바이다.

"무릇 내게 오는 자가 자기 부모와 처자와 형제와 자매와 더욱이 자기 목숨까지 미워하지 아니하면 능히 내 제자가 되지 못하고"(눅 14:26, 마 10:37 참조).

그러므로 하나님을 예배하고 순종하는 일에 조금이라도 저해가 되지 않는 한도 내에서 사람들에 대한 의무를 다할 필요가 있다. 우리가 하나님께 순종했다면, 그 다음에 부모나 아내나 자식들을 생각하는 것은 합당하고 바르다. 그리스도께서 자신의 어머니에게 마음을 쓰셨지만, 그것은 아버지의 부름에 순종하여 십자가에 달리신 후였던 것처럼 말이다.

이 모든 일이 일어난 때와 장소를 고려한다면, 그리스도께서 자신의 어머니에게 행하신 의무는 놀라운 것이었다. 나는 그분의 육체에 가해진 극단적인 고통과 치욕에 대해서는 언급하지 않고 지나가겠다. 하나님을 거스르는 소름끼치는 신성모독으로 말미암아 그분의 마음은 엄청난 슬픔으로 지쳐 있었다. 또한 그분은 영원한 죽음과 마귀를 대항하여 무서운 싸움을 싸우고 계셨다. 하지만 그분은 이런 것에 아랑곳하지 않으시고 어머니를 염려하셨다.

또한 우리는 이 구절에서, 하나님께서 율법에 부모를 공경하라고 명령하셨을 때 그 공경이 어떤 것인지를 배울 수 있다. 그리스도께서는 자신을 대신할 제자 한 명을 지명하시고, 그에게 자신의 어머니를 맡기면서 돌봐달라고 부탁하셨다. 여기서 우리는 부모님을 공경한다는 것이 단지 존경하는 것만이 아니라 필요한 모든 의무를 다하는 것이라는 결론을 내릴 수 있다.

다른 한편으로 우리는 그곳에 있던 거룩한 여자들의 믿음도 고려해야 한다. 그리스도를 따라 십자가에까지 온 것을 보면 그들은 단순한 애착 이상의 것을 보여주고 있는 것이 사실이다. 그러나 그들이 믿음으로 무장되지 않았다면 결코 그 자리에 있을 수 없었을 것이다. 요한 자신에 대해서 말할 것 같으면, 우리는 그의 믿음이 잠깐 동안 가려져 있었지만 완전히 꺼진 것은 아니었다고 추론할 수 있다. 그리스도의 부활의 영광이 우리 눈앞에 있는데도 십자가의 공포 때문에 우리가 그분을 따라가지 못한다면, 이 얼마나 부끄러운 일이겠는가? 이 경건한 여자들은 십자가의 치욕과 저주밖에 보지 못하면서도 그리스도를 따랐는데 말이다.

글로바의 아내 마리아와 막달라 마리아 요한은 '마리아'를 글로바의 아내 또는 딸이라고 부른다. 나는 마리아가 글로바의 딸이라고 생각한다. 요한은 이 마리아가 예수님의 이모라고 주장한다. 히브리어 표현에 따르면 '이모'는 실제 이모뿐만 아니라 남자 형제와 관련된 모든 혈족까지도 지칭한다. 우리는 막달라 마리아가 일곱 귀신 들렸던 상황에서 고침을 받은 것이 무익한 것이 아니었음을 보게 된다. 그녀는 끝까지 그리스도의 신실한 제자였음을 보여주었으니 말이다.

26 여자여 보소서 아들이니이다 그리스도의 말씀은 이렇게 풀어 쓸 수 있다.

"지금 이후로는 제가 땅에서 살지 못하고 어머니께 아들로서의 의무를 해드릴 수가 없습니다. 그래서 제가 이 사람을 세워 저를 대신하여 아들의 의무를 행하게 합니다."

그리스도께서 요한에게 "보라 네 어머니라"라고 하셨을 때도 이와 동일한 의미로 말씀하신 것이다. 즉, 그리스도께서는 이 말씀을 하심으로써 요한에게 마리아를 어머니로 생각하고 그의 어머니로서 보살펴줄 것을 명령하신 것이다.

그리스도께서 마리아를 '어머니'라고 부르지 않고 "여자여"라고 부른 것은 그녀의 마음에 슬픔으로 인한 깊은 상처를 주지 않으려는 의도가 담겨 있다고 생각하는 사람들이 더러 있다. 나는 이러한 생각을 거부하지는 않는다. 그러나 그리스도께서는 지금 인간으로서의 삶의 여정을 마치셨다는 것을 보여주고자 하신 것이라는 또 다른 추측이 더 개연성이 있다고 생각한다. 그분은 지금까지 살아오셨던 인간으로서의 신분을 벗고, 장차 천사들과 사람들을 다스리시게 될 하늘에 있는 나라로 들어간다는 것을 보여주고자 하신 것이다. 제자들이 육신을 바라보지 못하게 하려고 그리스도께서는 늘 그들을 보호하곤 하셨다는 것을 우리는 알고 있다. 이러한 관례는 그분의 죽음에 즈음하여 특히 더 필요했던 것이다.

27 그 제자가 자기 집에 모시니라 요한이 그리스도의 명령에 순종한 것은 제자가 자기 스승에게 보인 존경의 표시이다. 사도들에게는 가족이 있었던 것 같다. 요한에게 집과 안정적인 생활양식이 없었다면 그리스도의 어머니를 환대하거나 그분을 자기 집에 모실 수 없었을 것이다. 그러므로 사도들이 자기 재산을 다 버리고 완전히 빈털터리로 그리스도에게 왔다고 생각하는 사람들은 어리석다. 그러나 이 사람들보다도 더 정신 나간 몽상가들은 구걸하는 것을 최고의 덕으로 생각하는 사람들이다.

²⁸ 그 후에 예수께서 모든 일이 이미 이루어진 줄 아시고 성경을 응하게 하려 하사 이르시되 내가 목마르다 하시니 ²⁹ 거기 신 포도주가 가득히 담긴 그릇이 있는지라 사람들이 신 포도주를 적신 해면을 우슬초에 매어 예수의 입에 대니 ³⁰ 예수께서 신 포도주를 받으신 후에 이르시되 다 이루었다 하시고 머리를 숙이니 영혼이 떠나가시니라 요 19:28-30

28 예수께서 모든 일이 이미 이루어진 줄 아시고 요한은 다른 세 복음서 기자들이 언급한 많은 내용을 의도적으로 묵과하고 지나간다. 이제 그는 매우 중요한 마지막 단원을 서술한다. 요한이 그곳에 그릇이 있다고 언급할 때(29절), 그는 마치 십자가 옆에 그릇을 놓아두는 것이 통례인 것처럼 말한다. 이 문제와 관련해서는 지금까지 많은 논쟁이 있었다. 나는 그 그릇이 오랫동안 고문을 당한 죄수들의 죽음을 촉진시키기 위해 마련된 마실 물이라는 견해에 동의한다. 그러나 그리스도께서는 모든 일이 이루어진 이후에야 비로소 마실 것을 찾으셨다. 이렇듯 그분은 우리에 대한 무한한 사랑과 우리의 구원에 대한 측량할 수 없는 관심을 보이셨다. 어떠한 말로도 그리스도께서 당하신 쓰디쓴 비애를 완전히 표현할 수 없다. 그러나 그분은 하나님의 공의를 만족시키기 전에는 그 비애를 벗어나려고 하지 않으셨다.

그런데 그리스도께서는 아직 죽음에 이르지 않으셨는데도 어떻게 모든 일이 이루어졌다고 말씀하실 수 있었는가? 이 질문에 답하겠다. 요한은 곧 이어 이루어질 일을 언급한 것이다. 그리스도께서는 아직 죽지 않으셨고 아직 부활하지 않으셨다. 하지만 그분은 자신의 죽음과 부활을 막을 것이 아무것도 없음을 아셨다. 이런 식으로 그분은 친히 모범을 보이심으로써 우리에게 완전한 순종을 교훈하신다. 설령 우리가 최악의 슬픔 속에서 괴로워할 수밖에 없다고 하더라도, 그분의 선하신 뜻대로 사는 것을 어렵게 생각하지 않도록 하기 위해서 말이다.

성경을 응하게 하려 하사 다른 복음서 기자들이 언급한 내용에 비춰볼 때 여기서 말하는 성경이 시편 69편 21절이라는 것을 쉽게 알 수 있다.

"그들이 쓸개를 나의 음식물로 주며 목마를 때에는 초를 마시게 하였사오니."

물론 여기서 말하는 내용은 비유이다. 다윗은 사람들이 자기가 요청한 도움을 거절했을 뿐만 아니라 오히려 잔인하게 그의 고통을 가중시켰다는 뜻으로 이렇게 말한 것이다. 그러나 다윗에게서 희미하게 묘사된 것이 그리스도에게서는 좀 더 분명하게 나타났다고 말해도 아무런 문제가 없다. 다윗이 비유적으로만 겪었던 고난이 그리스도 안에서는 분명하고도 온전하게 드러났을 때, 거기서 우리는 진리가 비유와 얼마나 다른지를 좀 더 충분히 알게 되기 때문이다. 그리스도께서는 자신이 다윗이 상징했던 분이심을 보이려고 신 포도주를 마셨다. 또한 우리의 믿음을 견고하게 하고자 하는 목적으로 그렇게 하셨다.

'목마르다'라는 말에 알레고리적인 의미를 부여하는 사람들은 참된 교훈보다는 새로운 것을 만들어내는 것에 더 관심을 보인다. 그러나 복음서 기자는 그리스도께서 죽음에 임박하여 신 포도주를 찾으셨다고 언급함으로써 이러한 견해를 일축한다.

복음서 기자가 해면을 우슬초에 매었다고 말한 것은 군인들이 해면을 그리스도의 입에 닿게 하려고 그것을 관목의 가지에 묶은 것으로 이해할 수 있다.

30 다 이루었다 그리스도께서는 이전에 사용하셨던 말씀과 동일한 말씀을 반복하신다. 이제 그리스도의 이 말씀은 가장 기억에 남는 말씀이 되었다. 이는 우리의 구원과 그것을 이루는 모든 부분들의 온전한 성취가 그분의 죽음 안에서 이루어졌음을 가르쳐주기 때문이다. 나는 이미 앞에서 그리스도의 부활이 그분의 죽음과 분리될 수 없다고 주장했다. 그러나 그리스도의 말씀의 요지는 우리의 믿음이 그분에게만 집중되고 이곳저곳으로 벗어나지 않는 것이다. 그러므로 "다 이루었다"라는 말씀의 의미는 사람들의 구원에 영향을 미치는 모든 것이 그리스도 안에 있으며, 다른 어떤 것에서 찾아서는 안 된다는 것이다. 같은 내용이지만 다른 식으로 표현하자면, 구원의 완성은 그리스도 안에서만 찾을 수 있다는 것이다.

하지만 여기에 대조적인 내용이 암시되어 있다. 그리스도께서는 자신의 죽음을 고대의 제사와 모든 상징들과 대비해서 말씀하시기 때문이다. 그분은 "율법 아래에서 시행되던 모든 것 중에서, 죄를 속하고 하나님의 진노를 누그러뜨리며 의義를 얻을 수 있는 것은 아무것도 없었다. 그런데 이제 참 구원이 나타났고 세상에 제시되었다"라고 말씀하시는 것 같다. 율법의 모든 의식에 대한 폐지는 이 가르침에 의존한다. 그리스도 안에서 실체를 갖고 있으면서도 그림자를 추구하는 것은 사악한 행위가 될 것이기 때문이다.

우리가 다 이루었다는 그리스도의 이 말씀에 동의한다면, 구원을 얻기 위해서 그분의 죽음만으로 만족해야 하며 그 외의 다른 곳에서 도움을 구해서는 안 된다. 하지만 교황주의자들이 추구하는 모든 종교는 사람들로 하여금 구원을 추구할 수 있는 수만 가지 방법을 스스로 생각하도록 이끈다. 그러므로 우리는 그들의 종교가 가증스러운 신성모독으로 가득 차 있다고 추론할 수 있다.

특별히, 그리스도의 이 말씀은 미사의 가증스러움을 정죄한다. 율법에 속한 모든 제사는 그쳐야만 한다. 사람들의 구원은 그리스도의 죽음의 유일한 제사로 말미암아 완성되었기 때문이다. 그렇다면 자기들이 하나님과 사람을 화목하게 하는 새로운 제사를 제정할 권한을 위임 받았다고 말하는 것에 대해서, 교황주의자들은 도대체 무슨 권리나 변명을 내세울 수 있단 말인가? 그들은 미사가 새로운 제사가 아니라 그리스도께서 제시하신 것과 동일한 것이라고 대답한다. 그러나 그들의 대답을 논박하기는 쉽다.

첫째, 그들은 미사를 드리라는 명령을 받지 않았다.

둘째, 그리스도께서는 단번에 자신을 드리시고 나서 십자가에서 다 이루어졌다고 선언하셨다. 그러므로 하나님의 아들의 거룩한 피로써 인印 쳐진 언약을 믿지 못하고 더럽히고 파기한 사람들은 날강도들보다도 더한 자들이다.

영혼이 떠나가시니라 복음서 기자들 모두 그리스도의 죽음을 언급하는 면에서 세심한 주의를 기울이는데, 거기에는 그럴 만한 이유가 있다. 즉, 그분의 죽음을 통해 우리는 생명에 대한 확실한 소망과 죽음에 대한 확실한 승리를 보장 받기 때문이다. 이는 하나님의 아들이 우리를 대신하여 죽음을 당하셨고 승리자로 나타나셨기 때문이다. 여기서 우리는 요한이 사용하고 있는 용어를 눈여겨볼 필요가 있다. 그럴 때 우리는, 그리스도와 함께 죽는 경건한 사람들이 다 자기들의 영혼을 하나님의 보호 아래 안전하게 맡긴다는 것을 배울 수 있다. 하나님께서는 신실하시며, 자신이 맡으신 것을 멸망하지 않도록 끝까지 지키신다. 하나님의 자녀들의 죽음과 멸망되기로 작정된 사람들의 죽음의 차이가 바로 이것이다. 멸망되기로 작정된 사람들은 아무런 생각 없이 숨을 멈춘다. 그러나 신자들은 자기들의 영혼을 하나님의 보호에 맡긴다. 하나님은 그들의 영혼을 부활의 날까지 성실히 보호하실 것이다. 너무도 분명한 것이기는 한데, 이 구절에 사용된 '영혼'이라는 단어는 불멸의 영혼을 가리킨다.

> 31 이날은 준비일이라 유대인들은 그 안식일이 큰 날이므로 그 안식일에 시체들을 십자가에 두지 아니하려 하여 빌라도에게 그들의 다리를 꺾어 시체를 치워 달라 하니 32 군인들이 가서 예수와 함께 못 박힌 첫째 사람과 또 그 다른 사람의 다리를 꺾고 33 예수께 이르러서는 이미 죽으신 것을 보고 다리를 꺾지 아니하고 34 그중 한 군인이 창으로 옆구리를 찌르니 곧 피와 물이 나오더라 35 이를 본 자가 증언하였으니 그 증언이 참이라 그가 자기의 말하는 것이 참인 줄 알고 너희로 믿게 하려 함이니라 36 이 일이 일어난 것은 그 뼈가 하나도 꺾이지 아니하리라 한 성경을 응하게 하려 함이라 37 또 다른 성경에 그들이 그 찌른 자를 보리라 하였느니라 요 19:31-37

31 이날은 준비일이라 본문은 우리 믿음을 고양시키는 데 도움을 준다.

첫째, 본문은 구약성경에 예언된 내용(슥 12:10)이 그리스도에게서 성취되었음을 보여주기 때문이다.

둘째, 본문에는 매우 특별한 가치가 있는 비밀이 들어 있기 때문이다. 복음서 기자는 유대인들이 십자가에서 시체들을 치워달라고 요구했다고 말한다. 이것은 분명 하나님의 법에 규정된 내용이다. 하지만 유대인들은 외식하는 사람들처럼 작은 일에만 온통 관심을 쏟고 가장 큰 죄악은 서슴지 않고 간과

한다. 그들은 안식일을 거룩하게 지키려고 겉으로 보이는 더러움에만 신경을 쓸 뿐, 무고한 자의 목숨을 앗아간 것이 얼마나 충격적인 범죄인지는 별로 마음을 쓰지 않기 때문이다. 우리는 방금 전에 유대인들이 더럽힘을 받지 않으려고 총독의 관저에 들어가지 않았음을 살펴보았다. 온 땅은 그들의 악함으로 더럽혀졌는데 말이다. 그러나 그들에 의해서 그리스도께서는 우리 구원을 위한 위대한 순간을 맞으신다. 놀라운 예정에 의해 그리스도의 시신은 온전히 보전되었고, 그분의 옆구리에서는 피와 물이 나왔다.

그 안식일이 큰 날이므로 사람들이 더 일반적으로 받아들이는 사본에는 이 구절이 '그날이 크므로'(and that day was high)라고 되어 있다. 하지만 고대의 승인된 많은 사본들에는 이 구절이 내가 선택한 식으로 되어 있다(For the day of that sabbath was a high day). 둘 중에 어느 것이 좋은지는 독자들이 선택하기 바란다. 만일 '에케이누'(헬라어 ekeinou, 저것의)를 소유격으로 읽는다면, 안식일이라는 단어는 그 주週를 의미하는 것으로 이해해야 한다. 그럴 경우, 복음서 기자는 유월절 때문에 그 주의 명절이 매우 신성하다고 말하는 것이다.

　이제 복음서 기자는 다음 날에 관하여 이야기한다. 그날은 해가 지면서부터 시작된다. 그래서 유대인들은 시신이 십자가에 여전히 달려 있는 것에 대하여 더욱 심각하게 여겼던 것이다. 그러나 만일 우리가 그 단어를 주격('에케이노스', 저것은)으로 읽어서 '그 안식일은 큰 날이다'로 이해하면, 그래도 이 구절의 의미는 본질적으로 앞의 경우와 거의 동일할 것이다. 다만 단어상의 차이가 있을 뿐이다. 즉, 유월절이 도래하기 때문에 안식일이 더욱 거룩한 날이 되리라는 것이다.

33 예수께 이르러서는 군인들이 강도 두 사람의 다리를 부러뜨렸으나 그리스도께서 이미 죽은 것을 보고는 그분의 몸에 손을 대지 않은 것은 하나님의 놀라운 섭리로 보인다. 물론 반종교적인 사람들은 어떤 사람이 다른 사람보다 먼저 죽는 일이야 얼마든지 발생하는 자연적인 일이라고 말하겠지만,

이 기사記事를 전체적으로 깊이 숙고하는 사람이라면 틀림없이 이 사건이 하나님의 신비한 경륜에 속한다고 생각할 수밖에 없을 것이다.

34 그중 한 군인이 창으로 옆구리를 찌르니 그 군인은 그리스도께서 죽었는지 확인하려고 창으로 그분의 옆구리를 찔렀다. 나중에 살펴보겠지만, 하나님께서는 여기에 더 큰 목적을 두고 계셨다. 교황주의자들이 '창'lance이라는 말에서 론기누스Longinus라는 남자 이름을 만들어낸 것은 유치하기 그지없다. 그리고 자기들이 만든 이야기를 좀 더 그럴듯하게 하기 위해서, 그들은 이 군인이 소경이 되었지만 나중에 다시 시력을 회복하여 회개하고 그리스도를 믿었다면서 말도 안 되는 주장을 했다. 이렇게 해서 그들은 그 군인을 성자聖者의 반열에 넣었다. 그들은 하나님께 기도할 때 이와 같은 성자들의 중보가 있어서 그들의 기도가 하나님께 상달된다고 믿는다. 내가 독자들에게 묻겠다. 도대체 교황주의자들이 이렇게 하여 무엇을 얻을 수 있단 말인가? 마귀가 그리스도를 멸시하고 죽은 자들의 도움을 찾는 그들로 하여금 유령이나 망상을 좇게 하는 것은 당연하다.

곧 피와 물이 나오더라 속임을 당하여 이것을 이적이라고 상상하는 사람들이 있다. 그러나 응고된 피가 붉은색을 잃고 물처럼 되는 것은 자연적인 현상이다. 또한 심장 옆에 있는 피막皮膜에 물이 들어 있다는 것은 잘 알려진 사실이다. 하지만 이것을 이적이라고 생각하는 사람들은 물이 피와 함께 흘러나왔다는 복음서 기자의 세밀한 묘사에 미혹되어, 마치 그가 이상하고 초자연적인 어떤 것을 말하고 있다고 생각하는 것이다.

그러나 요한이 이렇게 말한 데에는 다른 목적이 있다. 요한은 이 기사를 그가 첨가한 성경의 증거들과 연결시키고 싶었다. 좀 더 구체적으로 말하자면, 그는 그리스도께서 죽으실 때 옆구리에서 피와 물이 나왔다는 사실로부터 독자들이 그리스도께서 물과 피로 임하셨다는 사실을 추론하기 원했던 것이다. 이 어구로써 그는 그리스도께서 참된 속죄와 참된 씻음을 가져오셨음을 보여준다. 죄 용서와 의義, 그리고 영혼의 정결은 율법에서 제사와 손 씻음이라는 두 상징으로 예시되었기 때문이다. 제사에서 피는 죄를 속했으며, 하나님의 진노를 누그러뜨리기 위한 값으로 지불되었다. 손 씻음은 참 정결의 표였으며, 부정한 것을 씻고 육체의 더러움을 없애는 요법이었다.

요한은 우리의 믿음이 더 이상 이러한 초보에 머물러 있지 않게 하려고 요한일서 5장에서 이러한 두 은혜가 그리스도 안에서 성취되었다고 선언한다. 그리고 여기 요한복음 본문에서는 우리 앞에 그 사실에 대한 보이는 상징을 제시한다. 그리스도께서 자신의 교회에게 맡기신 성례聖禮 역시 동일한 목표를 지녔다. 세례는 생명의 새로움을 이루는 영혼의 씻음과 깨끗함을 우리에게 보여준다. 성만찬은 완전한 속죄의 보증이다. 하지만 이 성례는 율법에 속한 옛 형상들과는 매우 다르다. 성례는 그리스도께서 현존하심을 보여주는 반면에, 율법에 속한 형상들은 그리스도께서 여전히 부재不在하시고 멀리 계신다는 것을 가리키기 때문이다. 이러한 이유로 나는 성례가 그리스도의 옆구리에서 흘러나왔다는 어거스틴의 글에 반대하지 않는다. 세례와 성만찬이 우리를 그리스도의 옆구리로 인도할 때, 우물에서 물을 긷듯이 우리는 그분에게서 성례가 표상하는 바를 믿음으로 도출할 수 있기 때문이다. 그럴 때 우리는 더러움에서 참으로 씻음을 받고, 거룩한 생명으로 새롭게 되며, 사망에서 구속함을 받고 정죄에서 구원 받은 상태로 하나님 앞에서 살게 된다.

36 그 뼈가 하나도 꺾이지 아니하리라 이 증거는 출애굽기 12장 46절과 민수기 9장 12절에서 온 것이다. 여기서 모세는 유월절 어린양에 대하여 언급하고 있다. 요한은 어린양을 참되고 유일한 제사의 상징이라고 당연하게 생각한다. 교회는 그 제사로 말미암아 구속救贖함을 받게 된 것이다. 이것은 어린양이 이미 이루어진 구속을 기념하기 위해 희생된다는 사실과 모순되지 않는다. 하나님께서는 그 어린양을 통해 유월절의 은혜를 기념하기를 원하셨을 뿐만 아니라, 장차 있게 될 교회의 영적인 구원을 보여주기 원하셨기 때문이다. 그래서 바울은 어린양을 먹는 것에 관하여 모세가 제시한 법칙을

그리스도에게 주저하지 않고 적용한다(고전 5:7,8). 믿음은 이러한 유비 또는 유사성으로부터 특별한 유익을 도출한다. 율법의 모든 예식에서 믿음은 그리스도 안에 나타난 구원을 보기 때문이다. 요한이 그리스도께서 우리 구원의 보증이실 뿐만 아니라 그 구원의 대가라고 말한 것도 이런 의도에서이다. 이는 이전에 유월절이라는 상징으로 옛 백성들에게 나타났던 것이 그리스도 안에서 성취되었기 때문이다. 또한 이러한 유비를 통해 유대인들은, 율법이 예시하였지만 실제로 실행되지 않은 모든 것의 본질을 그리스도 안에서 찾으라는 경고를 받게 된다.

37 그들이 그 찌른 자를 보리라 이 구절이 문자적으로 그리스도를 가리킨다고 해석하려는 사람들이 있는데, 그들 때문에 그 내용이 심하게 왜곡되고 있다. 그러나 복음서 기자가 이 성경 구절을 인용한 것은 그런 목적에서가 아니다. 오히려 그는 그리스도께서 스가랴를 통하여 유대인들이 그분의 마음을 찔렀다고(슥 12:10) 한탄하신 그 하나님이심을 보여주고자 한 것이다. 하나님께서는 여기서 인간이 표현하는 방식으로 말씀하신다. 즉, 하나님께서 자기 백성의 죄로 말미암아, 특별히 자신의 말씀을 멸시하는 백성들의 완악함으로 말미암아 상처를 받으셨다고 말씀하신다. 연약한 인간이 치명적인 상처를 입은 것처럼 그분의 마음도 그렇게 찔림을 받으셨다고 말이다. 다른 성경 본문에서 그리스도께서는 자신의 영(His Spirit, 한글 개역개정성경에는 '마음'이라고 번역되었음 - 역자 주)이 심히 고민되었다고 말씀하신다(마 26:38).

그리스도께서 육체로 나타나신 하나님이시므로, 이제 요한은 그리스도의 신적(神的)인 위엄이 유대인들로부터 어떤 고난을 받으셨는지 (고난을 받을 수 있는 한에서) 그분의 보이는 육체에 명확하게 드러났다고 말하는 것이다. 이는 하나님께서 사람들로부터 모욕을 당하기 쉽다거나 땅에서 그분이 받으신 비난이 하나님에게 닿기 때문이 아니다. 다만 사람들의 불경건함이 하늘을 향하여 완고하게 제기될 때, 그것이 큰 죄이고 엄청난 신성모독임을 하나님께서는 이러한 표현을 통해 선언하고 싶으셨기 때문이다. 요한이 한 로마 군인이 행한 이 행위를 유대인들에게 적용한 것은 옳다. 다른 성경 본문에는 유대인들이 하나님의 아들을 십자가에 못 박았다고 언급한다(행 2:36). 그들이 그분의 몸에 손가락 하나 대지 않았음에도 불구하고 말이다.

우리는 과연 하나님께서 유대인들에게 구원에 이르는 회개를 약속하시는지 아니면 그분이 심판자로 오실 것이라고 경고하시는지 질문할 수 있을 것이다. 이 구절을 세심히 검토해본 결과, 나는 두 가지 내용이 다 포함되어 있다고 판단한다. 즉, 하나님께서는 잃어버린 바 된 절망적인 이스라엘 나라로부터 남은 자를 모아 구원하실 것이고 또한 그분을 멸시하는 자들에게 그들이 누구를 상대로 하고 있는지 그분의 끔찍한 심판을 통해 보여주실 것이다. 우리는 유대인들이 선지자들을 거만하게 조롱했음을 알고 있다. 그들은 마치 선지자들이 하나님에게 위임을 받지 않은 것처럼 그리고 겨우 꾸며낸 이야기를 들려주는 것처럼 취급했다. 하나님께서는 이런 유대인들이 반드시 심판을 받을 것이라고 말씀하신다. 하나님께서는 마침내 그분의 목적을 이루실 것이기 때문이다.

---

38 아리마대 사람 요셉은 예수의 제자이나 유대인이 두려워 그것을 숨기더니 이 일 후에 빌라도에게 예수의 시체를 가져가기를 구하매 빌라도가 허락하는지라 이에 가서 예수의 시체를 가져가니라 **39** 일찍이 예수께 밤에 찾아왔던 니고데모도 몰약과 침향 섞은 것을 백 리트라쯤 가지고 온지라 **40** 이에 예수의 시체를 가져다가 유대인의 장례법대로 그 향품과 함께 세마포로 쌌더라 **41** 예수께서 십자가에 못 박히신 곳에 동산이 있고 동산 안에 아직 사람을 장사한 일이 없는 새 무덤이 있는지라 **42** 이날은 유대인의 준비일이요 또 무덤이 가까운 고로 예수를 거기 두니라 요 19:38-42

38 아리마대 사람 요셉은 … 빌라도에게 … 구하매 요한은 이제 누가 어디에 어떤 경의를 표하며 그리스도를 장사 지냈는지 소개한다. 그는 그

리스도를 장사 지낸 두 사람을 언급하는데, 아리마대 사람 요셉과 니고데모가 그들이다. 요셉은 빌라도에게 그리스도의 시신을 달라고 요청했다. 그러지 않았다면 그분의 시신은 군인들이 임의로 취급했을 것이다. 마태는 요셉이 부자라고 언급하며, 누가는 그가 공회 의원이라고 밝힌다. 니고데모에 대해서는 그가 주민들 사이에서 존경 받는 위치에 있었다고 3장에서 살펴보았다. 니고데모가 몰약과 침향 섞은 향품을 가져온 것으로 미루어볼 때 그 역시 부자였음이 틀림없다.

요셉과 니고데모는 부자였기에 지금까지 그리스도의 제자라고 고백하지 못했다. 이후에 그들의 부유함은 그들로 하여금 그리스도를 당당하게 고백하여 미움이나 모욕을 감내하지 못하게 하는 큰 걸림돌이 될 수도 있었을 것이다. 요한은 요셉이 일찍이 이러한 두려움으로 자기가 그리스도의 제자라고 선뜻 고백하지 못했다고 분명히 언급한다. 그리고 니고데모에 대해서는, 그가 일찍이 밤에 예수님을 찾아왔다고 우리가 앞에서 살펴본 내용을 반복한다. 이제 요셉과 니고데모가 그리스도를 장사 지내겠다고 나서면서 그분의 시신을 당당히 요구한다.

도대체 그들은 갑자기 이런 영웅적인 용기를 어디서 얻었는가? 내가 요셉과 니고데모가 직면할 수밖에 없는 분명한 위험에 대해서는 언급하지 않았지만, 중요한 사실은 그들이 자기 나라와 영원한 전쟁 상태에 있게 될 일을 주저하지 않고 시작했다는 것이다. 그러므로 이것은 하늘에서 주신 충동으로 행해졌음이 확실하다. 그리스도께서 살아 계실 때 그분에게 당연히 돌려드려야 하는 존경을 표하기를 두려워한 사람들이 지금 마치 새 사람이 된 듯이 그분의 시신을 향해 서둘러 가고 있다.

요셉과 니고데모는 그리스도의 시신에 바르려고 향품을 가져왔다. 그러나 그분의 죽음이 남기고 간 특별한 향기에 취하지 않았더라면, 그들은 결코 이런 일을 하지 않았을 것이다. 이것은 그리스도께서 친히 말씀하신 바가 사실임을 보여준다.

"한 알의 밀이 땅에 떨어져 죽지 아니하면 한 알 그대로 있고 죽으면 많은 열매를 맺느니라"(요 12:24).

여기서 우리는 그리스도의 죽음이 그분의 삶보다 훨씬 더 사람을 살리는 영향력이 있다는 놀라운 증거를 보기 때문이다. 그리스도의 죽음이 이 두 사람의 마음 깊이 불어넣어준 향기는 너무도 강력해서, 그들의 세상적인 열정을 쉽게 사라지게 만들었다. 돈을 사랑하는 마음과 야망에 의해 지배를 받는 동안 그들은 그리스도의 은혜를 맛볼 수가 없다. 그러나 이제 요셉과 니고데모는 더 이상 세상에 재미를 느끼지 못했다.

요셉과 니고데모의 모범을 통해 우리가 그리스도께 어떤 의무를 행해야 할지 배우자. 믿음에 대한 증거로 이 두 사람은 일촉즉발의 위험을 감수하면서 그리스도를 십자가에서 내렸을 뿐만 아니라 그분을 무덤으로 당당하게 옮겼다. 그리스도께서 하늘 영광 중에 다스리고 계신데도 우리가 그분에게 믿음의 고백을 하지 않는다면, 우리의 게으름은 얼마나 비겁하고 부끄러울 것인가? 불신앙과 외식으로 그리스도를 부인하면서도 자신을 니고데모와 같다고 생각하는 사람들의 사악한 행동은 더 용서할 수가 없다. 내가 한 가지 인정하는 것은 그 사람들이 그리스도를 장사 지내려고 온 힘을 다하고 있다는 점에서 니고데모와 같다는 것이다. 그러나 그리스도를 장사 지내는 일은 이미 과거의 일이다. 그분은 지금 하늘에 올라 아버지 오른편에 앉아 계시기 때문이다. 지금 그리스도께서는 누가 보더라도 분명하게 높이 오르셔서 사람들과 천사들 위에 계시며 모든 혀가 그분의 통치권을 선포하고 있다(빌 2:9,10).

유대인이 두려워 그것을 숨기더니 이러한 두려움은 주님의 영이 요셉의 마음에 새겨 넣은 거룩한 담대함과 대조되기 때문에 아마도 비난을 면하기 어려울 것이다. 신자들이 복음의 폭군과 원수들로부터 스스로를 방어할 때 갖는 두려움은 잘못된 것이 아니다. 하지만 두려움 때문에 믿음의 고백을 할 수 없게 될 때, 그 두려움은 믿음이 약하다는 증거가 된다. 우리는 주님께서 무엇이라고 명령하시는지 그리고 우리에게 얼마나 멀리 가라고 하시는지 늘 생각해야 한다. 경기 중간에 멈추는 사람은 자신이 하나님을 의뢰하지 않는다는 것을 보이는 것이다. 하나님의 명령보다 자신의 목숨을 더 가치 있게 생각하는 사람은 변명의 여지가 없다.

복음서 기자는 지나치게 소심하고 겁을 내며 세상 앞에서 감히 자신의 믿음을 고백하지 못하는 요셉을 '제자'라는 칭호를 붙여 존경을 표한다. 여기서 우리는 하나님께서 자신의 백성을 향하여 얼마나 자비롭게 행하시는지 그리고 어떻게 아버지로서 그들의 죄를 용서하시는지 배우게 된다. 하지만 사이비 니고데모들은 자기들의 행위에 대한 정당성을 입증 받기 어렵다. 이들은 자기들의 믿음을 속으로 감추고 있을 뿐만 아니라 불경건한 미신들을 인정하는 척함으로써 자기들이 그리스도의 제자들인 것을 부인한다.

40 유대인의 장례법대로 그리스도가 십자가상에서 극한 치욕을 당하며 죽으셨을 때, 하나님께서는 그리스도를 영화롭게 장사 지내기로 결정하셨다. 그리스도의 죽음이 그분의 부활의 영광에 대한 서주序奏가 되도록 말이다. 니고데모와 요셉은 그리스도의 장례를 위해 상당히 많은 돈을 지불했다. 어떻게 보면 굉장히 많은 돈을 낭비한 것으로 생각될 수도 있다. 하지만 우리는 하나님의 목적을 생각해야 한다. 하나님께서는 자신의 영으로 니고데모와 요셉을 인도하셔서 자신의 아들에게 이런 경의를 표하게 하셨다. 그리스도의 품위 있는 장례로 말미암아 우리에게서 십자가에 대한 두려움을 거두어가시기 위해서 말이다. 하지만 이 특별한 경우를 모범으로 삼아서는 안 된다.

복음서 기자는 그리스도께서 유대인의 장례법대로 장사되었다고 분명하게 주장한다. 그는 유대인의 장례법이 율법의 예식 가운데 하나라는 의미로 말한 것이다. 부활에 대한 명백한 선포도 없었고 우리처럼 그리스도 안에서 부활의 증거와 보증을 받지도 못한 구약의 백성들에게는 그런 예식들이 필요했다. 그들이 견고한 믿음으로 중보자의 오심을 기다릴 수 있도록 돕기 위해서 말이다.

그러므로 복음의 밝은 빛을 받은 우리와 그리스도가 오시기 전에 그림자로만 가르침을 받은 조상들 사이에는 차이가 있음을 주목해야 한다. 이러한 이유로 그 당시에는 매우 화려한 예식들이 허용될 수 있었다. 물론 오늘날에 그런 예식을 행한다면 비난을 면키 어려울 테지만 말이다. 오늘날 죽은 자를 이처럼 많은 비용을 들여 장례를 치르는 사람들은 그들의 시신을 장사 지내는 것이 아니라, 생명의 임금이신 그리스도 자신을 (그들이 할 수 있는 한 모든 수단을 동원해서) 하늘로부터 끌어내려 장사 지내는 것이다. 그리스도께서는 부활하심으로써 고대의 여러 예식들을 폐지하셨기 때문이다.

이방인들 사이에서도 죽은 자를 장사하는 것을 매우 조심스러워하면서 예식을 치르는 일이 있었다. 이것은 제사와 마찬가지로 유대 조상들에게서 기원한 게 틀림이 없다. 그러나 이방인들에게는 부활 소망이 없었다. 그들은 조상들을 본받았다기보다는 그들을 흉내 낸 것이다. 하나님의 약속과 말씀은 예식에 생명을 주는 영혼과 같기 때문이다. 말씀을 빼버리면, 사람들이 지키는 모든 예식은 겉보기에는 경건한 사람들의 예배처럼 보일지 모르지만 실제로는 부패하고 어리석은 미신에 불과하다. 우리가 앞에서 주목했듯이, 오늘날 우리는 이 문제에 있어 절제와 중용을 유지해야 한다. 낭비는 그리스도의 부활의 맛을 달아나게 하기 때문이다.

41 예수께서 십자가에 못 박히신 곳에 동산이 있고 이것은 내가 장례 이야기에서 주목해야 한다고 말한 세 번째 내용이다. 복음서 기자는 여러 이유에서 장소를 언급한다. 가장 먼저 그리스도의 시신이 새 무덤에 놓이게 된 것은 우연히 발생한 일이 아니라 하나님의 확실한 섭리에 속한다. 그리스도께서는 다른 모든 사람들처럼 죽으셨지만, 죽은 자들 가운데서 먼저 나신 자로서 그리고 그들의 첫 열매로서 새 무덤에 묻히신 것이기 때문이다. 물론 니고데모와 요셉에게는 또 다른 목적이 있었다. 두 사람은 가까운 곳에 무덤이 있으니까 편리하다는 이유로 예수님을 그곳으로 모셨다. 안식일이 시작되는 저녁이 되기 전에 시신을 처리해야 했고, 그들에게는 시간이 얼마 남지 않았기 때문이다. 그러나 그들의 의도를 넘어, 하나님께서는 자신의 아들을 위하여 아무도 사용하지 않은 무덤을 준비해두셨다. 요셉과 니고데모와 같

은 경건한 사람들은 안식일을 범하지 않아도 될 만큼, 그리스도를 장사 지낼 만한 장소가 가까이에 있다는 것으로 기뻐했다. 그러나 하나님께서는 요셉과 니고데모가 구하지 않은 것을 그들에게 주셨다. 이렇게 하여 하나님께서는 확실한 표지로써 자신의 아들의 장례를 통상적인 사람들의 장례와 구별하셨던 것이다. 그곳에 그리스도께서 묻힐 만한 무덤이 있었다는 것은 그리스도의 부활을 영화롭게 할 뿐만 아니라 다음 장에 이어지는 기사記事에 대한 큰 빛을 비추어주기도 한다.

요한복음 20장

1 안식 후 첫날 일찍이 아직 어두울 때에 막달라 마리아가 무덤에 와서 돌이 무덤에서 옮겨진 것을 보고 2 시몬 베드로와 예수께서 사랑하시던 그 다른 제자에게 달려가서 말하되 사람들이 주님을 무덤에서 가져다가 어디 두었는지 우리가 알지 못하겠다 하니 3 베드로와 그 다른 제자가 나가서 무덤으로 갈새 4 둘이 같이 달음질하더니 그 다른 제자가 베드로보다 더 빨리 달려가서 먼저 무덤에 이르러 5 구부려 세마포 놓인 것을 보았으나 들어가지는 아니하였더니 6 시몬 베드로는 따라와서 무덤에 들어가 보니 세마포가 놓였고 7 또 머리를 쌌던 수건은 세마포와 함께 놓이지 않고 딴 곳에 쌌던 대로 놓여 있더라 8 그때에야 무덤에 먼저 갔던 그 다른 제자도 들어가 보고 믿더라 9 (그들은 성경에 그가 죽은 자 가운데서 다시 살아나야 하리라 하신 말씀을 아직 알지 못하더라) 요 20:1-9

1안식 후 첫날✚ 그리스도의 부활은 우리 믿음의 중요한 내용이다. 부활이 없다면 영생에 대한 소망은 사라진다. 그래서 복음서 기자들은 저마다 부활을 입증하려고 좀 더 집요함을 보인다. 요한복음 기자 역시 여기서 그리스도께서 죽은 자들 가운데서 다시 살아나셨다는 것을 우리에게 확신시키기 위

✚ 라틴어로는 'sabbatorum'이다. '안식일의 날들 중에서 첫날' 혹은 '그 주의 첫날'이라는 뜻이다.

해 많은 증거를 수집한다. 그런데 요한이 한 여자를 증인으로 내세워 이야기를 시작하고 좀 더 중요한 증인들을 제시하지 않는 것은 이상하다고 생각될 수 있다. 그러나 이렇게 해서, 하나님께서는 지혜 있는 사람들과 권세 있는 사람들과 높은 사람들을 부끄럽게 하시려고 세상에서 약한 것과 어리석은 사람들과 멸시 받는 사람들을 택하신다고 하신 말씀이 성취되었다(고전 1:27). 물론 제자들이 그리스도를 따르던 여자들보다 세상적으로 볼 때 더 나은 게 없다는 것은 사실이다. 그러나 그리스도께서는 제자들을 자신의 부활에 대한 중요한 증인들로 삼는 것을 기뻐하셨다. 바로 이 한 가지 이유 때문에 그들의 증언은 크게 존중 받으며 어떤 반대도 받을 필요가 없는 것이다. 제사장들과 서기관들과 온 백성들, 그리고 심지어 빌라도까지도 너무도 눈이 어둡고 고집스러워서 그리스도께서 다시 살아나셨다는 것을 알지 못했다. 그러므로 그들은 보아도 보지 못하는 사람들이라고 할 만하다. 하지만 그리스도께서는 자신의 적은 무리에게 자신을 계시하셨다.

하지만 여기서 좀 더 나아가기 전에, 복음서 기자들이 부활을 보도하면서 서로 얼마나 일치하는지 볼 필요가 있다. 언뜻 보면, 복음서 기자들의 기록에 약간의 모순이 있는 것처럼 보인다. 요한은 막달라 마리아만을 언급하고 마태는 두 여자를 언급하고 마가는 세 여자를 언급한 반면, 누가는 숫자는 구체적으로 밝히지 않고 다만 갈릴리에서부터 그리스도를 따랐던 여자들이 왔다고만 언급하기 때문이다. 하지만 이 문제는 쉽게 설명할 수 있다. 마태는 제자들 사이에서 가장 높은 존경을 받고 있는 잘 알려진 두 여자의 이름을 기록했고, 요한은 다른 여자들을 배제하지는 않았지만 막달라 마리아의 이름만 언급하는 것으로 만족하고 있기 때문이다. 요한이 사용한 단어들의 문맥에 비춰볼 때, 막달라 마리아만 그곳에 있었던 것이 아님을 알 수 있다. 바로 연이어 마리아는 복수형으로 "사람들이 주님을 무덤에서 가져다가 어디 두었는지 우리가 알지 못하겠다"라고 말하기 때문이다. 그러므로 요한이 막달라 마리아와 함께 있던 여자들에 대하여 언급하지 않았다고 하더라도, 그는 막달라 마리아와 함께 있던 여자들이 더 있었다고 언급하는 다른 복음서 기자들과 전혀 다른 이야기를 하고 있는 것이 아니다.

발생한 시간이 서로 다른 것도 쉽게 해결할 수 있다. 요한이 여자들이 날이 밝기 전에 무덤에 왔다고 말한 것은, 그들이 한밤중에 무덤을 향해 떠났고 무덤에 도착하기 전에 동이 텄으며 안식일이 끝나는 날 해가 져서 저녁이 되었을 때 향품을 산 것으로 이해해야 한다. 다른 복음서 기자들의 이야기는 이런 내용을 가리킨다고 이해해야 한다.

요한은 마리아가 요한 자신과 베드로에게만 이야기했다고 말하는 반면, 누가는 마리아가 열한 사도들에게 왔고 제자들이 마리아의 말을 정신 나간 소리로 받아들였다고 언급한 것을 보면 또 다른 종류의 모순이 있는 것처럼 보인다. 그러나 이것 역시 쉽게 설명된다. 요한은 자신과 베드로만 무덤에 왔기 때문에 다른 동료들을 의도적으로 언급하지 않은 것이다. 누가가 베드로만을 언급한 것은 우리가 방금 전에 막달라 마리아와 다른 여자들과 관련하여 설명한 것과 동일한 이유로 설명이 된다. 더욱이 나머지 제자들 아홉 명은 단체로 다닐 경우 다른 사람들의 눈에 띄는 것이 두려워 집에 있었을 가능성이 크다. 이것은 그들이 마리아의 말을 무시했다는 누가의 언질과도 일치한다. 누가는 베드로가 무덤으로 달려갔다는 말을 즉시 덧붙이기 때문이다. 그러므로 누가는 단지 열한 제자들이 마리아의 말을 들었을 때 놀란 것처럼 보였다는 의미로 이런 말을 한 것이다. 하지만 결국 베드로는 용기를 내서 직접 그리스도의 부활을 확인하기 위해 마리아를 따라갔다.

누가는 그리스도께서 마리아에게 나타나셨고 그 후에 마리아가 제자들에게 무덤이 비었다고 말했다고 보도하는데, 이것은 이야기의 순서가 뒤바뀐 것이다. 문맥을 보면 이를 분명히 알 수 있다. 누가는 요한이 우리에게 전해 주듯이 마리아가 예수님을 뵙기 전에 어떤 일이 발생했는지 나중에 덧붙이고 있기 때문이다. 여기에는 이상한 것이 전혀 없다. 히브리 사람들은 시간적인 순서상 나중에 오는 것을 먼저 기록하는 경우가 종종 있다.

안식 후 첫날 복음서 기자들은 그리스도께서 부활하신 때가 언제이며 어떻게 부활하셨는지를 전해주지 않는다. 그들로서는 그리스도의 부활이 언제 누구에게 알려졌는지를 설명하는 것으로 충분했다. 그래서 요한은 마리아가 안식 후 첫날에 무덤에 왔다고 말한다. 문자적으로는 안식 후 한 날one이지만, 히브리인들에게 하나는 순서상 첫 번째로 이해되는 것이 보통이다. 우리도 수를 셀 때 하나부터 시작하지 않는가? 모든 안식일은 한 주의 나머지 날을 대표하여 거룩한 날로 지정되었기 때문에, 히브리 사람들은 한 주 전체를 안식일이라고 불렀고, 나머지 요일을 안식일부터 세어(예를 들면, '안식 후 첫날') 안식일의 거룩함에 이러한 영예를 부여했다. 그러므로 여자들은 안식일이 지난 다음날 해가 진 뒤에 향품을 샀고 바로 그날 무덤에 온 것이다. 흔히 사람들이 두려워할 때 그렇게 하듯이, 여자들은 향품을 산 후 한밤중에 몰래 도시 밖으로 나간 것이다. 다음 안식일에 관련해서 생각할 때 그날은 안식일이 끝나고 한 주가 시작되는 날이었기 때문에 안식 후 첫날이었다.

3 베드로와 그 다른 제자가 나가서 제자들과 여자들의 믿음이 매우 약해서 거의 없다시피 할 때 그들에게 그토록 뜨거운 열정이 있었다는 것은 놀라운 일이다. 우리는 이들이 그리스도를 찾은 것이 경건함에 기인했다고 말할 수밖에 없다. 그들의 마음에는 믿음의 씨가 어느 정도 남아 있었지만 그 씨앗은 잠시 질식되어 있었다. 그래서 그들은 자기들이 무엇을 갖고 있는지 의식하지 못했던 것이다. 하나님의 영靈은 종종 택한 자들 속에서 은밀하게 일하신다. 한마디로 말해서, 우리는 우리에게 감춰진 뿌리가 있다는 것을 이해해야 한다. 우리는 그 뿌리에서 열매가 나오는 것을 볼 수 있다. 비록 제자들에게 있었던 이 경건의 감정이 종종 혼동되기도 하고 많은 미신적인 생각과 섞이기도 하지만, 나는 그것을 '믿음'이라고 명명命名한다. 이렇게 부르는 것이 부정확하다는 것을 안다. 하지만 이러한 감정은 복음의 교훈에 의해서만 생기며 또 그 감정은 오직 그리스도만을 향하기 때문에, 얼마든지 믿음이라고 불릴 수 있다. 이러한 씨로부터 마침내 참되고 진지한 믿음이 나왔고, 그 믿음은 무덤을 떠나 그리스도께서 누리고 계신 천상天上의 영광에까지 올라갔다.

성경이 믿음의 시작에 대해 언급할 때, 그리스도께서 우리 안에서 태어나시고 역으로 우리는 그분 안에서 태어난다고 말한다. 하지만 제자들이 그리스도의 부활에 대해 무지한 동안에는 거의 어린아이 수준에 머무를 수밖에 없다. 그러나 주님은 아직 태어나지 않고 자궁 안에 있는 태아처럼 그들을 양육하신다. 이전에 제자들은 아이와 같았으며 성장이 더뎠다. 그러나 그리스도의 죽으심으로 말미암아 너무도 연약해진 그들은 다시 태어나 그리스도의 형상을 이루어야 했다. 바울이 갈라디아 교인들에 대해 말했던 것처럼 말이다(갈 4:19).

베드로가 다른 제자보다 늦게 달려갔지만 무덤 속에는 먼저 들어갔다는 사실로부터, 우리는 많은 사람들이 처음에 드러나는 것보다 끝에 더 많은 것들을 얻는다는 것을 배울 수 있다. 사실 경기에 임하는 사람들이 처음에는 무척 열정적이다가 끝까지 이루지 못하는 경우가 있는 반면, 느리고 게으르다고 생각되던 사람들이 위험이 다가올 때 새로운 마음을 먹는 경우도 종종 있다.

5 구부려 세마포 놓인 것을 보았으나 세마포는 말하자면 그리스도의 몸을 감쌌던 허물이었다. 세마포가 놓인 것은 그리스도의 부활을 믿는 믿음을 유발하기에 충분하다. 세마포가 그곳에 놓였다는 것은 사람들이 그리스도의 시신을 다른 곳으로 치웠을 가능성을 배제하기 때문이다. 그리스도의 측근이든 그분의 원수이든 세마포를 벗겨내고 그분을 치우지는 못했을 것이다.

7 또 머리를 쌌던 수건은 그리스도의 머리를 수건으로 쌌다는 것은 교황주의자들의 거짓된 주장을 논박한다. 그들은 그리스도의 온몸이 통으로 짠 하나의 옷으로 감싸진 것처럼 꾸미고, 그 통옷을 가련한 일반 대중들에게 보이며 칭송하게 한다. 그들이 라틴어에 무지해서 (얼굴의 땀을 닦기 위하여 사용하는) '수건'이라는 단어를 온몸을 감싸는 것으로 둔갑시킨 것은 눈감아주겠다. 또한 그리스도를 감쌌다고 주장하는 수건을 대여섯 군데의 각기 다른 장

소에 보관하고 있다고 자랑하는 그들의 뻔뻔스러움도 그냥 넘어갈 수 있다. 그러나 이런 식의 엄청난 거짓말은 견딜 수가 없다. 이것은 복음의 역사와 정면으로 상충되기 때문이다. 그들은 그리스도의 시신 형상이 세마포에 각인되었다는 황당무계한 이적을 만들어내서 여기에 첨가한다. 독자들에게 묻겠다. 이와 같은 이적이 발생했다면 복음서 기자가 그것을 기록하지 않았겠는가? 이보다 덜 중요한 것을 기록하는 데도 매우 세심한 주의를 기울이는데 말이다. 그러므로 그리스도께서는 죽음의 표시들을 제쳐둠으로써 자신이 복된 불멸의 생명을 입으셨음을 증명하고자 하셨다는 단순한 설명으로 만족하자.

8 **그 다른 제자도 들어가 보고 믿더라** 요한이 그리스도의 시신을 누군가 치웠다고 한 마리아의 말을 믿었다고 보는 것은 근거가 빈약한 해석이다. '믿다'라는 말이 이런 의미로 사용된 경우는 성경 어디에서도 찾을 수 없기 때문이다. 특히 그 단어가 단독으로 쓰였을 때는 더더욱 그러하다. 또한 베드로와 요한이 집으로 돌아갈 때 여전히 확신을 가질 수 없었고 혼란스러워했다는 사실을 봐도 알 수 있다. 요한은 믿음의 진보를 나타낼 의도가 있는 경우에 종종 이 표현을 사용했기 때문이다. 더욱이 누가는 베드로가 무덤에 일어난 일을 보고 놀랐다고 기록한다. 이는 베드로가 마리아에게서 들은 것보다 더 크고 높은 것을 생각했음을 의미한다.

베드로와 요한은 지금 그들의 눈으로 보는 것을 그리스도에게서 직접 들은 적이 있다. 그러나 그 말씀은 그들의 마음에서 사라져버렸다. 이제 새로운 것을 봄으로써 전에 들었던 말씀이 생각이 나자, 그들은 그리스도의 신성神性에 대해 생각하기 시작한다. 물론 그들이 그분에 대한 순전하고 분명한 지식을 가지려면 아직도 멀었지만 말이다. 그러므로 요한은 자신이 그리스도의 부활의 징조들을 보고서야 비로소 믿었다고 고백하면서 자책하고 있는 것이다.

9 **그들은 성경에 … 다시 살아나야 하리라 하신 말씀을 아직 알**

지 못하더라 요한은 형제들이 그리스도의 말씀을 잊었을 뿐만 아니라 성경 말씀을 알지도 못했다는 말을 덧붙임으로써 자신의 죄와 다른 형제들의 죄를 더욱 크게 부각시킨다. 요한은 그들의 믿음이 부족한 원인을 성경에 대한 무지에서 찾는다. 이 사실에서 우리는 또한 유익한 교훈을 배울 수 있다. 즉, 그리스도에 관하여 알아야 할 내용을 우리가 알지 못하는 경우, 그것은 우리의 게으름 탓이라는 것이다. 그리스도의 능력을 분명하게 계시하는 성경에서 마땅히 유익을 얻어야 하는데 우리가 그러지 못하기 때문이다.

그리스도의 부활에 대해 지나치게 나아가지 않도록 하기 위해서 단지 가면 아래involucris 감추어진 것처럼, 주님의 부활이 제자들에게 모호하게 제시된 것처럼 보일 수도 있다. 그러나 주의 깊은 독자들은 충분히 분명한 증거들을 찾아낼 수 있을 것이다. 사도행전 13장 34절에서 바울은 그리스도가 죽은 자들 가운데서 살아나야 하신다는 사실을 증명한다. 하나님께서는 이사야 선지자를 통하여(사 55:3) 그리스도의 통치하에 다윗에게 약속하신 자비가 확실할 것이라고 선언하셨기 때문이다. 무식한 사람은 바울이 적절하지 않은 본문을 인용하고 있다고 생각할 것이다. 그러나 믿음의 원리를 붙들고 있고 성경 연구의 훈련을 잘 받은 사람이라면, 이 논의가 얼마나 정확한 것인지를 안다. 그리스도께서 우리에게 하나님의 은혜에 대한 영구한 보증이 되신다면 그분은 반드시 영원히 사셔야 하기 때문이다.

그리스도의 부활을 분명하게 언급하는 이와 비슷한 성경 본문들은 많이 있지만 지금 그 모든 본문을 언급할 필요는 없다. 다만 다음 세 본문으로 만족하자.

시편 16편 10절은 "이는 주께서 내 영혼을 스올에 버리지 아니하시며 주의 거룩한 자를 멸망시키지 않으실 것임이니이다"라고 말한다. 베드로와 바울은 이 구절을 그리스도에 대한 예언이라고 해석했는데, 이는 정당하다. 아담의 후손들 중에서 썩음을 당하지 않는 사람이 한 명도 없기 때문이다. 그러므로 그리스도의 불멸성이 여기에서 천명되고 있는 것이다.

또한 다음과 같은 구절이 그리스도를 언급하고 있다는 것은 의심의 여지가 없다.

"여호와께서 내 주에게 말씀하시기를 내가 네 원수들로 네 발판이 되게 하기까지 너는 내 오른쪽에 앉아 있으라 하셨도다"(시 110:1).

하지만 사망은 마지막 날이 오기까지는 멸망하지 않을 것이다. 그러므로 그리스도께서 세상 끝날까지 그 나라를 맡아 다스리실 것이며, 이 나라는 그리스도께서 살아 계시지 않는다면 존재할 수가 없다.

그러나 이사야서의 본문은 다른 모든 본문보다 훨씬 명확하게 그리스도의 부활에 대하여 증언한다. 이사야는 그리스도의 죽음을 예언한 후에 다음과 같은 내용을 첨가한다.

"그 세대 중에 누가 생각하기를 그가 살아 있는 자들의 땅에서 끊어짐은 마땅히 형벌 받을 내 백성의 허물 때문이라 하였으리요?"(사 53:8. 한글 개역개정성경 에는 이렇게 번역되어 있으나 영어 성경에는 이 구절의 앞 부분이 'who shall declare his age?'라고 되어 있다 - 역자 주).

한마디로 말해서, 성경의 교훈은 모든 면에서 너무도 충분하고 완전해서, 우리 믿음의 부족은 성경에 대한 무지 때문에 발생한다는 적절한 지적을 우리는 받아들여야 한다.

10 이에 두 제자가 자기들의 집으로 돌아가니라 11 마리아는 무덤 밖에 서서 울고 있더니 울면서 구부려 무덤 안을 들여다보니 12 흰 옷 입은 두 천사가 예수의 시체 뉘었던 곳에 하나는 머리 편에, 하나는 발 편에 앉았더라 13 천사들이 이르되 여자여 어찌하여 우느냐 이르되 사람들이 내 주님을 옮겨다가 어디 두었는지 내가 알지 못함이니이다 14 이 말을 하고 뒤로 돌이켜 예수께서 서 계신 것을 보았으나 예수이신 줄은 알지 못하더라 15 예수께서 이르시되 여자여 어찌하여 울며 누구를 찾느냐 하시니 마리아는 그가 동산지기인 줄 알고 이르되 주여 당신이 옮겼거든 어디 두었는지 내게 이르소서 그리하면 내가 가져가리이다 요 20:10-15

10이에 두 제자가 자기들의 집으로 돌아가니라 두 제자가 집으로 돌아갔을 때 그들의 마음에는 여전히 의심이 가득 찼고 확신이 없었을 가능성이 많다. 비록 요한이 두 제자가 믿었다고 말은 했지만, 그 믿음은 확고한 믿음이 아니라 좀 더 확실한 증거를 얻기 전에 잠시 가지고 있던 이적에 대한 혼란스러운 느낌 혹은 황홀한 상태 같은 것이었다. 사실 단순히 어떤 것을 보았다고 해서 그것 때문에 강한 믿음이 생기는 것은 아니다. 또한 그리스도께서는 제자들이 세상적인 환상에서 좀 더 충분히 깨어난 뒤에야 비로소 자신의 모습을 보여주셨다. 두 제자는 서둘러 무덤에 달려갈 정도로 열심을 보였고, 이것은 칭찬할 만한 일이다. 하지만 그들이 너무도 미신적인 생각을 갖고 그리스도를 찾았기 때문에 주님은 그들에게 모습을 보여주지 않으셨다.

11마리아는 무덤 밖에 서서 이제 복음서 기자는 그리스도께서 자신의 부활을 증언하시려고 여자들과 제자들에게 어떻게 나타나셨는지를 설명하기 시작한다. 요한이 마리아만을 언급하긴 했지만, 내가 생각하기에 다른 여자들도 마리아와 함께 그곳에 있었을 것 같다. 몇몇 사람들이 주장하듯이, 여자들이 두려움에 정신을 잃었다고 생각하는 것은 이치에 맞지 않기 때문이다. 이렇게 주장하는 사람들은 모순을 피하고 싶어서 그런 식으로 주장하는데, 내가 앞에서 보여주었듯이 그들이 이야기하는 모순은 존재하지 않는다.

제자들은 집으로 돌아갔는데 여자들은 무덤에 남아 있었다고 해서 그들이 크게 칭찬을 받아야 하는 것은 아니다. 제자들은 위안과 기쁨을 안고 집으로 돌아간 반면, 여자들은 쓸데없이 울면서 괴로워하고 있었기 때문이다. 한마디로 말해서, 그들은 미신적인 생각과 세상적인 감정이 뒤섞여 있었기 때문에 무덤에 남아 있었던 것이다.

12두 천사가 주께서 마리아와 그 친구들의 많은 잘못을 일일이 헤아리지 않으신 것은 놀라운 배려이며 자비이다. 주님은 자신의 천사들을 여자들에게 보내심으로써 그들에게 특별한 영예를 부여하셨으니 말이다. 또한 그분은 사도들에게는 나타나지 않으셨지만 여자들에게는 마침내 모습을 나타내지 않으셨는가? 사도들과 여자들은 동일한 질병을 앓고 있었지만, 사도들의 어리석음은 용서받기가 더 어려웠다. 그들은 주님으로부터 철저하고 세심한 교육을 받았으나 전혀 유익을 얻지 못했기 때문이다. 그리스도께서는 사도들을 부끄럽게 하기 위해서 먼저 여자들에게 자신을 계시하기로 작정하셨다는 것은 사실이다.

흰 옷 입은 마리아가 자기 앞에 나타난 대상을 천사로 알았는지 아니면 사람이라고 생각했는지는 불확실하다. 그리스도께서 산에서 세 명의 사도에게 자신의 위엄을 발하셨을 때 흰 옷을 입으셨던 것처럼, 우리는 흰 옷이 하늘에 속한 영광의 상징이라는 것을 안다. 누가는 고넬료에게 나타난 천사가 빛난 옷을 입고 그 앞에 섰다고 기술한다. 나는 동양 사람들이 세마포 옷을 즐겨 입었다는 사실을 부인하지는 않지만, 하나님께서는 천사가 입은 옷에서 눈에 띄는 특별한 어떤 것, 말하자면 천사들을 사람들과 구별할 수 있는 어떤 표식 같은 것을 보여주셨다. 뿐만 아니라 마태는 여자들에게 말하는 천사들의 형상을 번개에 비교한다. 그러나 그들의 두려움은 경이로움에 휩싸인 상태에서 나온 것일 가능성이 있다. 그들은 놀라 서 있었던 것처럼 보이기 때문이다.

또한 천사들이 눈에 보이는 사람의 형상으로 옷을 입고 나타났다고 할 때, 그것은 사람들의 무지 때문에 그런 것이다. 물론 천사들이 종종 실제의 몸을 입는다는 사실을 내가 의심하는 것은 아니다. 하지만 이 두 천사들이 몸을 입고 나타났는지의 여부에 대해서 탐구하는 것은 불필요한 일일 것이다. 그래서 나는 이 문제에 대해서는 판단을 유보하고자 한다. 여자들이 천사들을 보고 들을 수 있도록 주께서 그들로 하여금 인간의 모습을 하고 나타나게 하셨다는 것 그리고 천사들이 입은 특별하고 이상한 옷은 그들을 사람들과 구별되게 했으며 하늘에 속한 신적神的인 어떤 것을 가리켰다는 것으로 나는 충분하다.

하나는 머리 편에, 하나는 발 편에 마태가 천사 한 명만 언급한 것은 요한의 보도와 모순되지 않는다. 두 천사가 동시에 마리아에게 말하지 않고 대사大使격인 천사 한 명만이 말했기 때문이다. 천사들이 서 있던 위치를 두고 복음이 동쪽에서 서쪽으로 전파되는 것을 가리킨다고 설명한 어거스틴의 알레고리는 그 근거가 빈약하다. 더 눈여겨볼 만한 가치가 있는 것은 그리스도께서 이러한 준비를 통해 자신의 나라의 영광을 보여주기 시작하셨다는 사실이다. 천사가 영광스럽게 그리스도의 무덤에 나타났다는 것은 십자가의 치욕을 제거할 뿐만 아니라 그리스도의 천상적天上的인 위엄을 밝혀주기 때문이다.

13 여자여 어찌하여 우느냐 다른 복음서 기자들로부터 우리는 천사들이 많은 내용을 여자들에게 말했다고 쉽게 추론할 수 있다. 요한은 그리스도의 부활을 증명하기에 충분한 내용만을 간단히 요약할 따름이다. 요한은 위로가 섞인 책망의 말을 전한다. 천사는 마리아가 끝도 없이 울고 있다고 책망하지만, 동시에 그리스도가 살아나셨기 때문에 울 필요가 없다고 말함으로써 책망과 아울러 기쁨을 전한다.

14 예수께서 서 계신 것을 보았으나 마리아는 틀림없이 예수님을 잘 알았을 텐데 어떻게 그분을 알아보지 못하는 실수를 했느냐고 질문할 수 있을 것이다. 그리스도께서 다른 모습으로 나타나셨기 때문에 그런 것이라고 생각하는 사람들이 있다. 하지만 나는 누가가 두 제자들에 대하여 언급한 것처럼(눅 24:16), 문제는 여자들의 눈에 있었다고 생각한다. 그러므로 그리스도께서 프로테우스(Proteus, 그리스 신화에 나오는 변장술이 뛰어난 늙은 바다의 신)처럼 여러 차례 새로운 모습을 하셨다고 말하지는 않겠다. 그러나 보아도 보지 못하는 것이 필요하다고 생각될 때는 언제든지 사람들의 시각을 둔하게 하시는 것은 우리에게 눈을 주신 하나님의 뜻이다.

우리는 사람들에게 공통적으로 나타나는 실수의 한 예를 마리아에게서 본다. 그리스도께서는 우리가 볼 수 있는 모습을 하고 나타나시지만, 우리는 그분에 대하여 여러 다양한 모습을 만들어내기 때문에 우리의 감각 기관은 참되신 그리스도 이외의 것을 생각한다. 우리 마음의 눈은 본래 오류가 많을 뿐만 아니라 세상과 사탄에 미혹당하여 진리를 분별하지 못하기 때문이다.

15 **주여 당신이 옮겼거든** 마리아는 당시 사람들의 관습에 따라 그리스도를 '주여'Sir라고 부른다. 히브리 사람들은 농부와 그밖에 신분이 낮은 사람들에게 '주여'Sir라고 인사했기 때문이다. 우리는 마리아가 세상적인 것들에만 관심을 가지고 있음을 본다. 그녀는 단지 그리스도의 시신을 찾기를 원할 뿐이다. 그 시신을 무덤에 계속 감추어두기 위해서 말이다. 그리고 가장 중요한 것, 즉 그리스도를 부활시키는 하나님의 능력을 갈망하는 것에 대해서는 전혀 생각하지 않는다. 그러므로 이와 같은 천한 태도가 그녀의 눈을 가린다고 해서 놀랄 것이 전혀 없다.

16 예수께서 마리아야 하시거늘 마리아가 돌이켜 히브리 말로 랍오니 하니 (이는 선생님이라는 말이라) 17 예수께서 이르시되 나를 붙들지 말라 내가 아직 아버지께로 올라가지 아니하였노라 너는 내 형제들에게 가서 이르되 내가 내 아버지 곧 너희 아버지, 내 하나님 곧 너희 하나님께로 올라간다 하라 하시니 18 막달라 마리아가 가서 제자들에게 내가 주를 보았다 하고 또 주께서 자기에게 이렇게 말씀하셨다 이르니라 요 20:16-18

16 **마리아야** 그리스도께서는 자신을 알아보지 못한 마리아를 잠시 지켜보셨다. 이것은 마리아의 믿음을 견고하게 하는 데 유용했다. 이제 그리스도께서는 이 한마디 말씀으로 마리아의 실수를 고쳐주신다. 그리스도께서는 전에도 마리아를 부르신 적이 있다. 그러나 그분의 말씀은 낯선 사람의 말처럼 들렸다. 지금 그리스도께서는 선생의 태도를 취하셔서, 이름을 불러가며 자

(없음)

신의 제자에게 말씀하신다. 우리가 요한복음 10장에서 살펴보았다시피, 선한 목자가 자기 양의 이름을 하나씩 불러 자신에게로 모으시듯이 말이다. 그 목자의 음성은 마리아의 마음에 파고들어 그녀의 눈을 열고 그녀의 모든 감각을 일깨운다. 그 영향력이 몹시 커서 마리아는 곧바로 그리스도께 스스로를 내어드린다.

이런 식으로 우리는 부르심에 대한 생생한 이미지를 마리아에게서 보게 된다. 하나님을 아는 참 지식에 들어가는 유일한 입구는, 그리스도께서 먼저 우리를 아시고 그 후에 우리를 그분에게로 초대할 때이기 때문이다. 모든 사람의 귀에 차별 없이 울리는 평범한 음성이 아니라, 아버지께서 자신에게 주신 양¥을 그리스도께서 특별히 부르시는 그 음성으로 초대할 때 말이다. 그래서 바울은 "이제는 너희가 하나님을 알 뿐 아니라 더욱이 하나님이 아신 바 되었거늘"(갈 4:9)이라고 말한다.

랍오니 하니 예수께서 마리아의 이름을 부른 것이 얼마나 효과가 있었는지는 그녀가 즉시 그분께 합당한 영광을 돌린 것에서 분명하게 드러난다. '랍오니'(Rabboni, '나의 랍비님'이란 뜻)라는 말은 존칭어일 뿐만 아니라 순종의 고백이 담겨 있는 말이다. 그러므로 마리아는 자기가 그리스도의 제자이며 그분을 자신의 선생으로 알고 헌신한다고 선언하는 것이다. 하나님께서 그분의 영靈으로 마리아에게 빛을 비추셔서 둔하고 무지한 그녀의 눈을 밝히실 때, 그 마음이 이렇듯 놀랍고도 신비하게 변화된 것이다. 더욱이 마리아의 예는, 그리스도께 초대 받은 모든 사람은 즉시 그분께 반응해야 한다는 권고 역할을 하기도 한다.

'랍오니'라는 단어는 아람어이다. 사실 아람어는 '립오니'Ribboni로 발음한다. 하지만 단어란 외국어로 번역될 경우에 대개 바뀌는 경향이 있다. 이 말은 '나의 주님' 또는 '나의 선생님'에 해당한다. 그리스도께서 세상에 계실 당시에는 '선생님'이란 말 대신 '랍비' 또는 '랍오니'라는 말을 쓰는 것이 통상적이었다.

17 나를 붙들지 말라 이 내용은 마태의 기사와 상충되는 것처럼 보인다. 마태는 여자들이 그리스도의 발을 붙잡았다고 분명하게 언급하기 때문이다 (마 28:9). 제자들에게는 그분의 몸에 손을 대게 허용하셨으면서 마리아에게는 왜 자신을 붙잡는 것을 금하셨는가? 이 질문에 대답하기는 쉽다. 여자들이 그리스도를 과도하게 붙들지 않는 경우라면 얼마든지 그분을 붙드는 것이 허락되었다. 의심을 없애기 위해 필요한 경우라면 그리스도께서는 분명 제자들이 그분을 만지는 것을 금하지 않으셨기 때문이다. 하지만 그들이 그분의 발을 붙들고 그것에 집착해 있는 것을 보시고 그리스도께서는 그들의 생각 없는 열정을 완화시키고 고쳐주셨다. 제자들은 그리스도의 신체적인 임재에 관심을 쏟으면서, 그분과 땅에서 대화를 나누는 것을 그리스도와 함께 하는 유일한 길이라고 생각했다. 그러므로 우리는 이 사실로부터 다음과 같은 사실을 추론할 수 있다. 즉, 제자들이 어리석고 이치에 맞지 않는 갈망으로 그리스도를 이 세상에 머물러 있게 하고 싶어 한다는 것을 그분이 보시기 전까지는 자신을 붙잡는 것을 금하지 않으셨다고 말이다.

내가 아직 아버지께로 올라가지 아니하였노라 우리는 그리스도께서 왜 이 말씀을 덧붙이셨는지 주목할 필요가 있다. 그리스도께서는 이 말씀을 하심으로써, 자신이 하늘의 영광에 들어가기까지는 그들의 감정을 억제하라고 여자들에게 말씀하신다. 한마디로 말해서, 그리스도께서는 자신의 부활의 목적을 보여주신 것이다. 그 목적이란 제자들이 상상하듯이 그리스도께서 다시 살아나셔서 세상에서 승리자가 되는 것이 아니었다. 오히려 그리스도께서 하늘에 올라가심으로써 그분에게 약속된 하나님나라에 들어가시며, 그분의 영으로써 아버지 오른편에서 교회를 다스리는 것이 부활의 목적이었다. 그러므로 "내가 아직 아버지께로 올라가지 아니하였노라"라는 말씀은, 그분이 하늘에 올라가 아버지의 오른편에 앉기까지는 그분의 부활의 상태가 모든 면에서 충만하게 완성되지 않을 것이라는 의미이다. 그러므로 여자들이 미완성된 그리스도의 부활로 만족하면서 그분이 세상에 계시기를 원한 것은 잘못이라는 것이다. 여기서 우리는 두 가지 유익한 교훈을 얻는다.

첫째, 그리스도를 찾는 면에서 잘못된 길로 가기를 원하지 않는 사람들은 그 마음을 높은 곳으로 올려야 한다.

둘째, 바울이 권하듯이(골 3:1), 그리스도에게 가려고 하는 사람은 누구나 세상에 속한 육체의 정욕을 제거해야 한다.

너는 내 형제들에게 가서 여기에 언급된 '형제들'이라는 단어를 그리스도의 친척에게 한정하는 사람들이 있다. 하지만 이것은 틀린 생각이다. 도대체 왜 그리스도께서 여자들을 제자들이 아닌 친척들에게 보내셔야만 했단 말인가? 그들은, 요한이 다른 본문에서 그리스도의 친척들이 그분을 믿지 않았다고 선언했기 때문이라고 대답한다(요 7:5). 하지만 내 생각에 그리스도께서 그와 같이 대단한 영예를 7장에 언급된 사람들에게 부여한 것 같지는 않다. 또한 그들은 마리아가 그리스도의 명령에 순종했다는 사실을 인정해야 할 것이다. 곧바로 이어지는 구절에서 마리아는 제자들에게 갔다. 여기서 우리는 그리스도께서 제자들을 염두에 두고 이 말씀을 하셨다고 결론 내릴 수 있다.

더욱이, 그리스도께서는 뿔뿔이 흩어졌던 제자들이 한자리에 모여 있었다는 것을 아셨다. 그리고 그리스도께서 어떤 부류의 사람인지 알지도 못하는 자들에게는 관심을 가지면서 한자리에 모여 희망과 두려움 속에서 마음을 졸이고 있는 제자들을 무시했다는 것은 말도 안 된다. 여기에 한 가지를 더 첨가한다면, 그리스도께서는 시편 22편 22절에 나오는 표현을 빌려 제자들을 '형제'라고 부르신 것 같다.

"내가 주의 이름을 형제에게 선포하고 회중 가운데에서 주를 찬송하리이다."

이 예언이 이 구절에서 성취되었다는 것은 논의의 여지가 없다.

그러므로 나는 마리아가 제자들 전체에게 보냄을 받았다고 결론을 내린다. 또한 그리스도께서는 제자들이 더디 믿은 것에 대한 일종의 책망으로 이 말씀을 하셨다고 생각한다. 사실 하나님의 아들에게서 오랫동안 가르침을 받았지만 거의, 아니 전혀 열매를 맺지 못한 이 제자들은 여자들뿐만 아니라 심지어 소나 나귀를 선생으로 삼아도 전혀 이상하지 않다. 하지만 그리스도 께서 자신의 제자들을 여자들에게 보내어 교훈을 받게 하신 것은 가벼운 징 계이다. 그분은 여자들을 통하여 제자들을 다시 자신에게로 돌아오게 하고 싶으셨다. 또한 여기서 사도들에게 그리스도의 부활을 증언할 자들로 여자 들을 임명하고 정하신 그리스도의 헤아릴 수 없는 은혜가 빛난다. 그들이 받 은 사명은 우리 구원의 확고한 기초이며, 그 안에는 하늘에 속한 지혜의 핵심 이 들어 있기 때문이다.

또한 이것이 특별하고도 뜻밖의 일이었음에 주목할 필요가 있다. 여자들 로 하여금 사도들에게 알리라고 한 내용은 나중에 그들이 자기들에게 맡겨진 직무를 수행하면서 온 세상에 전파한 바로 그 내용이었다. 하지만 여기서 여 자들은 사도의 자격으로 행동하지는 않는다. 그러므로 그리스도의 이러한 명령을 근거로 해서 여자들에게도 세례를 주는 직분이 허락되었다는 법칙을 이끌어내는 것은 잘못이다. 그러므로 그리스도께서 여자들에게 그분의 은혜 의 무한한 보화를 보여주셨다는 사실로 만족하자. 그리스도께서 한 번 여자 들을 사도들의 교사로 임명하기는 하셨지만, 이 한 번의 특권을 하나의 모범 으로 취급하기를 원하지는 않으셨다. 이러한 사실은 특히 일곱 귀신에 사로 잡힌 적이 있던 막달라 마리아에게서 분명히 나타난다. 그리스도께서는 그 녀를 가장 낮은 지옥에서 꺼내어 높은 하늘 위로 올리신 것과 같기 때문이다.

여자들은 육감적이고 어리석은 존재이기에 그리스도께서 사도들보다 여 자들에게 우선권을 주었을 리가 없다고 반박하는 사람이 있다면, 나는 다음 과 같이 대답하겠다. 여자들과 사도들을 구별하는 권한은 우리에게 있는 것 이 아니라 재판장이신 그리스도에게 있다고 말이다. 하지만 한마디만 더 하 자면, 사도들은 그리스도에게 더 혹독하게 꾸짖음을 받아야 한다는 사실이 다. 이는 제자들이 다른 사람들보다 더 많은 가르침을 받았기 때문이다. 뿐만 아니라 그들은 온 세상의 선생으로 임명을 받고 사람들의 빛이요 세상의 소 금으로 부름을 받은 후에 자기들의 임무를 매우 게을리했기 때문이다. 그러나 주님은 (여자들처럼) 멸시 받는 연약한 도구들을 사용하여 그분의 능력의 증거를 보여주기를 기뻐하셨다.

내가 내 아버지 … 하나님께로 올라간다 그리스도께서는 '올라간다'라는 단어를 사용하여 내가 방금 전에 설명한 교훈을 확증하신다. 그분이 죽은 자들 가운데서 다시 살아나신 것은 세상에 사시기 위해서가 아니라 하늘의 생명으로 들어가셔서 신자들을 자기에게로 이끌기 위해서이다. 한마디로 말해서, 그리스도께서는 이 말씀을 통해 사도들에게 자신의 부활 자체에 멈추지 말라고, 오히려 부활을 넘어 영적인 나라로, 하늘의 영광으로, 심지어 하나님 자신에게로 오라고 명령하신다. 그러므로 이 구절에서는 '올라간다'라는 단어가 특별히 강조되고 있다. 그리스도께서는 자신의 백성들에게 팔을 뻗어 그들로 하여금 하늘에서만 행복을 구하게 하시기 때문이다. 또한 우리의 보화가 있는 곳에 우리의 마음이 있기 마련이기 때문이다(마 6:21). 그리스도께서는 자신이 하늘로 올라가신다고 주장하신다. 그러므로 그리스도와 분리되는 것을 원하지 않는다면 우리도 하늘로 올라가야 한다.

그리스도께서 자신이 하나님께로 올라간다는 말씀을 덧붙이실 때, 그분은 자신이 떠남으로 제자들이 품을 수 있는 슬픔과 근심을 재빨리 제거하신다. 이 말씀은 그리스도께서 자신의 신적(神的)인 능력으로 자기 백성과 늘 함께하시겠다는 의미이기 때문이다. 주님이 하늘로 올라가시면 공간적으로 거리가 생기는 것은 사실이다. 그러나 육체로 우리와 함께 계시지는 않지만 그리스도께서는 하나님과 함께 계시기 때문에, 그분의 능력은 사방에 두루 퍼질 것이며 그분이 영적으로 임재하신다는 것을 뚜렷이 보여주실 것이다. 그분이 하나님께로 올라가시는 목적은 하나님 우편에 앉아 하늘과 땅에서 다스리려는 데 있기 때문이다. 한마디로 말해서, 그리스도께서는 자신이 몸으로 떠나 계시더라도 제자들이 그것 때문에 해를 입지 않도록 하기 위해서, 이 말씀을 통해 자신의 나라의 신적인 능력을 천명하고 싶으셨던 것이다.

내 아버지 곧 너희 아버지, 내 하나님 곧 너희 하나님께로 그리스도께서 하나님을 자신의 하나님이면서 곧 우리의 하나님이라고 말씀하실 때, 거기에는 우리가 지금까지 언급해온 형제 연합의 열매와 효과가 표현되어 있다. 그리스도께서는 "내가 내 아버지 곧 너희 아버지 … 하나님께로 올라간다"라고 말씀하신다. 다른 성경 본문에서는 우리가 그리스도께서 누리시는 모든 복에 참여한다고 표현한다. 그러나 그 토대는 그리스도께서 모든 복의 근원을 우리와 함께 나누신다는 사실에 있다. 그리스도의 하나님이 자기들의 하나님이며 그리스도의 아버지가 자기들의 아버지라고 신자들이 안전하고 확실하게 고백할 수 있다는 것, 여기에 사실 헤아릴 수 없는 복이 있는 것이다. 너무 성급하게 이러한 확신을 갖는 것이 아니냐는 비난을 받지 않을까 두려워할 필요는 없다. 이러한 확신은 그리스도에게 기초한 것이며, 당당하게 자랑할 만한 것이기 때문이다. 그리스도께서 친히 자신의 입으로 우리에게 이렇게 말씀하시지 않았는가?

이제, 그리스도께서는 하나님을 자신의 하나님이라고 부르신다. 종의 형체를 취하심으로써 자신을 낮추셨기 때문이다. 그러므로 이것은 그리스도께서 가지신 인성人性에 적절하다. 하지만 통일성이라는 측면에서 볼 때, 이것은 그분의 전 인격에 적용되기도 한다. 동일한 분이 하나님이며 동시에 인간이기 때문이다. "내 하나님 곧 너희 하나님께로 올라간다"라는 두 번째 문장에는 그리스도와 우리 사이의 차이점도 존재한다. 그리스도께서는 본성상 하나님의 아들이시지만 우리는 단지 양자 됨으로 말미암아 하나님의 자녀가 되었기 때문이다. 하지만 우리가 그리스도로 말미암아 얻은 은혜는 너무도 확실하기 때문에, 우리를 하나님의 독생하신 아들 안에서 양자로 삼으신 분을 우리 아버지라 부르지 못하게 막으려는 마귀의 온갖 노력에 의해서도 이 은혜는 흔들리지 않는다.

19 이날 곧 안식 후 첫날 저녁 때에 제자들이 유대인들을 두려워하여 모인 곳의 문들을

닫았더니 예수께서 오사 가운데 서서 이르시되 너희에게 평강이 있을지어다 **20** 이 말씀을 하시고 손과 옆구리를 보이시니 제자들이 주를 보고 기뻐하더라 **21** 예수께서 또 이르시되 너희에게 평강이 있을지어다 아버지께서 나를 보내신 것같이 나도 너희를 보내노라 **22** 이 말씀을 하시고 그들을 향하사 숨을 내쉬며 이르시되 성령을 받으라 **23** 너희가 누구의 죄든지 사하면 사하여질 것이요 누구의 죄든지 그대로 두면 그대로 있으리라 하시니라 요 20:19-23

19 이날 곧 안식 후 첫날 저녁 때에 이제 복음서 기자는 제자들이 그리스도를 봄으로써 그분의 부활이 그들에게 입증되었다는 사실을 소개한다. 제자들이 한곳에 모두 모였다는 것은 그 사건을 더욱 확실하고 분명하게 하려는 하나님의 섭리가 아니면 일어날 수 없는 일이었다. 여기서 우리는 그리스도께서 제자들에게 얼마나 친절하게 행하셨는지 주목해야 한다. 그분은 제자들이 오랫동안 불안 가운데 있지 않도록 안식일 바로 다음 날 저녁에 그들을 찾아오셨던 것이다. 뿐만 아니라 어둠이 온 세상을 덮고 있을 때, 그리스도께서는 제자들에게 새 생명을 보증해주심으로써 그들의 눈을 밝히셨다.

제자들이 … 모인 제자들이 다 모인 것은 믿음의 표시 혹은 정확히 말하면 경건한 태도의 표시였다. 우리는 닫힌 문 뒤에 숨어 있는 제자들에게서 그들의 연약함을 보게 된다. 물론 강심장을 가진 담대한 사람들도 가끔은 두려움에 사로잡힌다. 그러나 이 당시 사도들은 너무도 두려움에 떨고 있어서 그들의 부족한 믿음을 드러내고 있다고 쉽게 추론할 수 있다. 이 예는 주목할 만한 가치가 있다. 왜냐하면 사도들이 마땅히 취해야 할 담대한 태도를 보이지 못했지만, 여전히 그들은 자기들의 연약함에 굴복하지는 않았기 때문이다. 그들은 분명 위험을 벗어나려고 은밀한 곳을 찾았다. 그러나 그들은 용기를 내어 한곳에 함께 머물렀다. 그렇지 않았더라면 사도들은 서로 흩어졌을 것이며, 아무도 감히 상대방을 찾으려 하지 않았을 것이다. 이런 태도로 우리도 우리 육신의 연약함과 싸워야 하며, 두려움에 자리를 내주지 말아야 한다. 두려움은 우리를 배교로 이끌 위험이 있다.

그리스도께서 함께 모여 있는 사도들에게 나타나셨을 때 그분은 또한 그들의 열정을 칭찬하신다. 도마가 모든 형제(사도)들이 받은 은혜를 받지 못한 것은 공평하다. 그는 방황하고 배회하는 군인처럼 연합의 깃발을(ab unitatis vexillo) 떠났기 때문이다. 여기 지나치게 겁이 많은 사람들이 배워야 할 교훈이 있다. 즉, 그들은 육신의 두려움을 바로잡을 수 있도록 스스로를 단련하고 분발하는 법을 배워야 한다. 특별히 그들은 두려움 때문에 흩어지지 않도록 깨어 있어야 한다.

모인 곳의 문들을 닫았더니 당시 상황이 자세하게 묘사된 것은 이 내용에 그리스도께서 가지신 신적(神的)인 능력의 분명한 증거가 들어 있기 때문이다. 누군가가 그리스도를 위해 문을 열어주어 그분이 평범한 방법으로 그곳에 들어가셨다고 생각하는 사람들이 있는데, 이것은 복음서 기자가 제시하는 의미와 완전히 상충된다. 우리는 그리스도께서 자신의 신성(神性)에 대한 증거를 제시하기 위하여 이적을 행하여 그곳에 들어가셨다고 이해해야 한다. 그렇게 하심으로써 제자들의 주목을 끌 수 있도록 말이다.

그렇다고 해서 내가 그리스도의 몸이 닫힌 문을 통과하셨다는 교황주의자들의 입장을 옳다고 인정하는 것은 아니다. 그들이 이렇게 주장하는 것은 그리스도의 영광스러운 몸이 영(靈)과 비슷할 뿐만 아니라 어느 장소에도 국한되지 않는 무한한 몸이라는 것을 증명하기 위해서이다. 그러나 이 구절에 사용된 단어들에는 이런 의미가 담겨 있지 않다. 복음서 기자는 그리스도께서 닫힌 문을 통하여 방에 들어가셨다고 말하지 않고 그분이 갑자기 제자들 가운데 서셨다고 말한다. 문이 닫혀 있었고, 어느 누구도 그리스도께서 들어오시도록 그 문을 열어드리지도 않았는데 말이다. 우리는 베드로가 잠긴 감옥을 빠져나간 예를 알고 있다. 그렇다면 베드로가 쇠창살을 뚫고 나갔다고 말해야 할까? 본질은 빠지고 말도 되지 않는 것들만 무성한 유치한 궤변은 집어치

워라! 우리는 그리스도께서 놀라운 이적으로써 제자들을 위해 그분의 부활의 권세를 확증하기 원하셨다는 것으로 만족하자.

너희에게 평강이 있을지어다 이것은 히브리인들 사이에서 나누는 전형적인 인사법이다. 히브리인들은 '평강'이란 단어로써 행복한 생활에 통상적으로 필요한 모든 기쁨과 번영을 나타냈다. 그러므로 "평강이 있을지어다"라는 어구는 '잘되고 행복하기를 기원한다'라는 뜻과 같다. 내가 이렇게 말하는 이유는, 그리스도께서 자신의 제자들이 잘 되고 행복하기를 원하셨을 뿐인데 이 구절을 설명하면서 평강과 화목에 대하여 헛된 논의를 하는 사람들이 있기 때문이다.

20 손과 옆구리를 보이시니 이런 확증이 첨가될 필요가 있었던 것은 그리스도께서 부활하셨다는 것을 제자들이 이 모든 수단을 통해 알 수 있도록 하기 위함이다. 그리스도께서 부활하신 뒤에도 상처를 갖고 있다는 사실이 그분의 영광에 어울리지 않는 이상한 것으로 생각되는 사람이 있다면, 다음과 같은 내용을 생각해보라.

첫째, 그리스도께서는 자신을 위해서 부활하신 것이 아니라 우리를 위해서 부활하셨다.

둘째, 우리의 구원에 유익한 것은 그분에게 영광스러운 것이다. 그리스도께서 한동안 자신을 낮추셨을 때, 그분의 엄위가 사라진 것은 아니었다. 그리고 우리가 지금 이야기하고 있는 손과 옆구리의 상처는 그분의 부활의 권위를 빛나게 하는 역할을 하기 때문에, 그것들이 그분의 영광의 품위를 떨어뜨리는 것은 결코 아니다. 하지만 이 구절을 근거로 그리스도의 옆구리에 여전히 창에 찔린 상처가 있고 그 손에 못 자국이 있다고 추론한다면, 그것이야말로 어처구니가 없는 생각이다. 그리스도의 몸에 있는 상처는 그분이 죽은 자들 가운데서 다시 살아나셨다는 것을 사도들로 하여금 충분히 알게 하려고 잠시 동안 사용되었던 것이 확실하기 때문이다.

제자들이 주를 보고 기뻐하더라 이 말은 그리스도의 죽음으로 말미암아 생긴 모든 슬픔이 그분의 새 생명으로 말미암아 사라졌다는 의미이다.

21 예수께서 또 이르시되 너희에게 평강이 있을지어다 내가 볼 때 그리스도께서 두 번째 인사를 하신 유일한 목적은 제자들로 하여금 그분의 말씀에 주의를 기울이게 하기 위함인 것 같다. 이것은 그분이 말씀하시려는 내용이 엄청나고 심각한 것이라는 사실에 잘 들어맞는다.

아버지께서 나를 보내신 것같이 그리스도께서는 이전에 이미 사도들에게 직분을 맡기신 적이 있다. 지금 그분은 이 말씀으로써, 이를테면 그들을 그 직분에 정식으로 임명하시는 것이다. 사도들이 이미 유대 여러 마을로 보냄을 받은 적이 있었던 것은 사실이다. 하지만 단지 그들은 사람들에게 최고의 선생님이신 그리스도의 말씀을 들으라고 권하는 포고자 역할을 했을 뿐, 가르치는 영원한 직책을 수행하는 사도 역할을 한 것은 아니다. 주님은 지금 이 세상에 자신의 나라를 세우기 위하여 그들을 자신의 대사大使로 임명하신다. 그러므로 사도들은 지금 복음을 전하는 상임常任 사역자로 처음으로 임명된 것으로 이해하고 매듭을 짓자.

그리스도의 이 말씀은, 지금까지 자신이 선생의 직분을 이행해오셨지만 이제는 자신의 여정을 마치고 그 동일한 직책을 제자들에게 맡기신다는 선언이다. 아버지께서 자신을 교회의 선생으로 삼으신 것은, 그분이 한동안 다른 사람들 앞에 가셔야 하지만 나중에는 그 방에 있던 사람들로 하여금 그분의 부재不在를 대신하도록 하셔야 한다는 조건하에서 그런 것이라는 뜻으로 그리스도께서는 말씀하신다. 세상 끝날까지 교회를 다스리도록 하기 위해 그리스도께서 어떤 사람은 사도로, 어떤 사람은 선지자로, 어떤 사람은 목사로 세우셨다고 바울이 말한 이유가 바로 여기에 있다(엡 4:11).

그러므로 그리스도께서는 우선, 자신이 잠시 가르치는 직책을 가지고 계셨으나 복음 선포는 잠시 동안만 진행되는 것이 아니라 영원히 계속될 것이라고 선포하신다. 그리고 자신의 교훈이 사도들의 입을 통해 전해질 때 그 권위가 떨어지지 않도록 하기 위해서, 그리스도께서는 사도들에게 자신이 아버지에게서 받았던 것과 동일한 과제를 계승하라(in eandem functionem succedere)고 명하시고, 동일한 역할(eandem personam)을 주시며, 동일한 권위(idem iuris)를 부여하신다. 사도들의 사역이 이런 식으로 확증을 받아야 했던 것은 적절했다. 그들 역시 깨달음이 둔하고 평범한 사람들이었기 때문이다. 더욱이 사도들이 가장 높은 영광과 위엄을 지녔다고 하더라도, 우리는 사람에게 속한 모든 것은 믿음의 탁월함에는 미치지 못한다는 것을 안다.

그러므로 그리스도께서 아버지에게서 받은 권위를 자신의 사도들에게 주셔야 했던 것은 그만한 이유가 있었다. 그렇게 하심으로써 그분은 복음 설교가 사람들의 권위가 아니라 하나님의 명령에 의해 자신에게 맡겨진 것임을 선언하고자 했던 것이다. 하지만 그리스도께서는 사도들에게 선생으로서의 최고의 권위(summo magisterio)를 양도하면서까지 그들로 하여금 자신의 자리를 대신하게(substituit in locum suum) 하시지는 않는다. 아버지께서는 그리스도 한 분만이 그 자리를 보유하도록 명하셨다. 그러므로 그리스도께서는 교회의 유일한 선생(unicus Doctor)이시며, 영원히 그 직분을 계속하실 것이다. 그분이 세상에 계시는 동안에는 직접 말씀하신 반면, 지금은 사도들을 통하여 말씀하신다는 것만이 유일한 차이이다. 그러므로 사도들이 그리스도의 직책을 계승한다고 해서 그분이 잃는 것은 아무것도 없다. 그분의 권위는 손상되지 않은 채 건실하게 남아 있으며, 그분의 영광은 온전하다. 다른 사람의 말이 아니라 그리스도의 말씀을 들으라는 명령은 거역할 수 없는 말씀이기 때문이다(마 17:5). 한마디로 말해서, 여기에서 그리스도께서는 사람이 아니라 복음의 교훈을 칭송하고자 하신 것이다.

더욱이, 우리는 여기에서 다루는 유일한 주제가 '복음 설교'라는 사실을 주목해야 한다. 그리스도께서는 자신이 아버지에게서 보냄을 받았듯이 세상의 죄를 대속(代贖)하고 의(義)를 획득하게 할 목적으로 자신의 사도들을 보내시는 것이 아니기 때문이다. 그러므로 그리스도께서는 이 구절에서 그분 자신만이 할 수 있는 것을 언급하시는 것이 아니라, 단지 교회를 다스릴 사역자들과 목사들을 임명하시는 것이다. 바로 이러한 상황 때문에 그리스도께서만 모든 능력을 소유하고 계시고(ut solum ipse potestatem in solidum retineat) 사도들은 스스로를 사역자라고 주장할 뿐이다.

22 그들을 향하사 숨을 내쉬며 유한한 인간 중에서 어느 누구도 이런 어려운 직책munus을 수행하기에 적합하지 않으므로, 그리스도께서는 자신의 영(성령)의 은혜를 부으심으로 사도들을 준비시키신다. 사실 하나님의 교회를 다스리는 것, 영원한 구원의 대사직을 수행하는 것, 하나님나라를 땅 위에 세우는 것, 그리고 사람들을 하늘로 올리는 것은 사람의 능력 밖에 속하는 것들이다. 그러므로 성령의 영감adflatus을 받지 않는다면 아무도 그런 일을 할 만한 자격이 없다는 것은 놀라운 일이 아니다. 성령께서 그의 혀를 주관하지 않는다면 아무도 그리스도에 대해 한마디 말도 할 수 없다(고전 12:3). 이와 같은 탁월한 직책officii에 관련한 모든 의무를 성실하고 진지하게 수행하기에 충분한 사람은 아무도 없기 때문이다. 다시 한 번 말하지만, 그리스도께서 자신의 교회에 속한 교사들doctores을 임명하실 수 있었던 것은 그리스도만이 가지신 영광이다. 그리스도에게 성령이 충만하게 부어졌던 것은 그분이 각 사람에게 일정 분량을 부어주실 수 있도록 하기 위함이었던 것이다.

성령을 받으라 그리스도께서는 계속해서 그분 교회의 유일한 목자로 계시지만 사역자들이 하는 일을 사용하신다. 그러므로 그분은 사역자들에게 자신의 영靈의 능력을 반드시 부어주셔야만 했다. 그리스도께서 사도들에게 숨을 내쉬셨을 때, 그분은 외적인 상징을 통해 이를 입증하신 것이다. 만일 성령이 그리스도에게서 나오지 않는다면, 그분이 사도들을 향하여 숨을 내쉰 행위는 무의미하게 될 것이기 때문이다.

이와 관련한 교황주의자들의 신성모독은 더욱 가증스럽다. 그들은 하나님의 아들에게 속하는 영예를 빼앗아 자기들 것으로 만든다. 주교들은 사제들을 임명할 때 그들에게 숨을 내쉬면서 자기들이 성령을 내뱉는다고 자랑한다. 그러나 그 사실이, 주교들의 입에서 나오는 악취 나는 숨결과 그리스도의 신적神的인 호흡이 얼마나 다른지 분명하게 보여준다. 주교들이 행하는 일이란 사람들을 우롱하기 위한 것일 뿐이기 때문이다. 더욱이 그리스도께서는 제자들에게 자신이 받은 성령을 주셨을 뿐만 아니라 자기 자신의 영, 즉 자신이 아버지와 함께 가지고 계신 영을 그들에게 주신 것이다. 그러므로 숨을 내쉬면서 성령을 준다고 말하는 사람들은 다 하나님의 영광을 찬탈하는 것이라고 말할 수 있다.

우리는 또한 그리스도께서 자신이 목사(pastorale munus)로 부르신 사람들에게 필요한 은사를 입혀주신다는 점을 주목해야 한다. 그들이 그 직분을 수행할 수 있는 자격을 갖출 수 있도록 혹은 적어도 아무런 준비 없이 빈손으로 그 사역을 맡지 않도록 하기 위해서 말이다. 이것이 사실이라면 교황주의자들의 어리석은 자랑을 논박하기는 쉽다. 교황주의자들은 그들의 성직 위계 제도를 과장되게 칭송하지만, 주교들에게는 아주 작은 성령의 불꽃도 보일 능력이 없다. 그들에게 성령의 은혜가 전혀 없다는 것이 분명한 상황에서도, 교황주의자들은 자기들이 교회의 합법적인 목사들이며 그리스도의 사도요 대리자들이라고 우리가 믿기를 원한다. 그러나 하나님의 교회를 지도하는 사람들의 소명을 판단할 수 있는 확실한 법칙이 여기에 있다. 그것은 그들에게서 성령의 은사들을 볼 수 있는가 하는 것이다.

그러나 그리스도께서는 성령을 받으라는 말씀을 통해 특별히 사도직(apostolici ordinis)의 존엄성을 주장하고 싶으셨다. 처음으로 복음을 선포하는 중요한 설교자들로 택함을 받은 사람들이 그들만의 특수한 권위를 소유해야 한다는 것은 일리가 있다. 그러나 만일 그리스도께서 사도들에게 숨을 내쉬시면서 자신의 성령을 주셨다면, 그 후에 다시 성령을 보내시는 것은 쓸데없는 것처럼 보일 수 있다. 이 문제에 대해 답하겠다. 지금 사도들이 받은 성령은 그리스도의 은혜에 살짝 적신 것에 불과하고 충분한 능력에 흠뻑 젖은 것은 아니다. 성령께서 불의 혀로 제자들에 나타나셨을 때 제자들은 완전히 새롭

406

게 되었기 때문이다.

그리고 사실 그리스도께서는 제자들을 사역의 장場으로 즉시 보내시려고 그분의 복음의 반포자로 임명한 것이 아니었다. 우리가 누가복음 본문에서 살펴볼 수 있듯이, 그리스도께서는 제자들에게 조용히 기다리라고 명령하셨다(눅 24:49). 모든 것을 적절하게 고려한다면, 우리는 그리스도께서 제자들에게 현재 일에 필요한 선물들을 주신 것이 아니라 미래에 그분의 성령의 도구가 되도록 그들을 임명했다고 결론 내릴 수 있다. 그러므로 그리스도께서 숨을 내쉬신 것은 그분이 지금까지 자주 약속하셨던 성령을 보내시는 장엄한 행위를 특별히 언급한다고 이해해야 한다.

그리스도께서는 신비한 영감으로 사도들에게 은혜를 베푸실 수도 있었지만, 지금 그들에게 더 나은 확증을 주시려고 눈에 보이는 숨 쉬는 행위를 덧붙이는 방법을 택하셨다. 그리스도께서 택하신 이러한 상징은 성경에서 말하고 있는 일반적인 방식에서 취하신 것이다. 성경에서는 성령님이 종종 바람에 비유되곤 한다. 이러한 비유는 우리가 요한복음 3장을 설명할 때 간단히 언급했던 내용이다. 하지만 나는 독자들이 외적이고 가시적인 상징이 하나님의 말씀과 결합되었다는 사실에 주목하기를 바란다. 성례가 효과를 가질 수 있는 것은 하나님의 말씀을 근원으로 하기 때문이다. 이것은 성령의 효력이 귀에 들리는 말씀 안에 국한되기 때문이 아니라, 신자들이 성례에서 받는 모든 것들의 효과가 하나님의 말씀의 증거에 달려 있기 때문이다. 그리스도께서는 사도들에게 숨을 내쉬신다. 사도들은 단지 그리스도의 호흡만을 받은 것이 아니라 성령도 받았다. 그 이유는 어디에 있는가? 그리스도께서 사도들에게 성령을 약속하셨기 때문이다.

이와 마찬가지로 세례를 받을 때, 우리는 그리스도로 옷 입고 그분의 피로 씻음을 받으며 우리의 옛 사람은 십자가에 못 박힌다. 하나님의 의義가 우리 안에서 왕 노릇할 수 있도록 말이다. 우리는 성령 안에서 그리스도의 살과 피로 영적인 양식을 공급 받는다. 이와 같은 효력은 바로 그리스도의 약속으로부터 온다. 그리스도께서는 자신의 영으로써 자신이 친히 말씀으로 약속하신 것을 이루신다. 그러므로 우리는 사람이 만든 성례가 그저 헛수고일 뿐이며 하찮은 장난에 불과한 것임을 알자. 주님의 말씀이 임재하지 않으면 상징 signs에는 진리가 있을 수 없기 때문이다. 이처럼 거룩한 것을 제 마음대로 가지고 놀면 반드시 하나님을 사악하게 모독할 수밖에 없고 영혼을 황폐하게 만들 수밖에 없다. 그러므로 우리는 사탄의 그러한 술수에 대해 매우 조심해야 한다.

주교들이 사제들을 임명하면서 숨을 내쉬는 행동은 그리스도의 말씀과 상징이 결합된 행동이기 때문에 비난을 받을 만한 행동은 아니라고 이의를 제기하는 사람이 있다면, 이 문제에 대답하는 것은 매우 쉽다. 그리스도께서는 사도들에게 교회에 영원한 성례를 제정하라고 말씀하지 않으셨다. 우리가 방금 전에 언급했듯이, 그리스도께서는 성령이 그분(그리스도)에게서만 나오신다는 사실을 한 번 선포하기를 원하셨던 것이다. 더욱이, 그리스도께서 사람을 그리스도의 사역자로 임명하실 때는 반드시 그들에게 힘을 주시고 능력을 공급하신다.

교황 제도에서는 전혀 다른 목적, 아니 전혀 반대되는 목적으로 사제들이 임명된다는 사실에 대해서는 거론하지 않겠다. 제자들은 복음의 칼로 사람들을 (영적으로) 죽이기 위해서 사도가 되는 반면, 교황제도 하에서 사람들은 그리스도를 매일 죽음에 이르게 하기 위해서 사제로 임명된다. 또한 그리스도만이 자신이 외적인 상징으로써 표시하고 약속하신 모든 복을 주시는 분이라는 사실을 우리는 믿어야 한다. 그리스도께서는 사도들에게 숨을 내쉬는 외형적인 상징을 통해서가 아니라 그분 자신으로부터 성령을 받으라고 명령하시기 때문이다.

23 너희가 누구의 죄든지 사하면 우리 주님이 이 말씀으로 모든 복음을 간략히 요약하셨다는 것은 의심의 여지가 없다. 죄를 사하는 이러한 권세는 가르치는 직책(a docendi officio)과 분리해서는 안 되기 때문이다. 그 둘은 서로 긴밀히 연결되어 있다. 방금 전에 그리스도께서는 "아버지께서 나를 보내신 것

같이 나도 너희를 보내노라"라고 말씀하셨다. 이제 그분은 이러한 사명이 의미하는 바가 무엇이며 그 사명에 요구되는 것이 무엇인지를 선언하신다. 그리스도만이 제자들의 사명 수행에 필요한 것을 주신다. 그분은 제자들에게 그들 자신에게서는 아무것도 기대하지 않도록 하려고 성령을 주신 것이다.

복음 설교의 최고 목적은 사람들을 하나님과 화목하게 하는 것이다. 그리고 이것은 무조건적인 죄 사함으로 이루어진다. 이런 이유로 바울은 복음을 화목하게 하는 직분이라고 부른다(고후 5:18). 물론 복음에는 그밖에 많은 다른 것들이 포함되어 있다. 하지만 복음의 주요 목표는 하나님께서 사람들에게 죄를 지우지 않음으로써 그들을 기쁘게 받으시기 위함이다. 그러므로 우리가 복음의 신실한 사역자가 되기를 원한다면, 반드시 이 주제에 더욱 집중하고 열심을 내야 한다. 사람들의 구원이 값없는 은혜를 통한 죄 사함에 있다고 가르친다는 점에서 복음은 세속적인 철학과 크게 구별된다. 죄 사함은 하나님께서 주시는 다른 모든 복의 근원이다. 즉, 하나님께서 성령으로 말미암아 우리에게 빛을 비추시고 거듭나게 하시는 것, 하나님께서 우리를 변화시켜 그분의 형상을 닮게 하시는 것, 하나님께서 우리를 요동치 않는 담대함으로 무장시키셔서 세상과 사탄을 대적하게 하시는 것, 이 모든 복의 근원이 바로 죄 사함이다. 이렇듯 경건과 교회의 영적인 세움에 관한 모든 교훈은 하나님께서 우리의 모든 죄를 사하시고 우리를 그분의 자녀로 삼으셨다는 이 기초에 의거한다.

그리스도께서 사도들에게 죄를 사하라는 명령을 내리신다고 해서, 그분이 가지고 있는 (죄 사하는) 모든 권세를 사도들에게 이양하셨다는 의미는 아니다. 이러한 영예는 그리스도께만 속한 것이므로, 그분은 이 권세를 사도들에게 양보하지 않으신다. 다만 사도들에게 그분의 이름으로 죄 사함을 선포하라고 명령하신다. 그리스도께서는 사도들을 통하여 사람들을 하나님과 화목하게 하신다. 한마디로 정확히 말하자면, 그리스도만이 자신의 사도들을 통하여 죄를 사하신다.

하지만 이런 질문을 제기할 수 있을 것이다. 그리스도께서 사도들을 이러한 복의 주인으로가 아니라 단지 그것을 증거하고 선포하는 자로 임명하신 것이라면, 왜 그분은 사도들의 능력을 그토록 눈부시게 칭송하시는가? 내 대답은, 그리스도께서 우리의 믿음을 돈독히 하시기 위해서 그렇게 하셨다는 것이다. 우리 죄가 하나님 앞에 더 이상 기억되지 않는다고 확실히 믿을 수 있는 것보다 우리에게 더 중요한 것은 없다. 사가랴는 이것을 '구원을 아는 지식'이라고 불렀다(눅 1:77). 그리고 하나님께서는 이것을 증명하려고 사람들의 증거를 사용하신다. 그러므로 하나님 자신이 친히 말씀하신다는 사실을 알기 전까지 우리의 양심은 절대로 평안을 얻지 못할 것이다. 그래서 바울은 이렇게 말한다.

"그러므로 우리가 그리스도를 대신하여 사신이 되어 하나님이 우리를 통하여 너희를 권면하시는 것같이 그리스도를 대신하여 간청하노니 너희는 하나님과 화목하라"(고후 5:20).

이제 우리는 그리스도께서 사도들에게 명하신 사역을 왜 그토록 기가 막히게 높이고 칭송하시는지 이해할 수 있다. 이는 신자들이 죄 사함에 관하여 들은 것이 승인된 것임을 그들로 하여금 충분히 확신할 수 있도록 하기 위함이다. 또한 신자들이 사람의 음성을 통해 제시된 화목을 하나님께서 하늘에서 친히 손을 내미시는 것보다 덜 중요하게 여기지 않도록 하기 위함이다. 교회가 날마다 이 교훈의 풍성한 열매를 받으려면, 교회의 목사들이 '영원한 구원의 보증'sponsores이 되라고 하나님께 임명을 받았다는 사실과 그 목사들의 처분에 맡겨진 죄 사함을 멀리서 찾아서는 안 된다는 사실을 깨달아야 한다. 또한 어느 것에도 비교할 수 없는 이 보화가 질그릇에 담겨 있다고 해서 그 가치를 하찮게 생각해서는 안 된다. 우리는 사람들에게 이와 같은 영예를 주신 하나님께 감사해야 한다. 하나님께서는 죄 사함을 선포하는 면에서 하나님 자신의 인격(personam sustineant)과 그분 아들의 인격을 대표하는 영예를 사람들에게 부여해주셨다.

하지만 이러한 대사大使들을 멸시하는 광신자들이 있는데, 그들은 그리스도의 피를 짓밟고 있는 것임을 기억하자. 한편 교황주의자들은 어처구니없게도 이 구절을 곡해하여 그들이 시행하고 있는 마력적인 사죄赦罪에 적용한다. 교황주의자들은 누구든지 사제에게 자기 죄를 고백하지 않으면 죄를 용서받을 소망이 없다고 생각한다. 그리스도께서 사도들을 통하여 죄를 용서받도록 하셨지만, 사제들이 그 죄에 대해서 듣지 않으면 사죄를 베풀 수가 없고, 그렇기 때문에 고해성사가 반드시 필요하다는 것이다. 그러나 그들은 가장 중요한 점을 간과함으로써 말도 안 되는 이야기를 횡설수설하고 있다. 즉, 사도들에게 이러한 권한이 부여된 것은, 그들에게 선포를 위임한 복음의 권위를 유지하기 위해서라는 사실을 교황주의자들은 무시한 것이다. 여기서 그리스도께서는 낮게 중얼거리는 말로 하나하나의 죄를 취조하기 위한 고해성사 신부가 아니라 복음을 선포하는 자를 임명하고 계신 것이다. 복음을 선포하는 사람들은 큰 소리로 말할 것이고, 경건한 사람들의 마음에 그리스도를 통하여 얻게 되는 속죄의 은혜를 인印 칠 것이다. 그러므로 우리는 사도들이 받은 능력이 무엇인지 알기 위해 죄를 사하는 방법에 초점을 맞추어야 한다.

누구의 죄든지 그대로 두면 그리스도께서는 그분의 복음을 멸시하는 사람들의 간담을 서늘하게 하려고 이 말씀을 하셨다. 그리스도의 복음을 멸시하는 사람들은 이러한 오만함에 대한 심판을 피하지 못할 것이다. 그러므로 사도들은 구원과 영생의 대사직을 맡은 것과 마찬가지로, 다른 한편으로는 자기들이 받은 구원을 저버리는 모든 불경건한 사람들에게 보복할 준비를 하라는 명령을 받았다. 바울이 고린도후서 10장 6절에서 "너희의 복종이 온전하게 될 때에 모든 복종하지 않는 것을 벌하려고 준비하는 중에 있노라"라고 가르치는 것처럼 말이다. 그러나 이 부분은 순서상 마지막으로 언급되었다. 복음을 선포하는 참되고 순전한 목적이 먼저 나타나야 하기 때문이다. 우리가 하나님과 화목하게 되었다는 사실은 복음의 본질에 속한다. 그리고 불신자들에게 영원한 사망이 선고되는 것은 부수적으로accidentale 거기에 연결된 것이라고 할 수 있다. 방금 전에 인용한 고린도후서 본문에서, 바울이 불신자들에게 보복이 있을 것이라고 위협하면서 곧바로 "너희의 복종이 온전하게 될 때에"라는 말을 덧붙인 이유가 바로 여기에 있다. 바울은 모든 사람을 구원에 초대하는 것이 복음에 속하는 일이지만, 그것이 어떤 사람들에게는 멸망을 가져오는 것은 '부수적인 일'adventicium이라는 의미로 말하고 있기 때문이다.

하지만 복음을 듣는 사람은 누구나 복음에 약속된 죄 사함을 받아들이지 않으면 심판과 영원한 형벌에 처할 수 있다는 것을 주목해야 한다. 복음은 하나님의 자녀들에게는 생명에 이르게 하는 향기이지만, 멸망하는 사람들에게는 사망에 이르게 하는 사망의 냄새이기 때문이다. 물론 멸망할 사람들을 정죄하기 위해서 복음의 선포가 필요한 것은 아니다. 우리는 다 본성상 타락하여 잃어버린 바 된 자들이며, 모든 사람은 유전적인 저주에 더하여 스스로를 사망으로 이끄는 새로운 원인을 야기하기 때문이다. 하지만 자진해서 의도적으로 하나님의 아들을 멸시하는 사람들의 완악함은 더욱 혹독한 징계를 받아 마땅하다.

---

24 열두 제자 중의 하나로서 디두모라 불리는 도마는 예수께서 오셨을 때에 함께 있지 아니한지라 **25** 다른 제자들이 그에게 이르되 우리가 주를 보았노라 하니 도마가 이르되 내가 그의 손의 못 자국을 보며 내 손가락을 그 못 자국에 넣으며 내 손을 그 옆구리에 넣어보지 않고는 믿지 아니하겠노라 하니라 **26** 여드레를 지나서 제자들이 다시 집 안에 있을 때에 도마도 함께 있고 문들이 닫혔는데 예수께서 오사 가운데 서서 이르시되 너희에게 평강이 있을지어다 하시고 **27** 도마에게 이르시되 네 손가락을 이리 내밀어 내 손을 보고 네 손을 내밀어 내 옆구리에 넣어보라 그리하여 믿음 없는 자가 되지 말고 믿는 자가 되라 **28** 도마가 대답하여 이르되 나의 주님이시요 나의 하나님이시니이다 **29** 예수께서 이르시되 너는 나를 본 고로 믿느냐 보지 못하고 믿는 자들은 복되도다 하시니라 요 20:24-29

24 도마는 본문에는 도마의 불신앙이 언급되어 있는데, 이는 경건한 사람들의 믿음을 더 충분히 견고하게 하기 위함이다. 도마는 단지 믿기에 더디고 믿는 것을 꺼려한 것이 아니라 철저히 강퍅했다. 그리스도께서 다시 제자들에게 이전과 마찬가지로 자신을 보고 만져보게 허락하신 것은 바로 도마의 완악함 때문이었다. 이렇게 해서 도마뿐만 아니라 우리도 그리스도의 부활을 입증하는 새로운 도움을 얻게 되었다. 또한 도마의 완악함은, 이러한 사악함이 거의 모든 사람들 속에 내재하고 있다는 증거이기도 하다. 사람들은 믿음에 들어가는 길이 열려 있을 경우에도 기꺼이 믿으려 하지 않는다.

25 내가 그의 손의 못 자국을 보며 … 않고는 도마의 이런 태도는 앞에서 언급한 사람들의 과실이 어디에서 시작되는지 알려준다. 즉, 모든 사람이 자신의 깨달음을 통해서 지혜로워지기를 원하고 지나치게 우쭐대고 싶어 하기 때문에 잘못을 저지르는 것이다. 자기가 직접 보거나 만져보지 않으면 믿지 않겠다고 한 도마의 말에는 믿음 비슷한 것도 전혀 들어 있지 않다. 내 생각에 그의 말은 '감각에 근거한 판단'이라고 이름 붙일 수 있을 것 같다. 오직 자기 자신의 입장만을 고수하기 때문에 하나님의 말씀이 들어올 여지가 전혀 없는 모든 사람들에게도 이와 동일한 일이 발생한다. "못 자국"이라는 단어를 '못 박힌 자리'나 '못 박힌 형태' 또는 단순히 '못 박힌 흔적' 등 어떤 식으로 이해하든 문제가 되지 않는다. 성경을 옮겨 적는 사람이 '튀폰'(typon, 형태)을 '토폰'(topon, 자리)으로 바꾸거나 반대로 '토폰'을 '튀폰'으로 바꾸는 경우가 얼마든지 있기 때문이다. 어느 것이 되었든지 간에, 의미의 변화는 발생하지 않는다. 독자가 원하는 대로 하나를 선택하기 바란다.

27 네 손가락을 이리 내밀어 우리는 이미 그리스도께서 제자들이 모여 있는 곳에 들어오셔서 어떤 식으로 인사하셨는지를 살펴보았다. 그리스도께서는 도마의 잘못된 요청을 기꺼이 받아주시고, 그에게 그분의 손과 옆구리의 상처를 만져보라고 자진해서 초청하신다. 여기서 우리는 그분이 우리와

도마의 믿음을 장려하기 위해서 참으로 사려 깊으셨다는 것을 배우게 된다. 그분은 도마의 믿음만이 아니라 우리의 믿음도 염두에 두고 계셨기 때문이다. 우리 믿음을 확실하게 하는 데 그 어느 것도 부족하지 않도록 하기 위해서 말이다.

도마의 어리석음은 놀랍고 아연실색할 만했다. 그는 단순히 그리스도를 보는 것만으로 만족하지 않고 그분의 부활의 증거로 직접 그 손을 확인하고 싶었다. 도마는 강퍅할 뿐만 아니라 교만했으며 그리스도를 모욕하기도 했다. 그는 적어도, 그리스도를 뵙고는 놀라고 부끄러워 어찌할 바를 몰라 해야 했다. 그러나 그는 아무런 잘못을 의식하지 못한다는 듯이 뻔뻔스럽고도 용감하게 손을 내밀었다. 복음서 기자가 기록한 것에 근거하여 결론을 내리자면, 도마는 손으로 만져 확증을 얻기 전에는 그리스도의 부활을 믿지 않았다. 이렇듯 우리가 하나님의 말씀에 당연히 돌려드려야 하는 영광을 드리지 않을 때, 우리도 모르는 사이에 우리의 강퍅함을 점차 더해지고, 이것은 결국 우리로 하나님의 말씀을 멸시하게 하고 그 말씀에 대한 모든 경외심을 없애버리게 한다. 그러므로 우리는 마음의 방자함을 제어하기 위해 더욱더 열심히 노력해야 한다. 우리 중 어느 누구도 자가당착에 빠져 경건에 대한 의식을 잃어버림으로써 스스로 믿음의 문을 닫는 일이 없도록 말이다.

28 나의 주님이시요 나의 하나님이시니이다 도마는 늦게나마 정신을 차렸다. 그리고 (정신을 차린 사람들이 일반적으로 그러하듯이) "나의 주님이시요 나의 하나님이시니이다"라고 놀라움의 탄성을 질렀다. 뜻밖의 고백은 도마의 열성을 표현해준다. 또한 자신의 어리석음을 탓하기 위해 부끄러움에서 이런 표현이 터져나왔다는 것도 맞는 말이다. 그리고 이런 갑작스러운 선언은 도마 속에 믿음이 질식되어 있기는 했어도 완전히 없어진 것은 아님을 보여준다. 그는 그리스도의 옆구리와 손에서 그분의 신성神性을 확인한 것이 아니라, 그 표지가 보여주는 것 이상의 내용을 추론했기 때문이다. 도마가 망각과 졸음에서 갑자기 깨어나 제정신을 차렸기 때문이 아니라면 이런 고백이

어디에서 나왔겠는가? 그러므로 이 구절은 내가 앞에서 언급한 진리를 보여준다. 즉, 파멸된 것처럼 보였던 그 믿음은 그의 마음속에 보이지 않게 묻혀 있었던 것이다.

이러한 일은 많은 사람들에게 일어난다. 사람들은 하나님을 전혀 두려워하지 않는 듯이 한동안 제 마음대로 행동한다. 그들에게는 믿음의 조짐이 전혀 보이지 않는다. 하지만 하나님께서 막대기로 그들을 징계하시는 순간, 육신의 저항은 무릎을 꿇고 그들은 올바른 감각으로 되돌아온다. 질병 자체는 경건을 가르치기에 충분하지 않다는 것은 분명하다. 그러므로 장애물이 제거되면 그동안 질식되어 있던 좋은 씨앗이 발아한다고 우리는 추론할 수 있다.

우리는 다윗에게서 이것에 대한 놀라운 예를 볼 수 있다. 우리가 알고 있듯이, 다윗은 정욕에 빠져 방탕하게 지내면서도 무사했다. 모든 사람이 그 당시 다윗의 마음에서 믿음이 완전히 없어졌다고 생각했을 것이다. 하지만 (나단) 선지자로부터 짧은 경고의 말을 듣고 다윗은 불현듯 생명을 회복했다. 이 사실에서 우리는, 비록 꺼져가고 있기는 하지만 그의 마음에 남아 있는 불씨가 갑자기 타오르기 시작하여 큰 불꽃이 되었다고 추론할 수 있다. 이것을 사람들에게 적용해 보자. 사람들은 마치 믿음과 성령의 모든 은혜를 저버린 것처럼 죄를 범한다. 하지만 택함을 받은 사람들은 하나님의 무한한 은총으로 말미암아 그분에게서 완전히 멀어지지는 않는 것이다. 그러므로 우리는 믿음에서 떨어지지 않도록 각별히 주의해야 하지만, 동시에 하나님께서 눈에 보이지 않는 굴레로 택하신 백성들을 지키셔서 그들을 멸망에 떨어지지 않게 하시며 그 백성들 마음에 믿음의 불꽃을 늘 품을 수 있게 이적을 베푸신다는 것을 믿어야 한다. 그 후 적당한 때가 되면 하나님께서는 성령의 숨결로 그 백성들 속에 있는 불꽃을 다시 일으키신다.

도마의 고백에는 두 가지 내용이 들어 있다. 그는 그리스도가 그의 주님이라고 고백하고, 계속해서 좀 더 높은 고백으로 발전하여 그 주님을 하나님이라고 부른다. 우리는 성경에서 어떤 의미로 그리스도에게 주님이라는 이름을 붙여드리는지 알고 있다. 성부 하나님께서는 만물을 그리스도의 발 아래 두시고 모든 무릎을 그분(그리스도) 앞에 꿇게 하시려고 그분을 최고의 통치자로 임명하셨다. 한마디로 말해서, 세상을 통치하는 일에 그분이 하나님을 대신하는 자가 되도록 하기 위해서 그렇게 하신 것이다. 그러므로 '주님'이란 이름은 그리스도에게 적합하다. 그리스도는 육체로 나타나신 중보자이시며 교회의 머리이시기 때문이다.

하지만 도마는 그리스도를 주님으로 인정한 후에 즉시 그리스도의 영원한 신성神性을 고백하기에 이르는데, 이는 정당한 것이다. 그리스도께서 우리에게 내려오셔서 처음에는 낮아지셨고 나중에는 아버지의 오른편에 앉으셨으며 하늘과 땅을 지배하는 권세를 받으신 까닭은, 우리를 그분이 가지고 계신 신적神的인 영광과 아버지의 영광에 이르게 하기 위함이었다. 그러므로 우리 믿음이 그리스도의 영원한 신성에 이르도록 하기 위해서는 좀 더 가까이에 있고 좀 더 쉬운 지식에서 출발해야 한다. 그런 면에서 우리가 인간이신 그리스도에게서 출발하여 하나님이신 그리스도에 이른다고 한 사람들의 말은 일리가 있다. 우리의 믿음은 점진적으로 자라기 때문이다. 우리의 믿음은 마구간에서 탄생하시고 십자가에 달리신 지상의 그리스도를 이해하고 나서 그분의 부활의 영광으로 나아가며, 그 후에는 마침내 그리스도의 신적인 위엄이 빛나는 그분의 영원한 생명과 능력에 이르게 되는 것이다.

하지만 이것은, 그리스도의 신성을 아는 지식을 곧바로 갖지 않으면 그분을 우리 주님으로 바르게 알 수 없다는 의미로 이해해야 한다. 그리스도께서 이러한 고백을 인정하시는 것을 볼 때, 신자들이 다 이렇게 고백해야 함은 의심의 여지가 없다. 물론 그리스도께서는, 사람들이 아버지로부터 영광을 탈취하여 그것을 아무 생각 없이 그분에게로 돌리는 것을 결코 용납하지 않으실 것이다. 하지만 그리스도께서는 도마가 고백한 것을 있는 그대로 승인하셨다.

그러므로 이 구절은 아리우스의 정신 나간 주장을 논박하기에 충분하다. 하나님이 두 분 계시다는 것은 상상할 수 없는 노릇이기 때문이다. 그리스도 안에 있는 인격人格의 통일성 역시 이 구절에 표현되어 있다. 동일한 분이 동시에 하나님과 주님으로 불리고 있기 때문이다. 도마는 두 번씩이나 그리스도를 '나의' 주님, '나의' 하나님이라고 힘주어 부른다. 이것은 그가 살아 있는 진지한 믿음에서 우러나오는 소견을 말하고 있음을 보여준다.

29 너는 나를 본 고로 믿느냐 그리스도께서 도마를 나무란 것은 단 한 가지이다. 그는 너무도 더디 믿기 때문에, 경험적으로 만져 확인하게 함으로써 믿음으로 확 이끌어주어야 했다는 것이다. 이것은 전적으로 믿음의 특성과 부합하지 않는 것이다. 믿음이란 만지고 봄으로써 확신을 얻는 것이라고 말하는 것이 타당하다면서 이의를 제기하는 사람이 있다면, 내가 이미 앞에서 언급한 것으로 쉽게 답변할 수 있다. 도마가 그리스도를 그의 하나님이라고 믿게 된 것은 단순히 만지고 보았기 때문이 아니라, 그분을 만난 순간 정신을 차리고 자기에게서 빠져나갈 뻔했던 그리스도의 교훈을 기억해냈기 때문이다. 믿음은 단순한 경험에서 나올 수는 없다. 믿음의 기원은 하나님의 말씀에 있는 것이 틀림없다. 그러므로 그리스도께서 도마를 나무라신 것은 그가 하나님의 말씀을 존중해야 했는데 그렇지 못했기 때문이며, (하나님의 말씀을 들음으로써 생기고 전적으로 하나님의 말씀에 고정해야 할) 믿음을 다른 감각에 고정했기 때문이다.

보지 못하고 믿는 자들은 복되도다 여기서 그리스도께서는 하나님의 말씀을 있는 그대로 받아들이고 육신의 감각이나 이성理性에 전혀 의존하지 않는 믿음을 칭찬하신다. 그러므로 그분은 이 간단한 정의定義 안에 믿음의 능력과 특성을 담고 계신 것이다. 즉, 눈앞에 바로 보이는 것에 만족하여 거기서 멈추는 것이 아니라 하늘에까지 나아감으로써 인간의 눈에 보이지 않는 것을 믿는 것 말이다. 사실 우리는, 다른 어떤 증거가 없어도 하나님의 진리는 의문의 여지가 없는 것으로(아우토피스토스, autopistos) 간주함으로써 하나님께 영광을 돌려드려야 한다.

물론 믿음도 그 나름의 시각이 있다. 그러나 그 시각은 세상과 세상의 대상에 제한되지 않는다. 이런 이유로 '믿음은 보이지 않는' 혹은 '분명하지 않은 것들의 증거'라고 불리는 것이다(히 11:1). 바울은 믿음을 보는 것과 대조한다(고후 5:7). 이 말은 믿음이 현재의 상태를 바라보는 것으로 만족하면서 안주하지 않을 뿐만 아니라, 세상에 있는 보이는 것들을 둘러보지 않는다는 의미이다. 믿음은 하나님의 입과 거기서 나오는 그분의 말씀에 의거하며, 온 세상 너머로 높이 올라 하늘에 그 닻을 고정한다. 요약하자면, 하나님의 말씀에 근거하고 눈에 보이지 않는 하나님나라를 향하여 올라가며 인간의 모든 이해를 뛰어넘는 믿음이야말로 참된 믿음이다.

이 구절이 세상에 계신 그분을 본 눈이 복이 있다고 선언하신 그분의 말씀(마 13:16)과 상충된다고 이의를 제기하는 사람이 있다면, 나는 이렇게 대답하겠다. 이 구절에서처럼 마태복음 본문에서 그리스도께서는 단지 육신의 눈으로 보는 것에 관해서만 말씀하신 것이 아니라, 구주께서 세상에 나타나실 때로부터 모든 경건한 사람들에게 공통적으로 해당하는 계시에 대해서도 말씀하신 것이다. 그리스도께서는 모세 율법의 희미한 그림자 아래에 있던 거룩한 임금들과 선지자들을 사도들과 비교하신다. 그리고 지금 신자들의 상황은 훨씬 더 복되다고 말씀하신다. 더욱 밝은 빛이 그들에게 비치고 있기 때문이다. 아니 좀 더 정확히 말하면, 비유의 본질과 진리가 그들에게 나타났기 때문이다. 그 당시 육신의 눈으로 그리스도를 보았으나, 그러한 까닭에 더 이상 복을 받지 못한 불신자들이 많이 있었다. 그러나 육신의 눈으로 그리스도를 본 적이 없는 우리는 그분이 칭송하는 복을 누리고 있다. 그러므로 그리스도께서는 그분 안에서 하늘에 속한 것과 신적神的인 것을 영적으로 보는 눈을 복되다고 하셨다고 결론 내릴 수 있다. 오늘날 우리는 마치 그리스도께서 우리 곁에 서 계신 것처럼 복음 안에서 그분을 보기 때문이다. 이런 의미에서 바울은 갈라디아 성도들에게 그리스도께서 십자가에 못 박히신 것이 그들 눈앞에 밝히 보였다고 말하는 것이다.

그러므로 우리가 그리스도 안에서 우리를 즐겁고 복되게 하는 것을 보기 원한다면, 보지 않고 믿는 법을 배우자. 그리스도의 이 말씀은 베드로전서 1

장 8절에 있는 말씀과 상응한다. 이 구절에서 베드로 사도는 "예수를 너희가 보지 못하였으나 사랑하는도다 이제도 보지 못하나 믿고 말할 수 없는 영광스러운 즐거움으로 기뻐하니"라면서 신자들을 칭찬한다.

하지만 교황주의자들이 그들의 화체설(doctrine of transubstantiation)을 입증하려고 이 말씀을 곡해한 것은 너무도 어처구니가 없다. 그들은 우리가 복을 받기 위해서 그리스도가 빵의 모양(in specie)으로 임재하신다는 사실을 믿으라고 말한다. 그러나 믿음을 사람들이 만들어낸 것에 종속시키는 것이야말로 그리스도의 생각과 가장 거리가 먼 것임을 우리는 안다. 만일 믿음이 눈곱만큼이라도 말씀의 한계를 넘어간다면, 그 순간 그것은 믿음이기를 즉시 멈춘다. 우리가 보이지 않는 모든 것을 무비판적으로 믿어야 한다면, 우리의 믿음은 사람들이 만들기를 즐겨 하는 가공할 만한 모든 것, 즉 사람들이 지껄이는 모든 꾸며낸 이야기들에 갇혀버리고 말 것이다. 그리스도께서 하신 이 말씀을 지금 우리가 다루고 있는 이 문제에 적용하기 위해서는 먼저 의심스러운 것을 하나님의 말씀에 비추어 증명해야 한다. 교황주의자들은 그들이 주장하는 화체설을 지지하려고 하나님의 말씀을 제멋대로 끌어온다. 하지만 하나님의 말씀이 바르게 해석될 때, 그 말씀은 그들의 정신 나간 행위를 지지하지 않을 것이다.

---

30 예수께서 제자들 앞에서 이 책에 기록되지 아니한 다른 표적도 많이 행하셨으나 31 오직 이것을 기록함은 너희로 예수께서 하나님의 아들 그리스도이심을 믿게 하려 함이요 또 너희로 믿고 그 이름을 힘입어 생명을 얻게 하려 함이니라 요 20:30,31

---

30 다른 표적도 많이 행하셨으나 이 내용이 첨가되지 않았다면, 독자들은 요한이 그리스도께서 행하신 이적들 중에 어느 것 하나도 빠뜨리지 않고 다 기록했으며 충분하고 완벽한 역사를 제시했다고 생각했을 것이다. 그래

서 요한은 이렇게 선언한다. 자신이 많은 것 중에서 일부만 기록한 것은 다른 것들이 기록할 가치가 없어서가 아니라 요한복음에 기록된 내용만으로도 믿음을 세우기에 충분하기 때문에 그런 것이라고 말이다. 그렇다고 해서 요한복음에 실리지 않은 이적들은 헛되이 행해진 것이라고 결론을 내려서는 안 된다. 그 이적들은 당대에 유익을 끼쳤기 때문이다. 그리고 오늘날 그 이적들이 어떤 것인지 우리에게 알려지지 않았지만, 복음이 풍성한 이적들로 말미암아 확실케 되었음을 아는 것은 우리에게 여전히 중요하다.

31 오직 이것을 기록함은 너희로 … 믿게 하려 함이요 이 말을 통해 요한은 우리를 분명 납득하게 해줄 내용을 기록하는 데 자신이 전념했음을 밝힌다. 요한복음에는 우리의 믿음을 확증하는 데 충분한 내용이 들어 있기 때문이다. 요한은 사람들의 공허한 호기심에 응답하고 싶었던 것이다. 그 호기심은 만족할 줄 모르고 지나치게 탐닉한다. 더욱이 요한은 다른 복음서 기자들이 기록한 것을 잘 알고 있었다. 그는 다른 복음서 기자들의 기록을 대체할 생각은 추호도 없었다. 그래서 그는 다른 복음서 기자들의 기록과 자신의 기록을 분리하지 않는다.

믿음은 하나님의 약속과 말씀에만 의거해야 하는데 이적 위에 기초한다는 것은 말도 안 되는 것처럼 보일 수 있다. 이 문제에 답하겠다. 이 본문에서 이적은, 믿음에 도움을 주고 믿음을 지지하는 용도로만 제시되고 있다. 이적은 사람들이 하나님의 말씀을 존중할 수 있도록 그들의 마음을 준비시키는 역할을 한다. 우리는 외적인 어떤 것으로 흥분되지 않으면 우리의 주의력이 참으로 냉랭하고 둔하다는 것을 누구보다 잘 안다. 또한 말씀을 지지하기 위해 하나님께서 하늘에서 그분의 능하신 손을 펼치실 때, 그것은 이미 받은 교훈에 큰 권세를 더해준다. 사도들이 나가 두루 하나님의 말씀을 전파할 때 주님께서 그들과 함께 역사하셨고 그 따르는 표적으로 말씀을 확실히 증언하셨다고 마가가 가르치는 것처럼 말이다(막 16:20).

그러므로 믿음은 하나님의 말씀에 의거해야 하고 하나님의 말씀만을 믿음의 대상으로 삼아야 하지만, 이적의 첨가가 불필요한 것은 아니다. 이적이 하나님의 말씀과 관련이 있고 하나님의 말씀을 믿는 쪽으로 영향을 준다면 말이다. 우리는 다른 곳에서 왜 이적miracles이 표적signs이라고 불렸는지 설명했다. 새롭고 특별한 것을 보여주실 때, 주께서는 사람들이 그것을 봄으로써 그분의 능력을 깊이 생각하도록 그들을 각성시키시기 때문이다.

예수께서 … 그리스도이심을 요한이 의미하는 '그리스도'는 율법과 선지자에게 약속된 그리스도이다. 그분은 하나님과 사람들 사이의 중보자이시고, 성부 하나님의 최고의 대사大使이시며, 세상의 유일한 회복자일 뿐만 아니라 완전한 행복을 주시는 분이다. 요한은 하나님의 아들을 칭송하기 위해 아무런 의미가 없는 공허한 칭호를 붙인 것이 아니라, '그리스도'라는 명칭 아래 선지자들이 그리스도에게 붙여준 모든 직책을 포함시켰던 것이다. 그러므로 우리는 율법과 선지자에게 묘사된 분으로 그리스도를 생각해야 한다.

이러한 사실로부터 앞에서 이야기한 내용이 좀 더 분명하게 드러난다. 즉, 믿음은 이적에 고착되는 것이 아니라 우리를 직접 말씀으로 안내한다는 것이다. 이 구절에서 요한은 선지자들이 말씀으로 가르친 것이 이적으로 입증되었다고 말하는 것 같다. 사실 우리는 복음서 기자들이 이적을 언급하는 것으로 그치지 않고 교훈에 좀 더 집중하였음을 본다. 이적 자체는 사람들을 놀라움으로 혼란스럽게 할 뿐이기 때문이다. 그러므로 요한이 여기서 말하고자 하는 바는, 표적이 믿음을 세우는 데 도움을 줄 수 있다는 전제하에서 우리로 믿게 하기 위해서 이것을 기록했다는 것이다.

하나님의 아들 요한이 이 어구를 첨가한 것은, 평범한 지위에 있는 사람들 중에서는 그런 놀라운 일을 행하기에 적합한 자를 찾을 수 없기 때문이다. 사실 하나님의 아들 외에 어느 누가 성부 하나님을 우리와 화목하게 하고 세상의 죄를 대속代贖하며 죽음을 멸하고 사탄의 나라를 분쇄하며 우리를 참된 의義와 구원으로 인도하는 일을 할 수 있겠는가? 더욱이 '아들'이라는 이름은 그리스도에게만 적용될 수 있으므로, 우리는 그리스도께서 본성상 하나님의 아들이시고 입양으로 말미암아 아들이 된 것이 아니라고 결론을 내릴 수 있다. 그러므로 '아들'이라는 이름에는 그리스도의 영원한 신성神性이 포함되어 있다. 복음에 이처럼 밝게 빛나는 증거가 있는데도 그리스도가 하나님이심을 깨닫지 못하는 사람은 태양과 땅을 바라볼 자격도 없다. 그는 분명한 빛이 비치는데도 눈이 어두워 아무것도 보지 못하기 때문이다.

너희로 믿고 … 생명을 얻게 하려 함이니라 믿음의 이러한 효과가 여기에 덧붙여진 것은 사람들의 욕망을 억제하기 위함이다. 즉, 사람들이 생명을 얻기에 충분한 것 이상을 알려고 하지 않도록 하기 위해서 말이다. 영원한 구원으로 만족하지 못하고 하늘나라의 경계를 넘어가려고 하는 것은 참으로 사악한 것이기 때문이다. 요한은 그의 가르침에서 가장 중요한 핵심, 즉 우리가 믿음으로 영생을 얻는다는 사실을 여기에서 반복한다. 그리스도를 떠나 있을 때 우리는 죽은 자이고, 오직 그분의 은혜로 말미암아서 생명으로 회복되기 때문이다. 우리는 이 주제를 요한복음 3장과 5장에서 충분히 다루었다.

그 이름을 힘입어 요한이 단순히 '그리스도'라고 하지 않고 "그 이름을 힘입어"라고 한 이유에 대해서는 요한복음 1장 12절에서 설명했다. 내가 동일한 내용을 자주 반복하는 수고를 하지 않도록, 독자들은 그 본문을 참고하기 바란다.

요한복음 21장

1그 후에 예수께서 디베랴 호수에서 또 제자들에게 자기를 나타내셨으니 나타내신 일은 이러하니라 2시몬 베드로와 디두모라 하는 도마와 갈릴리 가나 사람 나다나엘과 세베대의 아들들과 또 다른 제자 둘이 함께 있더니 3시몬 베드로가 나는 물고기 잡으러 가노라 하니 그들이 우리도 함께 가겠다 하고 나가서 배에 올랐으나 그날 밤에 아무것도 잡지 못하였더니 4날이 새어갈 때에 예수께서 바닷가에 서셨으나 제자들이 예수이신 줄 알지 못하는지라 5예수께서 이르시되 얘들아 너희에게 고기가 있느냐 대답하되 없나이다 6이르시되 그물을 배 오른편에 던지라 그리하면 잡으리라 하시니 이에 던졌더니 물고기가 많아 그물을 들 수 없더라 7예수께서 사랑하시는 그 제자가 베드로에게 이르되 주님이시라 하니 시몬 베드로가 벗고 있다가 주님이라 하는 말을 듣고 겉옷을 두른 후에 바다로 뛰어내리더라 8다른 제자들은 육지에서 거리가 불과 한 오십 칸쯤 되므로 작은 배를 타고 물고기 든 그물을 끌고 와서 9육지에 올라보니 숯불이 있는데 그 위에 생선이 놓였고 떡도 있더라 10예수께서 이르시되 지금 잡은 생선을 좀 가져오라 하시니 11시몬 베드로가 올라가서 그물을 육지에 끌어올리니 가득히 찬 큰 물고기가 백쉰세 마리라 이같이 많으나 그물이 찢어지지 아니하였더라 12예수께서 이르시되 와서 조반을 먹으라 하시니 제자들이 주님이신 줄 아는 고로 당신이 누구냐 감히 묻는 자가 없더라 13예수께서 가셔서 떡을 가져다가 그들에게 주시고 생선도 그와 같이 하시니라 14이것은 예수께서 죽은 자 가운데서 살아나신 후에 세 번째로 제자들에게 나타나신 것이라 요 21:1-14

1 **그 후에 예수께서 … 자기를 나타내셨으니** 복음서 기자는 여전히 그리스도의 부활을 증명하느라 수고하고 있다. 요한은 그리스도께서 제자 일곱 명에게 나타나신 사건을 보도하는데, 그들 중에는 도마도 있다고 언급한다. 이것은 요한이 도마를 존경해서가 아니라, 그의 완강한 불신앙을 고려할 때 그의 증언이 비교적 더 믿을 만하기 때문이다. 요한은 본문에서 세세한 내용까지 충분히 설명한다. 그가 이 기사記事의 진실성을 입증하는 데 도움이 될 만한 모든 자료를 신중하게 모으는 것을 보면 알 수 있다. 디베랴 호수가 히브리인들의 관습에 따라 디베랴 바다로 불린다는 사실은 우리가 앞에서 언급했다(영어 성경에는 'sea of Tiberias'라고 표기되어 있으나, 한글 개역개정성경에는 '디베랴 호수'로 표기되어 있다).

3 **나는 물고기 잡으러 가노라** 베드로가 물고기 잡는 일에 분주한 것을 그의 사도직에 어울리지 않는다고 생각해서는 안 된다. 우리가 앞에서 살펴보았듯이, 주께서 숨을 내쉬어 성령을 불어넣으심으로 베드로는 사도로 임명을 받았다. 하지만 새로운 권능을 부여 받기까지 그는 잠시 사도의 직분 수행하는 것을 절제했다. 그는 아직 가르치는 직책(munus docendi)을 수행하라는 명령을 받지 않았고, 단지 그의 미래의 소명에 관해서만 말씀을 들었기 때문이다. 그래서 베드로와 다른 제자들은 처음부터 헛되이 선택 받은 것이 아니라고 이해했을 것이다. 그러는 동안 제자들은 그들이 평상시 해오던 일과 개인적인 일을 행하고 있었다. 바울이 설교자로서 사역을 하는 동안에 먹고 사는 일을 위해 일을 했다는 것은 사실이다. 그러나 거기에는 다른 이유가 있었다. 즉, 그의 작업 시간은 미리 잘 계획되어 있었기 때문에 손으로 하는 그의 일이 그의 설교에 방해가 되지 않았다. 그러나 이와는 다르게 베드로와 그의 동료들은 공적인 의무가 없었으므로, 제한을 받지 않고 전적으로 물고기를 잡는 일에 집중했던 것이다.

그날 밤에 아무것도 잡지 못하였더니 하나님께서는 본문에 나타난 이적의 진실성을 증명하기 위해서 제자들이 밤새도록 헛수고를 하도록 허용하셨다. 만일 그들이 무엇인가를 잡았다면, 이후에 나오는 사건에서 그리스도의 능력이 그토록 분명하게 나타나지 않았을 것이다. 그러나 제자들이 밤새도록 수고를 해도 효과가 없었는데 갑자기 그물에 많은 물고기가 걸려들었다면, 그것은 그들에게 주님의 은혜를 인정할 충분한 이유가 되었던 것이다.

하나님께서는 믿는 자들에게 그분의 복을 주시려고 종종 이와 동일한 방식으로 그들을 시험하신다. 만일 우리가 하는 일마다 좋은 결과를 낸다면, 아무도 자기가 한 일의 결과를 하나님의 복이라고 생각하지 않고 자신의 근면함을 자랑하며 자축할 것이다(manus suas oscularentur). 하지만 지치도록 수고했는데도 아무런 유익을 얻지 못했을 때, 그런 다음 우연찮게 더 멋진 성공을 거두게 되었을 때, 사람들은 특별한 어떤 것을 인정할 수밖에 없다. 결과적으로 그들은 자기들의 성공이 하나님의 은혜에 있음을 깨닫고 하나님을 찬양하기 시작한다.

6 그물을 배 오른편에 던지라 그리스도께서는 선생과 주님으로서의 권위와 권능으로 명령하시는 것이 아니라, 일반 사람들 중의 한 사람처럼 조언을 하신다. 제자들은 어찌할 바를 모르고 있었기 때문에, 그분이 누구인 줄 알지 못했어도 기꺼이 그분의 말에 순종했다. 제자들이 처음 그물을 던지기 전에 이런 말을 들었다면 이처럼 신속하게 순종하지는 않았을 것이다. 내가 이 내용을 언급하는 이유는 혹시라도 제자들이 이처럼 남의 말을 잘 듣는 것을 보고 놀라지 않을까 해서이다. 그들은 오랫동안 수고했지만 소득이 없어 지쳐 있었다. 하지만 밤새도록 일을 한 그들이 아침이 된 이후에도 계속 일을 했다는 것은 그들이 참으로 인내심이 많았다는 결정적인 증거였다. 하나님의 복을 받을 기회를 원한다면, 우리는 끊임없이 그 복을 기대해야 한다. 소득이 없는 것 같다고 즉시 일에서 손을 떼는 것은 가장 이치에 맞지 않는 행동이기 때문이다.

시몬 베드로가 옷을 벗고 있었다는 것은 제자들이 열심히 일했음을 암시한다. 하지만 그들은 한 번 더 그물을 던지라고 할 때 거절하지 않았다. 그들은 어떤 기회도 저버리지 않았던 것이다. 제자들이 그리스도의 명령에 순종한 것을 믿음 때문이라고 할 수는 없을 것이다. 지금 그들은 알지 못하는 어떤 사람이 자기들에게 하는 이야기를 듣고 있기 때문이다. 그러므로 우리의 수고가 아무런 결과도 내지 못하는 것처럼 보이기 때문에 우리의 소명에 대해 진력이 난다면, 그런데 그런 상황에서 주께서 우리에게 참고 견디라고 권하신다면, 우리는 용기를 내야 한다. 마침내 우리는 좋은 결과를 얻을 수 있을 것이다. 그러나 그 결과는 적절한 때가 되어야 얻게 될 것이다.

그물을 들 수 없더라 그리스도께서는 여기에서 자신의 신적神的 능력에 대한 두 가지 증거를 보여주셨다.

첫 번째, 그들로 하여금 굉장히 많은 물고기를 잡게 하신 것이다.

두 번째, 보이지 않는 그분의 능력으로 하마터면 찢어져 터졌을 뻔한 그물을 보전하신 것이다.

이밖에 다른 자세한 내용들이 덧붙여졌다. 즉, 제자들이 해변에 숯불이 타고 있는 것을 본 것, 그 숯불에 물고기가 올려져 있었던 것, 그리고 아침 식사가 마련되어 있었던 것 등이다. 제자들이 잡은 물고기의 숫자에 고상한 신비가 들어 있지는 않다. 어거스틴은 물고기의 숫자를 언급한 것에 대해 교묘한 추론을 해서 그것이 율법과 복음을 나타낸다고 말한다. 그러나 사실을 면밀히 살펴보면 이것이 얼마나 유치한 일인지 알게 될 것이다.

7 예수께서 사랑하시는 그 제자가 복음서 기자는 자기 자신의 경험을 통하여, 우리가 기대 이상의 성공을 거둔 경우에 우리 마음을 하나님께로 향해야 한다고 가르친다. 우리는 이러한 복이 모든 복의 창조자이신 하나님의 은혜에서 흘러나온 것임을 기억해야 하기 때문이다. 요한은 그의 마음에 자리 잡고 있었던 하나님의 은혜를 깨닫는 이 거룩한 인식으로 말미암아 그리스도를 아는 지식을 얻게 되었다. 그가 그리스도를 자기 눈으로 인식한 것은

아니었다. 그는 물고기가 많이 잡힌 것이 하나님께서 주신 것이라고 확신하여, 자기의 손을 이끄신 것은 그리스도라고 결론을 내린 것이다. 요한이 믿음에 있어서는 베드로보다 먼저이지만, 베드로가 훨씬 더 열정적이었다. 그래서 그는 위험한 것도 아랑곳하지 않고 호수로 뛰어들었다. 배에 있던 다른 제자들도 그 뒤를 이었다. 결국 제자들이 다 그리스도에게로 왔지만, 여느 제자들과는 다른 특별한 열정이 베드로를 사로잡았다. 베드로가 수영을 해서 해변에 도착했는지 걸어서 도착했는지는 확실하지 않다. 단지 그가 배에서 뛰어내려 해변으로 갔다는 것이 무모하거나 저돌적인 행동이 아니라는 것으로 만족하자. 그는 그의 열정에 맞게 다른 제자들보다 앞서 그리스도에게 갔던 것이다.

10 지금 잡은 생선을 좀 가져오라 제자들 편에서 힘든 수고를 하지 않았는데도 그물은 한순간에 가득 찼다. 그러나 그리스도께서는 물고기 잡은 것을 그들의 공로로 돌리셨다. 이렇듯 우리는 매일 먹는 양식을 우리의 양식이라고 부른다. 그러나 일용할 양식을 구함으로써 우리는 그것이 하나님의 복에서 나온 것임을 고백한다.

12 감히 묻는 자가 없더라 왜 제자들이 그분이 누구신지 묻지 못했는지 질문을 제기할 수 있을 것이다. 그것이 존경심에서 나온 부끄러움 때문이었을까? 아니면 또 다른 이유가 있었을까? 하지만 그들이 확신을 가질 수 없는 상태에 있다는 것을 그리스도께서 보셨다면, 전에도 종종 그러셨듯이 그들의 의심을 해결해주셔야 하지 않았을까? 이 질문에 답하겠다. 제자들이 부끄러워했던 유일한 이유는, 그분이 그리스도이신지 확신이 서지 않았기 때문이다. 우리도 의심스럽거나 불투명한 것에 대해서는 질문을 하지 않는 경향이 있다. 그러므로 복음서 기자는 제자들이 공연히 그리스도에게 잘못 말할까 두려워서 묻지 않았다고 말하는 것이다. 그래서 그리스도께서는 명확한 표적으로 자신을 분명하게 계시하셨다.

14 이것은 … 세 번째로 … 나타나신 것이라 세 번이라는 숫자는 시간의 간격(the space of time)을 가리킨다. 그리스도께서는 이미 일곱 번 이상 나타나셨기 때문이다. 하지만 하루 동안 발생한 모든 일은 한 번으로 처리되었다. 그러므로 요한은 그리스도께서 자신의 부활에 대한 제자들의 믿음을 돈독히 하려고 시간의 간격을 두고 그들에게 나타나셨다는 의미로 이 말을 하고 있는 것이다.

15 그들이 조반 먹은 후에 예수께서 시몬 베드로에게 이르시되 요한의 아들 시몬아 네가 이 사람들보다 나를 더 사랑하느냐 하시니 이르되 주님 그러하나이다 내가 주님을 사랑하는 줄 주님께서 아시나이다 이르시되 내 어린 양을 먹이라 하시고 16 또 두 번째 이르시되 요한의 아들 시몬아 네가 나를 사랑하느냐 하시니 이르되 주님 그러하나이다 내가 주님을 사랑하는 줄 주님께서 아시나이다 이르시되 내 양을 치라 하시고 17 세 번째 이르시되 요한의 아들 시몬아 네가 나를 사랑하느냐 하시니 주께서 세 번째 네가 나를 사랑하느냐 하시므로 베드로가 근심하여 이르되 주님 모든 것을 아시오매 내가 주님을 사랑하는 줄을 주님께서 아시나이다 예수께서 이르시되 내 양을 먹이라 18 내가 진실로 진실로 네게 이르노니 네가 젊어서는 스스로 띠 띠고 원하는 곳으로 다녔거니와 늙어서는 네 팔을 벌리리니 남이 네게 띠 띠우고 원하지 아니하는 곳으로 데려가리라 19 이 말씀을 하심은 베드로가 어떠한 죽음으로 하나님께 영광을 돌릴 것을 가리키심이러라 이 말씀을 하시고 베드로에게 이르시되 나를 따르라 하시니 요 21:15-19

15 그들이 조반 먹은 후에 복음서 기자는 베드로가 실추된 명예를 어떻게 회복하는지를 설명한다. 우리가 들은 바 그리스도에 대한 신뢰를 배반하고 그분을 부인한 것 때문에 베드로는 사도직에 합당하지 않은 사람이 되었다. 비열하게 믿음을 거부한 사람이 어떻게 다른 사람에게 그 믿음을 가르치는 자(magister fidei)로 적합할 수 있겠는가? 물론 베드로는 그 전에 사도로 임명

을 받았다. 그러나 이 점에 있어서는 가룟 유다도 마찬가지이다. 유다는 자신의 지위를 포기한 때로부터 그가 가진 사도직의 명예도 마찬가지로 박탈되었던 것이다.

자신의 실수로 잃어버린 가르치는 자유와 권위가 이제 베드로에게 회복된다. 그리스도께서는 베드로의 실패의 치욕이 그에게 장애가 되지 않도록 하려고 그에게서 실수의 기억을 지우고 없애신다. 이러한 회복은 베드로에게만 아니라 그가 선포하는 말씀을 듣는 사람들에게도 필요한 일이었다. 베드로의 경우, 자기 자신에게 부가된 소명을 확신함으로써 그가 좀 더 활기 있게 자기의 직분을 수행하도록 하기 위해서 회복이 필요했다. 그리고 그의 말씀 선포를 듣는 자들의 경우, 사람에게 있는 오점으로 인해 복음을 멸시하지 않도록 하기 위해서 회복이 필요했다. 베드로가 자기의 직분에 방해가 될 수도 있는 치욕을 씻음 받고 새로운 사람으로 우리에게 나타난 것은 오늘날 우리에게 대단히 중요하다.

요한의 아들 시몬아 네가 … 나를 더 사랑하느냐 그리스도께서는 이 말씀을 통해, 어느 누구도 사람이 아닌 더 높은 곳(그곳에 계신 분)을 바라보지 않고서는 교회를 성실히 섬기는 일과 주님의 양을 먹이는 임무를 수행할 수 없다고 밝히신다. 무엇보다도 우선, 양을 치는 직분은 본질적으로 수고스럽고 골치 아픈 일이다. 사람들을 하나님의 멍에 아래 보호하는 것이야말로 가장 힘든 일이기 때문이다. 많은 사람들이 연약하다. 어떤 사람들은 변덕스럽고 불안정하고, 어떤 사람들은 어리석고 게으르며, 더러는 고집이 세고 가르침을 받으려 하지 않는다. 사탄은 이러한 사람들의 약점을 이용하여 선한 목자의 용기를 꺾거나 약화시키려고 가능한 모든 장애물을 동원하여 공격한다. 여기에 더하여, 우리는 많은 사람들이 감사할 줄 모른다는 점과 사역자들을 지치게 하는 다른 요인들을 고려해야 한다. 그러므로 그리스도의 사랑이 그 마음을 온전히 주관함으로써 자신을 잊고 그리스도에게 전적으로 헌신하는 가운데 모든 장애물을 극복하지 않는 한, 어느 누구도 양을 먹이는 이 일을 착실하게 해나갈 수 없다. 바울도 이것이 양을 향한 그의 태도라고 밝힌다.

"그리스도의 사랑이 우리를 강권하시는도다 우리가 생각하건대 한 사람이 모든 사람을 대신하여 죽었은즉 모든 사람이 죽은 것이라"(고후 5:14).

여기서 바울은, 그리스도께서 죽음으로써 증거를 보여주신 우리를 향한 그분의 사랑을 염두에 두고 말하지만, 우리로 하여금 그렇게 큰 복을 받았다는 확신에서 나오는 상호간의 사랑을 연상하게 한다. 반면에 그는 교회를 어지럽히는 악한 거짓 교사들에 대해서 주 예수님을 사랑하지 않는다는 사람들이라고 낙인을 찍는다(고전 16:22).

그러므로 교회를 다스리라는 부름을 받은 사람들이 기억해야 할 사실은, 자기들이 맡은 직책을 참되고 바르게 시행하고 싶으면 그리스도를 사랑하는 것에서부터 시작해야 한다는 것이다. 한편 그리스도께서는 우리의 구원을 목사들에게 맡기실 때 몹시도 진지하고 놀랄 만한 언어를 사용하심으로써 그 구원이 얼마나 귀한 것인지를 분명히 증언하신다. 또한 그리스도께서는 목사들이 양들의 구원을 위해 열심을 내서 마음을 기울인다면 그것이 곧 그리스도를 사랑하는 증거라고 주장하신다.

양들을 치는 일에 시간을 들이는 것만큼 그리스도를 기쁘게 하는 일이 없다는 사실을 알려주는 것이야말로 복음의 사역자들에게 가장 격려가 되는 말이다. 또한 믿는 자들도, 하나님의 아들이 보시기에 그들이 매우 귀하고 보배롭기 때문에 그분이 자신을 대신하여 목사들을 세우셨다는 이야기를 들을 때 가장 큰 위로를 받는다. 그러나 동일한 교훈이 교회의 다스림을 악용하는 거짓 교사들에게는 오히려 가장 큰 두려움이 된다. 자신이 거짓 교사들로 인해 모욕을 받는다고 선언하시는 그리스도께서 친히 그들을 두렵게 심판하실 것이기 때문이다.

내 어린 양을 먹이라 성경에서는 '먹이다'라는 단어를 다스리는 행위에 비유적으로 적용한다. 하지만 여기서는 교회의 영적인 다스림을 논의하는 중에 있으므로, 목사가 해야 하는 일이 어떤 것인지를 주목하는 것이 중요하다. 이 구절에서는 아무것도 안 하고 빈둥거리는 고위 관직을 말하는 것이 아니다. 또한 그리스도께서는 나약한 인간이 자기 좋을 대로 혼란스럽게 권세를 행사할 수 있도록 그에게 어떤 조직을 맡기시지도 않는다. 우리는 요한복음 10장에서 그리스도만이 교회의 유일한 목자라는 사실을 보았다. 또한 어떤 이유에서 그리스도께서 자신에게 이런 명칭(선한 목자)을 붙이셨는지도 살펴보았다. 즉, 그리스도께서는 구원의 교훈으로 그분의 양들을 다스리고 먹이시기 때문에 선한 목자이시다. 이는 그분만이 영혼의 유일한 참된 양식이시기 때문이다.

하지만 그리스도께서는 복음을 전파하는 일에 사람들의 사역을 사용하시므로, 그분은 그들에게 그분이 가지신 목자라는 명칭을 부여하신다. 아니 정확히 말하면 그 명칭을 그들과 공유하신다. 그러므로 그들은, 교회의 머리이신 그리스도 아래에서 말씀의 사역으로 교회를 주관하시는 하나님이 보시기에 목자로 간주될 뿐이다. 이런 사실로부터 우리는 그리스도께서 베드로에게 어떤 부담을 지우셨는지 그리고 어떤 조건으로 그에게 그분의 양을 다스리라고 하셨는지를 쉽게 추론할 수 있다.

이것으로써 우리는 로마 가톨릭의 사악함을 명백히 논박할 수 있다. 그들은 교황제의 폭정을 지지하려고 이 구절을 곡해한다. 그들은 "그리스도께서 다른 제자들보다도 베드로를 사랑하여 그에게 "내 양을 먹이라"라고 말씀하셨다"라고 주장한다.

왜 그리스도께서 다른 제자들보다도 베드로에게 이 말씀을 하셨는지는 앞에서 이미 설명했다. 즉, 그리스도께서 베드로에게 있는 오점을 제거하셔서 그로 하여금 복음을 자유롭게 전하도록 하시기 위함이다. 크리소스톰과 어거스틴과 키릴과 그밖에 많은 사람들이 주목하였듯이, 그리스도께서 베드로를 세 번이나 목자로 임명하신 이유는 그에게 영원한 치욕을 안겨다준 그리스도를 세 번 부인한 일을 씻어주셔서 그의 사도직에 걸림이 없도록 하려는 데 있었다. 더욱이, 베드로가 받은 것 중에서 모든 복음 사역자들에게 해당되지 않는 특별한 것은 이 구절에 전혀 없다.

그러므로 베드로에게만 특별히 이 말씀이 주어졌으므로 그가 수장首長이라는 교황주의자들의 주장은 헛되다. 백번 양보하여 베드로에게 어떤 개인적인 명예가 주어졌다고 하자. 그렇다면 베드로가 수장의 자리에 앉았다는 사실을 이 구절에서 어떻게 증명할 것인가? 설령 베드로가 사도들 중에서 중요한 사람이라고 하더라도, 이 사실로부터 그가 온 세상의 보편적인 주교(universal bishop)라고 결론을 내릴 수 있는가? 게다가 베드로가 받은 모든 것이 마호메트(Mohammed, 570~632)의 것이 아닌 것처럼 그것은 교황의 것도 아니다. 도대체 교황은 무슨 권리로 자기가 베드로의 후계자라고 주장하는가? 정신이 온전한 사람 중에서 그리스도께서 여기에서 베드로에게 세습권을 부여하고 계시다고 받아들일 사람이 어디에 있겠는가? 하지만 교황은 사람들이 그를 베드로의 계승자로 생각해주기를 원한다. 그럴 수만 있다면이야! 우리 중에서 어느 누구도 교황을 설득하여 그리스도를 사랑하지 말라고 또 그분의 양무리를 치지 말라고 할 사람은 없다. 그러나 그리스도의 사랑을 소홀히 하고 양을 치는 직책을 던져버리고 나서 자기의 계승권을 자랑하는 것은 너무도 어처구니가 없고 어리석은 행동이다.

그리스도께서는 베드로에게 가르치는 직책을 맡기실 때 교회를 잔인하게 탄압하는 우상의 보좌를 세우거나 영혼의 도살자를 세우기를 의도하지 않으셨다. 그리스도께서는 베드로에게 자신이 인정하는 교회의 다스림이 어떤 것인지를 간단히 말씀하셨다. 이 말씀에 비추어볼 때, 주교로 임명된 모든 이들의 거짓 꾸밈larva은 여지없이 그 실체를 드러낸다. 그들은 단순히 이론뿐인 과시와 공허한 명칭으로 만족하며, 자기들이 주교로서의 권위를 가지고 있다고 주장한다.

16 내 양을 치라 그리스도께서는 베드로와 다른 제자들에게 모든 양들을 구별 없이 치라고 맡기지 않으셨다. 그리스도께서는 오직 자신의 어린 양 또는 양을 치라고 부탁하셨다. 다른 성경 본문에서 그리스도께서는 자신의 양

무리가 누구인지를 규명하신다. 그리스도께서는 이렇게 말씀하신다.

"내 양은 내 음성을 들으며 나를 따른다. 그들은 타인의 음성은 듣지 않는다"(요 10:5,27 참조).

믿음직한 교사들은 반드시 모든 양을 그리스도에게로 모으려고 해야 한다. 그리고 양과 야수를 구별할 수 없을 때, 그들은 양보다는 이리같이 생긴 사람들을 길들일 수 있도록 모든 수단을 동원해서 노력해야 한다. 그러나 교사들이 최선을 다한 뒤에 그들의 수고는 택함을 받은 양에게만 효력을 발휘할 것이다. '온순함과 믿음'은 세상이 창조되기 전에 선택하신 사람들을 그분의 아들에게로 이끌어 순종하도록 하시는 하늘에 계신 아버지에게서 나오기 때문이다. 이 구절은 오직 유순하고 가르침을 받을 준비가 되어 있는 사람만이 복음의 가르침으로 구원에 이른다는 것을 우리에게 가르쳐준다. 그리스도께서 자신의 제자들을 어린 양과 양에 비유하신 데는 분명한 이유가 있기 때문이다. 하지만 반드시 주목해야 할 것은 하나님의 영께서 본성상 곰과 사자였던 사람들을 길들이신다는 사실이다.

17 베드로가 근심하여 베드로는 그리스도께서 자기에게 동일한 내용을 세 번씩이나 물어보시는 의도와 목적이 무엇인지를 깨닫지 못한 게 틀림없다. 그래서 그는 자기가 성실하게 답변을 하지 못하기라도 한 것처럼 그리스도에게 간접적으로 꾸중을 듣고 있다고 생각했다. 하지만 우리는 그리스도께서 공연히 같은 내용을 반복하신 것이 아니라는 것을 이미 확인했다. 또한 베드로는 수많은 어려움을 극복해야 하는 사람들의 마음에 그리스도의 사랑이 얼마나 깊이 새겨져야 하는지 아직 충분히 의식하지 못했다. 나중에 베드로는 자기가 그와 같은 시험을 헛되이 거친 것이 아님을 오랜 경험을 통해 배우게 된다.

교회를 다스리는 책임을 맡은 사람들은 자신을 피상적으로 점검할 것이 아니라, 자신에게 어떤 열정이 있는지 직접 철저하게 검토해야 함을 여기에서 배운다. 중간에 위축되거나 지치지 않기 위해서 말이다. 마찬가지로 우리는 여기에서, 주께서 우리를 좀 더 혹독하게 시험하실 때에라도 조용히 그리고 인내심을 갖고 복종해야 함을 배운다. 그리스도께서 우리를 시험하시는 이유의 대부분은 우리에게 알려지지 않지만, 그렇더라도 그분이 그렇게 하시는 데는 선한 이유가 있기 때문이다.

18 내가 진실로 진실로 네게 이르노니 그리스도께서는 베드로에게 그분의 양을 치라고 권하신 후에, 임박한 전쟁을 수행하게 하려고 그를 무장시키신다. 그래서 그분은 베드로에게서 신실함과 부지런함뿐만 아니라 위기 가운데서도 꺾이지 않는 용기와 십자가를 지고 가는 지조志操를 요구하신다. 한마디로 말해서, 그리스도께서는 베드로에게 필요하다면 죽을 준비를 하라고 말씀하시는 것이다. 오늘날 모든 목사들이 (베드로와) 동일한 위치에 있는 것은 아니지만, 여전히 이 경고의 말씀은 그들 모두에게 어느 정도 적용된다고 할 수 있다. 주님은 많은 사람들의 목숨을 보존하시고 그들이 피 흘리는 것을 막으신다. 그리고 그들이 평생 주님께 성실하게 헌신하기만 한다면 그것으로 만족하신다. 하지만 사탄이 다양하고 새로운 방법으로 계속해서 공격해 오기 때문에, '양을 치는' 직책을 수행하는 사람들은 모두 죽을 준비를 해야 한다. 그들은 양에 대해 관심을 기울일 뿐만 아니라 이리에 대해서도 대비해야 하기 때문이다.

그리스도께서는 베드로의 장래에 관하여 말씀하시면서 그의 죽음에 대해 미리 경고해주고 싶으셨다. 그가 사역자로서 가르치는 교훈이 결국에는 그의 피로써 실증될 것이라는 사실을 그로 하여금 늘 기억하도록 하기 위해서 말이다. 그런데 그리스도께서는 이 말씀을 하심으로써 베드로의 운명만을 염두에 두신 것이 아니라, 다른 사람들이 보는 앞에서 그에게 순교자라는 영예로운 칭호를 붙여주시는 것처럼 보인다. 베드로는 이전에 그가 보였던 모습과는 전혀 다른 승리자의 모습을 보일 것이라고 그분은 말씀하시는 것 같다.

네가 젊어서는 나이가 들면 일선에서 물러나 조용히 쉬어야 할 것처럼 생각이 된다. 그래서 나이 든 사람들은 일반적으로 공적인 일에서 은퇴하고 군인들은 퇴역하는 것이다. 베드로 역시 평화로운 노년을 보낼 것을 기대했을 것이다. 하지만 그리스도께서는 자연의 질서가 뒤바뀔 것이라고 선언하신다. 그래서 젊었을 때에 자기 뜻대로 살아온 베드로가 늙어서는 다른 사람에 의해 지배를 받고 심지어 폭력에 희생이 될 것이라고 말이다.

더군다나, 베드로에게서 우리는, 마치 우리 모두의 마지막을 보는 것 같은 인상을 받는다. 많은 사람들이 그리스도에게 부름을 받기 전에는 편하고 즐거운 삶을 산다. 하지만 일단 그리스도 편에 속하는 순간 그리고 그분의 제자가 되는 순간, 아니 좀 더 정확히 말하자면 그렇게 되고 얼마 안 있어서, 사람들은 힘든 싸움에 연루되고 난관에 봉착하며 큰 위험에 빠지고 어떤 경우에는 죽음에 이르기도 한다. 이러한 상태가 힘든 것은 사실이지만, 우리는 이를 기쁘게 감당해야 한다.

주님은 자신의 종들에게 십자가를 허락하심으로써 그들을 시험하기 원하신다. 그러나 그들이 강건해지고 성숙해지기까지는 그 십자가를 가볍게 하심으로써 당분간 그들에게 자비를 베푸신다. 주님은 그들의 연약함을 잘 아시기에 그 한계를 넘어서까지 그들을 밀어붙이지 않으시는 것이다. 베드로가 아직은 연약하고 전쟁을 할 만한 힘이 없다고 보시는 한, 주께서는 그를 관대하게 보아주신다. 그러므로 그리스도께서 우리에게 힘을 공급해주신다면, 죽을 때까지 우리 자신을 주님께 헌신하기를 배우자.

이러한 점에서 많은 사람들이 감사할 줄 모른다. 주님께서 우리를 더 부드럽게 대하실수록 우리는 더 지속적으로 약함에 길들여지기 때문이다. 오랜 기간의 관대함을 경험하고 난 후에 좀 더 가혹한 상황에 들어갈 경우, 불평하지 않는 사람은 백 명 중에 한 명도 보기가 어렵다. 그러나 우리는 잠시 우리를 아끼시는 하나님의 인간적인 면을 생각해야 한다. 이런 이유로 그리스도께서는 자신이 세상에 거하시는 동안에는 마치 혼인집에 계신 것처럼 제자들과 함께 기쁘게 생활하셨지만, 이후에는 금식과 눈물이 제자들을 기다린다고 말씀하신다(마 9:15).

남이 네게 띠 띠우고 이 말씀이 베드로가 어떻게 죽는지를 묘사하는 것이라고 많은 사람들이 생각한다. 말하자면 베드로가 팔을 벌린 채 교수형에 처해질 것이라는 이야기이다. 그러나 나는 '띠를 띠운다'는 단어가, 어떤 사람이 베드로와 그의 삶 전체를 규제하기 위해 사용하는 모든 외적인 행위를 나타낸다고 해석한다. "네가 … 스스로 띠 띠고"는 베드로가 자기가 원하는 대로 옷을 입는다는 의미이다. 하지만 그는 옷을 선택해서 입을 자유를 빼앗길 것이다. 베드로가 어떻게 죽임을 당했는지에 대해서는 의심스러운 전설을 믿기보다는 모르는 것이 더 낫다.

원하지 아니하는 곳으로 데려가리라 이 말씀은 베드로가 자연사自然死한 것이 아니라 폭력이나 칼에 의해 죽임을 당했음을 의미한다. 그리스도께서 베드로가 자의에 의해서 죽음을 선택하지 않으리라고 말씀하신 것은 언뜻 납득이 가지 않아 보인다. 어떤 사람이 마지못해 그것도 서둘러 죽임을 당할 때, 그러한 죽음에서는 순교의 지조나 칭송을 찾아보기가 어렵다. 하지만 그리스도의 이 말씀은 신자들이 자기들 안에서 느끼는 육과 영 사이의 싸움을 언급하고 있음에 틀림없다. 왜냐하면 우리는 결코 무조건적이고 자발적으로 하나님께 순종하는 법이 없기 때문이다. 세상과 육신이 우리를 마치 밧줄로 묶기라도 한 것처럼 정반대 방향으로 끌고간다. 그러므로 바울은 이렇게 한탄한다.

"내가 원하는 바 선은 행치 아니하고 도리어 원하지 아니하는 바 악을 행하는도다"(롬 7:19).

이 사실 외에도 우리는 모든 사람들 속에 죽음을 두려워하는 마음이 심겨져 있다는 사실을 주목해야 한다. 멸망당하기를(죽기를) 바란다는 것은 본성에 거슬리는 일이기 때문이다. 그래서 그리스도께서는 비록 온 마음으로 하나님께 순종할 준비가 되어 있었지만 죽음을 면하게 해달라고 하나님께 간구하셨다. 더욱이 그리스도께서는 사람들의 잔인함 때문에 두려움으로 고통당하셨다. 그러므로 그분이 죽음 앞에서 어느 정도 주춤하신 것은 놀라운 일이 아니다. 하지만 이것은 그리스도께서 하나님께 순종하셨다는 것을 좀 더 분명히 증명한다. 그분은 자신을 위해서라면 기꺼이 죽음을 피하려고 하셨지만, 죽는 것이 하나님의 뜻이라는 것을 알았기에 자원하여 죽임을 당하셨던 것이다. 정신적인 갈등이 없었다면, 인내할 필요도 없었을 것이다.

이것은 우리가 반드시 알아야 할 매우 유익한 교훈이다. 이 교훈은 우리로 하여금 기도하도록 권면한다. 하나님의 특별한 도움이 없다면 우리는 죽음의 두려움을 이길 수 없기 때문이다. 그렇다면 우리에게 남은 것은 하나님의 다스림에 스스로 복종하는 것뿐이다. 또한 이것은 우리가 핍박을 받아 흔들리더라도 낙심하지 않도록 우리의 마음을 붙드는 역할을 한다. 순교자들은 두려움을 느끼지 않는 사람이라고 생각하는 사람들은 자신들이 느끼는 두려움 때문에 절망한다. 그러나 우리의 연약함이 우리가 순교자들의 모범을 따르지 못하는 이유가 되지는 못한다. 왜냐하면 그들도 우리처럼 비슷하게 두려움을 경험했고, 자신과 싸움으로써 진리의 원수들을 이기고 승리할 수 있었기 때문이다.

19 어떠한 죽음으로 하나님께 영광을 돌릴 것을 가리키심이러라
복음서 기자가 이처럼 에둘러서 표현한 것은 매우 중요하다. 모든 신자들 앞에 놓인 목표는 살아서나 죽어서나 하나님을 영화롭게 하는 것이어야 하지만, 요한은 자기 피로 그리스도의 복음을 인印 치고 그분의 이름을 영화롭게 하는 사람들의 죽음을 특별히 칭송하기를 원했기 때문이다. 사도 바울이 말했던 것처럼 말이다(빌 1:20).

베드로의 죽음으로 맺은 열매를 추수하는 것은 이제 우리의 의무이다. 베드로의 죽음에도 불구하고 우리의 믿음이 견고해지지 않는다면 그리고 우리를 통해 하나님의 영광이 드러나도록 한다는 동일한 목표를 우리가 견지하지 않는다면, 우리의 게으름은 비난 받아 마땅하기 때문이다. 교황주의자들이 순교자들의 죽음에 담긴 이러한 목표를 숙고했더라면, 그들의 죽음이 하나님의 진노를 달래고 죄를 위한 속전을 지불하는 데 기여했다는 등 신성모독적

이고 가증스러운 생각이 그들의 마음에 절대로 들어오지 않았을 것이다.

이 말씀을 하시고 그리스도께서는 여기에서 왜 자신이 폭력에 의한 죽음을 예언하셨는지를 설명하신다. 그것은 베드로로 하여금 죽음을 대비하게 하기 위함이었다. 그리스도께서는 베드로에게 이렇게 말씀하신다.

"너는 내 모범을 따라 죽음을 감당해야 한다. 그러므로 너의 지도자를 따르라."

그리스도께서 십자가를 지라고 베드로를 부르실 때 그가 좀 더 기꺼이 하나님께 순종할 수 있도록, 그분은 자신을 지도자로 제시하신다. 이것은 베드로에게 그분을 본받으라고 하는 일반적인 권면이 아니기 때문이다. 그분은 지금 베드로가 어떤 죽음으로 죽을지에 대해서만 말씀하신다. 그리스도의 이 말씀은 죽음이 갖고 있는 모든 비통함을 크게 덜어준다. 하나님의 아들이 우리 눈앞에 그분의 복된 부활로 자신을 나타내 보이셨을 때, 그것은 죽음을 이기는 우리의 이김이기 때문이다.

20 베드로가 돌이켜 예수께서 사랑하시는 그 제자가 따르는 것을 보니 그는 만찬석에서 예수의 품에 의지하여 주님 주님을 파는 자가 누구오니이까 묻던 자더라 21 이에 베드로가 그를 보고 예수께 여짜오되 주님 이 사람은 어떻게 되겠사옵나이까 22 예수께서 이르시되 내가 올 때까지 그를 머물게 하고자 할지라도 네게 무슨 상관이냐 너는 나를 따르라 하시더라 23 이 말씀이 형제들에게 나가서 그 제자는 죽지 아니하겠다 하였으나 예수의 말씀은 그가 죽지 않겠다 하신 것이 아니라 내가 올 때까지 그를 머물게 하고자 할지라도 네게 무슨 상관이냐 하신 것이러라 24 이 일들을 증언하고 이 일들을 기록한 제자가 이 사람이라 우리는 그의 증언이 참된 줄 아노라 25 예수께서 행하신 일이 이 외에도 많으니 만일 낱낱이 기록된다면 이 세상이라도 이 기록된 책을 두기에 부족할 줄 아노라 요 21:20-25

20 베드로가 돌이켜 우리는 베드로에게서 우리 호기심의 실례實例를 본다. 우리가 다른 사람을 쳐다보느라고 우리의 의무를 제쳐두게 될 때, 그 호기심은 불필요할 뿐만 아니라 해롭기까지 하다. 자기 자신의 삶보다 다른 사람들의 삶을 조사하고 그들의 삶에서 허울 좋은 변명을 찾는 것은 거의 모든 사람들이 가지고 있는 본성이라고 할 수 있다. 우리는 이와 비슷한 논리를 사용하여, 다른 사람들이 우리보다 나은 것이 전혀 없다면서 자진해서 우리 스스로를 속인다. 마치 그들의 게으름이 우리의 의무를 면제해주기라도 하는 것처럼 말이다. 바울이 말한 바, "각각 자기의 짐을 질 것이라"(갈 6:5)라는 말의 뜻이 무엇인지 깊이 생각하는 사람은 백 명 중에 한 사람도 없다. 그러므로 베드로 한 사람에게 하신 일반적인 책망은, 하나님께서 자신에게 맡기신 사명을 게을리한 채 사방으로 주변 사람들을 둘러보면서 그들이 어떻게 행동하는지 살피는 모든 사람에게 해당한다. 무엇보다도 그들은 각 사람에게 저마다 독특한 소명과 할 일이 있다는 것을 간과하는 심각한 오류를 범하고 있는 것이다.

하나님께서는 열 명 중에 한 명을 택하여 큰 불행 또는 엄청난 수고로 시험하시고 나머지 아홉 명은 조용히 남겨두시거나 단지 가볍게 시험하실 수도 있다. 더욱이 하나님께서는 모든 사람을 동일하게 취급하지 않으시고, 각 사람을 그분이 적합하다고 생각하시는 대로 시험하신다. 그리스도인들이 치러야 할 싸움에는 여러 다른 종류가 있으므로 각 사람은 자신의 위치를 지키고, 전투를 하지 않는 구경꾼들처럼 다른 사람에 관하여 묻지 않는 법을 배우자. 하늘에 계신 우리 지도자는 우리 각 사람에게 전투를 명령하시기 때문이다. 우리는 다른 모든 것을 잊어버릴 만큼 그분의 명령에 순종해야 한다.

예수께서 사랑하시는 그 제자 에둘러 표현한 이 말은 어떻게 해서 베드로가 다음 절에 나온 질문을 던지게 되었는지 그 동기를 우리에게 말해준다. 베드로는 자기만 부름을 받고 그리스도께서 늘 사랑을 많이 베푸신 요한은 너그럽게 대접받아야 하는 것이 이상하게 생각되었다. 그래서 그리스도께서 요한을 대하는 태도가 바뀌기라도 한 것처럼 그에 대해서는 언급을 하지 않으시는 것이 어떤 이유에서인지 물어볼 구실이 생긴 것이다. 하지만 그리스도께서는 베드로가 하나님의 소명에 순종해야 하며 다른 사람에게 일어나는 일에 대해서는 알 권리가 없다고 말씀하심으로써 그의 호기심을 일언지하─言之下에 가로막으셨다.

22 그를 머물게 하고자 할지라도 이 문장을 독립된 하나의 문장으로 취급하고 앞의 절節을 긍정적인 의미로 읽어서 "내가 올 때까지 나는 그를 머물게 하고자 한다"로 이해하는 것이 일반적이었다. 그러나 이런 식으로 이 구절을 읽는 것은 번역가의 실수가 아니라 필경사들의 무지에서 비롯된 것이다. 설령 글자 하나가 라틴어에 쉽게 끼어들어 전체 의미를 바꿀 수 있기는 하지만✚, 번역가는 헬라어 단어를 번역하는 일에 있어 실수를 범할 수가 없기 때문이다. 그러므로 전체 문장은 의문문이며, 하나의 단위로 읽어야 한다. 베드로가 자기 소명의 한계 안에서 머무르도록 하기 위해서 그리스도께서는 자신의 손을 그에게 얹으시기를 원하셨기 때문이다. 그리스도께서는 베드로에게 이렇게 말씀하고 계신다.

"네 동료가 어떻게 되는지는 너와 전혀 상관이 없으며, 네게는 물을 권한도 없다. 그 일은 내 뜻에 맡겨라. 너는 단지 너 자신에 대해서만 생각하고, 네가 어디로 부름을 받든지 그대로 따를 준비를 해라."

다른 성도들에 대한 염려가 다 쓸데없는 것은 아니다. 하지만 그것이 우리를 사로잡는 호기심이 아니라 그들에 대한 진정한 염려가 되기 위해서는 반드시 한계가 있어야 한다. 어떤 방법으로든 이웃을 그리스도에게 데려올 수 있다면, 그들을 살피자. 하지만 다른 사람들이 우리의 기분을 상하게 한다고 해서 그것 때문에 우리가 앞으로 나아가는 일을 늦추지는 말자.

✚ 라틴어 'si'(만일, if) 대신에 'sic'(그래서, thus)라고 쓸 수 있다(이때 글자 c가 삽입되었다). 사실 이 구절은 다양하게 읽힌다. 'si sic'으로 되어 있는 사본과 판본도 있고, 'sic'으로 되어 있는 사본도 있으며, 'si' 하나만 있는 사본도 존재한다.

23 이 말씀이 형제들에게 나가서 복음서 기자는 제자들이 그리스도의 말씀을 오해하여 요한이 죽지 않을 것이라고 잘못 생각했다고 전한다. 요한이 말하는 '형제'는 예수님과 베드로가 대화를 나눌 때 함께 있었던 사람들, 즉 사도들을 의미한다. 형제라는 이름이 사도들에게만 해당되기 때문이 아니라, 그들이 이를테면 거룩한 공동체의 첫 열매들이기 때문이다. 또한 그리스도께서 열한 사도들 외에 그 당시 그들과 함께 있던 다른 사람들을 가리켰을 수도 있다. 복음서 기자는 '나가서'(went forth)라는 용어를 사용함으로써 이러한 잘못된 생각이 사방으로 퍼졌음을 의미한다. 그러나 이런 오해가 오래가지는 않았던 듯하다. 사도들이 성령의 조명을 받고 그리스도의 나라에 관해서 좀 더 바르고 순전하게 생각하게 되고 세상적인 어리석은 상상을 제쳐 두기까지 잠시 그런 오해를 했던 것 같다.

요한이 사도들과 관련하여 언급한 내용은 매일 일어난다. 우리는 그것에 대해 놀라서는 안 된다. 그리스도의 가족에 속한 그분의 제자들이 이처럼 미혹을 받는다면, 그리스도의 학교에서 허물없이 가르침을 받지 않는 사람들은 얼마나 더 쉽게 넘어지겠는가? 하지만 이런 실수가 어디에서 일어나는지를 주목하자. 그리스도의 가르침은 우리에게 유익하며 우리의 덕성을 함양시킨다. 즉, 그분의 가르침은 분명하다. 하지만 우리는 우리의 감각에서 만들어낸 사악한 허구들로 그 빛을 가리고 있다. 그리스도께서 요한에 관하여 결정적인 어떤 것을 선포하신 것은 아니다. 다만 요한이 살고 죽는 것을 좌우하는 전적인 권한이 자신에게 있음을 말씀하시는 것뿐이다. 그러므로 그리스도의 교훈은 본래 단순하고 유익한데, 제자들이 자기들이 들은 것 이상의 내용을 만들어내고 상상하는 것이다. 이런 위험을 피하기를 바란다면 우리는 정신을 바짝 차리고 지혜로워야 한다. 그러나 인간은 참으로 무모하여 헛된 것임을 알면서도 그리로 치닫는다.

결과적으로, 복음서 기자가 독자들에게 분명하게 경고하고 있음에도 불구하고 그가 경고하는 바로 그 오류가 계속해서 세상에 널리 퍼져 있다. 복음서 기자가 자기를 위해 무덤을 파라고 명령하고 그곳에 들어갔는데 다음 날 그 무덤이 비어 있었다는 전설이 만들어져 내려오는 것을 보면 그렇다는 얘기이다. 그러므로 주께서 우리에게 전해주신 것을 있는 그대로 받아들이고 모든 이상야릇하게 꾸며낸 이야기를 다 거절하지 않는 한, 그러한 오류는 끝이 없을 것이다.

24 제자가 이 사람이라 지금까지 복음서 기자는 자신에 대하여 3인칭으로 말했다. 하지만 이제 요한은 그 사람이 바로 자기 자신이라고 주장한다. 자기가 쓴 것에 대해 충분히 알고 있었던 목격자의 진술에 더 많은 무게가 실리도록 하기 위해서 말이다.

25 예수께서 행하신 일이 이 외에도 많으니 그리스도께서 요한을 사랑하셨기 때문에 그가 편견을 가지고 기록한 것은 아닌가 하면서 그의 진술을 의심하는 일이 있을 수 있다. 그러나 요한은 그런 반대를 예상하며 자기가 기록한 것보다 더 많은 내용을 기록하지 않은 채 지나쳤다고 말한다. 어느 누구도 그런 의심을 하지 않도록 하기 위해서 말이다. 요한은 그리스도께서 하신 모든 일을 언급하는 것이 아니라 그분의 공적인 사역과 관련된 것을 진술한다. 우리는 세속적인 작가들에게서 볼 수 있는 것과 같은 수사법을 마주하게 될 때, 그 과장법을 어처구니없는 것이라고 생각하지 말아야 한다.

또한 그리스도께서 행하신 많은 일들을 염두에 두어야 하겠지만, 이뿐만 아니라 그분이 행하신 일의 중요성과 중대함도 고려해야 한다. 그리스도의 신적神的인 위엄의 무한함은 사람들의 감각뿐만 아니라 하늘과 땅을 초월하며, 그분이 행하신 일들을 통해 그 찬연함을 보여준다. 만일 복음서 기자가 그리스도의 찬연함에 시선을 고정하면서 온 세상이라도 그분에 관한 전체 이야기를 담아내지 못할 것이라고 감탄한다면, 어느 누가 그것에 대해 놀라겠는가? 복음서 기자가 그리스도께서 하신 일의 탁월함을 찬양하려고 통상적이고 평범한 이미지를 사용한다고 해도 결코 그를 비난할 수 없다. 하나님께서 우리의 무지 때문에 평범한 어법으로 자신을 우리에게 계시하신다는 사실을 우리는 알기 때문이다. 이런 표현을 사용해도 된다면, 하나님께서는 종종 더듬거리면서 우리에게 알아듣게 말씀하신다.

하지만 우리가 방금 전에 언급한 내용을 기억할 필요가 있다. 즉, 복음서 기자가 기록한 요지는 믿음을 갖게 하고 구원을 전하기에 충분한 것이다. 그러므로 복음을 기록한 이 교사들 아래서 적당한 유익을 얻은 사람은 진정으로 지혜로운 사람일 것이다. 사실 이 교사들은 우리의 증인이 되도록 하나님께 임명을 받고 그들의 의무를 신실하게 수행했기 때문에, 전적으로 그들의 증언을 의지하고 그들이 우리에게 전해준 것 외에 다른 어떤 것을 바라지 않는 것은 우리의 의무이다. 우리가 엄청난 양의 자료에 짓눌려 부담스러워하는 일이 없도록 하려고 또 자료를 선별하는 과정에서 지혜의 원천이고 홀로 지혜로우신 하나님께서 우리에게 필요하다고 생각하시는 것을 전하도록 하기 위해, 특별히 이 신실한 교사들은 하나님의 확실한 섭리로 인도함을 받았던 것이다. 그 하나님께 찬송과 영광이 영원히 있기를! 아멘.

중세를 밝힌 복음,
오늘 우리의 시대도 밝힌다

칼빈의 주석은 종교개혁 이전의 성경해석을 지배했던 알레고리적 해석의 고리를 끊는 완벽한 시도였으며, 로마 가톨릭의 사변적이고 전통중심적인 성경해석과 단절하여 '오직 성경'으로 성경을 해석하라는 종교개혁의 정신을 반영한 주석이다. 칼빈의 성경관은 성경의 내용이 명료하고 단순하다는 종교개혁자들의 성경관과 그 맥을 같이한다. 칼빈의 요한복음 주석은 이와 같은 칼빈의 성경관과 성경해석의 원리가 잘 적용된 주석이다.

칼빈이 요한복음의 메시지를 설명하는 키워드는 '복음'이다. 칼빈이 요한복음 주석 서론에서 밝혔듯이, '복음'에는 몇 가지 다른 뜻이 있다.

첫째, 불신자들과 세상과 관련하여 복음은 세상에서 무절제하게 살면서 영적인 복을 느끼지 못하는 사람들을 교정하는 하나님의 말씀이다.

둘째, 구약성경과 관련하여 복음은 율법과 선지자의 약속들의 성취이며 하나님의 은혜의 선언이다.

칼빈은 요한복음 구석구석에서 이 복음이 예수 그리스도 안에 구현되었으며 예수 그리스도를 떠나서는 하나님의 복음을 알 수 없음을 찾아낸다. 말하자면 복음은 곧 '예수 그리스도' 그 자체이시다.

사실 복음을 주제로 다루는 성경은 요한복음 외에 세 권이나 더 있다. 공관복음이라고 불리는 마태복음, 마가복음, 누가복음이 바로 그것이다. 하지만 칼빈은 공관복음서와 다르게 요한복음이 전하는 예수 그리스도는 차별화되어 있다고 주장한다. 공관복음서가 예수님의 역사적인 사역, 즉 그분의 '몸'을 보여주는 데 반해, 요한복음은 그리스도의 '영혼'을 보여준다는 것이 그 이유이다. 그렇다면 칼빈에게 있어 요한복음은 심지어 공관복음을 이해하는 열쇠가 되는 책이기도 하다.

칼빈은 요한복음에서 예수 그리스도에게서 신적神的인 영광이 얼마나 풍성하게 드러나는지를 보여준다. 이 내용은 너무도 분명하고 이해하기 쉽게 제시되어 있어서 누구든지 성경을 억지로 해석하려 하지 않고 잘 읽기만 해도 본문의 의미를 잘 알 수 있다. 이러한 원리에 따라 칼빈은 요한복음이 예수님 당대에 어떠한 의미가 있는지를 밝히는 데 관심을 기울인다. 따라서 자신도 모르는 내용을 성명하는 로마 가톨릭의 성경해석은 칼빈의 비판의 대상이다. 그러나 칼빈은 단지 본문의 당대의 의미를 밝히는 것으로 주해 작업을 마치지 않는다. 그는 복음서의 내용이 칼빈이 살던 시대에 어떻게 적용될 수 있는지를 반추한다. 특히 당대의 교황주의자들이 얼마나 복음에서 거리가 멀고 그리스도의 영광을 찬탈했는지를 폭로한다. 이런 의미에서 요한복음 주석은 그 시대에 행해진 적용 설교이기도 하다.

요한복음 주석은 독자들로 하여금 예수 그리스도를 알게 할 뿐만 아니라 복음서가 갖는 현대적인 의미를 반추하게 하고 우리의 삶을 돌아보게 하는 주석이자 강해 설교이다. 독자들은 이 주석에서 칼빈의 주석이 얼마나 치밀한지, 그가 얼마나 하나님을 경외하고 말씀의 권위에 복종하는지를 배울 수 있을 것이다.

역자 오광만

칼빈 주석 | 요한복음 II

초판 1쇄 발행	2010년 9월 27일
지은이	존 칼빈
옮긴이	오광만
펴낸이	여진구
편집국장	김응국
기획·홍보	이한민
책임편집	김응국 | 이영주
편집 1팀	안수경, 손유진, 강민정
편집 2팀	김아진, 최지설
책임디자인	이혜영, 전보영 | 이유아, 정해림
해외저작권	최영오
마케팅	김상순, 강성민, 허병용, 이기쁨
마케팅지원	손동성, 최영배, 최태형
제작	조영석, 정도봉
경영지원	김혜경, 김경희
이슬비전도학교	엄취선, 전우순, 최경식
303비전성경암송학교	박정숙, 이지혜, 정나영
303비전장학회 & 303비전꿈나무장학회	여운학
펴낸곳	규장

주소 137-893 서울시 서초구 양재2동 205 규장선교센터
전화 578-0003　팩스 578-7332　이메일 kyujang@kyujang.com
홈페이지 www.kyujang.com　트위터 twitter.com/_kyujang
등록일 1978.8.14. 제1-22

책값 뒤표지에 있습니다.
ISBN 978-89-6097-173-8 04230
ISBN 978-89-6097-171-4 (세트)

규 | 장 | 수 | 칙

1. 기도로 기획하고 기도로 제작한다.
2. 오직 그리스도의 성품을 사모하는 독자가 원하고 필요로 하는 책만을 출판한다.
3. 한 활자 한 문장에 온 정성을 쏟는다.
4. 성실과 정화를 생명으로 삼고 일한다.
5. 긍정적이며 적극적인 신앙과 신행일치에의 안내자의 사명을 다한다.
6. 충고와 조언을 항상 감사로 경청한다.
7. 지상목표는 문서선교에 있다.

하나님을 사랑하는 자 곧 그의 뜻대로 부르심을 입은 자들에게는 모든 것이 合力하여 善을 이루느니라 (롬 8:28)

규장은 문서를 통해 복음전파와 신앙교육에 주력하는 국제적 출판사들의 협의체인 복음주의출판협회(E.C.P.A:Evangelical Christian Publishers Association)의 출판정신에 동참하는 회원(Associate Member)입니다.